主　任：任金州

副主任：毕根辉

编委会成员：任金州
　　　　　　毕根辉
　　　　　　李兴国
　　　　　　高晓虹
　　　　　　雷跃捷
　　　　　　苗　棣
　　　　　　车　晴
　　　　　　刘剑波
　　　　　　黄　侃
　　　　　　张根兴
　　　　　　张晋平
　　　　　　王静冬

简明中国现代文学史

■ 谢筠 编著

中国传媒大学出版社

目录
CONTENTS

引言 / 1
一、现代文学的背景与性质 / 1
二、现代文学的源流及特征 / 4
三、现代文学的影响及思考 / 9

第一编　第一个十年的文学(1917—1927)

第一章　五四启蒙时期的文学发展概述 / 14
第一节　文学革命的发生背景及主要贡献 / 14
第二节　新文学社团的兴起和创作实绩 / 19

第二章　现代文学之父——鲁迅 / 26
第一节　鲁迅的生平和思想 / 27
第二节　现代小说经典——《呐喊》、《彷徨》 / 37
第三节　《野草》和前期杂文的成就 / 53

第三章　主要小说流派 / 65
第一节　"为人生"派的问题小说 / 65
第二节　乡土写实派小说 / 72
第三节　浪漫抒情的身边小说 / 76

第四章 多样的诗歌创作 / 85
第一节 早期白话新诗的特点 / 85
第二节 郭沫若《女神》的贡献 / 91
第三节 风格各异的新诗创作 / 103
第四节 新格律诗的艺术成就 / 111

第五章 散文与戏剧创作概述 / 130
第一节 散文创作的繁荣 / 131
第二节 初期戏剧活动 / 136
第三节 田汉早期戏剧文学成就 / 142

第二编 第二个十年的文学(1927—1937)

第一章 革命文学论争及多种创作思潮 / 152
第一节 革命文学论争及左联的成立 / 152
第二节 多种创作思潮综述 / 157

第二章 茅盾与左翼小说的贡献 / 163
第一节 茅盾的小说创作 / 163
第二节 部分左翼小说家的创作 / 174

第三章 老舍的京味儿小说创作 / 191
第一节 具有北京风味的平民文学作家 / 191
第二节 京味儿小说的代表作《骆驼祥子》 / 201

第四章 巴金的小说创作 / 209
第一节 巴金的心灵世界 / 210
第二节 巴金的艺术世界 / 212

第五章　沈从文的小说成就　/ 224
　第一节　与众不同的人生积淀　/ 224
　第二节　《边城》的艺术世界　/ 228

第六章　诗歌艺术的发展　/ 239
　第一节　左翼阵营的诗歌创作　/ 239
　第二节　戴望舒的诗歌成就　/ 246

第七章　曹禺戏剧文学成就　/ 254
　第一节　戏剧天才——曹禺　/ 254
　第二节　代表剧作——《雷雨》/ 259
　第三节　现代戏剧艺术的探索者　/ 267

第八章　散文与其他戏剧文学创作　/ 276
　第一节　鲁迅后期杂文及其他散文作家　/ 276
　第二节　其他戏剧文学创作　/ 284

第三编　第三个十年的文学(1937—1949)

第一章　不同地域的文学史实及创作概况　/ 294
　第一节　国统区的文学活动　/ 294
　第二节　上海孤岛及沦陷区时期的文学状况　/ 297
　第三节　解放区的文艺运动　/ 298

第二章　国统区的小说创作　/ 302
　第一节　暴露讽刺小说　/ 302
　第二节　路翎与七月小说　/ 306

第三章　国统区的诗歌与戏剧　/ 310
　第一节　艾青与七月诗派　/ 311
　第二节　历史悲剧与讽刺喜剧　/ 316

第四章　沦陷区的小说创作　/ 329
　第一节　张爱玲与梅娘　/ 329
　第二节　钱钟书与《围城》　/ 337

第五章　解放区的小说与新歌剧　/ 346
　第一节　赵树理与孙犁小说的贡献　/ 346
　第二节　新歌剧的创作　/ 350

附：中国现代文学史期末考试模拟试题　/ 355

引　言

【内容要点】

1. 现代文学的现代性质：用现代人的语言表达现代人思想的文学。
2. 现代文学的时代特征：多元文学价值取向并存。
3. 现代文学的艺术特征：汲取古今中外文学营养，创出具有现代品格的白话文学。
4. 现实影响与文化思考：现代文学对当代文学的影响至今仍在延续，五四人文精神的很多命题仍有待深入思考。

【参考书目】

高旭东著《五四文学与中国文学传统》，山东大学出版社 2000 年版。

【课件链接】

参考课件光盘(上)引言

一、现代文学的背景与性质

　　文学的现代化追求是中国现代文学的大方向。所谓现代化，一般是以科学技术的先进与否作为标志的，虽然不一定技术越先进文化越优秀，但生产力的强弱毕竟是衡量社会发展的重要尺度，是左右文化发展趋向的重要因素。

　　中国作为世界四大文明古国之一，在汉唐盛世出现过位居世界领先水平的物质文明，文化的灿烂辉煌也是令当时许多国家叹为观止的，这成为以后中国人津津乐道的雄厚文化资本。但在中国这样一个世界上唯一延续性文化的漫长发展历程中，由于其自身的超稳定性质的难以改变，以及中国传统文化知足常乐、缺乏科学求真精神等致命弱点,它已经不能再促进社会继续向前发展了。到了清末民初,中国在各个方面已经进入僵死状态,也就是我们通常所说的半封建半殖民地社会。

从一个经历了两千多年的封建专制、封建历史时间超长又闭关自守的中世纪国家逐渐蜕变,向着现代化的方向迈进,这是一个紧迫但又艰辛、漫长的过程。就像胡适先生所论:"请大家认清我们当前的紧急问题。我们的问题是救国,救这衰病的民族,救这半死的文化。在这件大工作的历程里,无论什么文化,凡是可以使我们起死回生、返老还童的,都可以充分采用,都应该充分收受。我们救国建国,正如大匠建屋,只求材料可以应用,不管它来自何方。"①

在十九世纪末、二十世纪初中西文化大碰撞的时代,无论是物质层面还是精神层面,西方文化所代表的现代文明都成为古老、贫弱的中国所追求的现代化典范,但那时的中国还无力在政治、经济、科技、军事等方面全面推进现代化进程,而中国文学的现代化却走在了前面,与思想、文化、教育方面的现代化融会成强大的思想、文化形态的推动力量,成为中国全面走向现代化的思想前奏,并且在现代文学史所历经的大部分时间内,文学的现代化首当其冲,被提到有时看来是它无法担当的重要地位。因为许多时候文学启蒙成为思想启蒙的重要组成部分和手段,文学的现代化被认为关乎国家和民族的现代化。今天回顾历史,中国现代文学在这种迫切走向现代化的大环境下,抒写了十分短暂但可谓异彩纷呈的历史。

现代文学的现代性质,主要表现在用现代的语言表达方式与文学样式,表达现代中国人的思想、情感,表现生活在走向现代的中国社会中人的心理、时代的心理、民族的心理,从而发挥文学的社会功效和审美作用,推动思想的现代化、人的现代化,同时建立起具有现代性质的文学理论、创作、批评体系,确立了有别于中国古代文学、融入世界文学潮流的新兴的中国现代文学。

---

① 胡适:《介绍我自己的思想》,转引自闻继宁著《胡适之的哲学》,第101页,上海三联书店1999年版。

现代文学以1917年1月胡适发表《文学改良刍议》为开端,以1949年7月第一次全国文学艺术工作者代表大会在北京召开为结束,历时三十二年。在时间段的划分上根据现代文学史的历史特点,通常采用三个十年的划分方法,十年左右为一个时期。以1927年大革命失败为第一个界限,以1937年"七七事变"为第二个界限,分为:

第一个十年(1917—1927年):五四启蒙文学主导时期;

第二个十年(1927—1937年):左翼革命文学主潮时期;

第三个十年(1937—1949年):抗战及解放战争时期不同地域的多样文学形态。

由于中国社会的急剧动荡出现了不同的社会历史背景,使现代文学在各个时期出现了不同的主要时代特征和相应的文学主潮。每个时期虽都有主导的文学潮流,但在现代文学史的发展过程中,较自由开放的文化环境,人们和外来文化交流的便利,以及纷繁复杂的社会变化,也促使其形成了多元文学价值取向并存的时代特征。

五四时期主要呈现出复古、保守与叛逆、求新的矛盾。这是一个有着开放的气魄和胸怀,勇于探索、勇于思考、敢于怀疑、敢于创新的时代,是追求科学、民主的时代。五四时代的作家大多具有强烈的个性解放思想和爱国主义情怀,有彻底的反封建思想和浓厚的启蒙主义色彩。国家的存亡、民族的危机警醒了中国的知识分子,他们用文学的武器,催生和促进了中国现代新文化的发展,在中国文化和文学史上具有开创性的贡献。此时期产生了鲁迅、陈独秀、胡适、周作人、李大钊等著名的思想家、文学家。在寻求个人、民族和国家现代化的背景下,他们思想中最突出的表现是思想启蒙和文学启蒙。比如鲁迅对封建礼教"吃人"本质的概括,周作人论述在中国重新发现人的问题等一系列个人现代化的实质内容,即现代的人文精神。人文精神是以人为中心、肯定人的价值、尊重人的尊严、抒发人的个性的人道主义精神。在中国,面对根深蒂固的封建专制思想体系,五四人文精神更多地强调重新发现"人",从封建的桎梏中解放人,从而获得使人创造、发展、向上所具有的人格和权利,其中蕴涵着强烈的个性解放意识,具有浓郁的现代人文关怀色彩,而这些人文思想在五四时期最丰富地体现在各类文学创作中。五四文学主潮是反封建的启蒙文学,从这一基本点出发,在文学的内容和形式上又呈现出开放的、多元的态势。

左翼革命文学时期则是随着整个社会阶级矛盾的日趋激烈,文学主潮也随之变得空前的政治化。无产阶级革命文学的论争促进了左翼作家联盟的形成,推动了马克思主义文艺理论的传播,而同时自由主义作家以及各种文学倾向多元并行,呈现复杂矛盾的状态,在文学理论和创作实践上都展现了第二个十年的独特性和丰富性。

抗战及解放战争时期,中华民族经历了浴血奋战的八年民族解放战争和三年艰苦卓绝的内战,十二年的战争环境,使整个中国社会呈现出复杂多变的状态,文学也随之表现出多种形态。在抗战的非常时期,解放区、国统区、沦陷区、上海孤岛等不同地域的文学创作丰富、充实了第三个十年的文学历史。许多作家在文学走向大众化、民族化的道路上进行了广泛的尝试,无论是表层描摹还是深层展现,现代文学作家在灾难的战争岁月仍然没有停止他们文学探索的脚步。

二、现代文学的源流及特征

现代文学的产生可以溯源到近代中国社会历史变迁的外部环境和文化、文学发展自身的内部因素。

1840年的鸦片战争,中国被迫打开了闭关自守的封建帝国的大门,此后的太平天国运动、中法战争、中日战争、戊戌变法、义和团运动、辛亥革命都以失败告终。帝国主义的入侵一方面使中国一步步陷入半殖民地受屈辱的境地,另一方面在这种被迫对外开放的时代,中国一些有识之士开始接触西方先进的现代思想,并借此机会来倡导中国社会的改良和革新。

1898年倡导资产阶级政治改良的戊戌维新运动虽然失败了,但开办新式学堂这项新政不仅保留了下来而且还得到发展。1905年清朝政府正式宣布停止科举考试,推广新式学堂。这样,模仿西方的各级各类学校便迅速地在全国各地开办起来。另一项新政,向国外选派留学生，人数也年年增加，特别是派往日本的。这些留学生在国外学习了近代自然科学知识，接受了资产阶级民主主义思想影响，视野比较开阔，思想也比较解放，这批人士成为与封建士大夫完全不同，也与维新派完全不同的新型知识分子。这是中国社会中从来没有过的一股新的力量——资产阶级民主革命派的杰出领袖和中坚力量，如孙中山、黄兴、陈天华、邹容、秋瑾等，都是这一批知识分子的杰出代表。

辛亥革命以后，留学欧美各国的留学生比以往增多，第一次世界大战期间留法勤工俭学的学生就有一千七百多人，一支新型的平民知识分子的队伍不断壮大起来。代表中国人民新觉醒的、要求彻底反帝反封建的五四新文化运动，就是这批知识分子倡导起来的，代表人物有陈独秀、胡适、鲁迅、郭沫若等。

辛亥革命后十几年间，随着大一统封建王朝的崩溃，中国已无法再维持封建专制思想的高压统治，多种西方文化思潮得以自由输入，思想界呈现多元化格局。

在文学上，改良派的思想先驱率先提出了文学变革的主张。1896至1897年间，梁启超提出了"诗界革命"的口号，提倡写新诗，主张打破传统形式，运用新思想、新知识、新名词和口语，自由抒写旧体诗，明确指出诗歌要为改良社会服务。1899年又提出"文界革命"的口号。1902年发表《论小说与群治之关系》进一步提出"小说界革命"的口号，对小说地位的提高和创作的繁荣起到了促进作用。

在戊戌变法前后，裘廷梁提出语文合一的文体改革主张，认为"白话为维新之本"，主张"崇白话而废文言"。①

资产阶级启蒙思想家和文学家以具有叛逆思想的诗文创作，第一次打破了清中叶以来传统文学的腐朽局面。被梁启超颂扬为"诗界革命"一面旗帜的爱国诗人黄遵宪，是继龚自珍以后最杰出的一位

---

① 1898年裘廷梁在8月的《无锡白话报》上发表《论白话为维新之本》一文，提出"崇白话而废文言"的口号。转引自曾庆瑞编著《中国现代文学史简明教程》，第68页，北京广播学院出版社1988年版。

近代诗人。他主张"我手写我口",认为"今之世异于古,则今之人亦何必与古人同"。① 他的诗反映了新世界的奇异风物以及新的思想内涵,开辟了中国诗歌史上从来未有的广阔领域。

同时,由于改良运动宣传的需要,西方资产阶级的社会科学和文学作品不断输入。严复、林纾就是当时著名的文言翻译家。严复翻译了英国赫胥黎的《天演论》,介绍了"进化论"思想,影响很大。林纾在戊戌前后和懂西文的人合作,用文言翻译了法国小仲马的《巴黎茶花女遗事》,此后陆续翻译英、法等国的小说达百种之多。

从文学自身的发展规律看,胡适论道:"自从三百篇到于今,中国的文学凡是有一些价值有一些儿生命的,都是白话的,或是近于白话的。……再看近世的文学:何以《水浒传》、《西游记》、《儒林外史》、《红楼梦》可以称为'活文学'呢?因为他们都是用一种活文字做的。若是施耐庵、吴承恩、吴敬梓、曹雪芹都用文言做书,他们的小说一定不会有这样生命,一定不会有这样价值。……因此我说'死文言决不能产出活文学'。中国若想有活文学,必须用白话。"② 胡适大力倡导白话文,"是为了争取中国人在语言思维能力上的解放",③ 使文学现代化,从而进一步促进人的、国家的现代化。

到五四前后,社会政治的、思想文化的、文学自身的各种因素孕育成熟,中国文化史上空前的新文化运动也就应运而生了。

新文学在借鉴与创新中汲取了古今中外文化精华,并在此基础上不断发展。白话文学就像一棵小树,如果没有根,如果没有丰富的营养就不可能茁壮成长,长成参天大树。中国现代作家身处新旧交替的时代,具有深厚的中国古典文化修养,又深受西方现代文化浸染,在中西文化的大碰撞中,他们中许多人虽然极力推崇西洋文学的现代精神,摈弃中国封建文化束缚人性的旧伦理道德和与之相适应

---

① 转引自游国恩、王起、萧涤非、季镇淮、费振刚主编《中国文学史》(四),第338页,人民文学出版社1982年版。
② 胡适:《建设的文学革命论》,中国现代文学史资料丛书(乙种)《中国新文学大系·建设理论集》(影印本),第129页,上海文艺出版社1982年版。
③ 闻继宁:《胡适之的哲学》,第60页,上海三联书店1999年版。

的旧文化,但是他们毕竟生活在中国文化的土壤中,就是再标榜崇尚西洋文化,骨子里也不可能完全变为洋人。所以新文学自始至终就不能脱离与中国古典文学传统盘根错节的联系,而外国文学的多元吸收只能是现代文学发展的新鲜养料。

新文学和古典文学最根本的不同,在形式上是白话和文言的区别;在思想上则表现为彻底地背离了封建礼教的现代精神——一种来自西方的独立、自由、求真理的个性精神,这是现代文学能成为具有自己独特文学品格的精神核心。而在文化心理、文学风格、审美品格等等方面现代文学则受古典文学的多种影响。如魏晋风骨与鲁迅,名士风度与郁达夫,《儒林外史》与钱钟书的《围城》,《红楼梦》与张爱玲的《传奇》等等不胜枚举。

现代文学也可以说是在撷取了近现代欧美文学硕果的基础上产生的。现代文学的许多作家是西洋或东洋留学生,他们有得天独厚的条件直接接触国外各种流派的文学作品和其他社会科学、自然科学的著作,从中获得了丰富的西方现代文明的精神滋养。在思想理论方面他们大多直接取自西方。比如,文学革命时期胡适的文学历史进化论就来源于十九世纪西方自然科学中的进化论。而在现代文学历史上更丰富的文学思潮和哲学思潮的借鉴和引入几乎涵盖了西方文艺复兴以来各种思想潮流。在艺术方法上西方的浪漫主义、现实主义、自然主义以及现代主义的各种表现手法都或多或少地被中国现代作家所吸收,在此基础上创作出具有现代意义的新文学作品。有的纯熟,比如鲁迅的小说、散文诗;有的生涩,如李金发的象征诗。白话文学语言在发展过程中也不可避免地出现以西方语言为参照物的欧化倾向,很大程度上影响了现代文学语言的发展轨迹。

鲁迅先生曾说:"采用外国的良规,加以发挥,使我们的作品更加丰满是一条路;择取中国的遗产,融合新机,使将来的作品别开生面也是一条路。"[①] 现代文学作家是在一个新旧文化交融的时代,在继承民族优秀传统与多方接受外来影响的基础上,创造出了具有新生

---

① 鲁迅:《〈木刻纪程〉小引》,《鲁迅全集》第六卷,第48页,人民文学出版社1981年版。

命的白话文学作品。

现代文学是沿着现代化、民族化、大众化的方向不断探索前行的。从文学的形式上看,除了文学语言运用白话文的全新特征外,在短短三十二年的发展中就有许多创新体裁:短篇小说、白话诗歌、美文、散文诗、话剧文学、报告文学、电影文学等。其中前期小说、散文的成就最突出。随着白话新文学的不断探索发展,中、后期新诗和戏剧文学也出现了许多经典之作。

小说创作从一开始就显示了鲜明、深刻的现代化特征。1926年郁达夫在《小说论》中论述:"中国现代的小说,实际上是属于欧洲的文学系统的。新文学运动起来以后,五六年来,翻译西洋的小说及关于小说的论著者日多,我们才知道看小说并不是不道德的事情,做小说亦并不是君子所耻的小道。并且小说的内容,也受了西洋近代小说的影响,结构人物背景,都与从前的章回体、才子佳人体、忠君爱国体、善恶果报体等不同了。所以现代我们所说的小说,与其说是'中国文学最近的一种新的格式',还不如说是'中国小说的世界化'比较妥当。"[①]

郁达夫阐述了具有世界性和现代意识的中国现代小说区别于古典小说的性质。在内容、人物性格刻画、结构方式、心理描写等方面,现代小说包含了现实主义、浪漫主义、象征主义、表现主义、意识流等多种创作方法的综合运用。如鲁迅小说以小人物为主要描写对象,表现反封建的思想。他对现代人的自省精神和国民劣根性的深刻揭示,都是在借鉴西方和传统多样创作手法基础上的创新,这在中国小说创作上是前所未有的。现代小说多种流派创作的繁荣,使现代中国小说走向了世界。

散文创作更是异彩纷呈,政论散文的犀利、抒情美文的韵致、小品散文的风趣、浪漫散文的恣肆,含蕴了古今中外的各种风格和艺术表现。白话散文涵盖了杂文、散文、散文诗、报告文学等多样的散文体式,成为充分展示白话文学语言魅力的文学体裁。

---

① 转引自严家炎:《中国现代小说流派史》,第16—17页,人民文学出版社1989年版。

诗歌创作经过多方探索,从激情《女神》摆脱旧诗的束缚,到新格律诗对诗歌艺术的回归;从象征派对西方诗歌的膜拜,到现代派对中、西诗歌表现技巧的融合,以及中国新诗派诗人的现代性探索;从无产阶级革命诗歌的怒吼,到艾青、七月诗派更沉潜的艺术追求,使新诗这一新文学中也许最难成功的体裁和其他体裁的创作相比也毫不逊色。

中国现代戏剧以话剧为代表,虽是从西方移植而来,但经过二十世纪初的萌芽期、二十年代的发展期、三十年代的成熟期,到抗战中进入到前所未有的繁荣时期,形成既吸取西方戏剧营养,又具有自己民族特点,拥有不同阶层读者和观众群体的戏剧文学艺术和现代剧场艺术。

现代作家是在个体生命的觉醒中,在汲取西方现代文明丰富营养的激情状态下进行创作的,他们的作品是于死气沉沉的中国古老文化的枝干上萌发出的新芽,虽富有青春气息,但初期许多作家的创作无论在思想还是技巧方面都还尚显幼稚。五四文学多是青春的文学,只有鲁迅的创作呈现了中年艺术的成熟,其深邃的笔力无人能及。但在其后的发展中,凭借着现代文学作家深厚的文学素养和不断的艺术探索,在二十世纪三四十年代他们又创下全面繁荣的文学景象。

三、现代文学的影响及思考

一百多年来,中华民族在寻求国家、民族的出路,振兴中华,走向现代化的道路上执著地探索着。可以说,近代是个别人观念的现代化,现代是少数人观念的现代化,而今天是多数人和国家的现代化。现代文学在促进"思想的现代化"与"人的现代化"方面,发挥了特殊的不可替代的作用。在文学自身的现代化和促进中国各方面现代化的进程中,时代的脚步不会停止。反思现代文学,它会给我们今天留下许多值得思索的话题。

首先是如何科学地对待传统文化的问题。

五四以来,由于中国的国弱民穷、积重难返,许多激情的知识分子采用置之死地而后生的"丢包袱"方法对待传统文化,"可是封建意识形态决不是包袱,这种意识形态是长期的历史积累,经过漫长的岁月逐渐渗透到我们的血液里,深入到我们的骨髓中,在社会各个方面起着很大的影响,它是一种潜能。想用简单的方式,像丢包袱一样丢掉是不行的,清除封建意识的糟粕是一项非常艰巨的工作"。①

　　对待这个重大的问题,其主旨还是应该坚持五四时期提倡的科学精神,批判地继承中国悠久的文化遗产,去其糟粕,留其精华,以此作为新时期文化建设的坚实基础。充分地了解自己文化的优势、劣势,才能科学地"拿来"别人的文化精华,为现代社会所用。

　　其二是如何科学地看待西方现代文明的问题。

　　十九世纪末二十世纪初在西方国家绝对的经济强势下,在经济贫弱的中国,西方文化的冲击基本上形成了一边倒的局势。这使古老的中国被迫进入了前所未有的开放状态,"西欧两世纪所经过了的文学上的种种动向,都在中国很匆促地而又很杂乱地出现过来"。②我们有机会使自己同世界文化全面接触,但在接受的过程中不免鱼龙混杂。试图使文化全面西化,失去了自己的民族风格,是不能踏实地在世界上立足的。在对待外来文化的问题上也有一个取其精华、去其糟粕的科学原则问题。怎样以不卑不亢的心态面对吸取西方现代文化精华的问题,对于今天改革开放的中国也是有积极的思考价值的。中国文化伦理的、艺术的特性,西方文化宗教的、科学的特点,两者之间都是可以取精用弘的。特别是在二十一世纪初世界范围内所呈现的文化冲突的复杂和激烈,更促使我们在文化领域内深入思考批判和继承的辩证关系问题,从而使得中国不再盲从。

　　其三是对作家、作品的思想及审美价值的现代认识问题。

　　一般来说在社会历史的发展过程中,新旧交替、动荡混乱的时

---

① 杜维明:《一阳来复》,第 106 页,上海文艺出版社 1998 年版。
② 郑伯奇:《中国新文学大系小说三集·导言》(影印本),第 2 页,上海文艺出版社 1981 年版。

代,也是思想最开放、最大胆的时代,这样的时代往往会产生伟大的思想家、艺术家。五四时代就是这样的时代,也产生了具有世界影响力的现代思想家、艺术家鲁迅以及众多各具风采的作家。他们的优秀作品中所蕴涵的思想力量,至今还令我们后人称叹,在思索、追问、探寻中,历史和现实相融,带给我们太多的回味和深思……

现代文学史上的许多作家,都有着非常深厚的中国古典文学修养,时代的"惠顾"又使他们精通一国或几国语言,有机会直接受到西方现代文明的熏陶。他们学贯中西的深厚艺术修养,海纳百川的气度与胸怀,强烈的个性意识和责任感,在深厚踏实的基础之上所构筑的文学艺术的世界,他们文学世界中深刻的思想蕴含与丰富的审美韵味令人折服。特别是在白话文创作初期就呈现出的文学语言的精湛,使许多大师级作家今天仍然能成为我们学习现代汉语的典范。

从当今世界文化交融的角度考量,人类在进入二十一世纪以后,信息时代的到来使国家间的距离无形中缩短,地球也被称为了"地球村",世界上各种文化的交流变得更为频繁,而不同文化间的冲突也表现得更加剧烈。在这种时代背景之下,我们返观中国文化的独特性,思考它的特殊价值可能就变得更有意义。现代文学作为在整个中国文化发展进程中的一大转折,对其正反两方面的思考也是我们文化反思的一个重要环节。现在的中国仍处在现代化的历史进程中,除了科学技术等物质层面的现代化,还有思想、文化等精神层面的现代化发展的问题。现代文学阶段所面临的中西文化交融过程中的矛盾问题,五四时期提出的一系列人文话题,在今天其实依然存在,并且有必要对其进行更具深度的文化思考。

学习现代文学史,除了获得对文学作品本身的审美体验外,还应该有历史的感受。现代文学以它与中国思想文化发展密不可分的关系,显示出其特有的文化蕴涵。由现代文学史中的文学现象延伸出来的具有现实启示性的问题,在一个新的全球化的时代,还有许多值得我们审慎思考和深入探讨的话题。

【内容小结】
1. 现代文学的现代性质：包括语言的现代化、思想的现代化、人的现代化。（掌握）
2. 现代文学的历史沿革：近代文学到现代文学发展的历史进程。（了解）
3. 对现代文学现实影响的思考：在文学、文化层面思考一些在现在的社会文化生活中仍然有价值的问题。（理解、思考）

【难点解析】
对现代文学现实影响的深度思考是本章的难点，同学们可以根据自己的知识储备和对现实问题的观察，思考一些问题：
1. 怎样对待传统文化？
2. 在学习西方现代文明的同时如何排拒西方文化的糟粕。
3. 以人为本、科学发展的历史内涵和现实意义。

【学习检测】
问答题：
1. 中国现代文学的现代性质主要有哪些内容？
2. 现代文学史的起止时间、分期及各个时期的主要特征是什么？
3. 现代文学对中国现代化发展的主要历史影响是什么？

【相关资料】
杨联芬著《晚清至五四：中国文学现代性的发生》，北京大学出版社2003年版；
杜维明著《一阳来复》，上海文艺出版社1997年版。

第一编

第一个十年的文学(1917—1927)

中国文学历来和社会、政治、思想等方面的变革密切相关。随着时代的发展变化,第一个十年现代文学的发展大体可分为三个阶段:第一个阶段从1917年初文学革命发端到1919年五四运动爆发,为启蒙文学初始阶段;第二个阶段从1919年五四运动到1926年"三一八惨案"发生,为思想解放以及新文学创作繁盛阶段;第三个阶段从1926年到1927年"四一二事变",文学在白色恐怖的社会局势下出现相对沉寂、部分作家开始转向提倡"革命文学"的阶段。

第一章　五四启蒙时期的文学发展概述

【内容要点】
1. 文学革命的发生背景:社会及文化背景。
2. 文学革命的两篇发难文章:胡适的《文学改良刍议》和陈独秀的《文学革命论》的主要内容。
3. 周作人《人的文学》的主要论点。
4. 三个重要的文学会社:文学研究会、创造社、新月社。
5. 文学革命的意义。

【学习建议】
建议阅读文献:
1. 胡适《文学改良刍议》
2. 陈独秀《文学革命论》
3. 周作人《人的文学》

【参考书目】
《中国新文学大系》(1917—1927)史料·索引集(影印本),上海文艺出版社 1981 年版。
《中国新文学大系》(1917—1927)建设理论集(影印本),上海文艺出版社 1981 年版。

【课件链接】
参考课件光盘(上)第一编第一章

第一节　文学革命的发生背景及主要贡献

文学革命发生在中国社会动荡和文化转型的时期。1911 年的辛亥革命推翻了中国两千多年的封建帝制，创立了所谓的资产阶级民主共和国。而实际上因为中国的生产力发展极其落后，仍然停留在小农经济的基础之上，延续了几千年的超稳定的封建传统思想依然强大，盘根错节，无处不在。正像鲁迅先生所揭示的，辛亥革命只革掉了一根辫子，实质上并没有改变半封建半殖民地的社会性质，只不过是从大一统的皇帝统治变成了军阀混战。那时的中国，天下大乱，民不聊生。

1917至1927年，中国就是在这种昏乱、愚昧、黑暗、落后、抗争、求索、变革、革命、挫折中度过的。这十年的中国虽然动荡、混乱，但毕竟大一统封建专制思想体系的外壳已经被打破。从文化的角度看，自1840年鸦片战争中国被列强的军舰大炮轰开国门之后，中国就在无可奈何之中被迫开放，在自觉不自觉之间中西文化开始交融。面对无比强大的西方物质文明，多少年来夜郎自大的中国开始对自己曾经辉煌了几千年的东方文明进行痛苦的反思。从十九世纪末到二十世纪初，正是中国文化酝酿裂变和浸润现代文化的转型时期。僵滞、沉闷、死气沉沉的中国思想文化界，在外来西方文化的强大力量的冲击之下开始被激活。

五四时代是一个思想活跃的时代、思想启蒙的时代，也是一个文化的时代、自由的时代。其思想实质是彻底地反帝、反封建，以救亡图存。五四作为一个历史事件很快就过去了，但五四精神对中国的影响是深远的。

五四时期因为军阀政权的频繁更替，统治者无力施行严密的思想控制，中国历史上出现了少有的思想统治相对松动、知识分子思想比较自由的时期，在混乱的自由气氛中，中西文化的交融出现了前所未有的多元态势，知识分子的思想文化视野空前拓展，孕育了新文化运动产生的条件。高旭东在《五四文学与中国文学传统》一书中这样概括："五四不是一个政治家发起的政治改革运动，而是一个知识分子发起的文化叛逆运动"，"新文化运动之不同于洋务运动、戊戌变法与辛亥革命的精神所在，就是以个性解放为核心的伦理道德革命"，"新文化运动更偏重于从个体人的角度着眼，让个体的人从传统的伦理整体中解放出来,获得自由发展"。①

　　文学革命是新文化运动的重要组成部分有着明显的文化启蒙动因,它实质上是中国在企求走向现代化过程中的一次规模浩大并从知识界起始的思想启蒙运动。它主要有两方面的工作:破旧——即批判专制、愚昧的封建思想,提倡思想自由;立新——即引进、吸收西方文化,提倡人道主义、个性解放。

　　文学革命的发生和发展有一个逐步推进的过程。它的前奏是1915年9月陈独秀在上海创刊的《青年杂志》,第二卷起改名为《新青年》。《新青年》是作为一种文化批判性质的刊物,顺应时代要求而创刊的,它成为了文学革命的重要文化阵地。

　　陈独秀在创刊号的《敬告青年》一文中向中国青年提出了六点希望:

　　(一)自由的而非奴隶的

　　(二)进步的而非保守的

　　(三)进取的而非退隐的

　　(四)世界的而非锁国的

　　(五)实利的而非虚文的

　　(六)科学的而非想象的②

　　其基本精神就是提倡民主和科学精神。此后一场代表中国人民新觉醒的新文化运动,便以《新青年》为主要阵地发展起来。

　　文学革命的两篇发难文章都是在《新青年》上发表的。1917年1月胡适在《新青年》第2卷5期上发表了《文学改良刍议》。他从"历史进化论"的思想出发,提出"一时代有一时代之文学","以今世历史进化的眼光观之,则白话文学之为中国文学之正宗,又为将来文学必用之利器,可断言也!"③ 胡适提出要用白话作文,应从八事入手:

---

①　高旭东:《五四文学与中国文学传统》,第6—8页,山东大学出版社2000年版。
②　《中国现代文学运动史料摘编》上册,北京出版社1985年版。
③　胡适:《文学改良刍议》、《建设的文学革命论》,《中国新文学大系·建设理论集》(影印本),第34—43页、第129页,上海文艺出版社1982年版。

"一曰,须言之有物。二曰,不模仿古人。三曰,须讲求文法。四曰,不作无病之呻吟。五曰,务去烂调套语。六曰,不用典。七曰,不讲对仗。八曰,不避俗字俗语。"① 胡适主要从文学形式着眼论述了文学改良的问题。

1917年2月,陈独秀在《新青年》第2卷6期发表了《文学革命论》,响应胡适的主张,明确提出了"文学革命"的口号。"余甘冒全国学究之敌,高张'文学革命军'大旗,以吾友之声援,旗上大书吾革命军三大主义:曰,推倒雕琢的,阿谀的贵族文学,建立平易的,抒情的国民文学。曰,推倒陈腐的,铺张的古典文学,建设新鲜的,立诚的写实文学。曰,推倒迂晦的,艰涩的山林文学,建设明了的,通俗的社会文学。"② 陈独秀从内容和形式两方面阐述了文学革命的必要性,并首次提出了"文学革命"的口号。

之后,胡适又在《历史的文学观念论》中进一步阐述了他的"历史进化"的思想,说明提倡白话文的必要性。刘半农发表了《我之文学改良观》,提出改良散文、韵文的意见。钱玄同则从文字学的角度证明古代言文一致,补充了胡适的主张。

1917年胡适、陈独秀的两篇文章,标志着"文学革命"的发难,也标志着中国现代文学的开端。

1918—1919年间,是文学革命从理论建设到创作实践初步确立和发展的时期。在文学新观念的建立上,《新青年》发表了一系列理论文章,对文学革命作了进一步的探讨,其中比较有影响的是周作人的《人的文学》和《思想革命》等。

《人的文学》提出在中国重新发现人的口号,主要有三个基本论点:其一,要求文学表现美的善的人性。其二,文学要以"人道主义为本,对于人生诸问题加以记录研究",在中国"人的问题,从来未经解

---

① 胡适:《文学改良刍议》,《中国新文学大系·建设理论集》(影印本),第34页,上海文艺出版社1982年版。
② 陈独秀:《文学革命论》,《中国新文学大系·建设理论集》(影印本),第44—47页,上海文艺出版社1982年版。

决"、"我们希望从文学上起首,提倡一点人道主义思想"。其三,要以"人的道德为本",应该描写"两性的爱"、"亲子之爱"这种人的"天性",去掉礼教专制下的畸形道德,人与人平等相待,自然和谐,父母爱子女,子女爱父母。①

在《思想革命》中,他主张新文学应该有新思想,认为单变文字不变思想的改革是换汤不换药,强调"思想革命"比语言文字的改革更重要。

周作人当时是比较重视文学思想内容的革新的。他所说的"人的文学",就是资产阶级人道主义的文学,用人道主义文学来反对封建主义、封建礼教,这和新文化运动所提倡的民主与科学精神是一致,也是有时代进步意义的。"人的文学"的提出,初步确立了文学的新观念,为以后"为人生"的现实主义思潮的形成打下了初步的理论基础。

从创作实践看,文学革命倡导初期的创作,也呈现出可喜的局面。在1918—1919年间,在《新青年》上发表了许多新文学作品。小说有鲁迅的《狂人日记》、《孔乙己》、《药》、《风波》,显示了文学革命的实绩。新诗有胡适的《尝试集》、刘半农的《相隔一层纸》、周作人《小河》等。散文有李大钊的政论文,如《庶民的胜利》等,鲁迅有"随感录"二十多篇。戏剧也出现了新文学的第一个剧本——胡适的《终身大事》。虽然早期的许多创作还很幼稚,但新文学毕竟开始起步了。

除此之外,文学刊物大量创办,《每周评论》、《新潮》、《少年中国》、《星期评论》等,新文学扩大了自己的阵地。随着文学革命的深入,白话文的影响日益扩大。1920年1月,北京政府教育部承认白话为"国语"。一些大型的有影响的保守刊物,如商务印书馆的《东方杂志》、《小说月报》都顺应潮流作了一些革新,发表用白话写的文章和新文学作品。《晨报副刊》、《时事新报》副刊《学灯》、《民国日报》副刊《觉悟》及《京报副刊》被称为新文化运动中的"四大副刊"。这些刊

---

① 周作人:《人的文学》,《中国新文学大系·建设理论集》(影印本),第196页,上海文艺出版社1982年版。

物对培养新文学作家,促进文学革命的深入,作出了很大贡献。比如著名女作家冰心在《晨报副刊》上发表的十余篇短篇小说,郭沫若在《时事新报·学灯》上发表了他代表性的新诗《凤凰涅磐》、《天狗》等。

新文学在理论和创作上确立自己地位的同时,还对反对新文学的复古势力进行坚决回击。比如钱玄同和刘半农在《新青年》上自导自演了一出"双簧戏",即由钱玄同化名王敬轩,把当时社会上反对新文化运动的论调集中在一起,模仿守旧文人的口吻写信给《新青年》编辑部,然后由刘半农复信,加以逐一的批驳。随之赞同和反对王敬轩的来信蜂拥而至,展开了一场大论辩,扩大了新文化运动的影响。另外对复古派林纾的反驳,对保守派"学衡派"的批判虽有武断之偏,但也在激烈的论辩中巩固了新文化的阵地。

从文学史的角度看,文学革命的贡献主要表现在:理论上建立了全新的文学观念,确立了白话文的地位,实现了言文合一。抛弃了传统的"文以载道"、"代圣人立言"的旧文学观,确立了文学为人生、为社会现实的新文学观,使文学更接近人民、接近现实。在创作实践上,一大批有为的新文学作家出现,白话作品出现空前繁荣局面,出现了现代文学史上大师级的作家鲁迅,充分显示出文学革命创作的实绩。在中外文学的交流方面,中国文学第一次向世界开放,走入了世界文学的大潮之中,此时期对外国文学的介绍也是空前繁荣的。

第二节 新文学社团的兴起和创作实绩

1921年开始受不同文艺思潮和创作方法影响的作家,各自聚集成创作倾向大致相同的文学社团。新文学社团的纷纷成立扩大了文学革命的影响,使新文学在理论和创作上都进入了一个繁荣发展的时期。

文学研究会是这一时期主要的文学社团,1921年1月成立于北京,发起人有周作人、郑振铎、沈雁冰、郭绍虞、朱希祖、瞿世英、蒋百里、孙伏园、耿济之、王统照、叶绍钧、许地山等十二人,后来参加的有朱自清、谢冰心、黄庐隐、王鲁彦、朱湘、徐蔚南、赵景深、俞平伯、李健吾、许杰、老舍等。

文学研究会在"宣言"中提出发起这个会的三个目的:(1)联络感情;(2)增进知识;(3)建立著作工会的基础,谋文学工作的发达与巩固。

文学研究会成员虽然在政治观点和文学观念上不尽相同,但他们对文学的认识却基本一致,就像后来茅盾所总结的:文学研究会"如果有所谓一致"的话,那亦无非是"将文艺当作高兴时的游戏或失意时的消遣的时候,现在已经过去了"。① 文学研究会的基本主张是"为人生而艺术",所以文学研究会作家也被称为"人生派"。

文学研究会成立以后的主要活动一是编刊物,二是出丛书。1921年1月,茅盾接编商务印书馆出版的《小说月报》,发表《改革宣言》,大力提倡写实主义文学,并介绍外国文学流派,研究中国古代文学。《小说月报》从第12卷1期起,实行全面革新。革新以后的《小说月报》成为文学研究会的代用机关刊物。两年以后,由郑振铎、叶绍钧等相继接编。《文学旬刊》于1921年5月出版,郑振铎、胡愈之、茅盾、谢六逸等先后担任主编。《诗》(月刊)1922年1月创刊,1923年5月停刊。

这些文学刊物对新文学的成长作出了很大贡献,发现和培养了一批新文学作家,发表了大量的新文学作品。文学研究会刊物的经常撰稿人有:郑振铎、朱自清、王统照、许地山、庐隐、鲁彦、朱湘、汪静之、许杰等。此外还有文学研究会成立之前就发表过很多作品的鲁迅、叶圣陶、冰心等。

文学研究会还在批判中确立新的文学观念。一方面写文章批判"学衡派"、"鸳鸯蝴蝶派"等保守、落后的文学理念,一方面开展现实主义文学的理论建设。茅盾先生在这方面是最杰出的理论家。在1921至1925年间,他先后发表了《文学与人生》、《"大转变时期"何时来呢?》、《自然主义与中国现代小说》、《近代文学上的现实主义》等

---

① 茅盾:《关于"文学研究会"》,北京广播电视大学《中国现代文学史料摘编》上册,第85页,北京出版社1985年版。

多篇论文,论述了文学与社会生活的关系和现实主义的创作方法,指出文学创作要做到真、善、美相结合,作家要走出空中楼阁,熟悉人民的生活,反映他们的命运和善与美的人性,强调作品要有唤醒民众、激励人心的作用。

在介绍外国文学流派方面,文学研究会也做了大量工作。比如《小说月报》编出《被损害民族文学》、《俄国文学研究》、《法国文学研究》等专号和增刊,还连载了《文学大纲》这部介绍世界文学史的巨著,给中国新文学提供了广泛的借鉴。

文学研究会编出的大型丛书《文学研究会丛书》约有一二百种,其中包括创作、翻译和理论研究等方面的著作,其中著名的如冰心的诗集《繁星》。这是新文学史上第一套大规模出版的文艺丛书,其贡献也是显著的。

文学研究会是中国新文学史上影响最大的文艺社团之一,"五卅运动"以后作为一个团体逐渐趋于涣散。但文学研究会的作家有许多还一直活跃在文坛上,文学研究会所提倡的"为人生"的现实主义思潮,也一直是现代文学发展中最重要的一种创作潮流。

此外和文学研究会"为人生"的主张大致相近的团体主要有民众戏剧社。它是在文学研究会成立后不久,文学研究会的一些成员如沈雁冰、郑振铎、汪仲贤、欧阳予倩等和陈大悲、熊佛西等人于1921年5月在上海组织发起的。他们反对传统戏剧和当时已经堕落的文明新戏,竭力提倡"爱美剧"——即非职业戏剧。这是针对当时戏剧商业化,不顾社会效果的不良倾向提出来的,有一定的进步意义。但民众戏剧社主要是在戏剧理论上的研究,并没有实际的演出活动,影响不很大。

语丝社,1924年10月成立于北京,同年11月17日发刊《语丝》周刊,1927年10月遭反动军阀查封,同年12月17日在上海复刊至1930年3月停刊,共出二百六十期。语丝社的主要成员是周作人、鲁迅、林语堂、钱玄同、孙伏园等。主要宗旨就是继承《新青年》文化批判与社会批评的民主精神,就像鲁迅所说"任意而谈,无所顾忌,要催生新的产生,对于有害于新的旧物,则竭力加以排击,——但应该产生怎样的'新',却并无明白的表示,而一到觉得危急之际,也还是故意隐约其词"。①

《语丝》杂志上多刊登的是短论、随笔、小品、杂感等,随意闲谈,信手写来,却显露了幽默、泼辣、锐利、讽刺的锋芒。另外一种格调的创作是具有平和、恬淡特色的散文、小品。在《语丝》上发表的著名作品有:鲁迅的小说《示众》、《离婚》,散文诗《秋夜》等二十三篇,杂文《论雷锋塔的倒掉》、《记念刘和珍君》等。周作人的杂感《关于三月十八日的死者》,散文《喝茶》、《谈酒》、《乌篷船》等。另外林语堂、刘半农、钱玄同也发表了不少杂文。1926年前后,语丝社开始分化。

未名社,1925年秋成立于北京,主要成员有鲁迅、韦素园、台静农、曹靖华、李霁野等。1926年1月出版《莽原》半月刊。鲁迅的著名杂文《论"费厄泼赖"应该缓行》及数十篇散文、历史小说等都发表在这个刊物上。

和文学研究会同时影响较大的另一个会社是创造社,1921年夏成立于东京,主要成员有郭沫若、成仿吾、郑伯奇、郁达夫、田汉、张资平、穆木天等。

创造社存在的时间比较长,从1921至1929年近十年,这十年可划分为三个阶段:1921—1924年,主要倡导新文学;1925—1927年,更多注意对社会政治问题的探讨;1928—1929年,倡导革命文学。在第一编里我们主要介绍在第一个十年中产生重大影响的创造社前期的活动。前期创造社出版了"创造社丛书"、《创造》季刊、《创造周报》、《创造日》。

创造社成员以建设新文学为使命,以提高新文学水平为己任,在这个前提下,他们虽然不轻视作品的思想性,但特别强调作品的艺术性。成仿吾在《新文学之使命》中概括说,新文学有三种使命:"一、对于时代的使命;二、对于国语的使命;三、文学本身的使命。"在《真的艺术家》中,他进一步指出"真的艺术家只是低头于美,他的信条是美,即

---

① 鲁迅:《我和〈语丝〉的始终》,转引自北京广播电视大学《中国现代文学史料摘编》上册,第79页,北京出版社1985年版。

真即善"。所以创造社通常在文学史上被认为是"为艺术"的一派。

创造社成员还一致赞同"文学是自我的表现"的口号，表现出积极浪漫主义的创作倾向，也体现了和文学研究会现实主义主张的最明显区别。

和创造社浪漫的文学主张相近的社团主要有南国社。它1922年成立于上海，因《南国》半月刊而得名，最初的成员只有田汉和他的夫人易漱瑜两人。《南国》半月刊只出版四期便停刊了。1924年间田汉又在《醒狮周报》上出了二十期《南国特刊》。此后，田汉便专门从事戏剧电影工作，成立"南国电影剧社"。1927年间"南国电影剧社"改组，正式成立南国社，设文学、绘画、音乐、戏剧、电影五部，并以"团结能与时代共痛养之有为的青年，作艺术上之革命运动"① 为宗旨，1928年开始做公演活动。南国社上演的剧目中，除少部分翻译的及几部欧阳予倩的剧作外，大都是田汉自己的作品。

田汉1920年发表了第一个剧本《环娥琳与蔷薇》，到1927年他共写了十几个剧本，如《获虎之夜》等。田汉的剧作诗情浓郁，情调感伤，显示出浪漫主义的色彩。

湖畔诗社，1922年4月成立于杭州，主要成员是应修人、冯雪峰、潘漠华、汪静之。他们合出《湖畔》、《春的歌集》两部诗集。1925年湖畔诗社停止活动。湖畔诗社四位诗人的诗，都歌咏爱情，歌咏自然，唱出了人间的痛苦不幸，最著名的有汪静之的诗集《蕙的风》。

弥洒社，1922年秋成立于上海，代表作家胡山源。1923年3月出版《弥洒》月刊，以后又出《弥洒创作集》，至1927年春完全停止活动。弥洒是拉丁文 Musa、英文 Muse 的译音，即"文艺女神"之意。弥洒社主张"无目的，无艺术观，不讨论，不批评，而只发表顺应灵感所创造的文艺作品"。② 其代表作是胡山源的小说《睡》。

---

① 田汉：《南国社史略》，转引自北京广播电视大学《中国现代文学史料摘编》上册，第88页，北京出版社1985年版。
② 鲁迅：《〈中国新文学大系·小说二集〉导言》，转引自北京广播电视大学《中国现代文学史料摘编》上册，第93页，北京出版社1985年版。

浅草社,1922年冬在上海成立。1923年出版《浅草季刊》,主要成员有林如稷、陈翔鹤、陈炜谟、冯至。1925年,《浅草季刊》停刊,后杨晦、冯至、陈翔鹤等另办《沉钟》周刊,沉钟社因此得名。他们的小说、诗歌创作都有明显的浪漫色彩。如林如稷的小说《将过去》,冯至的诗集《昨日之歌》等。

新月社是继文学研究会和创造社之后第三个影响较大的会社。新月社1923年由胡适、陈源、徐志摩、闻一多、梁实秋等人在北京发起成立,到1928年徐志摩在上海创办《新月》月刊,使新月社的活动分成了前、后期。新月社的成员大多是英美留学生,思想上较倾向于自由主义,后逐渐形成一个诗人群——新月诗派。在1928年之前前期新月社时期,闻一多、徐志摩、朱湘等提倡"新格律诗"致力于新诗艺术形式的探索,提高了白话诗的艺术品位。

【内容小结】

1. 《新青年》杂志的作用。(了解)
2. 文学革命的两篇发难文章以及文学革命和新文化运动的关系。(理解、掌握)
3. 周作人的《人的文学》理论建树的重要意义。(理解、掌握)
4. 主要文学会社:文学研究会、创造社、语丝社、新月社、湖畔诗社、南国社。(掌握)
5. 对文学革命的评价:文学观念、作品内容的革新、语言形式的变化。(理解、掌握)

【难点解析】

对文学革命的辩证评价:

缺憾与反思:五四新文化运动(包括文学革命)固然以其在中国文化史上前所未有的气魄推动了中国思想、文化、文学的进步。思想的解放和观念的现代化,进一步促进了中国社会、政治、经济的发展,虽然在中国这种发展是一波三折的,但没有五四时代的突破,也许中国还会沉睡很多年。在那个狂飙突进的时代，在拼命想冲破老大中国沉滞、僵死的"铁屋子"时，也许还来不及深思熟虑，或者说非矫枉过正就不能打破、改变古中国的现实。但今天，我们以科学的态度反观中国文化史上这一重要的史实，文学革命也不免有其历史的、文化的缺憾，这主要是指在引进西方文化的同时，怎样科学地继承中国传统文化精华的问题。因为中国文化是世界上为数极少的延续性文化，我们中华民族的生命已经绵延了五千多年，必有其独具的价值和魅力。在当今世界各种文化复杂交织、冲突不断的时候，在纷繁复杂、物欲横流的现代社会，如何发挥中国传统文化的优势，走出一条成功的中国特色的现代化道路，大概是我们中国人不得不深思的现代课题。

【学习检测】

名词解释：
1. 文学研究会
2. 创造社
3. 语丝社
4. 新月社
5. 湖畔诗社
6. 南国社

问答题：
1. 怎样看待"文学革命"在中国现代文学史上的功过？
2. 你认为五四文化批判精神可以取消吗？
3. 五四新文化运动对于中国现代化进程的贡献如何？你怎样看待封建主义对中国的影响？当今社会还有反封建的必要吗？
4. 新文化运动是如何对待传统文化和外来思潮的？我们能从中得到怎样的经验和教训？

【相关资料】

高旭东著《五四文学与中国文学传统》，山东大学出版社2000年版。

第二章　现代文学之父——鲁迅

【内容要点】
1. 了解鲁迅生平概况,理解"进化论"、"改造国民性"思想的内涵,为深入理解鲁迅的作品打下良好的基础。
2. 重点作品:小说集《呐喊》、《彷徨》——忧愤深广的内容和新颖别致的形式。
3. 散文诗集《野草》部分篇章赏析。
4. 了解前期杂文的特点。

【学习建议】
1. 必读作品
小说:《狂人日记》、《孔乙己》、《故乡》、《阿Q正传》、《祝福》、《伤逝》
散文诗:《野草·题辞》、《秋夜》、《雪》、《好的故事》、《立论》
杂文:《我们现在怎样做父亲》、《娜拉走后怎样》、《灯下漫笔》、《记念刘和珍君》
2. 建议阅读作品
《呐喊》、《彷徨》、《野草》、《朝花夕拾》
以上作品收在:《鲁迅全集》第一卷、第二卷、第三卷,人民文学出版社1987年版。

【参考书目】
《鲁迅全集》第1—16卷,人民文学出版社1987年版。

【课件链接】
请参考课件光盘(上)第一编　第二章　鲁迅

第一节 鲁迅的生平和思想

鲁迅是中国现代文学的奠基人,是具有划时代意义的伟大的思想家、文学家。鲁迅的艺术人格和他的全部创作,在中国文化从传统转向现代的过程中,呈现出了绝无仅有的复杂性和深刻内涵。这一切都能从他独具个性魅力的作品中显现出来。于是鲁迅其人、其作就具有了随着时代的演进而不断发掘、不断阐释的文化特征。

我们首先沿着鲁迅先生的生命轨迹,探究他思想产生的个人与时代背景,发掘在偶然与必然之间一代艺术大师灵魂深处的本真和复杂处,从而更深切地解读、体悟鲁迅作品的精髓。

鲁迅生于1881年9月25日,原名周树人,鲁迅这个名字是1918年发表《狂人日记》时开始使用的笔名。他出生在浙江绍兴一个渐趋没落的封建仕宦家庭,祖父周福清是进士出身,才高气盛,为人倔强。父亲周伯宜则是一个屡试不第的秀才,由于仕途不顺,终日少言寡语,脾气古怪。母亲鲁瑞在当时的时代是一个比较开通的女子,通过自己的努力能识字读书,是一个有胆识的女性,对孩子充满着温柔的母爱,鲁迅对自己的母亲感情很深。

鲁迅出生的时候,家里还有几十亩水田和一些店铺,当时祖父周福清还在京城做官,鲁迅一家过着比较富足和稳定的生活。鲁迅的童年也是在无忧无虑的环境中度过的,无论是仁厚慈爱的长辈继祖母、保姆长妈妈、宽厚开明的母亲,还是周围那些天真无邪又带着野性的小伙伴;无论是在家中的百草园,还是在乡间外婆家那古朴、幽静的乐土上,幼小的鲁迅可以任着自己活泼倔强的天性自由地发展。

鲁迅幼时的教育主要来自两个方面:一个是正统的教育,鲁迅七岁时父亲便把他送进私塾接受正规的传统教育,十二岁便进入绍兴城内最严厉的私塾三味书屋。这期间鲁迅除阅读《论语》、《孟子》这些儒家经典著作以外,还广泛涉猎了许多野史笔记。在祖父的指导下,他还阅读了《西游记》、《水浒传》等古典文学名著及历代名家的古典诗词,像李白、杜甫、白居易等等。另外一个是自然的教育,这主要来自于仁慈的继祖母和忠厚的长妈妈,她们给鲁迅讲了许多新奇美丽的民间传说故事,使他从小受到民间艺术潜移默化的熏染,培养了鲁迅对民间艺术的爱好,他从小就有抄书与描画的癖好,比如像《芥子园画传》这样图文并茂的书都是他所珍爱的宝物。

鲁迅在人生的启蒙时期从家庭和课堂等方面广泛地吸取着知识的营养,虽然像《二十四孝图》里那些对孩子来说显然是残酷的故事刺痛了他幼小善良的心,但这一时期的博览群书,为以后他在文学艺术上所取得的成就奠定了最初的基石。

1893年,即鲁迅十三岁那年,是鲁迅一生中一个转折点。这一年祖父周福清因贿赂主考官一案被判为"斩监候"关进监狱,年年有被处死的危险,特别是到每年秋决的时候。鲁迅家里每年都要花一大笔钱去通融以延缓祖父的生命,这样就不得不变卖田产,而这时父亲周伯宜又得了重病,花费就更大,鲁迅的家就这样衰败下去了。鲁迅也从此结束了无忧无虑的童年生活。作为长子,他不得不挑起家庭的重担,饱尝了世态的炎凉,第一次体味了人生的甘苦。在《〈呐喊〉自序》中,他曾经谈到过这段经历,"我有四年多,曾经常常——几乎是每天,出入于质铺和药店里……我从一倍高的柜台外送上衣服或首饰去,在侮蔑里接了钱,再到一样高的柜台上给我久病的父亲去买药……有谁从小康人家而坠入困顿的么,我以为在这途路中,大概可以看见世人的真面目……"① 少年鲁迅第一次看到了这个社会的阴暗面。

在困境中鲁迅进入了青年时代,开始了人生的第一次选择。现实的路似乎有许多——经商,当师爷,或是走传统的科举之路。前两者是倔强的鲁迅所不愿走的,而科举之路对于鲁迅来说,破落的家已无力再资助他继续读书,况且鲁迅也不愿再走祖父、父亲所走的这条布满荆棘的路了。家庭的败落也使作为长子的鲁迅饱尝了大家庭中人们的欺侮和世俗的冷眼,他感到厌恶,于是决定"走异路,逃异地,

---

① 《〈呐喊〉自序》,《鲁迅全集》第一卷,第415—416页,人民文学出版社1987年版。

去寻求别样的人们"。① 他选择当时被认为是异端的路——学洋务。鲁迅从家庭、故乡这个狭小的天地里走出来,走进了社会这个纷繁复杂的大千世界中去,开始了青年时代的探索。

鲁迅先考进了南京官费的江南水师学堂,这是洋务派为训练水兵而建的衙门式的官办学堂。然而在带有浓厚封建性和买办性的洋务派开设的江南水师学堂里,封建的等级观念仍然十分严重。学堂里所开的课程也是中西参半、不伦不类,这种沉闷的空气使渴求新知识的鲁迅感到十分失望。不久,他转学到了江南陆师学堂附设的矿路学堂去学开矿。

矿路学堂在当时算是比较开明的,鲁迅在这里初步接触到了西方资本主义的自然科学和社会科学知识。在学堂的阅报处,他看到了改良派梁启超先生主办的《时务报》及留日学生在日本创办的《译书汇编》,学习了格致(物理学、化学)、地学(地质学)、金石学(矿物学),还阅读了一些生理学和医学的书。在这一时期对鲁迅思想影响最大的书是严复翻译的《天演论》。这时,年轻的鲁迅虽然只是从微启的窗口在看世界,但他毕竟已开始从中国传统文化的围栏中跨出了一步,开始接触到西方科学、民主思想。

鲁迅在《朝花夕拾·〈琐记〉》一文总结了这一段生活:"爬上天空二十丈和钻下地面二十丈,结果还是一无所能,学问是上穷碧落下黄泉,两处茫茫皆不见了,所余的还只有一条路:到外国去。"② 1902年鲁迅以第一等的毕业文凭毕业,考取官费留学,东渡日本开始了他一生中一个重要时期。

鲁迅带着希望开始了他的留学生活,先进了弘文学院江南班学习日语。当时的日本是中国革命者的聚集地,他们都是因为从事反清爱国运动而流亡海外的。这里面有代表着各种革命主张的各派代表人物,如梁启超、邹容、孙中山、章太炎等。他们或创办刊物,著书立说,宣传各自的革命主张;或聚集力量,扩大革命阵营。一直关注

---

① 《〈呐喊〉自序》,《鲁迅全集》第一卷,第417页,人民文学出版社1987年版。
② 《朝花夕拾·〈琐记〉》,《鲁迅全集》第二卷,第297页,人民文学出版社1987年版。

着祖国的命运、想要探求救国之路的鲁迅,在这种革命的环境中,积极投身到反清救国的斗争中去。

他反清的第一个坚决的举动就是剪掉了象征清朝统治的辫子,这在当时也是一个了不起的行动,在为剪掉辫子而作纪念的断发照的背面,鲁迅写下了大家所熟知的著名诗句:

> 灵台无计逃神矢,
> 风雨如磐暗故园。
> 寄意寒星荃不察,
> 我以我血荐轩辕。

这是一位血气方刚的年轻人在抒发他无畏的献身祖国的革命精神,然而这并不是一个年轻人一时感情冲动之作,这首诗也是鲁迅一生不屈的战斗精神的写照。

1903年鲁迅参加了以推翻清朝腐败统治为宗旨的革命组织"浙学会"(即光复会的前身),另一方面鲁迅仍然在孜孜不倦地吸取各种知识营养。在日本这个东西方文化正在频繁交流的国家,鲁迅更直接、更广泛地接触了国外的科学和文化。这一时期他开始翻译介绍外国文学和自然科学著作,先后翻译了雨果的《哀尘》,译述了小说《斯巴达之魂》,他同情被侮辱与被损害者,崇尚斯巴达人的尚武爱国精神。同时还撰写了科学论文《说钼》,及时介绍了居里夫人发现镭这一科学成果,发表了《中国地质略论》表现出他实业救国的思想。

1904年鲁迅在弘文学院毕业,面临着他人生的第二次选择。少年时期父亲被庸医治死的经历,使他"渐渐的悟得中医不过是一种有意的或无意的骗子,同时又很起了对于被骗的病人和他的家族的同情;而且从译出的历史上,又知道了日本维新是大半发端于西方医学的事实"。[①]于是他便选定了自己的目标,到仙台医专学习医学。在仙台医专,鲁迅遇到了当时对他求知和做人都教益颇深的藤野先生,

---

① 《〈呐喊〉自序》,《鲁迅全集》第一卷,第417页,人民文学出版社1987年版。

同时也深感作为贫弱之邦的子民的屈辱，一个偶然事件使鲁迅作出了他一生中最重大的一次抉择。鲁迅在《〈呐喊〉自序》中写到，在放教学幻灯的间隙，"教师便映些风景或时事的画片给学生看……其时正当日俄战争的时候……有一回，我竟在画片上忽然会见我久违的许多中国人了，一个绑在中间，许多站在左右，一样是强壮的体格，而显出麻木的神情。据解说，则绑着的是替俄国做了军事上的侦探，正要被日军砍下头颅来示众，而围着的便是来赏鉴这示众的盛举的人们"。① 这情景深深地刺痛了鲁迅的心，使他感到了日本人对中国人尊严的蔑视，他毅然放弃了医学救国这条路，他这样写道："凡是愚弱的国民，即使体格如何健全，如何茁壮，也只能做毫无疑义的示众的材料和看客，病死多少是不必以为不幸的。所以我们的第一要著，是在改变他们的精神，而善于改变精神的是，我那时以为当然要推文艺，于是想提倡文艺运动了。"②

鲁迅决然地改变了自己的生活道路，表面上看似乎出于偶然，但这一抉择却有着他内在心理的必然性。鲁迅在那个特定时代始终把个人的命运和民族、人民的命运紧紧连结在一起，在不断地学习和实践中，他的思想认识在逐渐变化、发展、提高，随着他思想认识向深层发展，他选择了他自己认为最能拯救国家和民众的道路，开始了以笔做枪的韧性战斗，一生都在绝望中抗争。

1906年，鲁迅弃医从文离开仙台到东京。到东京不久，鲁迅生活中出现了一个插曲，这也是使他痛苦了大半生的一件事，母亲替他包办了一桩婚事，这在当时的中国虽然是天经地义的事，但对于一个封建制度的叛逆者，一个接受了现代西方科学文化教育的青年，却是无法承受的。出于对母亲的孝顺，他接受了母亲给自己的"礼物"，和朱安女士结了婚。这桩没有爱情，徒有虚名的婚姻，伴随了鲁迅大半生，他亲身感受到了封建礼教压制人性，给人带来的痛苦是多么深重。婚后几天鲁迅带着弟弟周作人回到东京，又投身到自己的事业

---

① 《〈呐喊〉自序》，《鲁迅全集》第一卷，第417页，人民文学出版社1987年版。
② 同上。

中去。他和几个文艺同仁开始筹办自己的文学刊物《新生》,然而由于经费不足等原因,刊物夭折了。鲁迅并未因为这次挫折而退步,他仍在实践、在探索。1907年,鲁迅连续发表了几篇论文——《人之历史》、《文化偏至论》、《科学史教篇》、《摩罗诗力说》,阐述他的科学观和哲学、政治、文学观。他还翻译介绍了被压迫民族的小说,编成《域外小说集》。

1909年6月鲁迅告别日本回国。在日本,他完成了自己人生道路的重大转折,迈出了他一生从事的文艺事业的第一步。

鲁迅回国后先在杭州的浙江两级师范学堂当教员,主要教授自然科学,1910年回故乡绍兴任绍兴府中学堂的学监。不久,1911年10月10日武昌起义,辛亥革命爆发。辛亥革命给鲁迅带来了很大的希望,他在故乡满怀热情地欢迎并投入到这场推翻清朝封建专制统治的资产阶级民主革命之中,积极地进行宣传。然而不久他看到绍兴的旧乡绅也开始投机革命,组织所谓军政府,革命党人王金发打进绍兴城,没几天也被腐蚀变成新官僚,这时的鲁迅已不是天真幻想的年轻人了,他的眼光看得更深透、更尖锐了。对这场只打掉了皇冠和革掉了辫子的不彻底革命,他失望了,陷入了深深的苦闷和思索之中。这一时期的经历在小说《怀旧》和散文《范爱农》中都有所反映。

1912年鲁迅应蔡元培的邀请到南京教育部工作。不久就随教育部由南京迁往北京,开始了他十四年的北京生活。

辛亥革命胜利果实被袁世凯窃取,随后演出了袁世凯称帝、张勋复辟等一幕幕丑剧。鲁迅所在的教育部也只是徒有虚名、无事可做的北洋政府的装饰品。鲁迅目睹了这些丑恶、腐败的一切,他的苦闷一天比一天沉重,失望之极,他几乎把自己的精力全用在看书、抄书、买书中。他阅读范围极广,诗话、史书、佛学著作等等无所不包,他在古籍中寻找精神的寄托和慰藉,面对污浊的现实,痛苦地沉默着。但是鲁迅的沉默并非消极,在他心中积蓄着一团火,这是对黑暗制度的愤怒和对新世界的渴望交织的火焰。

五四运动来临之前,鲁迅应着时代的召唤,终于在沉默中爆发。应《新青年》钱玄同之约,鲁迅于1918年发表了中国文学史上具有划时代意义的白话小说《狂人日记》,写出了反封建的时代最强音。之后又连续创作了《孔乙己》、《阿Q正传》、《祝福》等一系列著名的小说及多篇杂文,向罪恶的封建制度开始了全面而深刻的批判。1920年鲁迅又受聘到北京大学和北京高等师范学校讲课,在小说史讲稿的基础上完成了具有深厚学术功底的《中国小说史略》。

五四退潮后,有的人落伍了,有的人堕落了,而鲁迅始终走在时代的前列。为了团结更多的人一起战斗,鲁迅积极创办和支持文学社团的建立,带领文学青年创办了许多刊物,比如"语丝社"和《莽原周刊》等等,作为向旧势力抨击的阵地。同时鲁迅自己仍在孜孜不倦地从事创作和翻译,扩大了新文艺的阵地。

1926年,鲁迅亲历了北洋军阀政府屠杀请愿学生的"三一八惨案"。他坚决地站到进步的青年学生一边,写了许多杂文,伸张正义,揭露北洋政府的腐败和残暴。鲁迅的举动触怒了政府,他受到北洋政府的迫害。1926年8月鲁迅在接到厦门大学的聘书之后南下,离开了他生活战斗了十几年的北京城。

北京时期是鲁迅一生创作最丰富的时期,这一时期他先后出版了小说集《呐喊》、《彷徨》,发表了许多杂文、散文,为中国现代文学史增添了辉煌的一页。

南下后,厦门的政治空气和北京一样令人窒息,一些以尊孔著称的封建遗老遗少们统治着厦大,学校显出一片庸俗气。鲁迅在沉寂中把自己的杂文结成《坟》等集子,并仍然热情地帮助文艺青年,指导他们建立文艺社团,出版文学刊物。这时候,黑暗的中国又在孕育着一场大变动,北伐的胜利,使鲁迅感到振奋。1926年12月他辞去厦门大学的职务,到广州中山大学任文科主任。在中大,他同共产党的学生党员有了接触,留下深刻的印象。1927年蒋介石背叛革命,广州的"四一五大屠杀",让鲁迅目睹了更残酷的血淋淋的现实。面对着白色恐怖,他仍然用他那支犀利的笔,揭露国民党的罪恶。为了抗议国民党的大逮捕和大屠杀,鲁迅愤然辞去了中山大学的职务。1927年9月,鲁迅离开广州到达上海。

上海的十年是鲁迅集中以杂文战斗的十年。在上海他依旧热诚地扶助文艺青年,这里面包括柔石、殷夫、萧红、萧军等一大批很有成就的作家。同时他仍大量翻译俄苏文学,并且较系统地研究了马克思主义,实现了他政治上的重大转折,他参加组织和领导了"中国左翼作家联盟",为左翼文艺运动的发展作出了不可磨灭的贡献。

鲁迅为中国的文艺事业辛勤战斗了一生,他无私无畏,环境越险恶,斗争越坚决,而且始终以扶助文学青年为自己义不容辞的责任,鞠躬尽瘁,死而后已。1936年10月19日鲁迅在上海逝世,敬爱他的人们为他举行了隆重的葬礼,在他的棺木上覆盖着"民族魂"的旗帜,鲁迅是当之无愧的。

兼思想家、文学家于一身的鲁迅,在世界历史进程中十位划时代的作家中也占有一席位置。这十位作家是:荷马、但丁、莎士比亚、卢梭、歌德、拜伦、巴尔扎克、列夫·托尔斯泰、高尔基、鲁迅。这些作家都生活在新旧交替、世界大事纷至沓来的时代。

在鲁迅生活的时代,从1881年到1936年,中国经历了清封建王朝、北洋军阀、国民党的腐败统治,而同时各帝国主义国家趁机加紧对中国的渗透和侵略,中国越来越深地陷入到半封建半殖民地的境地中。这一时期,在政治上是个大变动的时代,在国内发生了1898年的戊戌变法、1911年的辛亥革命、1919年的五四运动等重大的历史事件,在国外发生了具有划时代意义的俄国十月革命。思想上是中国根深蒂固的封建思想、西方各种思潮的资产阶级思想、无产阶级的马克思主义思想纷繁交织、激烈斗争的时代,是民众思想逐渐觉醒的时代。

在半封建半殖民地的中国,思想界论争的实质就是要以科学与民主的思想清除中国几千年来形成的封建、愚昧、落后的思想,唤醒沉睡的中国民众,以利中华民族自强,以抵抗外族的渗透和侵略,这是一股民族自醒的内在力量。

鲁迅就生活在这样一个大变动的时代、一个探索的时代,时代迫使他在求知与实践中痛苦地寻找国家和民族的出路,同时也寻找着自己应该走的路。鲁迅的"自己"是时代中伟大的自己,他始终以国家和民族的利益为出发点,来观察、认识、解剖社会,直面现实,深刻地解剖自己。

鲁迅的思想经历了一个发展变化的过程,是相当复杂的。在他的一生中前期影响最大的是进化论和改造国民性思想,这在他的创作中体现得最为充分。

进化论思想来自西方,在达尔文之前有许多生物学家从探讨生物演变的角度谈到生物的进化问题。法国的拉马克认为环境影响生物,适则进化,不适则退化。生物器官,用进废退。英国著名生物学家达尔文1859年写了《物种起源》,主张自然淘汰,进化在于自然选择,即所谓"物竞天择,适者生存"。达尔文通过大量第一手资料,阐述了这种观点,在学术界、思想界引起过巨大的震动。另外还有英国的赫胥黎,著有《人类在自然界的位置》、《进化论与伦理学》等论文。他不同意把生存斗争、自然选择这一自然界的法则机械地搬用到人类社会中,不同意把宇宙自然和人类社会简单类比。认为人类社会受自然法则也受伦理法则的支配。

鲁迅最早接触进化论是受严复翻译的赫胥黎的《天演论》的影响。《天演论》不是逐字逐句翻译,而是掌握精神,有所发挥。所以可以说,《天演论》是严复式的进化论观点。他不同意把自然规律和人类社会分开来,从中国的具体情况出发,认为中国人不能甘当劣等民族,要"与天争胜",主张"自强、自立、自主",强调变革,和儒家天不变道亦不变的观点相违背。严复强调"世道必进,后胜于今",他也强调"民为邦本"又归到了儒家观点。严复是主张改良的思想家,他的《天演论》为当时的中国提供了观察社会人生的新方法,激发了人们的热情,影响很大。鲁迅在南京时期就开始接受进化论的影响,但不仅限于严复,他在日本时期看日文书、听演讲,直接受到了进化论的广泛影响。

鲁迅是联系现实理解体会进化论的,他和自己的救国主张结合,有别于严复、赫胥黎。鲁迅从中国大众的角度出发,用进化论中的发展变革观来反帝反封建,争取大众解放。他在日本写过《人之历史》、《科学史教篇》、《文化偏至论》、《摩罗诗力说》等论文,其中谈到了进化论。他从达尔文进化论中吸取变化发展的观点,树立具有辩证因素的历史发展观。认为社会历史要向前发展，认为进化是螺旋式前进，批判守旧倒退观点。他还认为将来必胜于过去，青年必胜于老人，把社会看作是向上的持续发展的过程，把希望寄托于青年。他主张中国人要进步，必要扫除昏乱的物事、昏乱的心理，要有相当进步的知识、道德、品格、思想，要灌输正当的学术、文艺、改良思想。说明他强调重视思想革命，但有时又夸大了思想意识的作用。

鲁迅进化论思想有一个变化过程，先是和平进化的色彩，强调发展个性，以扫除旧的沉积，以助新事物成长，后来主张暴力革命，面对血的现实认识到，血债必须用同物偿还，逐渐纠正了进化论的偏颇。

鲁迅的思想经历大致有这样一个过程：即由科学"兴业"的洋务思想，到科学"立人"的启蒙主义思想。这个过程可分三个步骤：由关注物（如学航海、采矿）——到关注人（学医，治病救人）——到关注人的精神，发展人的个性（立人）。鲁迅是为"立人"而从事文艺的，立人的最终的目的是为了"立国"，可以说鲁迅首先是思想家然后才是文学家。而"立人"的具体表现，即改造国民性，更新国民精神素质，发展科学、健全的人性，是鲁迅选择文艺事业最切实的出发点。

鲁迅的改造国民性思想，是他思想中最具有独创性的表现，也是他主张精神救国思想的具体的实施方案。这种思想虽然有发展变化，却贯穿他一生，在他各种体裁的创作中都有广泛的表现。改造国民性的意思，是指要改造中国几千年的封建传统文化积淀于人们深层意识中的种种劣根性。鲁迅改造国民性思想的产生和发展既受时代气氛的影响，也有他个人的主观因素的作用。

鲁迅在日本留学时期，基于中国的国弱民穷，维新派和革命派就从不同的出发点强调过要改造中国的国民性。维新派梁启超提出中国的国民品格有很多缺点，爱国心薄弱、独立性柔脆、公共心缺乏等等，主张要维新我国，必先维新我民，想要通过国民道德的改良实现社会的改良。革命派如邹容在《革命军》一书中更尖锐地指出，中国二十四朝的历史是一部奴隶的历史，革命必先去奴隶之根性。那时在日本，鲁迅作为弱国子民，身感被异族蔑视的屈辱，少年时的经历也使他看到了上层社会虚伪、丑恶的人性和下层社会的愚昧、麻木，这使他痛感国民性改造之必要。在进化论观点的支配下，他认为改造国民性是可能的，是达到改造中国社会目的的根本途径。改造国民性思想也成为当时他分析社会现象的理论武器。这当然有空想性质，没有摆脱启蒙主义思想的局限，和上面所说的维新主张有延续性，但根本的区别在于这不是鲁迅思想的终点，而是他探索救国救民道路过程中的起点。

五四时期，随着时代的发展，鲁迅的思想更趋深刻了，他把改造国民性思想和深沉、彻底的反帝反封建思想紧密联系起来。作为思想家兼艺术家的鲁迅，把自己对中国现实人生以及他所经历的重大的社会历史事件的深沉的观察和思考，通过小说、杂文等各种形式新颖的艺术作品形象、生动地表现出来。

第二节 现代小说经典——《呐喊》、《彷徨》

在中国现代文学史上，鲁迅的小说创作虽然数量不多，篇幅也不长，总共只有三十四个短篇，但却以他的突出成就显示了文学革命的实绩，开辟了一个文学新时代。同时也以短篇小说的成就确立了鲁迅现代文学之父的地位。

鲁迅最早的小说创作是1911年冬用文言文写的第一篇小说《怀旧》，描写了辛亥革命当中小镇上的封建势力的种种动态。1918年5月，发表了现代文学史上第一篇白话小说《狂人日记》。1923年把《狂人日记》以及以后陆续发表的小说结成《呐喊》小说集出版，共收了十五篇小说。1930年再版时，抽掉了一篇历史题材的小说《不周山》。《彷徨》收入1924至1925年间的作品十一篇。《呐喊》、《彷徨》描写了从辛亥革命前后到五四时期及第一次国内革命战争之前，这一重大历史时期中国社会生活的真实面貌。另外还有1936年出版的历史题材的小说集《故事新编》共收入八篇小说，构成了鲁迅的全部小说创作。

鲁迅的小说观集中表现为文艺为人生的思想，也是他改造国民性和立人思想在创作中的集中体现。在《〈呐喊〉自序》、《我怎么做起小说来》、《论睁了眼看》、《〈自选集〉自序》中他明确阐述了自己的观点。比如在《我怎么做起小说来》中,"说到'为什么'做小说罢,我仍抱着十多年前的'启蒙主义',以为必须是'为人生',而且要改良这人生","所以我的取材,多采自病态社会的不幸的人们中,意思是在揭出病苦,引起疗救的注意"。①鲁迅"为人生"的主张,是针对当时把小说创作当作消遣解闷的娱乐工具的状况提出的,特别是针对鸳鸯蝴蝶派的风花雪月、无病呻吟之作而提出的。他反对"为艺术而艺术"的思想,认为小说创作必须和现实结合。同时鲁迅主张作家要面对人生,正视现实,反对瞒和骗的文学,认为"为人生"就要写出人生的真实面貌,写出社会的真相,表达作家的真情,两者要统一起来,要写出人生的血和肉,要为普通民众的人生而创作,而不是专写上层人物。

鲁迅的小说创作和他对中国社会、人生的思考,对革命问题的探索,以及改造国民性的主张是紧紧联系着的。鲁迅的小说写出了上层社会的堕落和下层社会的不幸,包含了深刻的思想内容,反映了社会的本质面貌。

从《呐喊》、《彷徨》的形象体系分析,其形象内涵的深度和广度在同时期白话小说创作中是非常突出的。鲁迅的小说在篇幅上虽然短小,但他却在有限的篇幅里塑造了众多的人物形象,其中有名有姓的出场人物就有一百七十多个,真正写出了鲜明个性的也有十几个。如果把鲁迅小说中的形象按其社会阶层的不同划分,大致可分为以下四种类型:

第一,下层劳动者,包括农民和贫苦市民形象。

比如《故乡》里的闰土,《风波》里的七斤,还有阿Q、祥林嫂等等。作者以深沉的爱和同情描写他们,写这些下层百姓所受的深重的物质和精神的压迫,特别写出了封建礼教、封建道德对他们灵魂的腐蚀和毒害,写出了一幕幕精神的悲剧。

---

① 《南腔北调集·我怎么做起小说来》,《鲁迅全集》第四卷,第512页,人民文学出版社1987年版。

《故乡》中对闰土的描写,小说并未安排什么曲折的情节,只是通过对他一言一行的客观描写,刻画出这位善良、勤劳,为多子、饥荒、苛税、兵、匪、官、绅所苦的"木偶人"的形象。少年闰土本是一位神异、勇敢的小英雄,与"我"亲密无间,多年之后当我怀着兴奋和闰土见面的时候,闰土"脸上现出欢喜和凄凉的神情;动着嘴唇,却没有作声。他的态度终于恭敬起来了,分明的叫道:'老爷!……'"[①]看似平常的一句称呼,道出了已经成人的闰土和"我"之间那太多的隔膜,美好感情的消失尽在这说不出话来的背后。这一句"老爷!……"意味是很深的,封建等级观念已深深刻入了闰土的灵魂,他认为以哥弟称呼比他高一等的人是不成规矩,不懂事,于是"我"和闰土之间曾经有过的纯真、美好的感情从此消失了。"我"心目中的小英雄闰土,已被痛苦的生活吞噬不复存在了。谈到自己艰难的生活,"他只是摇头;脸上虽然刻着许多皱纹,却全然不动,仿佛石像一般。他大约只是觉得苦,却又形容不出,沉默了片时,便拿起烟管来默默的吸烟了"。[②]鲁迅不是以旁观者廉价的同情来描写闰土的不幸,而是把自己的情感完全融进去,沉痛而深刻地写出了这位在封建社会受压迫最深的下层劳动者麻木的精神状态。

《风波》写的是张勋复辟的消息传到一个江南小镇时的情景,描写了一场"辫子的风波"。七斤是一个靠撑船生活的贫苦市民,辛亥革命时期被人剪了辫子,当听说皇帝坐了龙庭的消息,觉得自己没有辫子是犯了大罪,仿佛受了死刑宣告一般,原先很以进过城见过世面而骄傲的七斤,变得整日忧心忡忡。小说写出了一个没有文化、不知革命为何物的下层民众愚昧无知的典型心理,同时也表现了辛亥革命的不彻底性,辛亥革命不过只革掉了一条辫子,并未触及人们思想和社会的本质,非常形象地揭示了辛亥革命的悲剧性。

《祝福》是鲁迅很有代表性的小说之一,小说成功地塑造了一位旧中国劳动妇女的形象。勤劳、质朴、善良的祥林嫂,困苦的生活和

---

① 《呐喊·故乡》,《鲁迅全集》第一卷,第482页,人民文学出版社1987年版。
② 同上书,第483页。

悲惨的命运都未置她于死地,然而无形的神权的强大压力却最后摧跨了她的精神支柱,使她变成了一个活死人。祥林嫂的悲剧是双重的,这不仅是像鲁四老爷这样的上层压迫者鄙视她,就连和她同等地位的人——柳妈,也认为祥林嫂有罪,以此作为嘲笑她的材料;更可悲的在于祥林嫂自己也认为自己犯了不可饶恕的罪过,可见处在社会最底层的劳动妇女心灵所受的封建伦理观念的奴化是多么深,封建礼教绞杀了她的灵魂。鲁迅从揭示封建礼教吃人的角度,写出了祥林嫂灵魂的悲剧,使祥林嫂这一形象,升华成为代表旧中国劳动妇女悲剧命运的艺术典型。

阿Q更是成为以上形象系列的一个集大成的人物,是全面、犀利、生动地剖析中国国民劣根性,表现深邃的启蒙精神,具有现代性和世界性的形象。阿Q精神胜利法所集中表现出的盲目自大、自欺欺人、逆来顺受、欺弱怕强等特点,既是中国半封建半殖民地社会的畸形产物,也揭示了当时时代的问题,比如辛亥革命不彻底的原因。同时,阿Q形象还综合了人类共有的精神弱点。鲁迅从文化批判的视角,在最深广的程度上生动、深刻地揭示了我们沉默的国人的魂灵,同时也概括了人类精神世界的一些固有本质,使阿Q这个看似只是一个具体的游手好闲的农民形象,具有了超越时空的阐释不尽的文化内涵。

第二,封建压迫者,主要是指小市镇中的上层人物。

有《祝福》里的鲁四老爷、《风波》里的赵七爷、《离婚》里的七大人等。这些人都是封建制度走向灭亡时期封建顽固势力的代表人物,为了维护他们自身的利益,为了保住他们固有的僵死的一套生活和思想方式而苟延残喘。鲁迅在写这一类人物时并没有脸谱化,也没有把他们写成一个个凶神恶煞,而只是淡笔一勾,其凶相毕现。譬如:鲁四老爷的冷漠、伪善,赵七爷的虚弱、张狂,七大人的空虚、无聊等种种本性,都是通过鲁四老爷俨然的一张脸,赵七爷放辫又盘辫的一个变化,七大人闻鼻烟儿的一个场面,写出了这些即将走向坟墓的封建遗老那种僵滞、卑俗、陈腐的心态。在鲁迅的小说人物中,虽然这类形象为数不多,却写出了他们行将没落的历史必然性。

第三,知识分子群像。

这类形象在鲁迅人物形象塑造中占很大比重。鲁迅笔下写出了各种类型、不同性格的新旧知识分子形象,这里面包括:封建社会的叛逆者,如《狂人日记》里的狂人形象、《药》中的夏瑜、《长明灯》里的疯子形象;还有各类封建下层知识分子,如孔乙己、《白光》里的陈士成、《肥皂》里的四铭、《高老夫子》中的高干亭、《端午节》里的方玄绰等等;而描写得最多的是小资产阶级知识分子形象,如《在酒楼上》中的吕纬甫、《孤独者》中的魏连殳、《伤逝》中的子君和涓生以及《一件小事》中的"我"的形象。

封建社会的叛逆者形象是鲁迅小说形象塑造中最具时代感和思想深度的形象。他们都是敢想、敢说、敢做的时代先驱者,他们思想敏锐,蔑视一切陈腐的封建传统,斗争十分坚决。《长明灯》里的疯子在被关起来之后还没有停止"我放火"的呼声,《药》中的夏瑜在监狱里还要劝牢头造反,不过他们的斗争都是孤立的,他们不了解大众,脱离群众,群众也不理解他们所从事的斗争,要么表现为漠不关心,要么就站在对立的立场上反对他们。《长明灯》里一再呼喊要吹熄代表封建传统的"长明灯"的民主战士,被吉光屯的人上下齐心给关了起来,因为村民不理解他的举动,把他当成疯子了。《药》里辛亥革命战士夏瑜的血不仅白流,而且连治病的作用也没有起到。鲁迅所塑造的这一形象内涵的深刻性就在于,作者写出了历史的悲剧性,即渗透在中国社会各角落的旧势力的顽固、强大,凭着个人的孤军奋战,最后只有失败,揭示了这些封建叛逆的先驱者在为大众奋斗、流血的革命历程中的孤独、落寞与悲凉。

《狂人日记》不仅因为它是中国文学史上第一篇白话小说而成为现代文学的奠基之作,还因为鲁迅成功地塑造了"狂人"这个艺术形象,而从创作实践上显示了文学革命的实绩。

狂人是封建社会中最先觉醒的知识分子,他因受迫害而疯狂,但这不是一般的疯狂,而是"清醒"的疯狂,作者每一笔都在写狂人,而同时每一笔也都在写一个清醒的叛逆者。狂人是一位具有进步思想的清醒的民主战士,他一针见血地揭示了中国四千年封建历史的"吃人"本质,他有着狂人般的义勇和正气,他敢于发出"从来如此,便对吗?"①的疑问,他敢于劝转吃人的人,并深刻地解剖自己未必无意之中也参与了"吃人",发出"救救孩子!"的呼唤。鲁迅用整体象征的手法塑造狂人的形象,通过这一具有丰富内涵的狂人形象表现了事物最深层的本质真实:封建专制制度的实质就是使人不成其为人,他毁灭人的本性、人的个性意志,吞噬人的灵魂,使人都成为可供驱使的精神奴隶。鲁迅通过"狂人"的形象揭示出,清醒的狂人个人的命运是失败的,而他们所要拯救的愚昧的众数也没有被救起,这其中的悖论是令人深思的,也表现了鲁迅形象塑造的张力。

贫苦的封建下层知识分子则是读书人中最具"奴性"的。他们都是由封建社会教育熏陶出来并最终被这个社会吃掉的小人物,这些人是八股之外一无所知、一无所能的"半残废人"。

比如孔乙己,鲁迅以同情的笔调写出了一个善良、迂腐、刻板,没有人的活力的封建科举制度牺牲品的形象。孔乙己仕途不遇,潦倒一生,他没有任何求生的本领,无奈最后只能偷。于是他成为人们口中的笑柄,但他那颗麻木的心并不觉得,只是在有伤他面子的时候,他才痛苦地掩饰。《白光》里的陈士成是一个考了十六回而终没能中秀才的六十多岁的老童生,在第十六回不第之后,为追寻幻想中的财宝他在自己的屋子里挖掘,又被冥幻中的白光引出屋,最后溺水而死。鲁迅痛彻地揭示了封建科举制度的罪恶。在牢固的封建等级观念的束缚之下,要做人上人,求得功名利禄,就必须读书中举,所谓"万般皆下品,唯有读书高"。这种观念腐蚀着人的灵魂,使一个活生生的人精神锈死,显不出人的生气和活力。在科举这条路上,要么升官发财,成为统治人的人,要么无力生存,潦倒一生,或像陈士成一样,鬼迷心窍,在心造的梦幻世界中欺骗自己,最后毁灭,成为封建科举制度的殉葬品。

还有一类被鲁迅讽刺的封建知识分子形象,如《肥皂》里的四铭、《高老夫子》里的高干亭,这是民国初年一批代表复古势力的知识分

---

① 《呐喊·狂人日记》,《鲁迅全集》第一卷,第428页,人民文学出版社1987年版。

子，表现出伪善的封建卫道者的特点。小说《肥皂》围绕着四铭给妻子买肥皂的一桩生活小事，透视出了四铭满口仁义道德的虚伪和一肚子男盗女娼的丑恶灵魂。《高老夫子》中的高干亭，本是一个不学无术的人，整日赌牌，但他也假冒支持新学，改名高尔础，到女校教课，目的不过是想多看看女学生罢了。对这类知识分子，鲁迅则采用冷嘲的手法，揭露他们虚伪、肮脏的内心世界。

在鲁迅小说中描写得最多也最成功的一类形象是小资产阶级知识分子形象。在《一件小事》中，他第一次写到小知识分子"我"的形象，作者用对比手法写"我"同洋车夫之间的差异，以车夫的质朴、善良，压出了"我"灵魂深处的"小"来，从解剖自己的角度提出小知识分子和劳动者的距离。但因初试塑造小知识分子形象，所以"我"的形象不免有些浅显，形象的内在意蕴还不深。

《端午节》第一次写到五四以后知识分子的精神状态。方玄绰是一个既当教员又做官的小知识分子，在临端午节时没发薪水，围绕着索薪之事表现出他精神上的清高和物质上的窘困及其对一切问题都以"差不多"说解释的敷衍态度。他对社会的不合理怀着不满，但他却能把内心的不满和行动上的安分守己很好地统一在他平庸的生活里，而统一这种矛盾的方法就是找出精神自我安慰的妙法"差不多"说，从这里我们可以窥到阿Q精神胜利法的影子，可见国民的劣根性是广泛存在的。鲁迅进一步写到方玄绰自恃清高，不屑去索薪，通过这一件平常事，揭示了方玄绰的所谓清高不过是要满足小资产阶级虚弱的自尊心罢了，既形象又透辟地写出了小知识分子的精神弱点。方玄绰的形象可以说是五四退潮后，一些消沉了的小知识分子精神状态的剪影。

《在酒楼上》用倒序的手法写我在酒楼上遇到了曾一起追求过新思潮的旧朋友吕纬甫，喝酒谈天，吕纬甫跟我谈了他的近况。当年曾是一个追求新思想的正直青年，反封建礼教表现得非常勇敢。而今坐在酒楼上的吕纬甫，已经变得消沉、悲观、随波逐流了。他放弃了原来的抱负，没有生活目的，苟活于世，一切敷衍，做一些可有可无的无聊之事，比如他为了孝顺母亲，为坟墓里一无所有的小兄弟迁葬。

过去反封建的战士,现在也教起了《女儿经》来填补自己无聊的生活。

《孤独者》里魏连殳的形象给人一种更阴冷、沉重的感觉,他是受新思潮影响的小知识分子,也曾勇敢地与一切腐败的封建旧势力为敌,坚决地斗争过,但是封建势力的强大、社会的高压,使他丧失了先前的勇气,他采取报复的手段,以玩世不恭来抵抗社会的庸俗,戏弄愚昧的小市民,最后由于生活所迫,他不得不加入封建的一伙,到了一个军阀师长家当顾问。他不仅苟活,而且还躬行他先前所反对过的一切,最后在孤独寂寞中死去。

吕纬甫、魏连殳这两个形象是很有典型意义的,他们都受过新思潮的洗礼,有叛逆的思想和行动,想在新的时代有所作为,但革命的风潮过去后,面对旧势力的强大压力,小知识分子软弱、动摇的弱点就暴露出来了。他们单凭自己的力量抵挡不住来自社会的、精神的、物质的种种压力,又找不到正确的出路,所以在叛逆的道路上往往半途而废,或走回头路,就像吕纬甫所说的"飞了一个小圈子,便又回来停在原地点"[①],或走向坟墓,魏连殳就是在精神毁灭之后导致肉体的死灭。从精神悲剧的实质上分析,魏连殳和祥林嫂的悲剧走过的是同样的车辙,只不过前者的悲剧更多地来自于内力,后者则更多地来自于外力罢了。

《伤逝》写了一对青年人爱情的悲欢故事。子君和涓生都是五四时期具有进步思想的小资产阶级知识分子。子君是一位接受了个性解放思想的新女性,她单纯、执著、大胆,为了爱勇敢地冲破了一切阻碍和涓生结合。但她的理想仅限于爱情,当从封建大家庭走进自己的小家庭后,她就心满意足地停步不前了。涓生虽然比子君要冷静、清醒一些,但他也并未摆脱"耽于空谈"的小资产阶级知识分子的脆弱,面对现实的种种打击只能退缩,甚至连自己也拯救不了。

鲁迅通过这两个形象深刻地揭示出没有社会制度的改变,没有经济权,一味地只是为了爱而生活,最后只能是悲剧。鲁迅在杂文《娜拉走后怎样》中写道"自由固不是钱所能买到的,但能够为钱而卖

---

① 《彷徨·在酒楼上》,《鲁迅全集》第二卷,第27页,人民文学出版社1987年版。

掉"①,强调经济是最紧要的。文章还具体论道"在目下的社会里,经济权就见得最要紧了。第一,在家应该先获得男女平均的分配;第二,在社会应该获得男女相等的势力。可惜我不知道这权柄如何取得,单知道仍然要战斗;或者也许比要求参政权更要用剧烈的战斗"。②鲁迅站在历史的高度指出小资产阶级知识分子只一味追求理想中的爱是脱离现实的,个性解放脱离社会解放是不可能实现的。《伤逝》所包含的深刻性远远超出了同时代的爱情小说,至今读来还令人回味。

《幸福的家庭》写了一位青年作者坐在家里构思,想写一篇题为"幸福的家庭"的小说,同时穿插写了他构思过程中自己家庭中的种种不愉快,太太在屋外和卖白菜的人大声地讨价还价,女儿被太太打了一巴掌,哭哭啼啼,家里只有一间房子,太太把买来的白菜一颗颗摆在屋里。在嘈杂、吵闹中,青年作者的构思破灭了。作者用对比的手法写出了所谓"幸福的家庭"在那样的社会里只能是空想,是不可能建立起来的,对《伤逝》有所补充。

第四,在《呐喊》、《彷徨》的形象系列中还有一些次要人物,如无名的闲人、茶客、看客等,这在鲁迅小说中也是不可或缺的一类人物。鲁迅虽用淡笔勾勒了这一类形象,但却能强化作品的思想,构成主人公的典型环境,衬托主人公性格的发展变化,反映当时社会的心理状态。这一批人是当时封建传统力量、封建民间世俗势力的体现者,他们或对作品的主人公构成社会压迫力量,或和主人公处在对立的地位。描写这一类人物形象就在更广的意义上体现了封建传统思想意识的毒害之广、之深。比如《药》中关于刑场的描写,茶馆里的各种闲人;《孤独者》葬礼中想联合压倒魏连殳的村民们;《示众》最集中地描写了这一批人,从十几岁的胖小孩、秃头到老妈子、胖大汉、白背心等惟妙惟肖。他们都是一些封建意识浓厚、精神愚昧麻木、不觉悟的群众。鲁迅写他们,一是写出了封建势力的根深蒂固,另外也揭示了中

---

① 《坟·娜拉走后怎样》,《鲁迅全集》第一卷,第161页,人民文学出版社1987年版。
② 同上。

国的革命如果不解决广大民众的愚昧无知问题,不唤醒大众,是没有希望的。

在早年鲁迅的论文《文化偏至论》中他阐述了一个著名观点"掊物质而张灵明,任个人而排众数"。① 综合以上所述《呐喊》、《彷徨》的各类形象,可以概括为两大类,一是极具叛逆性和个性解放意识的"个人",如狂人类的叛逆者和清醒的小知识分子,但他们都是梦醒了无路可走的探索者和失败者。另一类就是"众数",尤以阿Q形象为典型的代表,他们似乎是沉默的,但他们在中国社会中又是无处不在的,其潜在势力之强大,不是独个的"狂人"所能撼动的。虽然鲁迅的小说立意在精神启蒙,他也始终有一个美好的愿望,即"国人之自觉至,个性张,沙聚之邦,由是转为人国"②,这种从事文学创作的出发点不无虚幻的成分,但鲁迅作为思想家对于社会人生深刻的洞察,作为文学家艺术表现力的精湛,使鲁迅小说中塑造的形象具有了超乎寻常的力度、深度和广度,所蕴涵的丰富、深刻的文化价值是值得现代人不断阐释的。

从社会认识的角度考察,就像史沫特莱在《伟大的道路》中写的"我相信中国将来的史家,倘不研究鲁迅的著作,绝不能绘出这一伟大的历史时代"。鲁迅的小说通过对艺术形象的成功塑造,生动、深刻地揭示出了民主革命时期中国的许多实质问题。譬如,反封建的问题,深刻揭示了封建专制、礼教吃人的本质。农民问题,中国是农业国,农民占人口的绝大多数,鲁迅纵观中国几千年的封建历史,写出了农民从物质到精神的种种不幸。妇女问题,鲁迅站在时代的高度上揭示出妇女的解放必须在社会解放的前提下才能真正完成。小资产阶级知识分子问题,小知识分子是一个思想最敏感的群体,鲁迅在广阔的社会背景上,在新与旧的激烈冲突下刻画知识分子的形象,剖析他们的灵魂,写他们的觉醒、颓唐、内心深处的矛盾、痛苦,揭示他们的软弱、空想的弱点,最真实、典型地反映出那个时代一部分小

---

① 《文化偏至论》,《鲁迅全集》第一卷,第48页,人民文学出版社1987年版。
② 同上书,第56页。

资产阶级知识分子的心灵历程。所以,从思想意义上讲,鲁迅小说中所塑造的形象,真实、深刻地反映了时代本质的几个侧面,获得了巨大的历史认识价值。

从文学体验的角度看鲁迅小说中的形象,至今我们还能从中感到似乎渐行渐远的时代特征,但同时又有挥之不去的渐行渐近的人文特征。"鲁迅先生告诉我们,偏是这些极其普通,极其平凡的人事里含有一切的永久的悲哀。鲁迅先生并没有把这个明明白白地写出来告诉我们,他不是那种人。但这个悲哀毕竟在那里,我们都感觉到他。我们无法拒绝他。他已经不是那可歌可泣的青年时代的感伤的奔放,乃是舟子在人生的航海里饱尝了忧患之后的叹息,发出来非常之微,同时发出来的地方非常之深。"①

而这至深处或许也得益于鲁迅小说艺术上的精湛功力。从总体上看鲁迅的艺术风格有一种冷峻的美。其哲理思想的深度、形象内蕴的深刻、感情的深沉、笔触的犀利,都是无可比拟的。鲁迅小说的经典性在于"表现的深切和格式的特别"②,在融合中外艺术优势的基础上,创造出极富个性魅力的现代小说全新的形式。

鲁迅小说的语言在简洁、凝炼的勾勒中凸显生动、传神的特性。鲁迅曾这样谈他的创作经验:"我力避行文的唠叨,只要能够将意思传给别人了,就宁肯什么陪衬也没有,中国旧戏上,没有背景,新年卖给小孩看的花纸上,只有主要的几个人(但现在的花纸却多有背景了),我深信对我的目的,这方法是适宜的"。③ 对于短篇小说的语言来讲,鲁迅的方法是成功的。他写人物时往往只关键的一笔,则人物神韵全出。比如写祥林嫂"只有那眼珠间或一轮,还可以表示她是一个活物"④。在《孤独者》葬礼中,孤独无望的魏连殳"两眼在黑气里

---

① 张定璜:《鲁迅先生》,《茅盾论中国现代作家作品》,第48页,北京大学出版社1980年版。
② 《〈中国新文学大系〉小说二集序》,《鲁迅全集》第六卷,第238页,人民文学出版社1987年版。
③ 《我怎么做起小说来》,《鲁迅全集》第四卷,第512页,人民文学出版社1987年版。
④ 《彷徨·祝福》,《鲁迅全集》第二卷,第6页,人民文学出版社1987年版。

闪闪发光"①。孔乙己的"多乎哉,不多也","是站着喝酒而穿长衫的唯一的人"。②

鲁迅的小说也很少安排奇特的情节,写的都是一些平常的事,但却能严谨、巧妙、自如地结构故事,非常注重细节的真实,善于抓住细节突出人物的性格。《狂人日记》中写了许多真实的细节,这些细节既是生活中有的,又是狂人眼中所看到的。比如"然而须十分小心。不然,那赵家的狗,何以看我两眼呢?""还有七八个人,交头接耳的议论我,又怕我看见。一路上的人,都是如此。其中最凶的一个人,张着嘴,对我笑了一笑;我便从头直冷到脚跟,晓得他们布置,都已妥当了"。③整部小说由许多看似细小实则深刻的细节构成,既新颖别致,又深含象征的意味。

鲁迅调动各种艺术表现手段,目的都在于塑造具有鲜明个性的艺术形象。而鲁迅塑造形象的手法与众不同,就像鲁迅所钟爱的木刻艺术一样,鲁迅小说中的形象似乎是用刻刀雕刻出来的,其笔力的独特与深刻,使形象的内在张力凸显出来。鲁迅善于抓住人的灵魂进行刻画,个性鲜活,写心传神,表现出雕塑灵魂的独特视角。

鲁迅的小说是以人为核心展开的,他善于在动态描写中揭示人物的内心世界。在作品中他恰如其分地结合人物在特定环境、特定情绪下的言谈举止来表现人物内心的微妙变化。比如在《离婚》中,作者就用在不同场合下爱姑的表情态度、说话口气的变化来表现她复杂的内心感情。作品写了戏剧性的两个场面:船上和魏老爷家。在船上,通过对话表露出一个泼辣的农村妇女爱姑倔强的性格,她不服输,想凭个人和家人的争斗得胜,同时也把希望寄托在知书达礼的七大人身上。而在魏老爷家,爱姑先是自信,然后由局促不安到妥协,七大人一声"来……兮!"瓦解了她的勇气,便说出"我本来是专听

---

① 《彷徨·孤独者》,《鲁迅全集》第二卷,第88页,人民文学出版社1987年版。
② 《呐喊·孔乙己》,《鲁迅全集》第一卷,第435、437页,人民文学出版社1987年版。
③ 同上书,第428、422页。

七大人吩咐……"①的话,可见在她内心,封建尊卑的等级观念是多么深,封建的思想意识像梦魇一样占据着她的心灵,对像七大人这样在爱姑心目中有权势的上层人物,她有一种本能的崇拜和畏惧,这种潜意识都通过爱姑情绪的变化,口气的强弱不同很微妙地表现出来,深入骨髓地写出了一个旧中国妇女灵魂的悲剧。其实,"离婚"这个题目本身实际上是一个资产阶级的名词,用在封建人物身上,对人物本身就是一种讽刺。在封建制度下婚姻是不平等的,男女双方是奉父母之命媒妁之言而结合的,婚后女子也是附属于丈夫和婆家的,不可能有自己的意志,所以即使是性格泼辣倔强的爱姑,最后抗争的结果实际上不过是在休书上多加了几个钱而已。因为爱姑的思想范畴完全没有脱离封建意识的轨迹。她和婆家斗是因为她是明媒正娶、三茶六礼聘来的,花轿抬来的。她妥协,因为她盲目地认为像七大人这样知书达礼的上层人物是不会错的,"实在是自己错"②。

在刻画小知识分子的形象上,作者则通过人物的自我剖白表现人物心灵深处的矛盾、复杂的感情,把笔直接伸到人的内心深处去。比如《伤逝》通过涓生手迹的形式来直接表现自我的灵魂,同时写出子君的灵魂,所谓"一笔并写两面"。

子君是一位接受了个性解放思想的新女性,"我是我自己的,他们谁也没有干涉我的权利!"③ 为了爱她勇敢地走出了封建家庭,但她的生活理想仅仅是爱情,并且甚至连爱的真谛也还没有真正理解,实质上子君的灵魂深处还未脱尽封建社会妇女对丈夫的人身依附性,所以面对来自经济和爱情上的打击,只能走回头路,从没有爱的人间走向坟墓。因为在她心灵深处支撑她活着的爱情已经不存在了。

涓生剖白自己的内心世界就揭示得更加复杂、深刻了。涓生对现实、对爱情、对子君确实有着比子君更清醒、更冷静的认识,也曾试

---

① 《彷徨·离婚》,《鲁迅全集》第二卷,第151页,人民文学出版社1987年版。
② 同上书,第152页。
③ 同上书,第112页。

图唤醒子君对知识、对理想的渴望,但他内心深处也有一种怯懦的自私心理,虽然这种自私也许是无意识的。他把自己的不能奋勇前行最终归咎于爱情、归咎于子君,他只看到了爱情的危机,认识到了不能只是为了爱而把其他的人生要义全盘疏忽了,却没有认识到自己对于子君的重要,应负起一起前行的责任,只想说出全部的真实,却没有为子君更多地想过,他只想到不能携手同行,就要奋身孤往、轻身前行。而涓生的奋勇前行,振翅高飞也不过只能停留在空想里。鲁迅揭示了小资产阶级知识分子内心深处那种隐微的自私心理和脆弱的本质。涓生的自我剖白,写出了他真实的心境,揭示了一个人灵魂的两面:涓生诚实地说出了一切,这是美的一面,同时也写出了在这诚实背后所隐含的想要减去负担的不美的一面,虽然这也许是灵魂的一闪——"我觉得新的希望就只在我们的分离;她应该决然舍去,——我也突然想到她的死,然而立刻自责,忏悔了"。① 鲁迅写出了涓生的悔恨,这悔恨是一颗善良的灵魂的忏悔,但涓生并未认识到事物的本质,只恨自己对子君说出了真实。鲁迅成功的心理描写,非常传神地写出小资产阶级知识分子矛盾、复杂的感情和微妙的心境。

鲁迅还擅长以旁观者的目光审问人物的灵魂,在把人物外部行动和内心描写结合的同时,插入作者冷静的议论。比如《孤独者》,作者就是用极冷静的笔调来写孤傲不驯的魏连殳,他不满于社会的一切卑俗的东西,但他经不起社会的高压,于是玩世不恭,以卑俗的手段、金钱、地位来戏弄庸俗的社会、市民,实现他对黑暗的腐朽社会的报复,实际上他是用精神的自杀,达到肉体上、物质上的胜利,这是灵魂死灭的悲剧。小说里这样写道:"我快步走着,仿佛要从一种沉重的东西中冲出,但是不能够。耳朵中有什么挣扎着,久之,久之,终于挣扎出来了,隐约像是长嗥,像一匹受伤的狼,当深夜在旷野中嗥叫,惨伤里夹杂着愤怒和悲哀。"② 后一句议论在小说中多次重复,表现了魏连殳一颗孤独、绝望灵魂的痛苦呼号,他无力与社会抗争,表现

---

① 《彷徨·伤逝》,《鲁迅全集》第二卷,第123页,人民文学出版社1987年版。
② 同上书,第107、108页。

了一个灵魂的无望挣扎,精神的死灭比肉体的死灭更痛苦。

高超的讽刺艺术也是鲁迅小说的独特贡献,鲁迅认为讽刺的生命是真实,只需把平常事特别一提,既要有夸张,又要含蓄,讽刺是严肃性和热情的结合。他的讽刺艺术表现出含蓄性和丰富性的统一。例如《肥皂》只写了一些生活中的平常事,但却蕴含着丰富的内容。四铭表面上道貌岸然,可内心却卑污肮脏。小说中多次提到"咯支咯支"(用肥皂洗澡的声音),鲁迅抓住了一般人的心理表现,所谓"口中所说,心中所想"。对孝女,四铭不是想她怎样可怜,而是联想到肥皂——"咯吱咯吱"——洗澡。鲁迅在评《红楼梦》时曾说过看《红楼梦》"单是命意,就因读者的眼光而有种种:经学家看见《易》,道学家看见淫,才子看见缠绵,革命家看见排满,流言家看见宫闱秘事……"①所以观察事物是因人的内心境界而有不同的。四铭的内心世界的肮脏、猥琐是通过肥皂这样一个小的细节表现出来的,既具有辛辣的讽刺性又很生活化,蕴涵丰富、深刻,这样的讽刺揭示出了四铭这个封建卫道者潜意识中虚伪和卑污的心理。

鲁迅的讽刺艺术,在笑的背后有着严肃的内容,表现出喜剧性和悲剧性的完美融合。孔乙己这个悲剧人物,是放在充满笑声的环境中表现的,而笑的背后是世态炎凉。孔乙己的自身也充满了喜剧性的矛盾,他内心深处奉行"万般皆下品,唯有读书高"的古训,处在卑微的境地,还不以为可怜,仍然自欺欺人。在封建制度的奴化下完全丧失了作为人的尊严和意志,他既迂腐又善良,最后异化成形同动物,在笑声中出场,在笑声中消逝。我们如果把他当作平等的人来看待,就会切身体会他内心深处说不出的痛苦,最后眼泪把笑淹没了。《阿Q正传》也是以引人发笑开篇,最后笑不出来了,"哀其不幸,怒其不争"。阿Q的每一个行为都以喜剧性的形式表现,但又都包含着悲剧性的潜流,比如"大团圆"结局,看似可笑,实则是对中国文化中瞒和骗本质最痛彻的讽刺。通过阿Q形象,鲁迅写出了一个从物

---

① 《集外集拾遗补编·〈绛洞花主〉小引》,《鲁迅全集》第八卷,第145页,人民文学出版社1987年版。

质到精神都被侮辱与被损害者的悲剧,这是整个中国社会中人的悲剧。

总之,鲁迅小说以它全新内容与新颖形式的完美结合,显示了中国小说艺术的重大转折,标志着中国现代小说的开始和成熟,鲁迅也以他首创的中国现代短篇小说奠定了现代文学之父的文学史地位,影响深远。

从题材上看,鲁迅把生活在社会底层的小人物:农民、市镇平民、小知识分子作为他小说的主要人物来描写,写他们平凡的生活。这是对中国传统小说多写才子佳人、武侠公案、帝王将相内容的重大突破,这就使小说更接近大众,更接近生活的本来面目。鲁迅善于用平凡的题材表现精湛的思想,在对小人物的日常生活的描写中,隐含着对中国社会、中华民族、中国革命、中国人以及人类复杂心理等重大问题的探索,体现了鲁迅小说的深刻与伟大。

从艺术表现手法上看,中国的古典小说多以说故事为主,注重情节的奇巧曲折,人物则退居其次,以情节的需要来塑造人物,不免使人物形象类型化,人物性格刻画鲜明却不深入。鲁迅一改这种传统表现手法,以他高超的刻画人物灵魂的艺术,实现了小说以写人为主、以刻画人物性格本质为中心的艺术的进步,使小说艺术能够更形象、真切、深入地反映生活。鲁迅在《俄文译本〈阿Q正传〉序及著者自叙传略》中说,"我虽然已经试做,但终于自己还不能很有把握,我是否真能够写出一个现代的我们国人的魂灵来"。[1] 阿Q形象的世界级价值印证了鲁迅实现了他的创作意图。

鲁迅小说中的心理描写手法广泛采用了中外艺术表现之所长,并且具有自己独特的创新风格。他不同于外国小说中以大段的静止描写表现内心,如列夫·托尔斯泰的《安娜·卡列尼娜》中的长篇心理描写,鲁迅善于在简洁自如的叙述中抓住典型的细节、场景、动作、语言,写意传神。如《故乡》中闰土拿香炉和烛台是为了拜佛,《孤独者》

---

[1] 《集外集·俄文译本〈阿Q正传〉序及著者自叙传略》,《鲁迅全集》第七卷,第81页,人民文学出版社1987年版。

中魏连殳始终不娶是为了对抗封建礼教"不孝有三,无后为大"的古训,这种看似不经意的描写既恰倒好处又意味深长地揭示了人物的隐秘心理,可以说鲁迅对现代白话小说艺术手法的运用已经到了驾御自如的境界。

鲁迅小说的文学语言是在多方继承借鉴古典文言、古典白话、民间口语、外国文学中有益营养的基础上形成了自己凝炼、准确、深邃、传神的独特语言风格。他在《我怎么做起小说来》中这样谈道:"我做完之后,总要看两遍,自己觉得拗口的,就增删几个字,一定要它读得顺口;没有相宜的白话,宁可引古语,希望总有人会懂,只有自己懂得或连自己也不懂的生造出来的字句,是不大用的。"①

鲁迅的小说,显示了他作为思想家和文学家统一的特色,使他的小说成为能启人深思,教人警醒,具有社会认识价值和艺术审美价值的艺术精品。

第三节 《野草》和前期杂文的成就

"在中国的文坛上,鲁迅君常常是创造'新形式'的先锋。"②除了短篇小说的开拓性贡献外,鲁迅在杂文和散文诗两种体裁的创作中也有开风气之先的作用,从而使第一个十年的现代文学作品呈现出了体裁的多样性特征。

鲁迅一生共创作了两本散文集:《朝花夕拾》收录了回忆性的叙事散文;《野草》是散文诗集,托物言志,意境独特。《野草》共收入1924—1926年创作的散文诗二十三篇,1927年7月结集出版时又加了一篇《题辞》。鲁迅写《野草》和写《彷徨》是同一时期,即五四落潮期。从大背景看,北京在卖国贼段祺瑞执政府统治之下,一股封建复

---

① 《南腔北调集·我怎么做起小说来》,《鲁迅全集》第四卷,第513页,人民文学出版社1987年版。
② 茅盾:《读〈呐喊〉》,《茅盾论中国现代作家作品》,第149页,北京大学出版社1980年版。

古逆流顺势而起。鲁迅的心境是苦闷、彷徨、矛盾、痛苦的。这一时期,进化论、个性解放思想仍在鲁迅思想中起作用,但面对严酷的现实斗争,进化论思想开始轰毁,处于思想转变的痛苦探索时期。另外,五四运动退潮后,知识界出现了大分化,有的高升了,有的退隐了,有的前进了。鲁迅仍然执著于现实,对高升的鄙弃,又不甘心退隐。因此,他一面战斗,一面又感到孤独、彷徨,有布不成阵、成了游勇的感觉,有一首小诗反映了他当时的心境:"寂寞新文苑,平安旧战场,两间余一卒,荷戟独彷徨。"① 从小环境看,有两件事发生在写作《野草》的时期:一是鲁迅和周作人的"兄弟失和",这件事造成了鲁迅极度的精神痛苦。虽然我们已无法还原这件事的历史本来面目,但可以肯定的是,从1923年下半年开始,原先情同手足、志同道合的周氏兄弟翻脸了,鲁迅在这个家里再也找不到温暖,他感受到的是火药味,是无法化解的矛盾,是无法言语的精神伤害和心灵痛苦。另一件事是许广平进入了鲁迅的生活,他们之间发生了非常微妙、复杂的师生恋情。这在鲁迅沉闷、干涸的情感世界中掀起了不小的波澜。可以说,社会、家庭的种种不安、复杂的因素,使鲁迅陷入了极度的精神危机之中。

《野草》就是在这种思想、情感的焦灼时期写出的,它"是一种由外部聚集种种痛苦的感受,不断向内心深处集中压缩,最终以一种独特而复杂的方式(自我磨难、自我剖析与世相透视、社会批判)来抒发情感"② 的散文诗集。它的独异性,来自于鲁迅特立独行的艺术人格,来自于鲁迅作为思想家复杂与深邃的生命体验,来自于鲁迅超凡脱俗的艺术创造力。《野草》是一位孤独的思想家、艺术家的心灵独语,其深邃的思想、深美的意境、深沉的哲思,超越时空,给读者以无穷的回味。

《野草》的第一篇作品《秋夜》写于1924年9月15日,作品用象

---

① 《题〈彷徨〉》,《鲁迅全集》第七卷,第150页,人民文学出版社1987年版。
② 刘勇:《〈空山灵雨〉:融合多重宗教文化的人生寓言——兼与〈野草〉、〈画梦录〉比较》,《天津师范大学学报》社科版,第50—56页,2003年第5期。

征的手法通过对秋夜的感怀,表达作者对黑暗势力的仇视,对反抗者和被压迫者的赞美和同情,也表现出对人生真谛的迷茫感。篇中用"奇怪而高的天空",用"星星"的"冷眼"、"鬼睒眼"、"夜游的恶鸟"[1]象征丑恶和黑暗。用"直刺天空的枣树",衬托出傲岸不屈的韧性战斗精神。用"青虫扑火"、"瑟缩的小粉红花"写出反抗的力量和追求光明的精神。鲁迅的《秋夜》一反中国传统文人伤春、悲秋的心理逻辑,表现出鲁迅强者的哲学,在秋夜的肃杀和黑暗的背景上衬托出不屈地追求光明的精神。此外《淡淡的血痕中》歌颂人间叛逆的猛士,批判胆怯的造物主和懦弱的庸人。《失掉的好地狱》用地狱比喻当时社会的黑暗。以独特的意境表现鲁迅对黑暗、丑恶的人生现象的揭露和抨击。

在《野草》中鲁迅仍然贯穿着他对国民劣根性的讽刺与批判,《复仇》讽刺旁观者,《狗的驳诘》挖苦唯利是图、出卖灵魂的小人,《立论》嘲讽圆滑的处世哲学。《聪明人和傻子和奴才》讽刺伪善者,《我的失恋》为讽刺当时盛行的失恋诗而作。

而《好的故事》描写了一种美丽、优雅的自然境界。《雪》在对南国的雪和朔方的雪进行对比的描写中,寄予着对美的本质的追求。在《野草》冷峻、奇崛的描写中显出一抹暖色。《影的告别》剖白自己矛盾的内心世界"影"和"人"告别。"影"代表新我,"人"代表旧我,新我执著于现实,但不知究竟走到哪里,彷徨在明暗之间。《风筝》剖白自己的内心,因为曾经无意中践踏了小弟弟童年时候纯真的感情而忏悔,感情真挚沉痛。鲁迅的伟大处就在于他于看似细微处解剖自己,表现了作家追求至善的精神境界。

《这样的战士》反复用"他举起了投枪"[2],写出一个革命者不管遇到什么阴谋、什么险阻都战斗不止的精神,也是鲁迅一生战斗精神的写照。《过客》可以看作是鲁迅自传体的诗剧,象征意味浓厚。此诗时空环境是黄昏、杂树、瓦砾、荒凉破败的丛莽、似路非路的路,这些都

---

[1] 《野草·秋夜》,《鲁迅全集》第二卷,第162页,人民文学出版社1987年版。
[2] 《野草·这样的战士》,《鲁迅全集》第二卷,第215页,人民文学出版社1987年版。

象征着当时的社会环境和鲁迅在精神世界里无路可走的境遇。人物也富有象征意味,老翁(一个心力交瘁、饱经人事沧桑的人)、女孩(对未来充满希望)、过客(困顿、倔强、执意向前、不肯停歇)。鲁迅写出了一个不知从哪里走来,也不知道走向哪里,但倔强地一直向前走的过客形象,其实也是他自我的化身。作品写出过客不畏艰难,即使前面是坟,也要向前走,写出了一个鲁迅式的求索者形象。鲁迅当时没有找到一条行得通的出路,然而面对黑暗的现实鲁迅执著地认为只有向前"走"才有出路。所以无论前途多么艰险,也义无反顾地前行。鲁迅追求的是真理,是人类的理想。"过客"的形象写出了鲁迅当时既矛盾又执著的心境,也形象地体现了鲁迅"绝望的抗战"的人生哲学。

散文诗的出现是在借鉴外国文学成果的基础上产生的。法国象征派诗人波特莱尔是第一个用"散文诗"一词的诗人。而在五四时期,俄国作家屠格涅夫的散文诗被大量地翻译到中国。散文诗是现代文学独特的体裁形式,它不同于一般的散文和韵律严整的诗。散文诗是以散文为外衣,以诗意为灵魂的。它是没有节奏和韵律的音乐,是白话散文和白话诗互相嫁接的产物,是边缘体裁。

鲁迅的《野草》则是开了中国散文诗创作的先河,形式自由,行文活泼,有诗、诗剧、对话、杂感。内容以抒发内心感受为主,形象凝炼,别有意境,蕴含深刻的哲理,比一般的散文精粹含蓄,凝聚着更多的诗情。

《野草》在艺术上的突出表现是构思的奇特。比如把现实梦幻化,《野草》中写梦境的有七八篇,通过梦境揭露黑暗社会和人生的丑恶。如《失掉的好地狱》、《死后》、《狗的驳诘》、《立论》等。鲁迅还善于把主观思想形象化,把主观感受变成具体的意境创造,通过精细描写现实生活的景物,托物言志。比如《秋夜》、《好的故事》、《雪》、《风筝》、《腊叶》都是借景抒情、托物咏怀的作品。另外就是用粗线条勾勒象征性形象,写出富有概括性的生活场面,表现复杂的思想感情,如《影的告别》、《求乞者》。《野草》的很多篇章在鲜明对比中抒写情怀,抨击庸俗妥协的社会弊端,歌颂坚忍不屈的情操,如《复仇》、《这样的战士》、《过客》、《淡淡的血痕中》、《聪明人和傻子和奴才》)。

鲁迅运用语言的功力在《野草》中再次显现出来。他新奇、丰富、超绝的想象力使《野草》的语言产生一种既有诗情美又有哲理意韵的独特韵味。作者用简洁、优美的语言创造出别致的艺术意境。一种是由人物对话形成的一种实意境,在寓言式的描写和生动的形象中包含丰富、深刻的内涵,如《求乞者》、《立论》、《狗的驳诘》、《聪明人和傻子和奴才》。一种是由优美的写景抒情的语言构成的充满诗情画意的意境,表达一种深邃、丰富、复杂的感情境界。例如《雪》中描写的雪景融入了作者强烈的主观感情色彩。北方"孤独的雪,是死掉的雨,是雨的精魂"①。《野草》中还有许多曲折、含蓄、象征性的语言容纳着更为广袤的诗情和人生哲理,那些似格言、警句一般的诗句给读者以无限想象和深思的余地。如《题辞》中的名句,"当我沉默着的时候,我觉得充实;我将开口,同时感到空虚","我以这一丛野草,在明与暗,生与死,过去与未来之际,献于友与仇,人与兽,爱者与不爱者之前作证"。《墓碣文》中"……于浩歌狂热之际中寒;于天上看见深渊。于一切眼中看见无所有;于无所希望中得救……"《野草》的艺术境界至今还令喜欢它的读者叹服。

鲁迅的杂文以 1927 年为界分为前、后期。前期杂文主要包括 1918 至 1926 年之间的创作。前期杂文有四个集子:《坟》主要收入了四篇 1907 年在日本写的长篇论文,及 1918 至 1925 年写的政论性质、篇幅较长的杂文。杂文集以"坟"命名,意思是埋葬旧的迎接新的,并无悲观之意。《热风》收入 1918 至 1924 年的创作,以篇幅较短的杂感为主,作者感到周围空气的寒冽,而命名为"热风"。《华盖集》集中收入了 1925 年的杂文,《华盖集续编》收入的是 1926 年的创作。"华盖"是佛家用语,华盖命对和尚是好运,顶有华盖,预示成佛。对俗人则不同,华盖在上,就给罩住了,只好碰钉子。这两本杂文集,集中反映了当时文化界、教育界斗争的情况。

鲁迅在《热风》题记、《华盖集》题记、《华盖集续编》小引等有关文章中阐述了他的杂文观。他认为杂文是应时文,是感应的神经,攻守的手足,杂文要能以小见大,言之有物,阐述了杂文应有现实性和战

---

① 《野草·雪》,《鲁迅全集》第二卷,第 181 页,人民文学出版社 1987 年版。

斗性。他还强调短评式的小品文,关键要有骨力,针砭锢蔽,批判社会。要求杂文要生动泼辣,愉悦移情。

鲁迅最早写杂文是从1918年在《新青年》"随感录"一栏刊登杂感开始的,最早的一篇是收在《热风》里的随感录二十五,呼吁中国所需要的是"人之父",要让孩子真正成为人,不能只作为父母福气的材料,抨击封建专制制度。

前期杂文的内容主要有:尖锐地抨击封建制度、封建礼教(包括宗法家族制度、皇帝独裁和官僚政治、等级特权、国民性的种种表现),批判复古倒退。如《我之节烈观》对封建制度下的畸形道德"节烈"透辟地阐述了自己的观点,深刻揭露了这种道德是对妇女的血腥摧残。指出"道德这事,必须普遍,人人应做,人人能行,又于自他两利,才有存在的价值",呼吁"要除去于人生毫无意义的苦痛,要除去制造并赏玩别人苦痛的昏迷和强暴","要人类都受正当的幸福"①。《我们现在怎样做父亲》批判了封建宗法专制的父权思想,从进化观点,提出父对子要多些义务,少要些权力,父辈对于下一代"第一,便是理解","第二,便是指导","第三,便是解放"。②《春末闲谈》把封建礼教害人形象地比作细腰蜂(细腰蜂,纯雌无雄,它用毒针蜇一下青虫的神经球,使它麻痹成不死不活的状态,再在青虫身上生下蜂卵,青虫不死不活,不动也不烂,等孵出了虫卵,青虫又被吃掉),生动、形象地揭示了封建礼教从精神上麻痹人民,使人民成为可供驱使的奴隶。《灯下漫笔》指出中国的历史有两种状态"想做奴隶而不得的时代"和"暂时做稳了奴隶的时代"③。提出以孔孟为标志的古代文明实际上是供阔人享用的筵宴,中国是安排这种人肉筵宴的厨房,指出青年应起来掀掉这宴席,毁掉这厨房。但当时国粹者仍要维护封建道德,鲁迅同时对复古派进行了不妥协的批判,把他们斥责为

---

① 《坟·我之节烈观》,《鲁迅全集》第一卷,第119、125页,人民文学出版社1987年版。
② 《坟·我们现在怎样做父亲》,《鲁迅全集》第一卷,第135、136页,人民文学出版社1987年版。
③ 《坟·灯下漫笔》,《鲁迅全集》第一卷,第213页,人民文学出版社1987年版。

"现在的屠杀者"对这些人进行针砭和嘲讽,这在他的随感录中最突出地反映出来,同时也是他杂文创作的主题之一。

鲁迅的杂文高举时代的旗帜——科学与民主,对中国封建制度的锢蔽给予了最致命的揭露和剖析,因为鲁迅对中国历史、中国社会、人生有最深透的研究、观察和体验,所以鲁迅的反戈一击就更有力量。正像茅盾《鲁迅论》中概括的,鲁迅的杂感充满着反抗的呼声和无情的剖露,反抗一切的压迫,剖露一切的虚伪……

在帝国主义支持下,鲁迅当时所居住的北平,军阀政府制造了一系列屠杀人民的惨案,鲁迅亲历了这血写的现实,1926年的"三一八惨案"对鲁迅触动很大。在写这些内容的杂文里鲁迅义愤填膺,主张应抽刃而起,反对张着含冤的眼睛向世界索求公道。《无花的蔷薇之二》称"三一八"这天是民国以来最黑暗的一天,对军阀的残忍进行了愤怒的控诉。《记念刘和珍君》、《可惨与可笑》高度赞扬了学生的革命热情,以长歌当哭的深挚的悲愤之情来祭奠非凡的中国女性和真的猛士。《"死地"》、《空谈》对北洋军阀的"走狗"给予无情地揭露。《娜拉走后怎样》提出妇女的解放要以社会的解放为前提。《忽然想到之三》总结辛亥革命的教训,"我觉得革命以前,我是做奴隶;革命以后不多久,就受了奴隶的骗,变成他们的奴隶了"①,等等。《论"费厄泼赖"应该缓行》主张对敌斗争要针锋相对,决不退让妥协,要痛打落水狗。在《写在〈坟〉后面》说"最末的论'费厄泼赖'这一篇","虽然不是我的血所写,却是见了我的同辈和比我年幼的青年们的血而写的"。②

鲁迅的杂文紧紧地跟随着时代的脚步,站在历史的高度,以彻底的科学、民主的反封建精神,把批判的锋芒指向社会的各个黑暗面,指向旧有的和现存的一切阻碍人民觉醒,阻碍社会发展的势力。他以杂文为武器,迅速地、清醒地、生动地反映了思想界的论争,反映了中国人民斗争的经验、教训、斗争意志、智慧、思想和感情,反映了时

---

① 《华盖集·忽然想到》,《鲁迅全集》第三卷,第16页,人民文学出版社1987年版。
② 《坟》,《鲁迅全集》第一卷,第283页,人民文学出版社1987年版。

代的声音和人民的愿望,包容了社会、人生、历史、政治等各种大大小小的问题,真可称得上是中国当时社会生活的百科全书。

前期杂文在艺术上格式多样,表现手法灵活,有随感、札记、书信、日记等各种形式。表现手法上把抒情、叙事、议论融为一体,但每篇又不雷同,各有侧重:或幽默含蓄,或显讽刺的锋芒,或饱含沉郁的感情,或寄寓深邃的思想。冯雪峰评鲁迅的杂文是诗与政论的结合。鲁迅的杂文善于把抽象议论化成具体可感的形象,言之有物,以小见大,蕴涵深刻,如《春末闲谈》中细腰蜂的比喻。鲁迅的论辩具有内在的逻辑力量,如《论"费厄泼赖"应该缓行》就是先提出问题然后层层剥笋式地深入分析,非常严整,且生动形象。鲁迅杂文的语言锋利、形象、幽默、含蓄,幽默中含有深刻的讽刺。他的杂文继承了中国古典散文的战斗精神,毫不留情地批判黑暗现实,但鲁迅的杂文蕴含着全新的时代理想、信念和追求变革的精神,创造了一种五四时代的新文体。鲁迅的杂文创作对中国文学的影响是很大的,如唐弢、冯雪峰的杂文创作就受到了鲁迅的影响。

【内容小结】
1. 鲁迅主要生平经历。(了解)
2. "进化论"、"改造国民性"思想。(理解)
3. 小说集《呐喊》、《彷徨》。(掌握)
3. 散文诗集《野草》部分篇章赏析。(掌握)
4. 前期杂文的特点。(了解)

【难点解析】
说明:我们解读鲁迅,一个重要的前提是不能把鲁迅摆到高高在上、令人仰视的神的位置上,而应该把他拉回人间,去理解一个既平凡又伟大的人——鲁迅。鲁迅是一个活生生的、性格倔强、有血有肉的人,他生活的时代新旧交替、中西文化碰撞,国事、家事、天下事纷乱复杂。和所有普通人一样,鲁迅的思想感情、鲁迅的性格也同样充满矛盾,只不过他的矛盾比普通人更复杂,作为思想家,他的情感体验更孤独、更痛苦,痛苦中的执著也许才更伟大。

有了这种认知,我们在评价鲁迅的时候就会少走极端——或认为他的作品一钱不值,他是一个专会骂人的作家;或认为鲁迅伟大之极,无与伦比。两个极端都会使我们疏远真实的鲁迅,无法真正走进鲁迅的精神世界与艺术世界中去体验至今仍然独具价值的思想意义和艺术魅力。

学习鲁迅也需要有鲁迅所提倡的辩证、科学的态度,实事求是,这样我们才能真正走进鲁迅的艺术世界与思想世界中去,体味鲁迅思想和艺术的深邃与精美以及鲁迅作为中国文学家被列入世界划时代的伟大作家之列的文化意义和现代价值。

难点:

1. 鲁迅小说《呐喊》《彷徨》的特点及阅读的隔膜。

鲁迅小说的特点:从题材上看,鲁迅把生活在社会底层的小人物——农民、市镇平民、小知识分子作为他小说的主要人物来描写,写他们平凡的生活。这是对中国传统小说多写才子佳人、武侠公案、帝王将相内容的重大突破,这就使小说更接近人民大众,更接近生活的本来面目。鲁迅善于用平凡的题材表现精湛的思想,在对小人物的日常生活的描写中,隐含着对中国社会、中华民族、中国革命、中国人以及人类复杂心理等重大问题的探讨,体现了鲁迅小说的深刻与伟大。比如,阿Q的"精神胜利法"就包孕着以上各方面丰富的内涵。

从艺术表现手法上看,中国的古典小说多以说故事为主,注重情节的奇巧曲折,人物则退居其次,以情节的需要来塑造人物,不免使人物形象类型化,人物性格刻画鲜明却不深入。鲁迅一改这种传统表现手法,以他高超的刻画人物灵魂的艺术,实现了小说以写人为主,以刻画人物性格为中心的艺术的进步。就使小说艺术能够更形象、真切、深入地反映生活。例如,在动态描写中来写人物的灵魂,鲁迅在《俄文译本〈阿Q正传〉序及著者自叙传略》中说:"我虽然已经试做,但终于自己还不能很有把握,我是否真能够写出一个现代的我们国人的魂灵来。"

阅读隔膜:鲁迅小说不猎奇,写的都是普通人,没有引人入胜的情节,加上时代的隔膜,所以想轻松、悠闲的现代人,不需要忧患意识的年轻人,也许不喜欢读鲁迅的小说,这是可以理解的。一般作为文学经典,往往都有阅读的距离感。虽然有些人也许不喜欢读鲁迅,但我们又不得不承认,鲁迅小说形象塑造的鲜活、哲理蕴涵的深刻以及他超凡脱俗的文学艺术深远的影响力,至今令我们望尘莫及。

所以,阅读鲁迅的小说,更多地应该从思想的深度、文化的广度、文学的创新性与现代性的角度考察。鲁迅的小说是耐人咀嚼、品味、深思而且历久弥新的艺术精品。它"展现着20世纪现代中国的现实存在,蕴藏着鲁迅对20世纪中国人的灵魂和中国人的处境命运的世纪性的感悟。越是细细咀嚼、品味,就越是咀嚼、品味出鲁迅在现代中国曾经体验过的巨大的希望和绝望、痛苦和欢欣、迷惘和执著……""《呐喊》、《彷徨》是一个天才的小说家,奉献给他挚爱的人民的20世纪现代中国现实的感悟录。""两本薄薄的小说集,足够一个民族、一个国家咀嚼一个世纪,在世界文学史上也是罕见的。"[①]

2.《野草》的晦涩难懂。

在创作之初,鲁迅就因为种种原因,用了一种讳莫如深的方式写作了这部散文诗。《野草》呈现给读者的是一个多义的、象征的、意象的、诗的艺术世界。我们不必拘泥于《野草》具体写了什么,而主要应该从自己的艺术审美体验的角度出发,去欣赏、体味鲁迅笔下那独具匠心的艺术境界。比如《野草》绝妙的语言、奇崛的意境、深沉的哲思等以及其中蕴涵的鲁迅的生命体验和人生哲学。

【作品分析例释】

就《野草》中的一篇散文诗,写一篇鉴赏短文。

说明:赏析题一般选择审美价值比较高的作品,比如优美的散文、韵味浓郁的诗歌和像《野草》这样意境独特、哲理深邃的散文诗。这类题目的是要考察同学的鉴赏能力和语言表达能力。

[①] 胡尹强:《破毁铁屋子的希望——〈呐喊〉〈彷徨〉新论》,人民文学出版社2001年版。

以《秋夜》为例：

《秋夜》是一篇意象幽美、寓意深邃的散文诗。鲁迅笔下的"秋夜"，他对秋夜的感怀，是鲁迅所处的时代环境、鲁迅的性格、心境、情感体验的艺术化的表现，也许今天我们很难设身处地地去完全理解鲁迅的寓意。但我们可以从《秋夜》所描写的艺术世界中去体味一种深刻、内蕴、复杂而具有哲理意蕴的美。但这必须是在了解了写作背景之后，我们才能进一步走进鲁迅的艺术世界，去接近他。如果不了解的话，那么我们一般望星空、体味秋夜的时候所感受到的也许就只是感叹宇宙的无限与人类的渺小了。

《秋夜》的写作背景：《秋夜》写于1924年9月15日，约两个半月以后在《语丝》上发表。从个人境遇看：1923年7月发生的周氏兄弟的失和，给鲁迅带来极大的痛苦。1924年5月25日，鲁迅搬离周氏全家共同居住的八道湾，移居西三条胡同新居，和母亲、朱安在此居住。写《秋夜》的时候，鲁迅和许广平的爱情似有萌发。从社会环境看：五四的热潮已开始渐渐退落，此时的鲁迅在孤独、痛苦中仍执著于自己的理想。

《秋夜》的意象：《秋夜》用象征的手法通过对秋夜的感怀，表达作者对黑暗势力的仇视，对反抗者和被压迫者的赞美和同情，对人生真谛的迷茫感。用"奇怪而高的天空"、用"星星"的"冷眼"、"鬼睒眼"、"夜游的恶鸟"象征丑恶和黑暗；"用直刺天空的枣树"，衬托出傲岸不屈的韧性战斗的精神；用"青虫扑火"、"瑟缩的小粉红花"写出反抗的力量和追求光明的精神，反映了鲁迅的哲学——强者哲学和积极进取的人生态度。

《秋夜》的意境：描写了一位身处逆境，历尽沧桑，孤独痛苦，身单力薄，却要执意追求美好理想的战士的形象。其中的寓意是复杂多义的，有的从斗争哲学方面阐释，说《秋夜》表现了鲁迅韧性战斗的精神；有的从情感方面阐释，说《秋夜》表现了鲁迅在逆境中对美好爱情的追求。当然今天我们读《秋夜》更主要的是体味作品本身那种幽深的格调与复杂的情感体验，不必仅限于什么象征什么的思维定式，每位读者都会找到自己独特的审美感受。

【学习检测】

问答题：
1. 鲁迅改造国民性思想的主要表现是什么？
2. 《呐喊》、《彷徨》忧愤深广的主要表现是什么？
3. 举例分析鲁迅小说的语言艺术特色。

思考题：
1. 作为思想家，鲁迅的价值在哪里？
2. 有学者总结鲁迅的人生哲学是"绝望的抗战"，对此你有何感受？

赏析题：
选读《野草》中的一篇散文诗，写一篇鉴赏短文。

【相关资料】

钱理群著《心灵的探寻》，北京大学出版社1999年版。

胡尹强著《破毁铁屋子的希望——〈呐喊〉〈彷徨〉新论》，人民文学出版社2001年版。

胡尹强著《鲁迅：为爱情作证——破解〈野草〉世纪之谜》，东方出版社2004年版。

高旭东著《走向二十一世纪的鲁迅》，中国文联出版社2001年版。

【相关影视作品简介】

鲁迅先生的小说都是短篇，又以刻画灵魂著称，不宜也不易被改编成影视作品，迄今被改编的主要作品有：《祥林嫂》（电影）、《阿Q正传》（电影）、《药》（电影）、《伤逝》（电影）、《离婚》（电视剧）。其中最成功的是电影《祥林嫂》。

第三章　主要小说流派

【内容要点】
1. 问题小说的贡献及代表作家。
2. 乡土写实派作家的主要特点。
3. 郁达夫身边小说的风格特色。

【学习建议】
　　建议阅读作品：
《沉沦》、《茑萝行》、《迟桂花》，参见《郁达夫小说全编》，浙江文艺出版社1989年版。

【参考书目】
杨义著《中国现代小说史》第一卷，人民文学出版社1998年版。

【课件链接】
参考课件光盘(上)第一编　第五章

第一节　"为人生"派的问题小说

　　"为人生"派严格地讲不是一个典型的小说创作流派，它主要是指以文学研究会成员为主的有"为人生"的文学创作倾向的小说作者群体。这派小说的创作是关心现实社会问题，积极入世的。他们大多注意创作的思想性和社会价值，具有现实主义创作倾向。

　　五四时代是中国初步从封闭走向开放、从愚昧走向觉醒的时代。时代要求作家以新的价值观念参与时代思考，使其作品能够从新思想的角度提出社会和人生问题，引起读者心灵的震动，唤起读者改革的欲望。

人生派的创作最为突出的表现就是从普遍和广泛的意义上去理解和关心人生。因此他们的创作涉及面是很广的。比如青年恋爱问题、教育问题、家庭问题、妇女贞节问题、社会习俗问题等等。在新旧交替的时代,诸多问题摆到人们面前,需要人们去思考、去解答。于是一代新文学的作家,特别是青年作家开始用自己的创作来探讨人生诸问题,从而出现了文学史上一个独特的创作流派——"为人生"派的问题小说创作。

问题小说是一个宽泛的概念,任何有思想性和社会针对性的小说,都可归入问题小说一类。但在五四时期,问题小说是有其独特含义的,"它是五四启蒙主义精神和初步入世的学生青年的社会热情和人生思考相结合的产物"。①

在问题小说创作中影响比较大的作家主要有冰心、叶圣陶、王统照、许地山等。他们的创作内容各有侧重,风格各具特色,而其创作的主要目的是以小说探索人生。

冰心,原名谢婉莹,原籍福建长乐。1900年生于福州,家庭环境非常优越,父亲任过清政府的海军军官,后来又到烟台办海军学校,民国成立以后就任海军部军学司司长。由于家庭的关系,冰心的童年是在海边度过的,她对大海有着特别的感情。大海的辽阔、沉静以及那隐微的忧郁都深深地融注到冰心的心灵深处。冰心所受的教育也非常严格,幼年时代就广泛接触了中国古典小说和译作,曾就读北京的教会学校贝满女中,1918年入协和女子大学预科,先学理科,后转文科,1923年在燕京大学文科毕业,又到美国威尔斯利女子大学读英国文学。在中西文化的熏陶下,冰心的文学修养是很高的,西方文学对她的影响似乎更大。大学期间冰心曾积极参加五四学生运动,并开始写作。"冰心"这个笔名是她1919年9月在《晨报》上发表第一篇小说《两个家庭》时开始使用的。此后,相继发表了《斯人独憔悴》、《去国》等探索人生问题的"问题小说"。从1919—1925年的六年中,冰心发表了二十多篇小说,成为早年影响最大的问题小说作

---

① 杨义:《中国现代小说史》第一卷,第229页,人民文学出版社1986年版。

家。1923年她的小说集《超人》由商务印书馆出版。冰心问题小说的代表作有《斯人独憔悴》、《去国》、《超人》等。

《斯人独憔悴》以五四学生运动为背景,描写在南京读大学的颖铭、颖石两兄弟因参加学生爱国运动,被校长告了状,身为军国要人的父亲勒令他们回家,两兄弟被关在家里,他们带回的进步刊物被父亲烧毁,最后竟取消了他们再去读书的资格。兄弟俩寂寞无聊,但又没有勇气反抗,只有暗自落泪。篇末以颖铭吟咏杜甫的诗句"冠盖满京华,斯人独憔悴"结尾,全篇充满苦闷、忧郁的气氛。"冠盖满京华,斯人独憔悴"是杜甫诗"梦李白二首"中的两句,意思是长安到处是高冠华盖的权贵,唯独李白这样了不起的人,献身无路,困顿不堪。作者以此诗作为小说中人物所处境地的自况。《斯人独憔悴》是直接反映五四学生运动的小说,时代感很强,它写出在新时代爱国学生运动蓬勃开展的时候,仍然存在着父辈压服子辈的悲剧,具有很高的社会真实性。《去国》则关注了更切近知识分子的问题,一位从美国学成归国的高才生英士,想要用自己的知识报效祖国,使民族复兴,但腐败无能的政府需要的是奴才,而他这样的高级人才只能在军阀混战、百业具废、民不聊生的现实逼迫下含着无奈的忧愤去国。冰心社会问题小说揭示得问题比较广泛,具有鲜明的时代气息,但小说的笔力还是比较浅显的。

1921年4月刊载于《小说月报》第12卷第4号的小说《超人》是冰心心理问题小说的代表作,小说塑造了五四落潮后一个冷漠的青年何彬的形象。他是一个冷心肠的人,从不和人交往,也不爱自然万物,信奉尼采哲学——爱和怜悯都是恶。一夜,他被一个男孩儿的呻吟声扰乱了心,引起他意识深处对爱的联想,梦见母亲,梦见花,梦见繁星。为了拒绝病孩儿禄儿的呻吟,拒绝想到母亲,他出钱给禄儿治病。当何彬另谋职业要离开的时候,禄儿来给他送花以表示谢意。天真的禄儿感动了何彬,唤回了他的爱心。他得出结论:"世界上的母亲和母亲都是好朋友,世界上的儿子和儿子也都是好朋友,都是互相牵连,不是互相遗弃的。"① 冰心用她所信奉的"爱的哲学"来为像何彬这样在五四退潮后处于精神危机之中的青年寻找出路,主观幻想色彩很浓厚。

冰心从童年到青年时代都沐浴在幸福中,慈爱的父母、优裕的生活、美丽的大海,加上在教会学校所受的基督教泛爱精神的熏陶,使她在对人生问题进行探索的时候得出了自己的结论——真理就是一个"爱"字。于是她的很多问题小说充满了对"爱"和"美"的追求和歌颂。冰心的小说,语言优美、清隽,具有诗化小说的特色。

叶绍钧,字秉臣,辛亥革命后改字圣陶,1894年出生在江苏省苏州城内一个账房先生的家中。中学毕业后,因家境贫寒无力升学而参加工作,先做初等小学教员,后在中学和大学任教,是一位声誉很高的教育家,也是一个典型的人生派小说作家。从1922—1928年出版了多部短篇小说集,《隔膜》、《火灾》、《线下》、《城中》、《未厌集》等。

叶圣陶的初期创作大都带有问题小说的倾向,体现了"为人生而艺术"的创作主张。茅盾先生在《中国新文学大系·小说一集导言》中总结道"冷静地谛视人生,客观地,写实地,描写着灰色的卑琐人生的,是叶绍钧。"②

叶圣陶的早期小说也曾追求过深沉的爱和清丽的美。他不满于小资产阶级的灰色生活,痛恨宗法制社会的经济压迫和礼教束缚,想借助爱和美作为解决问题的良方。如小说《阿凤》描写了一个童养媳阿凤,常常挨婆婆的打骂,失去生趣。当她婆婆外出办事整日不归的时候,她仿佛卸去了身上的枷锁,与小朋友、小猫儿忘情地玩耍,开心地笑。这时候,她不但忘了诅咒、手掌和劳苦,她连自己都忘了。世界的精魂若是"爱"、"生趣"、"愉快",她就是全世界。

以后叶圣陶开始侧重写自己所熟悉的小市民知识分子的生活。

---

① 冰心:《超人》,《中国新文学大系》小说一集(影印本),第13页,上海文艺出版社1981年版。
② 茅盾:《导言》,《中国新文学大系》小说一集(影印本),第22页,上海文艺出版社1981年版。

这类题材中最出色的是短篇小说《潘先生在难中》。这篇小说以军阀混战为背景,着力刻画了小学教员潘先生的形象。潘先生听闻军阀开战,便携妻带子匆忙逃难到上海,刚到上海又担心教育局长斥责他临阵脱逃、玩忽职守,于是又一个人返回家乡。家乡处处人心惶惶,为了保险他便到外国人办的红十字会入了会,领取了会旗、会徽挂在家门上、衣襟上。一听战事危急,又慌忙躲进红十字会的红房子里。战事平息后,人们推举潘先生书写欢迎军阀凯旋的条幅,于是他大书"功高岳牧"、"威镇东南"①的歌功颂德之词,但自己终觉违心,眼前不断闪出拉夫、烧房、陈尸等种种惨烈的镜头。作者把潘先生放到动荡的时世中描写,充分地剖露了小市民知识分子委琐、自私的灵魂。对小市民知识分子那种"临虚惊而失色,暂苟安而又喜"②的心理,揭示得非常透彻。叶圣陶的小说创作表现出一种朴实、浑厚的风格。

  王统照,字剑三,1897年出生在山东诸城县相州镇一个封建地主家庭里,1918年到北京就读于中国大学英文系,次年参加五四运动,并从事新文学创作。1921年参加发起成立文学研究会,出版有短篇小说集《春雨之夜》、《霜痕》等,中长篇小说有《一叶》、《山雨》、《春华》等,是一位多产的作家。

  在他的作品中也描写了"爱"与"美",但"王统照的'爱'与'美'则具有哲学上的本体意味",他"以诗意的思去凝视现实的罪恶","诗使他的作品具有浓烈的感情和感伤的色调,思则使他的作品具有象征意味"。③他的初期创作多是一些思考和探索人生问题的小说。王统照受五四新思潮影响,不满于社会的污浊,但又无力去改造,只好凭借空幻的人生理想"美"和"爱"去提高人类的思想,调节人类的感情,这种创作倾向在他五四时期的小说创作中表现得比较突出。如《雪后》写一个五六岁的儿童,在河边用雪筑起了一座晶莹的小楼,他

---

① 叶绍钧:《潘先生在难中》,《中国新文学大系》小说一集(影印本),第133页,上海文艺出版社1981年版。
② 杨义:《中国现代小说史》第一卷,第324页,人民文学出版社1986年版。
③ 高旭东:《五四文学与中国文学传统》,第50页,山东大学出版社2000年版。

对自己的创造感到骄傲。但是夜里枪声不断,这座洁白的雪楼被军人的马蹄和皮靴践踏成污泥。作者通过雪楼的毁灭,暗示了军阀战争毁灭了人间的美和梦。《微笑》中写了一个盗窃犯阿根,他因为偷东西被关进监狱后觉得人生没有希望了,整日无精打采、精神麻木,但一次在犯人放风时偶然看到一个皈依基督教女犯人的微笑,使阿根从此心灵复苏,此后看到花鸟草木皆向他微笑。出狱后,这个盗窃犯转变成一个有知识的工人。作者以女性的微笑象征人类之爱,认为这种爱可以改变人的灵魂,使人变得美好。这些小说主观空想的味道很浓,以后王统照的创作逐渐转向反映社会现实。

以上三位作家在探索人生问题的小说中,都以追求"美"和"爱"为出发点,但又各有侧重,冰心颂扬"母爱"和"童真";叶圣陶执著于现实生活中的"爱"、"生趣"、"愉快";王统照则追求超越现实世界的更抽象的爱和美的精神。

许地山,名赞堃,号地山,笔名落花生。原籍漳州龙溪县,1893生于台湾省台南市一个爱国志士的家庭。1917年考入燕京大学文学院,1920年毕业留校任教,1922年前往美国入纽约哥伦比亚大学研究院哲学系研究宗教史和宗教比较学,后转入英国牛津大学曼斯菲尔学院研究宗教学、印度哲学、梵文、人类学、民俗学等,他先后获得过文学、神学学士和文学硕士学位,是一位对佛教、道教、基督教颇有研究的文学家。1927年回国在燕京大学文学院和宗教学院任副教授、教授,同时致力于文学创作。许地山一生创作的文学作品多以闽、台、粤和东南亚、印度为背景。由于许地山的独特经历和宗教的影响,使他的小说以浓郁的异国情调和传奇色彩在现代文学史的早期问题小说创作中独树一帜。他早期的小说多以东南亚热带异域风情为背景,以浪漫传奇的情节,塑造渗透着浓郁宗教意味的人物。小说表面看充满了宗教神秘色彩,但其内蕴却深含着许地山对社会人生问题独特的探寻。他的早期小说收在1925年出版的小说集《缀网劳蛛》中。早期问题小说的主要作品有《命命鸟》、《商人妇》、《缀网劳蛛》等。

《命命鸟》描写了佛教学校两位门不当、户不对的青年男女加陵和敏明的爱情悲剧。加陵是世家子弟却和他的同学、俳优的女儿敏明相爱,封建家长以生肖相克为理由横加阻止,致使两人以死殉情,在涅槃节前加陵和敏明欣然投水自杀,脱离了尘世的苦境。作者从佛教的角度诠释了五四时期常见的自由恋爱的题材,虽然加陵和敏明的解脱有虚幻、悲观的色彩,但他们至情的爱是令人感动的。《商人妇》探讨的是一位被丈夫出卖的妇女的命运。一位贤惠的妻子惜官好不容易筹足路费送赌空了钱财的丈夫去南洋谋生。十年后,惜官到南洋本想找丈夫团聚,谁承想丈夫成了富商后已另娶太太,无情的丈夫还把投奔自己的原配太太惜官卖给了一个印度商人。受尽欺凌的惜官后来离家逃走,并找机会进了女校读书,成了乡村教师。九年后她再访原夫,听说原夫因出卖发妻,道德败坏,为人不齿,终至商店倒闭下落不明。历尽人世沧桑的惜官到头来还是饶恕了一切。作者以浓重的宗教玄想色彩来辅助他对痛苦的现实人生问题的探讨。

在《缀网劳蛛》中,作者塑造了一位具有佛家慈悲心肠和基督式泛爱精神的女性尚洁的形象。尚洁被丈夫长孙可望带到东南亚某国,过着闲适的生活,后来因为她搭救翻墙到她家来偷东西而受伤的盗贼,被本来嫉妒心很重的丈夫撞见,指责她行为不轨,尚洁对此毫无怨怒,只身到土华岛过一种孤独的隐逸生活,后来丈夫良心发现,终被感化,向尚洁认错,并自觉离开尚洁到海岛受苦补过。尚洁亦不挽留,安闲宁静,顺其自然。她的人生哲学就是"我像蜘蛛,命运就是我的网","所有的网都是自己组织得来,或完或缺,只能听其自然罢了"。[①] 她人生哲学既有佛教"人生苦多乐少,变幻无常"的厌世思想,又渗入了道教清净无为的思想,尚洁的理性、悟性消融了世俗间喜怒哀乐的感情,于是她对人世的祸福得失任其自然,泰然处之。许地山的早期小说以赞美爱的宗教角度探索人生的复杂问题,风格清新脱俗,幽婉空灵,人生的哲理蕴蓄在浪漫抒情、异域风情的描写之中。

---

① 许地山:《缀网劳蛛》,《中国新文学大系》小说一集(影印本),第186、202页,上海文艺出版社1981年版。

第二节 乡土写实派小说

乡土文学作为一个小说流派大约出现在 1923 年前后,这时候问题小说的创作势头渐趋低落,在小说创作领域以文学研究会成员为主,还有少数倾向相近的语丝社、莽原社和未名社成员及其他外围作者,包括王鲁彦、蹇先艾、李健吾、黎锦明、许钦文、徐玉诺、潘训、王任叔、沈从文、许杰、台静农等,形成了流派色彩比较明显的乡土文学派小说创作群。他们的作品大多发表在北京的《晨报副刊》、《京报副刊》、《语丝》、《莽原》、《未名》和上海的《小说月报》等报刊上。乡土文学作家多是从农村或市镇进入大城市的青年知识分子,因为他们在创作题材上相近而形成一个独特的流派。这个流派最突出的特点就是描写自己所熟悉的乡土题材,特别是农民和农村题材,地方乡土气息浓郁。这批乡土作家的出现标志着中国现代小说史上第一个现实主义创作流派的形成,所以也可称它为乡土写实派。这派作者在叙写乡土风俗的同时推进了小说向更广的现实社会靠近。

乡土小说作家早期更多地受到了鲁迅小说直接或间接的影响。比如可以和鲁迅《故乡》类比的回忆童年故乡生活的作品,如王鲁彦的《童年的悲哀》、废名(冯文炳)的《竹林的故事》等。和鲁迅小说《祝福》类似的叙写农村中农民悲剧的小说,如王鲁彦的《李妈》、蹇先艾的《乡间的悲剧》等。还有可以和《阿 Q 正传》类比、揭示农民落后性的小说,如许钦文的《鼻涕阿二》、王鲁彦的《阿长贼骨头》、彭家煌的《阿四爹的牛》等。除此之外乡土小说作家还擅长描写各地宗法制闭塞乡村冷酷野蛮的习俗,诸如婚丧嫁娶中的陋习、聚众械斗的野蛮、乡规风习中的愚昧等题材都是乡土小说的主要描写内容。在这些作家中王鲁彦、许钦文、蹇先艾、许杰、彭家煌等表现突出。

王鲁彦,原名王衡,笔名鲁彦,浙江镇海人。1901 出生在一个商人之家,由于家境不好,他在家乡仅在私塾读到高小,十五岁就去上海的商店当学徒,后来走上了补习自学的道路。十八岁他到北京参加了"工读互助团",一边以在北大门口摆饭摊和洗衣等服务谋生,一边在北大旁听鲁迅讲授"中国小说史"并自学世界语。二十岁开始发表新诗和译文,二十一岁开始发表短篇小说《秋夜》。随后其著作和译著逐年增多并出版了不同时期的小说集、散文集和译文集等等。他的早期小说大部分取材于故乡浙东村镇的风土人情,由于他的创作才华,曾被誉为"乡土文学之代表"。

　　王鲁彦的小说写出了浙东地区滨海农村农民生活的悲苦,他的短篇小说集主要有《柚子》、《黄金》、《童年的悲哀及其他》等九部。《柚子》是王鲁彦早期小说的代表作,小说以"我"在长沙的一段经历,叙写人生悲剧的感慨。在军阀混战的背景下,我无缘看到岳麓山的美景,却在寂寥之中一睹浏阳门外杀头的惨象,但见落地的人头像湖南的柚子一样满地乱滚,一钱不值,而刽子手和围观者的冷漠和愚昧令作者悲愤到几近变态,其尖刻的讥讽颇有鲁迅先生之笔锋。《菊英的出嫁》描写了浙东地区宗法制乡村中一种原始的"冥婚"习俗,就是两亲家为各自死去的儿女"成亲"。菊英是一个已经死去多年的女儿,但她的母亲出于怜女的感情,还是要为这个"十八"岁已经在阴间的女儿成亲,生怕女儿在地下无人做伴,她千辛万苦地物色到一个也已死去多年的"女婿",并且一切都按照活人的规制嫁女成亲,金银绸缎、良田陪嫁、锣鼓开道、仪仗浩大,但当读者透过这个热闹喜庆的场面,看到仪仗队抬的不是红轿而是青轿时,内心会涌起说不出的酸楚。一方面为母女情深而感叹,却又为乡间人事的愚昧、荒唐而唏嘘。王鲁彦的乡土小说不仅描写了宗法制乡村闭塞、沉滞、悲苦的生活,同时他也敏锐地捕捉到了浙江沿海乡村自给自足的农村经济被外来工商业文明冲击时社会心理的微妙变化。如著名小说《李妈》中的李妈本是一位安分守己的农村妇女,但命运多舛,丈夫被抓了壮丁下落不明,家又被洪水冲毁,无奈李妈只好靠自己辛勤的劳作想挣钱把儿子养大。她到上海做了娘姨,而她的勤劳和安分却被东家耻笑、辱骂,骂她笨手笨脚、猪脑子,还处处提防她揩油。在备受侮辱之下,李妈渐渐从一个乡下来的土头土脑的女人,变成了一个比"老上海"还精明的滑头,她的朴实、勤劳的本性就这样一点一滴地磨没了。李妈的形象在更深的层面上揭示了复杂环境中农民的心灵悲剧。

许钦文,原名许绳尧,1897年出生在浙江省绍兴府山阴县东浦村,父亲是私塾先生,也是他的启蒙老师。因家境贫寒,许钦文在浙江省立第五师范毕业后教小学,以后在五四新思潮的激荡之下漂泊到北京,在北京大学旁听过鲁迅先生的《中国小说史》,与鲁迅先生有同乡之谊。许钦文在北京半工半读的同时尝试小说创作,他的成名小说集是《故乡》,是在鲁迅先生的帮助之下于1926年付梓出版的。

许钦文的乡土小说从多侧面表现,有抒写身世之感,表现怀乡情思和旧梦破灭的,如《父亲的花园》;也有描写南方古老乡镇的阴郁气氛,揭示人生社会悲剧的,如代表作《石宕》、《鼻涕阿二》。《石宕》描写采石工人的悲苦命运,因为没有其他的谋生手段,村民们开掘石矿成了唯一的活计,虽然石工们经常咯血而亡,采矿中有时还会被山石砸死或被活埋。但那被巨石压在石窟里的石工们撕裂人心的呼叫也改变不了现实的命运,活着的人为了生存还是年复一年、代复一代地过着采石工的苦难生活。《鼻涕阿二》则是从宗法制乡村旧俗对农村妇女的心理伤害的角度表现妇女的悲剧命运。小说的主角叫菊花,虽然出身在一个殷实的家庭,但是由于农村重男轻女的陋习,菊花又是二胎的女孩,于是理所当然地被全家人歧视,落得烧饭丫头的地步,外号鼻涕阿二。维新之后,她也想争得做人的权利,但在一场恋爱风波过后她更被别人看贱,在丈夫死后她被婆婆卖给钱师爷做妾,她也凭着撒娇、撒泼的手段暂时赢得钱师爷的欢心,排挤了大太太,但到头来又被钱师爷的新欢所排挤,最后在贫病交加中死去。作者以鼻涕阿二畸形的人生,揭示了密如蛛网的封建等级制度不动声色地毁灭了无助的卑贱者生的希望,小说的表现力度在乡土写实派作品中也属上乘之作。

蹇先艾,1906年出生在四川,后移居贵州遵义,并以贵州为自己的故乡。他父亲是清代的举人,自小就教他联句作诗,他在遵义读过几年私塾,旧学功底很好。1920年蹇先艾来到北京,不久考入北京师大附中。受到五四新文化运动的鼓舞,他和附中同学李健吾等组织了曦社,并不定期出版学生刊物。1925年蹇先艾加入文学研究会,1926年出版第一本小说集《朝雾》,以后又陆续出版了《还乡集》、

《乡间的悲剧》、《盐的故事》等小说集。鲁迅评论蹇先艾的小说"虽然简朴,或者如作者所自谦的'幼稚',但很少文饰,也足够写出他心曲的哀愁。他所描写的范围是狭小的,几个平常人,一些琐屑事,但如《水葬》,却对我们展示了'老远的贵州'的乡间习俗的冷酷,和出于这冷酷中的母性之爱的伟大"。①《水葬》描写了贵州农村留存的对小偷处以"水葬"的酷刑。骆毛偷了东西被村人抓住推向河边准备沉河,一路上围观的村人表现出极度的麻木和野蛮,他们不同情也不劝阻,还像赶庙会一样兴高采烈地去看热闹。骆毛也像阿Q一样木讷、麻木,自称"再过几十年,又不是一条好汉吗?"只是死到临头,瞬间想到老母,才显出人的感觉来。而望眼欲穿的老母亲一切都蒙在鼓里,还眼巴巴地盼着儿子的归来。作者描绘了一幕令人惊骇的野蛮乡风与精神麻木的悲剧,揭示人心的冷漠与可怕。虽然蹇先艾十几岁就离开了贵州,但他对故乡的描摹却始终在创作中突显着,表现了一位乡土小说家的执著。《在贵州道上》就是他用家乡方言写成的地域色彩浓郁的代表作之一。作品写了一个山路上抬轿的"烂干人"赵世顺,在崎岖陡峭的贵州山道上讨生活。他父母双亡,老婆也跟别人跑了。他过着如同草芥一样的生活,最后被军队捉住处决了。作者把原始、野蛮的风俗和贵州乡村闭塞、蛮荒的山区景物交织在一起描写,赵世顺则是在这个背景中消失的野蛮风习的殉葬品。《盐巴客》则在更深层面上揭示了社会的悲剧。小说描写"我"路遇一个背盐巴的苦力,他背着几百斤盐巴跋涉在崎岖险峻的川黔道上,他们挣的钱都是拿性命换来的,路上还经常遭到侮辱和打骂。这个盐巴客最后还是没有逃过一劫,在路上被抢道的川军推下悬崖,跌断了腿。作者以质朴的文风描写奇特的故事,透视旧中国普遍的悲剧人生,表现出深沉而凝重的风格。

除了上述乡土写实派的代表作家外还有许多地方色彩浓郁、风格独特的作家。许杰是浙江天台人,1926年陆续出版了短篇小说集

---

① 鲁迅:《〈中国新文学大系〉小说二集序》,《鲁迅全集》第六卷,第246页,人民文学出版社1981年版。

《惨雾》、《飘浮》等。1924年在《小说月报》上发表的《惨雾》描写宗族之间的械斗，表现了近山农村的强悍民风。彭家煌是湖南湘阴人，著有短篇小说集《怂恿》、《茶杯里的风波》等。小说《怂恿》写湖南农村一对善良的夫妻在一次肉猪买卖的风波中被卷入乡绅豪强的倾轧中，暴露出人心险恶、人鬼当道的社会痼疾。错综的故事，鲜明的地方色彩，被茅盾先生评为最好的农民小说之一。台静农是安徽霍丘县人，他有著名小说集《地之子》，鲁迅先生对他评价很高，说"能将乡间的死生，泥土的气息，移在纸上的，也没有更多，更勤于这作者的了"。[①]

乡土文学派虽然在作品的深度和广度上与鲁迅的小说尚有距离，但这派作家在借鉴鲁迅和俄国及东欧各被压迫民族优秀作家深沉的表现艺术的基础上，以浓郁的地方色彩和乡土气息，坚实的写实风格和客观描写，开拓了早期新文学农村、农民题材的表现领域，展现了二十世纪二十年代以前中国农村普遍存在的愚昧、落后的悲剧人生状态，从一个角度推进了现实主义文学的发展。同时，乡土写实小说描写的逼真性，也使作品保留了不可忽略的民俗学和社会学的价值。

第三节　浪漫抒情的身边小说

和文学研究会大多数作家"为人生"的写实小说不同，前期创造社在文学倾向上代表了现代文学浪漫主义的创作潮流。创造社的许多成员都写过被称为"身边小说"（或称"自我小说"、"浪漫小说"）的风格独特的作品。创造社的这些作家长期身居日本，备受歧视，心中情感积郁已久，他们艺术上崇尚个性、自我，具有强烈的浪漫主义倾向，加上当时日本的私小说盛行对他们产生了直接影响。这派小说在创作上多采用散文化和诗化的形式，更充分地表现作家的自我个

[①] 鲁迅：《〈中国新文学大系〉小说二集序》，《鲁迅全集》第六卷，第255页，人民文学出版社1981年版。

性气质,更逼近作家丰富、复杂的内心世界,热烈而敏感、浪漫而激情。郭沫若在新诗之外就写了许多这样的小说,如《漂流三部曲》(《歧路》、《炼狱》、《十字架》)、《残春》等。另外还有成仿吾的《一个流浪人的新年》、倪贻德的《玄武湖之秋》、陶晶孙的《音乐会小曲》、周平全的《圣诞之夜》等。在这些小说家中,郁达夫可称得上是主帅,影响最大。

郁达夫,本名文,1896年生于浙江省富阳县富春江畔的一个小市镇上一户破落的书香之家。他两岁时父亲去世,郁达夫排行最小,自幼体弱多病,性情孤癖,酷爱文学,特别喜欢读《石头记》、《花月痕》之类的小说。此外故乡自然山水之美对他性情也是一种陶冶,他少年时的书斋正朝着"一川如画"的富春江,这一切养成了他忧郁、孤冷、浪漫的个性气质。

郁达夫曾就读过嘉兴府中学、杭州府中学及美国长老会办的之江大学预科,浸礼会办的蕙兰中学,他因不满教会学校的奴化教育,断然离校,回乡独居自学,十四岁开始他创作了大量的旧体诗。1913年郁达夫随长兄到日本,先补习日语,后考入东京第一高等学校预科,获官费生资格。1919年他进东京帝国大学学习政治经济学,1922年获学士学位。在日期间,郁达夫广泛涉猎了西洋文学,据他自己回忆,所读俄、德、英、日、法诸国的小说约在一千部左右。1921年5月9日,他写出了处女作《沉沦》,从此开始了他的创作生涯。此后他加入创造社,1927年退出创造社和鲁迅合编《奔流》杂志。抗战前后,他积极投身于爱国民主运动,1938年到新加坡主编《星洲日报》,此间已很少创作。1942年,日军逼近新加坡,郁达夫退居到印尼苏门答腊的一个小镇,化名赵廉开办酒厂,借给日军当翻译的便利,暗中保护和营救了不少印尼群众和华侨。因被人出卖于1945年9月17日被日军暗杀,时年不到五十岁。

郁达夫的创作涉猎散文、诗歌、小说,而在文学史上地位最高的是他的身边小说创作。这种浪漫的表现自我的小说,把"我"看作是艺术的基础,强调文学作品都是作家的自叙传,描写自己身边的生活,它不着重外部事件的客观如实的描写,而着意于作家主观感情的抒发，或者说是对作家内心世界的露骨的描写。郁达夫在日本时就受到当时盛行的私小说的影响。私小说是日本大正时代产生的一种独特的小说形式，一般认为田山花袋的《棉被》是最早的一部私小说，葛西善藏的《湖畔手记》、《弱者》，泷井孝作的《松岛秋色》等是私小说的代表作。私小说以作家的身边事情作为题材，大胆地描写灵与肉的冲突。

郁达夫是身边小说的代表作家，他认为把小说的动作从稠人广众的街巷间转移到心理上去，这意味着"近代小说"的真正开始。所以他艺术的立足点放到自我经历和自我心灵之上，像卢梭一样，赤裸裸地表现自我。"我觉得'文学作品，都是作家的自叙传'"，"作家的个性，是无论如何，总须在他的作品里头保留着的"。[1] "平生的信条，第一是'被催逼出来的文字，决不是好作品'"，"第二是'一个人在一生之中，好作品总只有一篇两篇的；多产的作家，决不能自保篇篇都是珠玉，所以勉强写作，不如放任自然'"，"至于小说，是要热情来做血肉的，人而消失了热情，就决没有再写小说的资格"。[2] 强调主观，表现自我，注重个人体验，特别是心灵的体验，这是郁达夫的创作观中所强调的。突出表现了其浪漫主义的创作倾向，可以说郁达夫的"自叙传"式的小说，记录了他情绪、心灵的历史。

郁达夫的创作在不同的阶段呈现出不同的特色。《沉沦》是郁达夫第一部自叙传小说，完成于 1921 年。当时郁达夫还是一个涉世未深的年轻人，随长兄到日本，后因长兄有公务回国，把他只身一人留在异邦。作为弱国子民留学日本的郁达夫，一方面感受着远离亲人的孤独寂寞，一方面深感着受异族歧视的屈辱，情绪非常郁闷，《沉沦》就是在这种情绪下写就的。他从自己切身的体验出发，表现了一个弱国子民的屈辱感。通过描写主人公留日青年"他"那种压抑、激荡在心中的性苦闷与爱的饥渴这样一个具体情节，抒发一个弱国子

---

[1] 《五六年来创作生活的回顾——〈过去集〉代序》，《郁达夫研究资料》（上），第 203 页，天津人民出版社 1982 年版。
[2] 《写作的经验》，《郁达夫研究资料》（上），第 238 页，天津人民出版社 1982 年版。

民心灵深处的痛楚。"他"本是一个热血青年,热烈地渴望着、追求着真挚的友谊和纯洁的爱情,但受到弱国子民身份的拖累,处处被人瞧不起,追求的热情备受轻侮和嘲弄,形影自吊,孤冷空虚,患了忧郁症,对人生巨大的幻灭感终至使他自戕沉沦,但他内心深处又不甘心沉沦下去,内心处于极度痛苦之中不能自拔,由自身的痛苦联想到祖国的贫弱,最后面向祖国的方向长叹一声:"祖国呀祖国!我的死是你害我的!你快富起来!强起来吧!……"①而蹈海自尽。

《沉沦》一出,毁誉纷纷。主张新学的如周作人称它是一件艺术作品,主张旧学的则斥它为不道德文学。从历史进化的角度考察,《沉沦》极其大胆率真地表达出人对于爱情幸福的渴望,这在五四时期的中国,对于刚刚从礼教的幽禁中觉醒的青年,无疑是他们希望听到的真正人的声音。中国几千年封建社会中,封建礼教禁锢人性,特别是宋明以来,宋明理学宣扬的"存天理,去人欲"的禁欲主义,窒塞了人们追求合理生活的愿望。到五四这样一个人的意识觉醒的时代,《沉沦》以前所未有的大胆和率直表达出追求人生合理生活的强烈愿望和呼声,可以说使社会心理受到一次强烈的震动,以赤裸裸的表白剥下了旧道德虚伪的假面具。虽不免有些极端,但绝对不是不道德的淫书。《沉沦》与意大利文艺复兴的先驱薄伽丘的《十日谈》和法国小说家拉伯雷的《巨人传》有异曲同工之妙。《十日谈》批判中世纪教会和宗教的禁欲主义,表现资产阶级人文主义思想。《巨人传》宣扬文艺复兴的精神,反对封建宗教神学,将大胆的革新思想隐藏在无穷无尽的粗言俚语中。郁达夫和他们在精神上有相似之处。

郁达夫主要是从人生的幸福追求出发来感受和描写人生的,性爱问题恰恰是当时中国青年知识分子人生幸福的首要问题。"中国传统道德把两性关系隔成了两端:一端是绝对的禁欲主义(包括精神感情的),一端是纯自然主义、享乐主义乃至纵欲主义。'男女授受不

---

① 郁达夫:《沉沦》,《郁达夫小说全编》,第50页,浙江文艺出版社1991年版。

亲'与一夫多妻制并存,节妇烈女与西门庆共有。"① 中国的传统道德实际并不否认本能欲望的自身,在它认可的范围内一切性关系都是道德的,它不要求爱情的精神基础和感情基础。而在它认可的范围之外,男女间一切的性爱关系都是不道德的,包括纯感情的、精神的欲望。而在西方,柏拉图式的精神恋爱非但不被否定,而且被视为高尚和神圣。《沉沦》中的苦闷实际上是中国新觉醒的知识分子被压抑了的正常爱情的畸形表现。另外《沉沦》把个人的悲剧和中华民族的悲剧联系在一起,不满于中国的贫弱,丧权辱国的命运,希望祖国富强,不再做弱国子民,表现了积极向上的社会思想内容。

1923年4月写的小说《茑萝行》从《沉沦》描写"性的苦闷"开始扩大到描写"生的苦闷",表现知识分子由贫困所造成的家庭悲剧。1921年秋天,郁达夫回到了渴念已久的祖国,但祖国带给他的却是满目的黑暗与丑恶,个人生活的窘困,使他抑郁、寂寞,进而发为愤世嫉邪、怨天骂地的牢骚,他不满于这污浊的社会,不甘心与社会同流合污,于是向社会喊出了有血有泪的控诉。《茑萝行》就是从自己回国后的切身感受揭示出在黑暗的中国正直的知识分子不被重视,受到经济的压迫所造成的家庭悲剧这一富有社会意义的主题,进而揭示出造成悲剧的根源,把个人的命运与整个社会的改造联系起来,在思想方面更趋深化。

在郁达夫的小说创作中还有一些他自称"多少也带一点社会主义色彩"的创作。比如《春风沉醉的晚上》是现代文学作品中较早表现工人生活的作品,作于1923年7月。作品真实地刻画了一个正直、善良、真诚具有朴素的阶级反抗意识的烟厂女工陈二妹的形象,揭示出深刻的阶级矛盾,反映工人阶级的苦难和斗争,表现他们美好的心灵。

不管表现哪种内容,郁达夫的小说都是从自身感受的角度着笔的。如《沉沦》采用主人公倾诉式的笔调,主观感情色彩非常浓烈,小

---

① 王富仁:《从两个不同的角度进行的人生开掘——鲁迅和郁达夫小说思想意义的比较研究》,《现代作家新论》,第133页,山西教育出版社1998年版。

说中的一切景语皆情语，充满了感人的浪漫气息。《茑萝行》采用向妻子告白的形式，从头至尾，是主人公痛切的诉说，就像一首抒情长诗，具有一种震撼人心的力量。《春风沉醉的晚上》这类描写工人生活的小说，他仍从自己的观察体验出发，写自己了解的生活。"我"仍是小说的叙述者，是透过我的见闻感触来表现的。他没有从概念出发，把自己笔下的无产者写成包打天下的英雄，他们都是最平凡的人，虽没有惊人之举，却以他们诚朴、善良的品格，平凡、悲苦的命运，赢得读者的同情，激起对剥削阶级的愤恨。后期作品《迟桂花》写男女主人公那种清淡的、飘逸的感情关系，突出女主人公虽经挫折但仍天真、健康的美的人格，并融合着对自然山水美景的赞美来抒写，也透现出郁达夫的出世情绪。

郁达夫的小说创作充分体现出浪漫主义的创作情调，具有强烈的抒情性，表现出真纯的感情。郭沫若曾回忆说："达夫的为人坦率到可以惊人。"① 郁达夫的创作以他惊人的坦率，把他的整个心灵都披露在作品中，明显地受到卢梭《忏悔录》的影响。他认为，艺术的理想，是赤裸裸的天真。艺术的价值，完全在一个真字上。这表现在小说中就是"感情的真纯"。郁达夫的小说注入着作者浓郁的感情，如泣如诉，形成他小说凄切哀婉的一个基本的情感格调，很能够打动人心。

郁达夫小说的语言清新宁静、凄切俊逸，笔端饱蘸浓情。肖像描写、景物描写等都充满着作家的主观感受和审美情趣。这得益于幼时郁达夫对中国古诗词的修养，于小说中见出诗化的意境。

如《沉沦》写日本的苍空皎日：

晴天一碧，万里无云，终古常新的皎日，依旧在她的轨道上，一程一程的在那里行走。从南方吹来的微风，同醒酒的琼浆一般，带着一种香气，一阵阵的拂上面来。

……

---

① 郭沫若：《论郁达夫》，《郁达夫研究资料》(上)，第95页，天津人民出版社1982年版。

他看看四边,觉得周围的草木,都在那里对他微笑。看看苍空,觉得悠久无穷的大自然,微微的在那里点头。一动也不动的向天看了一会,他觉得天空中,有一群小天神,背上插着了翅膀,肩上挂着了弓箭,在那里跳舞。他觉得乐极了。便不知不觉开了口,自言自语的说:"这里就是你的避难所。世间的一般庸人都在那里妒忌你,轻笑你,愚弄你;只有这大自然,这终古常新的苍空皎日,这晚夏的微风,这初秋的清气,还是你的朋友,还是你的慈母,还是你的情人,你也不必再到世上去与那些轻薄的男女共处去,你就在这大自然的怀里,这纯朴的乡间终老了罢。"

……

天气清朗的时候,他每捧了一本爱读的文学书,跑到人迹罕至的山腰水畔,去贪那孤寂的深味去。在万籁俱寂的瞬间,在天水相映的地方,他看看草木虫鱼,看看白云碧落,便觉得自家是一个孤高傲世的贤人,一个超然独立的隐者。

《薄奠》写北京的晴天远山:

北京的晴空,颜色的确与南方的苍穹不同。在南方无论如何晴快的日子,天上总有一缕薄薄的纤云飞着,并且天空的兰色,总带着一道很淡很淡的白味。北京的晴空却不是如此,天色一碧到底,你站在地上对天注视一会,身上好像能生出两翼翅膀来,就要一扬一摆的飞上空中去的样子。

《迟桂花》写江南的怡人美景:

月光下的翁家山,又不相同了。从树枝里筛下来的千条万条的银线,像是电影里的白天的外景。不知躲在什么地方的许多秋虫的鸣唱,骤听之下,满以为在下急雨。白天的热度,日落之后,忽然收敛了,于是草木很多的这深山顶上,就也起了一层白茫茫的透明雾障。山上电灯线似乎还没有接上,远近一家一家看得见的几点煤油灯光,仿佛是大海湾里的渔灯野火。一种空山秋夜的沉默的感觉,处处在高压着人,使人肃然会起一腔畏敬之思。

由于郁达夫的小说侧重于抒发自我形象的内心情感世界,大胆、率真地表现自我的隐秘情感,发泄对病态、黑暗社会的不满与抗议,所以他的小说被称为"苦闷的诗"。郁达夫的浪漫小说创作,开辟了现代文学史小说创作的一个新领域,并以其独特的风格,在现代小说史上占有一定的地位。

【内容小结】
1. 问题小说的历史价值及代表作家。(了解)
2. 乡土写实小说的民俗价值及主要特色。(了解)
3. 郁达夫小说的独特风格及文学史地位。(理解、掌握)

【难点解析】
郁达夫的小说侧重于抒发自我形象的内心情感世界,大胆、率真地表现自我的隐秘情感,发泄对病态、黑暗社会的不满与抗议,反封建的时代色彩很强。今天我们理解郁达夫应该从追求人性解放和人类至真幸福的角度理解郁达夫小说的病态描写,理解郁达夫小说所特有的文化蕴涵,如果只停留在道德评判层面就显得太表面化了。

【作品分析例释】
郁达夫小说《迟桂花》赏析:

《迟桂花》是郁达夫小说创作后期的代表作。故事以杭州郊区一个小山村翁家山为背景展开故事,迟桂花是指翁家山附近的山上迟开的桂花,喻指作品里所描写人物的人生状态。小说主要写了三部分内容,一是小说主人公"郁先生"留学日本时期的同学翁则生写信邀请他来参加自己的婚礼,信中介绍了他们分别十余年来生活的遭际及他的妹妹翁莲年轻守寡的不幸。二是心情抑郁的"郁先生"接到信后欣然成行,来到翁家山与翁则生兄妹相会,进山时正值迟桂花开,借景喻情,生发人生感慨。三是"郁先生"与莲妹同游五云山和云栖寺,在山色空濛的美景中写出莲妹乐观开朗的性格和至真至善的人性美,使俗心萌动的"郁先生"在莲妹这株高洁纯净的"迟桂花"的面前也改"邪"归正,心灵净化。《迟桂花》通过翁则生兄妹在逆境中乐观、坚韧的生活意志,通过"郁先生"的特殊体验,赞美了迟桂花的精神。迟桂花花虽晚开,不与繁花争春斗艳,只在秋天的自然山野中静静地散发出醉人的幽香,泡在茶里亦沁人心脾,回味久远,这是一种真正悠远的人生境界。在艺术表现手法上《迟桂花》把小说散文化的风格发展到极致,写景传情,出神入化,人以物喻,相得益彰。在山美、花香、人美、情深的描写中充分发挥了郁达夫诗人艺术家的特长,在如诗如画的自然山水的描画中蕴涵着幽深的人生哲理的思索,表现了更成熟的小说艺术境界。

【学习检测】
名词解释:
1. 问题小说
2. 乡土写实小说
3. 身边小说

问答题:
1. 以《沉沦》为例分析郁达夫小说的时代心理内涵及其意义。
2. 梳理郁达夫小说艺术的基本发展线索和主要特色。

【相关资料】
严家炎著《中国现代小说流派史》,人民文学出版社 1988 年版。

【相关影视作品简介】
1. 根据许地山小说改编的《春桃》(电影)。
2. 郁达夫的小说《沉沦》(电视剧、电视电影);《金秋桂花迟》(电影,根据《春风沉醉的晚上》、《迟桂花》等小说改编)。

第四章　多样的诗歌创作

【内容要点】
1. 胡适《尝试集》及早期新诗的特点。
2. 郭沫若《女神》的文学史地位。
3. 哲理小诗、湖畔情诗、象征诗派的风格特色。
4. 新格律诗的理论和艺术成就。

【学习建议】
　　建议阅读作品：
郭沫若的《女神》，参见《郭沫若全集》文学编第一卷，人民文学出版社 1982 年版。
徐志摩的诗，参见《徐志摩诗全编》，浙江文艺出版社 1990 年版。
其他诗人诗作，参见《中国新文学大系·诗集》(1917—1927 年)，上海文艺出版社 1981 年(影印本)。

【参考书目】
龚济民、方仁念著《郭沫若传》，北京十月文艺出版社 1988 年版。
赵遐秋著《徐志摩传》，中国人民大学出版社 1989 年版。

【课件链接】
参考课件光盘(上)第一编第六章

第一节　早期白话新诗的特点

　　诗歌是中国古典文学的源头之一，古典诗歌从《诗经》、《离骚》到唐宋诗词走过了辉煌历程，也走到了巅峰境界。而五四文学革命在尝试用白话代替文言的文学形式的变革中却恰恰选择从新诗创作入手,其难度可想而知。不过路总得有人走,胡适先生就是这样尝试着迈开新诗创作第一步的人。除此之外还有刘半农、刘大白、周作人、沈尹默、俞平伯、康白情等,他们大都是新文化运动的骨干,他们的白话新诗主要发表在《新青年》、《新潮》、《少年中国》、《星期评论》、《学灯》、《觉悟》等刊物上。

胡适,1891年12月17日生于上海,祖籍安徽绩溪上庄村。父亲胡传少年发奋,仕途顺利,不幸壮年去世,适时胡适年仅四岁。母亲冯顺弟,虽为农家女,但善良、倔强、有远见,非常重视胡适的教育。在国内,胡适打下了扎实的旧学功底。1909年他考取官费赴美留学,先读农科,后改读文学和哲学,1914年胡适获康乃尔大学文学学士学位,1939年获美国哥伦比亚大学名誉法学博士学位。胡适兼有中西文化的渊博学识,回国后任北京大学哲学系教授,著述甚丰,有《胡适文存》、《中国哲学史大纲》、《白话文学史》等著述。

文学革命时期,胡适是白话新诗的鼓吹者和尝试者。1920年出版了现代文学史上第一部新诗集《尝试集》,这部诗集从内容到形式上虽显幼稚,但作为一种尝试,在新诗史上是有开拓性贡献的。胡适主张"作诗如作文",即打破旧有的格律,使用自然的音节,追求诗歌的口语化、平民化。早在1918年《新青年》4卷1号上胡适就发表了一首白话新诗《鸽子》。

鸽 子

云淡天高,好一片晚秋天气!
有一群鸽子,在空中游戏。
看他们三三两两,
　回环来往,
　夷犹如意,——
忽地里,翻身映日,白羽衬青天,十分鲜丽!

此诗托物感怀,表达了一种人生感慨和思考,但形式上还是半新半旧的,没有脱开古诗的意蕴。《人力车夫》则更注重内容的平民化和语言的口语化,虽然有所突破,但诗歌的韵味又无法兼顾了。

人力车夫

警察法令,十八岁以下,五十岁以上,皆不得为人力车夫。

"车子!车子!"车来如飞。
客看车夫,忽然心中酸悲。
客问车夫:"你今年几岁?拉车拉了多少时?"
车夫答客:"今年十六,拉过三年车了,你老别多疑。"
客告车夫:"你年纪太小,我不坐你车,我坐你车,我心惨凄。"
车夫告客:"我半日没有生意,我又寒又饥,
你老的好心肠,饱不了我的饿肚皮,
我年纪小拉车,警察还不管,你老又是谁?"
客人点头上车,说:"拉到内务部西!"

可以看出胡适尝试着在内容和形式上突破传统诗的束缚,但这种开拓创新确实是举步艰难的。

刘半农,原名寿彭,1891年5月27日出生于江苏江阴城内西横街,现代著名作家、音韵学家,新文学的积极倡导者。他1920年赴英、法留学,获法国国家文学博士学位,1925年回国后任北大国文系教授,是专攻语言的学者。他的诗注重在形式和音节上求新探索,主张建立新韵,增多诗体,并借鉴群众口语和民间歌谣,诗风清新、朴素,节奏、旋律和谐。主要诗集有《扬鞭集》、《瓦釜集》等。其中比较著名的诗有:

相隔一层纸

屋子里拢着炉火,
老爷吩咐开窗买水果,
说"天气不冷火太热,
别任它烤坏了我。"

屋子外躺着一个叫化子,
咬紧了牙齿对着北风喊"要死"!
可怜屋外与屋里,
相隔只有一层薄纸!

1917 年 10 月,北京

这首小诗非常朴实,用大众的口语,表达对穷苦人的同情,对比鲜明,感情深挚,但基本上是化用了杜甫诗"朱门酒肉臭,路有冻死骨"的意境。

教我如何不想她

天上飘着些微云,
地上吹着些微风,
啊!
微风吹动了我的头发,
教我如何不想她?

月光恋爱着海洋,
海洋恋爱着月光。
啊!
这般蜜也似的银夜,
教我如何不想她?

水面落花慢慢流,
水底鱼儿慢慢游,
啊!
燕子你说些什么话?
教我如何不想她?

枯树在冷风里摇,
野火在暮色中烧,
啊!
西天还有些儿残霞
教我如何不想她?

1920 年 8 月 6 日伦敦

《教我如何不想她》则充分发挥了刘半农作为音韵学家的特长,整个诗歌在缠绵往复的咏叹中表现了真挚哀婉、清幽空灵的意境,其内在的音乐律动使早期新诗的艺术性得以提升。后来赵元任先生为这首诗谱曲,其舒缓、优美的旋律使这首诗广为流传。

刘大白,1880 年 10 月 2 日出生在浙江绍兴一个山明水秀的桃源之乡平水村,是现代诗人和文学史家。他的诗语言朴素、明朗、通俗、平易,从风格上看,旧诗的影响较明显;从思想上看,他是白话新诗初创时期比较激进的诗人,曾写诗赞美过十月革命,揭露压迫者,同情被压迫者。他的诗常借鉴民间歌谣的体式,如《卖布谣》:

卖布谣

一

嫂嫂织布,
哥哥卖布。
卖布买米,
有饭落肚。

嫂嫂织布,
哥哥卖布。
弟弟裤破,
没布补裤。

嫂嫂织布,
哥哥卖布。
是谁买布,
前村财主。

土布粗,
洋布细。
洋布便宜,
财主欢喜。
土布没人要,
饿倒哥哥嫂嫂!

二

布机轧轧,
雄鸡哑哑。
布长夜短,
心乱如麻。

四更落机,
五更赶路。
空肚出门,
上城卖布。

上城卖布,
城门难过:
放过洋货,
捺住土货。

没钱完捐,
夺布充公。

夺布犹可,
押人太凶。
"饶我饶我!"
"拘留所里坐坐!"
    1920年5月31日在杭州

  早期新诗的特点正像胡适所说:"我现在回头看我五年来的诗,很像一个缠过脚后来放大了的妇人回头看她一年一年的放脚鞋样,虽然一年放大一年,年年的鞋样上总还带着缠脚时代的血腥气。"[①]用"后放脚"形象地概括了新诗初创时期的特点。在内容和形式两方面早期新诗都尝试写新思想、新意识,采用新的语言和体式,虽然旧诗的痕迹很重,显得有些不伦不类,和初期白话小说和散文相比逊色了许多,但毕竟在新诗创作上迈出了第一步,这种尝试是可贵的。

第二节 郭沫若《女神》的贡献

  在不重想象、过于平实的早期新诗之后,郭沫若的《女神》实现了一次诗体的大解放,其充溢的情感与丰富的想象,彰显了五四时代精神与新诗的全新境界,使《女神》代替了《尝试集》成为开一代诗风的新诗集。而郭沫若作为浪漫诗人的个性,成为《女神》成功至关重要的因素。郭沫若,学名"开贞",1892年11月16日出生在"天府"之国,四川省乐山县观峨乡沙湾镇。这是一个依山傍水、风景秀美的好地方,背靠雄姿巍峨的峨眉山,面对滚滚流淌的大渡河,可谓人杰地灵之域。郭沫若少年时期有一幅对联,描绘他家乡的自然美:

杏花疏雨,杨柳轻风,酒兴汹浓春色饱
沫水澄波,峨眉滴翠,仙人风物此间多

[①] 胡适:《〈尝试集〉四版自序》,转引自曾庆瑞编著《中国现代文学史简明教程》,北京广播学院出版社1988年版。

郭沫若的笔名之一"沫若",就是取他家乡的沫水(大渡河)和若水(青衣江)两河合拢之意。郭沫若出身于一个地主兼营商业的家庭,父亲郭朝沛是一个很会经营的地主兼商人,郭家在沙湾镇是一个相当富裕的家庭。母亲杜邀贞,既慈爱又聪明,她虽未受过什么教育,但靠着耳濡目染,她能认识一些字,还能背诵一些诗词,这对培养幼年时期的郭沫若对于诗歌的特别爱好起了很大作用。据郭沫若回忆:"我之所以倾向于诗歌和文艺,首先给予了我以决定的影响的就是我的母亲。我的母亲姓杜,她长于刺绣,对于诗歌有偏爱。在摇篮时代一定给我们唱过催眠曲,当然不记忆了。但在我自己有记忆的二三岁时她已经把唐诗绝句教我暗诵,能诵得朗朗上口。这,我相信是我所受的诗教的第一课。"① 在这样一个开明、富裕的家庭里,郭沫若过着无忧无虑、悠然自得的田园牧歌式的生活。耳畔慈母的吟唱,周围恬静的乡野,使幼年郭沫若的儿童天性没有受到任何的压抑,他可以任着自己的想象去憧憬、去幻想。幼年家庭诗教的熏陶,家乡美丽大自然的陶冶,也许就给以后郭沫若成为浪漫主义诗人奠定了最初的心理基础。

郭沫若四岁多就入家塾读书,开始受正式的旧学教育,塾师沈焕章先生教刑极严,但学识渊博,教法有方,思想较开明。郭沫若白天读经,晚上读诗,后来还学数学、地理等。对于四书五经,郭沫若虽不能全读懂,但也不是全不懂,熟读这些古书,对以后郭沫若在文学和史学方面的发展奠定了功底深厚的国学基础。自幼受古典诗歌的熏陶,使郭沫若深深为中国旧体式的韵律美和意境美所打动。他非常喜欢王维、孟浩然、李白、柳宗元等诗人,这也可以看出他自幼倾向于状物、抒情的诗人。十二三岁时,他就开始写旧体诗。1904 年冬天写过一首七绝:

---

① 郭沫若:《我的童年》,《沫若文集》第六卷,第 26 页,人民文学出版社 1958 年版。

早 起

早起临轩满望愁，
小园寒雀声啁啾。
无端一夜风和雪，
忍使峨眉白了头。

郭沫若在家塾里还接触到了封建正规教育以外的知识，这对他以后个性的发展无疑是有很大影响的。郭沫若的大哥郭橙坞成为郭沫若接触新思想的启蒙导师。他曾留学日本，回国后积极提倡新学，所以像《启蒙画报》、《经国美谈》、《新小说》、《浙江潮》等都通过大哥的手寄到家里来，这种得天独厚的条件，使郭沫若成为最后一批蒙受封建传统诗文教育严格训练的学童，同时又是最早一批感受着资本主义文明的少年。这种环境造就了郭沫若既有旧学的根基，又极少受到封建礼教束缚，善于求新创造、积极向上的特殊气质。郭沫若十三岁离开家考进嘉定高等小学堂，后进中学堂。在学校他一直是一个不甘寂寞、积极进取、勇于反抗的学生，这种性格不适合在中国受教育。他因闹学潮，伸张正义，多次被学校斥退。他在实业救国思想的导引之下先考取了天津陆军军医学校，后因不满学校当局没有入学，经大哥的资助，他于1913年底东渡日本去寻求新的出路。

在日本，郭沫若边学医边从文，成为创造社主要成员之一，五四时期写出了开一代诗风的新诗集《女神》。以后郭沫若离开日本，投笔从戎参加了北伐，这在中国现代文学家中是很少见的。1927年3月31日郭沫若发表了著名讨蒋檄文《请看今日之蒋介石》，展示了作为一个革命家的胆识。1928年郭沫若不畏白色恐怖，勇敢地参加了南昌起义，并在革命的危急关头加入了中国共产党。1928—1937年，郭沫若流亡日本不能进行革命活动，于是他专心研究甲骨文和金文，在这方面取得了重大成就，出版了《中国古代社会研究》、《甲骨文字研究》、《两周金文辞大系》多种著作，为我国的史学研究做了开拓性的工作。1937年7月15日郭沫若抛妻别子，毅然回到祖国参加抗战,以他的笔,协助党做了大量的工作,不愧为一位文艺界的民族英雄,此间最震动人心的是以《屈原》为代表的六部历史剧。

在日本(1914—1923年),郭沫若科学救国的路在现实中实际上是走不通的。国家的黑暗、腐败,个人在异国受歧视的留学生活,使他在苦闷、无望中接触了一些外国文学家、哲学家。比如印度的诗人、作家、艺术家泰戈尔;德国的诗人歌德、海涅;美国的诗人惠特曼;荷兰的哲学家,西方近代唯物论、无神论、唯理论的主要代表斯宾诺莎。这些诗人、哲学家都对郭沫若思想产生了重要的影响。

泛神论思想在五四时期的郭沫若思想中是占有主导地位的。泛神论是流行于十六至十八世纪的西欧,反映了哲学领域由资本主义上升时期资产阶级思想体系对封建宗教的唯心主义世界观的斗争。泛神论的一个基本观点是:神是非人格的本源,这个本源不在自然界之外,而是和自然界等同。郭沫若接受泛神论思想是有选择的,并不是全盘照搬。他认为,中国人接受外来文化是很有弹性的,无论什么性质的文化,一入中国这个大洪炉中便消化、熔化,而成为自己的东西。所以郭沫若阅读斯宾诺莎的泛神论著作,不是像一般哲学史家那样,以客观分析去求智欲的满足,而是从个性解放的要求出发,以彻底的同情心去求身心的受用,从而得出这样的结论:泛神便是无神,一切的自然只是神的表现,我也只是神的表现,我即是神,一切自然都是我的表现。这种物我一体的宇宙观在当时对打破封建专制、偶像崇拜的封建精神枷锁无疑是有进步意义的。郭沫若的泛神论思想在五四时期表现为强烈的个性解放的思想,认为个性是神圣的,是不可侵犯的。这是对封建专制的传统观念的彻底否定,泛神论思想也集中体现在《女神》的创作中。

在以后的社会实践中郭沫若的泛神论、个性解放思想有了进一步的发展,他认为要发展个性,大家应得同样的发展个性,要生活自由,大家应得同样的生活自由,但在大众未得发展其个性,未得生活于自由之时,"我们只得暂时牺牲了自己的个性和自由去为大众人的个性和自由请命了"。①

在郭沫若复杂的文艺观中表现得最突出的是主情的浪漫主义文艺观,具体表现为:看重内心的要求,强调自我的表现,突出感情的作用,夸大主观的力量。郭沫若认为,艺术的精神决不是在模仿自然,艺术的要求也绝不是在仅仅求得一片自然的形似,艺术是我的表现,是艺术家的一种内在冲动的不得不如此的表现。"诗之精神在其内在的韵律(Intrinsic Rhythm),内在的韵律(或曰无形律)并不是什么平上去入,高下抑扬,强弱长短,宫商徵羽,也并不是什么双声叠韵,什么押在句中的韵文!这些都是外在的韵律或有形律,内在的韵律便是'情绪的自然消涨'。"②他还认为诗是表情的文字,真情流露的文字自然成诗。他承认诗人以宇宙全体为对象,以透视万物的核心为天职,但又着重强调诗人对宇宙万汇,不是用理智去分析,去宰割,而是用他的心情去综合,去创造。朱光潜在《西方美学史》中提到浪漫主义的特点时论道:"浪漫主义最突出而且也是最本质的特征是它的主观性……浪漫主义派……把情感和想象提到首要的地位。……在题材方面,内心生活的描述往往超过客观世界的反映。"③ 很好地概括了以郭沫若为代表的浪漫派的创作特点。

《女神》是郭沫若的第一部新诗集,在现代文学史上《女神》出版的时间虽不如胡适的《尝试集》早,但《女神》却以它突出的成就,成为现代文学史上真正开一代诗风的第一部新诗集。《女神》收1916—1921年作的新诗共五十七首,其中多数是1919—1920年间的作品。可以说《女神》是五四时代的产物,没有那个伟大的时代,郭沫若不可能创造出如此雄奇豪放、震撼人心的诗篇。

五四时代是一个新旧交替、黑暗与光明搏斗的时代,充满着破坏、创造和求新精神的时代。这时郭沫若身处异国已经五六年了,他为寻找国家和个人的出路而飘洋过海,但科学救国,实业救国的路他

---

① 郭沫若:《文艺家的觉悟》,《郭沫若论创作》,第26页,上海文艺出版社1983年版。
② 郭沫若:《论诗三札》,《郭沫若论创作》,第233页,上海文艺出版社1983年版。
③ 朱光潜:《西方美学史》(下卷),第727页,人民文学出版社1982年版。

没有走通,祖国仍受蹂躏,郭沫若在思想上、现实中都找不到出路,正徘徊彷徨着。五四革命运动的蓬勃展开,使身居海外的郭沫若感受到了革命激流的鼓荡,他那久被压抑的情感如火山一样喷发出来,以新诗的形式来呼应、歌颂伟大的五四时代。

五四运动是由爱国而发起的,爱国和卖国是那个时代衡量人的一个非常鲜明的标准。《女神》中郭沫若以他浪漫主义诗人所特有的气质,怀着一颗强烈爱国的赤子之心,反映出对祖国深沉、真挚的爱。如《炉中煤》,用炽燃的煤来比喻自己对祖国的爱,爱的感情超乎寻常。有时爱的感情遏止不住,就采用直接呼唤的方式,感情喷发而出。《晨安》,一口气向祖国、向全世界道出了二十七句晨安。《黄浦江口》,调子柔和、甜美,感情真纯而亲切。《上海印象》,从梦中回到现实,与上面的诗对照,可以看出郭沫若对祖国的爱强烈又深沉。他为祖国的觉醒而欢欣,又为祖国的黑暗而痛苦。《湘累》,写屈原——爱国的化身。《棠棣之花》,歌颂聂政、聂莹姐弟俩为国为民慷慨献身的精神,是对黑暗的控诉,也是五四献身精神的折光反映。

《女神》还表现了对于旧世界的彻底破坏和创造精神,表现了泛神论和强烈的个性解放的心声。怀着创造新世界的思想向旧世界宣战,要冲破一切旧思想、旧道德的束缚。郭沫若用大喊大叫、金鼓齐鸣、烈火燃烧的方式,向旧社会宣战,破坏旧的一切,包括旧我,然后创造个新我,创造个新世界,这就是郭沫若的战斗姿态,和鲁迅的方式完全不同。如《浴海》,表达毁掉旧世界,创造新世界的强烈心声。《立在地球边上放号》,歌颂大破坏、大创造的精神。《天狗》中天狗的形象气派非常之大,强烈渲染个性解放思想,彻底毁掉旧我,创造新我。《凤凰涅槃》,用凤凰积香木自焚复从火中更生的奇特联想,表现毁掉旧我创造新我的强烈愿望,绘制了理想社会的蓝图,宣扬物我合一的思想。彻底破坏旧世界、冲破黑暗、创造新世界的主题,在《女神》中表现得尤为充分,感情基调远远高出了同时代的作品。

《女神》最集中地反映了当时郭沫若的泛神论及个性解放的思想。抒情主人公自我形象非常突出,或者赤裸裸地直抒胸臆;或投入历史中,借古人的躯壳融进自己的生命,诗中的"我"是最富有诗人个性的,同时也是体现时代特点的"大我"形象,因为诗人把自我的痛苦和欢乐深深植根在民族的土壤中,虽然狂热,但却体现了大众的愿望和时代的特征。

五四时代最突出的表现是感受到了人的个性的觉醒,但每个人的状态不同,或在反刍中心有余悸;或觉醒了睁开眼睛,感到周围世界新鲜又茫然、迷惘;或有的想进取奋斗,但感到身单力薄,这些人心境是悲凉的。郭沫若则不同,它不仅感受到了个性觉醒的欢欣,也感受到了民族觉醒的自豪。郭沫若在《女神》中把这种强烈的、时代的、个人的感受传达出来,气魄恢弘。

《女神》的艺术风格在借鉴、创新的基础上创造了非常鲜明的个性风格。艺术风格是指作家在作品中所表现出来的鲜明的创作个性。优秀的艺术家所以能树立起自己独特的艺术风格,往往和他在作品中刻意发扬自己的独创精神是分不开的。在郭沫若的《女神》创作中这一点表现得尤为突出。《女神》创作中郭沫若在艺术风格上追求的目标是雄奇和明丽。郭沫若认为诗的风格分为雄浑、冲淡两种。传统诗人,一类是坚持反抗、执著现实的雄浑的风格;一类是避世、寄情山水的冲淡风格。郭沫若少年时期受传统诗教的熏陶,对这两种类型的诗都有涉猎,但那时他较偏爱寄情山水的冲淡诗。到日本的初期他喜欢泰戈尔的诗,也是较偏重于他的冲淡"恬静的悲调",后来他倾向于海涅的"充满人间性"的诗,这是一个过渡期,随后郭沫若明显地表现出了对惠特曼的偏爱。

惠特曼(1819—1892),美国伟大的诗人,生于纽约,家庭贫苦,一生身处下层。他热爱自然,热爱人生,曾在美国各地流浪,与各行各业的劳动人民结交朋友,并开始诗歌创作。1855年《草叶集》第一版问世,以其崭新的内容和风格在美国的诗坛上独树一帜。以后每再版一次,既增加一些新作,直到他去世的时候,一共出了九版,诗集的名字始终是《草叶集》。

惠特曼的诗热烈地歌颂人民,歌颂大自然,直抒胸臆,具有雄浑的气势。例如:

欢乐之歌

啊！怀着最欢乐的心情歌唱呀！
歌中充满了音乐——充满了男子气概、女人心肠、赤子之心呀！
充满了寻常的劳动气息——充满了谷物和树木。
……
啊！我的精神多么欢乐呀！——它是无拘无束的——它如同闪电般飞射！
仅有这个地球和一定的时间是不够的，
我要有千万个地球和全部的时间。
……

《女神》写于在艺术风格上偏爱惠特曼的时期，在创作中受惠特曼的影响比较明显，但不等于照搬惠特曼。郭沫若曾这样评价海涅和惠特曼的诗，说海涅的诗丽而不雄，惠特曼的诗雄而不丽，两者都喜欢，但都不令他满意。郭沫若在《女神》创作中所刻意追求的是雄和丽统一的独特的艺术风格。《女神》的创作基本上实现了这一目标，在《三叶集》中宗白华称《凤凰涅槃》的艺术风格"真雄丽"。艺术风格是建立在传统艺术经验的基础上的，要有所突破、有所成就，必须采取众家之长，并把众家之长融于自己的艺术中，最后创造出具有独特个性风格的作品来。

《女神》有相对统一稳定的风格特点：以雄为主，同时实现了雄和丽的结合，形成雄奇、明丽的风格。从美学角度上看，融合了雄浑豪放的美和新巧瑰奇的美。在感情基调上表现出率真、明朗、壮阔、奔放的风格。读《女神》给人的第一感觉就是诗人的感情如奔流入海的江河之水喧腾直泻，表现了最高潮时的生命感及强烈的火山爆发式的内发情感。郭沫若是一个感情型的浪漫诗人，心中有巨大的感情库，民族的、个人的、情感的郁积，能量很大，一有外界的触发，感情的决口必然具有江河决堤之势，形成感情的火山岩，狂烈、炽热、表现出无法遏制的迸发和倾泻，尽情奔腾，无以阻挡，这种感情的表达方式势必能在五四时期激进的青年中引起共鸣。正是这种火山爆发式的感情表达方式，形成了郭沫若诗中率真、自然的感情风格。诗人向人们袒露心怀，直抒胸臆，真诚、明确、任性，使用大量的夸张手法，郭沫若不以含蓄、蕴藉见长，而是把心掏出来交给读者，打动读者，赢得读者感情的共鸣。但是，郭沫若的诗感情色调比较单一，节奏也比较单调，它能造成紧张的气氛，给人以光耀夺目的印象，但是缺少悠长的回味。

从意象特征上看雄浑、明丽的风格，郭沫若诗歌意象的选择和创造充分体现着诗人的个性。比如《凤凰涅槃》，诅咒现实世界，用火烧毁旧世界，催生新世界，火是熊熊之火，它带来光明，是壮丽的。火并不是虚无飘渺的东西，火把理想和现实联系起来。凤凰火中更生的形象既美丽又有恢弘的气势。

和著名豪放派诗人李白相比，同写自然意象，但是二者截然不同：李白写月亮的诗很多，清冷而孤单；《女神》写得最多的是太阳，温暖而热烈，太阳意象在《女神》中约占四分之一以上的篇幅。李白写月亮，表达他放达不羁的情怀，也流露出寂寞之感。如："人生得意须尽欢，/莫使金樽空对月。/天生我才必有用，/千金散尽还复来。"（《将进酒》）"明月出天山，/苍茫云海间。/长风几万里，/吹度玉门关。"（《关山月》）"花间一壶酒，/独酌无相亲。/举杯邀明月，/对影成三人。"（《月下独酌四首》其一）李白写月亮的诗超脱尘世的意味浓厚，有雄宏之气，但飘逸之气更浓。

而郭沫若写的太阳，非常亲切，诗人心中是太阳的光海，太阳是欢乐的源泉，诗人借太阳的雄宏表现诗境、心境的雄宏，是五四时代的心声。例如：

太阳礼赞

青沉沉的大海，波涛汹涌着，潮向东方。
光芒万丈地，将要出现了哟——新生的太阳！

天海中的云岛都已笑得来火一样地鲜明！
我恨不得，把我眼前的障碍一概划平！

出现了哟！出现了哟！耿晶晶地白灼的圆光！
从我两眸中有无限道的金丝向着太阳飞放。

太阳哟！我背立在大海边头紧觑着你。
太阳哟！你不把我照得个通明，我不回去！

太阳哟！你请永远照在我的面前，不使退转！
太阳哟！我眼光背开了你时，四面都是黑暗！

太阳哟！你请把我全部的生命照成道鲜红的血流！
太阳哟！你请把我全部的诗歌照成些金色的浮沤！

太阳哟！我心海中的云岛也已笑得来火一样地鲜明了！
太阳哟！你请永远倾听着，倾听着，我心海中的怒涛！

光 海

无限的大自然，
成了一个光海了。
到处都是生命的光波，
到处都是新鲜的情调，
到处都是诗，
到处都是笑：
海也在笑，
山也在笑，
太阳也在笑，
地球也在笑，
我同阿和，我的嫩苗，
同在笑中笑。

翡翠一样的青松,
笑着在把我们手招。
银箔一样的沙原,
笑着待把我们拥抱。
我们来了。
你快拥抱!
我们要在你怀儿的当中,
洗个光之澡!

一群小学的儿童,
正在沙中跳跃:
你撒一把沙,
我还一声笑;
你又把我推翻,
我反把你揎倒。
我回到十五年前的旧我了。

十五年前的旧我呀,
也还是这么年少,
我住在青衣江上的嘉州,
我住在至乐山下的高小。
至乐山下的母校呀!
你怀儿中的沙场,我的摇篮,
可还是这么光耀?
唉! 我有个心爱的同窗,
听说今年死了!

我契己的心友呀!
你蒲柳一样的风姿,

还在我眼底留连,
你解放了的灵魂,
可也在我身旁欢笑?
你灵肉解体的时分,
念到你海外的知交,
你流了眼泪多少?……

哦,那个玲珑的石造的灯台,
正在海上光照,
阿和要我登,
我们登上了。
哦,山在那儿燃烧,
银在波中舞蹈,
一只只的帆船,
好像是在镜中跑,
哦,白云也在镜中跑,
这不是个呀,生命底写照!

阿和,哪儿是青天?
他指着头上的苍昊。
阿和,哪儿是大地?
他指着海中的洲岛。
阿和,哪儿是爹爹?
他指着空中的一只飞鸟。
哦哈,我便是那只飞鸟!
我便是那只飞鸟!
我要同白云比飞,
我要同明帆赛跑。
你看我们哪个飞得高?
你看我们哪个跑得好?

浪漫诗人把自然浸在自己的酒杯里，表现自然都有自己的偏爱。《女神》的创作中，诗人对所描写的客观对象很少冷静地去描摹，而是用那种充沛的感情去感受形象的色彩、神态，浓墨重彩地去表现、去涂抹、去渲染，或用极度夸张的手法去描写。郭沫若写诗很少精雕细刻，多用简单勾勒、泼墨点染的笔法，显得大刀阔斧、挥洒自如、随其所愿，显示出所描绘对象雄浑的气势和明丽的格调。

《女神》诗的节奏是随着感情的流泻而形成的，郭沫若写诗完全凭感情冲动，形成强烈的感情冲击波，所以《女神》呈现出一种鼓舞型的节奏。例如《天狗》表现个性解放的强烈要求，用狂呼、大叫的形式表现，为加强气势用了大量排比句，诗句、诗节有多有少，旋律顿挫，整首诗高昂的调子直线上升，非常有气魄。但《女神》中的诗激昂有余，过于紧张，回旋少，顿挫感不强，显得单调，余韵不足。

《女神》语言多用亮、暖的色彩，如《凤凰涅槃》中反复吟咏"新鲜"、"净朗"、"华美"、"芬芳"、"热诚"、"挚爱"、"欢乐"、"和谐"等，映现出了诗人思想的特点和时代的色彩。

第三节 风格各异的新诗创作

在第一个十年的新诗创作中除了胡适的尝试、郭沫若的激情之外还有许多流派和个人的新诗创作，大大丰富了这一时期的新诗坛。湖畔情诗的清新、哲理小诗的纯美、象征诗派的朦胧、革命诗作的激愤，加上被鲁迅誉为"中国最为杰出的抒情诗人"的冯至等，形成了较为多样的新诗创作格局，下面主要描述一下风格各异的新诗流派的创作。

湖畔诗社是1922年3月在浙江杭州成立的，主要成员有冯雪峰、应修人、潘漠华、汪静之。诗社没有固定的组织和章程，只是一种友爱的结合，他们多是浙江第一师范学校的学生。

他们曾先后出版了四人的合集《湖畔》(1922年)，冯雪峰、应修人、潘漠华三人合出了《春的歌集》(1923年)，汪静之一人的诗集《蕙的风》(1922年)。

湖畔诗人对五四以来新诗坛的独特贡献主要在于写出了真挚、

清新、质朴的情诗。就像朱自清先生所评论的,"中国缺少情诗,有的只是'忆内'、'寄内'或曲喻隐指之作;坦率的告白恋爱者绝少,为爱情而歌咏爱情的更是没有。……真正专心致志做情诗的,是'湖畔'的四个年轻人。他们那时候差不多可以说生活在诗里"。① 从艺术共性上看,湖畔诗人的诗融合了中国古诗的意境,并吸取日本短歌、俳句的影响。日本古典短诗,多采用象征、比喻手法,崇尚简洁、含蓄、雅淡,但五四时代的个性解放思潮的鼓动,又使他们表现出一种全新的思想,他们的诗写出了五四时代青年在爱情上的觉醒,感情天真、纯洁、新鲜、大胆,又不流于庸俗、猥琐。他们四个人的风格各有不同:"潘漠华氏最是凄苦,不胜掩抑之致","冯雪峰氏明快多了,笑中可也有泪","汪静之氏一味天真的稚气","应修人氏却嫌味儿淡些"。② 在湖畔的四位年轻诗人中汪静之的影响较大,艺术风格也较有代表性。朱自清评汪静之说:"他的诗艺术虽有工拙,但多是性灵底流露。"③ 例如:

无题曲

悲哀是无边的天空,
　　快乐是满天的星星。
　　吾爱! 我和你就是
　　那星林里的月明。

　　深深的根就是悲哀。
　　碧绿的叶是快乐。
　　吾爱! 生在那上面的
　　花儿就是你和我。

---

① 朱自清:《〈中国新文学大系〉诗集·导言》,《中国新文学大系》诗集(影印本),第4页,上海文艺出版社1981年版。
② 同上。
③ 汪静之诗集《蕙的风》自序。

海中的水是快乐,
　　无涯的海是悲哀,
海里游泳的鱼儿就是
　　你和我两人,吾爱!

悲哀是无数的蜂房,
　　快乐是香甜的蜂蜜。

　　湖畔诗人的诗虽然格调各异,但都表现了新文学运动初期,刚刚挣脱封建礼教束缚的天真烂漫的青年对幸福爱情的憧憬和对美好自然的向往。

　　冰心的哲理小诗创作也始于五四前后,她那时受泰戈尔《飞鸟集》的影响,将自己零碎的思想不时用三言两语记录下来。后来在《晨报》的"新文艺"栏发表,并结集为《繁星》、《春水》于1923年先后出版。这三百余首无标题的格言式自由体小诗,以自然、和谐的音调,抒写作者对自然景物的感受和人生哲理的思索,歌颂母爱、人类之爱和大自然,篇幅短小,文笔清丽,显示了女作家特有的思想感情和审美情趣。例如:

繁星　四首

一

繁星闪耀着——
　深蓝的太空,
　何曾听得见他们对语?
沉默中,
　微光里,
　他们深深的互相颂赞了。

二

风啊!
不要吹灭我手中的蜡烛,
我的家还在这黑暗长途的尽处。

三

大海啊,
　哪一颗星没有光?
　哪一朵花没有香?
　哪一次我的思潮里
　　没有你波涛的清响?

四

成功的花,
人们只惊慕她现时的明艳!
然而当初她的芽儿,
浸透了奋斗的泪泉,
洒遍了牺牲的血雨。

春水　二首

一

墙脚的花,
你孤芳自赏时,
天地便小了。

二

别了!
　春水,

感谢你一春潺潺的细流,
　　　带去我许多意绪。
　　向你挥手了,

　　　缓缓地流到人间去罢。
　　　我要坐在泉源边,
　　　静静回响。

　　冰心的哲理小诗基本上是模仿泰戈尔的小诗格调。泰戈尔是印度诗人、艺术家,英译《飞鸟集》大多选自他的孟加拉文的哲理短诗集《微雨集》。他以清新流利、音乐性极强的口语,写出了歌唱自然、生活、青春、爱情的诗篇。比较著名的诗句如第十二首:"海水呀,你说的是什么?/是永恒的疑问。/天空呀,你回答的话是什么?/是永恒的沉默。"第三十六首:"鸟儿愿为一朵云。/云儿愿为一只鸟。"第七十八首:"绿草求她地上的伴侣。/树木求他天空的寂寞。"第二百一十七首:"果实的事业是尊贵的,/花的事业是甜美的,/但是让我做叶的事业吧,/叶是谦逊地、专心地垂着绿荫的。"

　　李金发,原名李淑良,1900年出生,广东梅县人。1919年赴法勤工俭学,1921年就读于第戎美术专门学校和巴黎帝国美术学校,是一位雕塑家。在法国象征派诗歌特别是波特莱尔《恶之花》的影响下,李金发开始创作格调怪异的诗歌,在中国新诗坛引起一阵骚动,被称之为"诗怪",成为我国第一个象征派诗人。他从1920年开始写诗,但引起人们注意是在诗集《微雨》、《为幸福而歌》和《食客与凶年》出版之后,他的诗打破寻常的章法,扑朔迷离,晦涩难懂。

　　象征诗派主要借鉴了法国象征主义的表现手法,象征主义是十九世纪末在法国兴起的一种文艺思潮,认为文艺是主观神秘境界的象征,强调微妙的刹那感觉、联想、幻想,形成一种朦胧的难以捉摸的奇幻境界,语言晦涩难懂,产生某种恍惚迷离的意象。例如《弃妇》:

弃 妇

长发披遍我两眼之前,
遂隔断了一切羞恶之疾视,
与鲜血之急流,枯骨之沉睡。
黑夜与蚊虫联步徐来,
越此短墙之角,
狂呼在我清白之耳后,
如荒野狂风怒号:
战栗了无数游牧。

靠一根草儿,与上帝之灵往返在空谷里。
我的哀戚唯游蜂之脑能深印着;
或与山泉长泻在悬崖,
然后随红叶而俱去。

弃妇之隐忧堆积在动作上,
夕阳之火不能把时间之烦闷
化成灰烬,从烟突里飞去,
长染游鸦之羽,
将同栖止于海啸之石上,
静听舟子之歌。

衰老的裙裾发出哀吟,
徜徉在邱墓之侧,
永无热泪,
点滴在草地
为世界之装饰。

此诗描写了一个遭受遗弃的妇女的幽怨、哀戚,情调低沉,气氛阴冷，所用意象怪异、跳跃，虽然弃妇是中国文学作品中常见的内容，但经过李金发的创造写出了别样的意蕴。

　　蒋光慈是初期无产阶级革命诗作的代表诗人，1901年生，安徽介安人。五四时期参加学生运动，1921年去苏联留学，其间加入中国共产党，并开始创作活动。1924年回国，曾任冯玉祥的苏联顾问的翻译和上海大学教授。1927年大革命失败后，与钱杏邨、孟超等人组织文学团体太阳社。1930年加入中国左翼作家联盟，担任领导工作，1931年病逝于上海。

　　蒋光慈是我国最早提倡无产阶级革命文学的作家之一，创作上除小说外，诗歌方面主要有诗集《新梦》、《哀中国》。他的诗大都洋溢着悲愤、高昂的战斗激情和强烈的反抗精神。著名的诗如：

哀中国

我的悲哀的中国！
我的悲哀的中国！
你怀拥着无限美丽的天然，
你的形象如何浩大而磅礴！
你身上排列着许多蜿蜒的江河，
你身上耸峙着许多郁秀的山岳。
但是现在啊，
江河只流着很呜咽的悲音，
山岳的颜色更惨淡而寥落！

满国中外邦的旗帜乱飞扬，
满国中外人的气焰好猖狂！
旅顺大连不是中国人的土地么？
可是久已做了外国人的军港；
法国花园不是中国人的土地么？
可是不准穿中服的人们游逛。
哎哟！中国人是奴隶啊！

为什么这般地自甘屈服?
为什么这般地萎靡颓唐?

满国中到处起烽烟,
满国中景象好凄惨!
恶魔的军阀只是互相攻打啊,
可怜小百姓的身家性命不值钱!
卑贱的政客只是图谋私利啊,
哪管什么葬送了这锦绣的河山?
朋友们,提起来我的心头寒,——
我的悲哀的中国啊!
你几时才跳出这黑暗之深渊?

东望望罢,那里是被压迫的高丽,
南望望罢,那里是受凌欺的印度;
哎哟! 亡国之惨不堪重述啊!
我忧中国将沦于万劫而不复。
我愿跑到那昆仑之高巅,
做唤醒同胞迷梦之号呼;
我愿倾泻那东海之洪波,
洗一洗中华民族的懒骨。
我啊! 我羞长此沉默以终古!

易水萧萧啊,壮士吞仇敌;
燕山巍巍啊,吓退匈奴夷;
回思往古多少轰烈事,
中华民族原有反抗力,
却不料而今全国无生息,
大家熙熙然甘愿为奴隶!
哎哟! 我是中国人,

我为中国命运放悲歌,
我为中华民族三叹息。

寒风凛冽啊,吹我衣;
黄花低头啊,暗无语;
我今枉为一诗人,
不能保国当愧死!
拜伦曾为希腊羞,
我今更为中国泣。
哎哟! 我的悲哀的中国啊!
我不相信你永沉沦于浩劫,
我不相信你无重兴之一日。

1924 年 11 月 21 日

第一个十年的诗歌创作虽在初创阶段,但也表现出了各种不同风格和内容的诗歌创作的探索,成绩是应该肯定的,但从新诗艺术的角度评价,新格律诗应该代表了这个时期艺术探索的最佳成就。

第四节 新格律诗的艺术成就

早期新诗"后放脚"的缺欠,引出了自由开放的非格律化自由体新诗的繁荣,但诗歌创作有它本身的艺术规律,不只是自由地写就能成其为完美的新诗了。于是,二十世纪二十年代中期一场新诗形式运动应运而生,产生了新格律诗,这是第一个十年艺术成就最突出的新诗创作。新格律诗理论和创作上最有建树的是闻一多、徐志摩和朱湘等。徐志摩在《诗刊弁言》里说:"我们几个人都共同着一点信心:我们信诗是表现人类创造力的一个工具,与音乐与美术是同等性质的;我们信我们这民族这时期的精神解放或精神革命没有一部像样的诗式的表现是不完全的;我们信我们自身灵里以及周遭空气里多的是要求投胎的思想的灵魂,我们的责任是替它们构造适当的躯壳,这就是诗文与各种美术的新格式与新音节的发见;我们信完美的形体是完美的精神唯一的表现。"① 他特别强调了新诗形式的重要性。闻一多更具体地阐述了新格律诗的三美原则,即音乐的美,指音节、音尺、韵脚等;绘画的美,指辞藻、色彩;建筑的美,指节的匀称和句的均齐。他认为,诗的规律可以分为视觉和听觉两个方面:"属于视觉方面的规律有节的匀称,有句的均齐。属于听觉方面的有格式,有音尺,有平仄,有韵脚。"② 他说:"越有魄力的作家,越是要戴着脚镣跳舞才跳得痛快,跳得好。只有不会跳舞的才怪脚镣碍事,只有不会作诗的才感觉得格律的束缚。"③

在创作上闻一多先生很好地实践了他的新格律诗理论。闻一多,原名家骅,1899年出生于湖北浠水下巴河镇陈家岭的一个地主望族家庭,受到广博的传统教育。1912年闻一多十四岁时考取北京清华学校。清华学校是清华大学的前身,1911年成立,是用美国退还的一部分庚子赔款办起来的一所留美预备学校,分中、高两科,共八年毕业。闻一多头一年因为入学晚,英文跟不上留了一级,最后一年因支持北京教育界爆发的以李大钊、马叙伦为首的教师索薪斗争而参加同情罢考,被校方给以"留级一年,推迟出洋"的处罚,这样闻一多在清华度过了十年的时光,最后一年他回故乡与姨表妹高孝贞结婚。

清华十年,是闻一多生命中的重要时期,他读书废寝忘食,常被笑为"书痴"。1916年,他十七岁开始发表诗、赋等古文创作。闻一多多才多艺,在文学、戏剧、美术方面都颇具才华。1919年五四运动,二十岁正当青春年华的热血男儿闻一多是积极的参加者,并于1920年开始发表白话文和白话诗,并由此开始钟情于白话诗的创作。1922年7月闻一多去美国完成最后的学业,第一年进芝加哥美

---

① 徐志摩:《诗刊弁言》,《徐志摩诗全编》,第566页,浙江文艺出版社1991年版。
② 转引自曾庆瑞编著《中国现代文学史简明教程》,北京广播学院出版社1988年版。
③ 同上。

术学院(The Art Institute of Chicago)，次年暑假后转学珂泉(Colorado Springs)珂罗拉多学院(Colorado College)美术系，第三年暑假后又转学纽约美术学院联合会(Art Students' League of New York)。闻一多在专修美术的同时进修文学，进一步研究中国古典诗歌和英国近代诗歌，如杜甫、陆游、拜伦、雪莱、济慈等人的诗作，并继续新诗创作。1923年9月印行了诗集《红烛》，这是闻一多自1920年以来三年间新诗创作的选集，共一百多首，除创作外还写了不少诗评。作为一名具有强烈爱国心的知识分子，1925年夏闻一多结束了三年孤独、寂寞的留美生活，回到了日夜思念的祖国。当时正值"五卅运动"期间，诗人面对的是一个政治腐败、民生凋敝的现实，想象中"如花的祖国"幻灭了，内心感到极度失望和悲痛。他在《发现》中惊呼："我来了，我喊一声，进着血泪，'这不是我的中华，不对，不对！'"① 回国后诗人创作了大量愤世嫉俗、诅咒黑暗现实、表现深沉爱国情感的诗。1928年1月诗集《死水》出版，只收了二十八首诗。这是作者倡导的新格律诗理论的具体表现，开创了一个新诗派。《死水》之后，闻一多主要精力放在了学术研究上。1928年9月他任武汉大学中文系主任，1930年任青岛大学国文系主任，1932年回母校清华大学任中文系教授，朱自清是当时的系主任。闻一多一边教学一边开始从事古代文学和外国文学的研究，成为一位成绩卓著的学者。抗战期间，闻一多任西南联大教授，抗战胜利后，1945年12月1日国民党制造了昆明"一二一惨案"。面对这血淋淋的现实，闻一多积极投身维护真理的民主运动，1946年7月15日为了给遭国民党特务暗杀的李公朴伸张正义，也死于国民党的暗枪之下。闻一多作为著名的诗人、学者和民主战士的一生是可赞可叹的。

《死水》是闻一多的代表作，结构严谨、形式整齐、音节和谐，集中体现了新格律诗的三美原则。

---

① 夏传才:《中国现代文学名篇选读》(上)，第478页，南开大学出版社1986年版。

死 水

这是一沟绝望的死水,
清风吹不起半点漪沦。
不如多扔些破铜烂铁;
爽性泼你的剩菜残羹。

也许铜的要绿成翡翠,
铁罐上锈出几瓣桃花;
再让油腻织一层罗绮,
霉菌给他蒸出些云霞。

让死水酵成一沟绿酒,
飘满了珍珠似的白沫;
小珠们笑声变成大珠,
又被偷酒的花蚊咬破。

那么一沟绝望的死水,
也就夸得上几分鲜明。
如果青蛙耐不住寂寞,
又算死水叫出了歌声。

这是一沟绝望的死水,
这里断不是美的所在,
不如让给丑恶来开垦,
看他造出个什么世界。

《死水》把旧中国黑暗、腐朽、颓败的社会现实比作"一沟绝望的死水"。为了配合"死水"的内容,全诗结构安排非常死板,每句九个字,每节四句话,全诗五节没有变化。在音乐美的设计上,全诗每行的音节都包含一个"三字尺"(如"绝望的"、"吹不起"等)和三个"二字尺"(如"清风"、"半点"、"漪沦"等),每句之间"三字尺"与"二字尺"错落交织,韵脚和谐,整齐中富于变化。闻一多还不愧是一位美术家,短短的一首诗中写出了丰富的色彩,"翡翠"、"桃花"、"罗绮"、"云霞"、"绿酒"、"白沫"。诗人压抑着内心的义愤,用反讽的手法,把死水的丑恶、腐烂写得色彩斑斓,就像鲁迅先生讽刺守旧派把脓疮般的"国粹"描绘为"红肿之处,艳若桃花;溃烂之时,美如乳酪"①,使"死水"的肮脏和丑恶更加鲜明地表现出来。

诗《一句话》则表现出沉闷当中突然的变化,给读者一种震撼。

一句话

有一句话说出就是祸,
有一句话能点得着火。
别看五千年没有说破,
你猜得透火山的缄默?
说不定是突然着了魔,
突然青天里一个霹雳
　爆一声
"咱们的中国!"

这话叫我今天怎么说?
你不信铁树开花也可,
那么有一句话你听着:
等火山忍不住了缄默,
不要发抖,伸舌头,顿脚,
等到青天里一个霹雳
　爆一声:
"咱们的中国!"

---

① 鲁迅:《热风·随感录三十九》,《鲁迅全集》第一卷,第318页,人民文学出版社1987年版。

这首诗在诗行的排列上只在最后一句加以变化,好似在沉默中的爆发,韵脚齐整、沉重、铿锵、有气魄,表现了闻一多深沉、厚朴的风格。

徐志摩和闻一多不同,他是一位灵动的诗人,他的传奇经历似乎就是一首浪漫的诗。1897年1月15日,徐志摩出生在浙江省海宁县硖石镇一个富商的家庭。其父徐申如在沪杭一带金融实业界有相当的地位,父亲望子成龙,对儿子的学业要求严格。母亲和祖母则对徐家这个独子娇宠备至,养成了徐志摩纵情、放任的秉性,同时也启示了他人与人之间要慈爱这一基本的做人准则。徐志摩四岁入家塾,十二岁进开智学堂,这是废除科举后硖石镇开办的第一所洋学堂,他好玩好动,兴趣广泛,各科成绩名列前茅,有神童之称。1910年徐志摩十三岁进杭州府中学求学。据徐志摩的同学郁达夫回忆,当时郁达夫是个未满十四岁的乡下孩子,初入省府,觉得新奇又可怕,总是战战兢兢,同蜗牛似的蜷伏着,连头也不敢伸出壳来。和他相反,徐志摩却总是无拘无束,活蹦乱跳,平时不用功,爱看小说,可一考起试来或作起文来,这个不起眼儿的、戴着金边儿眼镜,头显得特别大的顽皮孩子,却总是得分最多的一个。1915年徐志摩考入北京大学预科,后又进天津北洋大学预科,1917年进北大专攻法政,1918年拜梁启超为师,同年夏离开北京赴美国克拉克大学社会学系学习。他秉承父命,学习西方金融实业管理知识,立志承继家业,同时也想走出一条实业救国的道路。1919年6月他大学毕业,获得一等荣誉奖,同时进纽约哥伦比亚大学经济系攻读硕士学位,第二年即获经济学硕士学位。五四时期,他也曾接受过各种思潮的影响,比如克鲁泡特金的无政府主义、马克思的社会主义、尼采的超人哲学,但他最崇拜的还是英国哲学家罗素。为了跟随罗素学习,1920年9月他横渡大西洋到了英国。从此徐志摩改变了他人生的方向,他违背父意,放下实业救国的路,走上了文学的道路。

伦敦的两年教育是徐志摩人生的重要时期,因为在伦敦奠定了他政治观、艺术观的基础,转换了他职业的嗜好,也深深影响了他个人的婚姻和恋爱。徐志摩到伦敦后才知罗素已去中国讲学,于是不得已就读伦敦大学政治经济学院攻读博士学位,但他对此兴趣不大。经友人介绍他获得了剑桥大学特别生的资格,可以随意选课听讲,既有书读,又没有考试、作论文的压力,徐志摩如鱼得水。英国两年,他过着一种悠闲的生活,散步、划船、骑自行车、抽烟、闲谈、看闲书,在这种怡人的环境中他广泛涉猎了英国文化名人的著作,其中罗素对他影响最大。1921年徐志摩见到了罗素,并成为罗素家的常客。罗素是哲学家、数理逻辑学家、分析哲学的主要创始人,世界和平运动的倡导者和组织者。罗素认为人如果能具备四个基本条件,人生便是光明的:第一是生命的乐趣——天然的幸福;第二是友谊的情感;第三是爱美与欣赏艺术的能力;第四是爱纯粹的学问与知识。徐志摩全部接受了罗素这种言人道崇和平、尊创作恶抑塞的思想,并成为他以后生活中一直遵循的原则。

　　康桥文化的洗礼,使徐志摩在政治上最崇尚英国式的资产阶级民主。在人生观方面,胡适曾总结道:"一个是爱,一个是自由,一个是美。他梦想这三个理想的条件能够会合在一个人生里,这是他的'单纯信仰'。他的一生的历史,只是追求这个单纯信仰的实现的历史。"①从艺术观方面看,康桥文化的洗礼,使他在大自然的陶冶中发现了人的性灵。如他自己所说:"我的眼是康桥教我睁的,我的求知欲是康桥给我拨动的,我的自我意识是康桥给我胚胎的。"② 徐志摩追求的理想的艺术、新的艺术,在精神上应该是人道主义的,充满博爱的,充满性灵的。在艺术上应该是富有想象力,充满艺术的激情的。

　　徐志摩诗歌创作和他的爱情经历是密不可分的。1915年10月29日,中学毕业后年方十八岁的徐志摩遵父命与十六岁的张幼仪成婚,张幼仪的两位兄长都是当时的政界要人,可谓门当户对。当时的徐志摩还是一心遵从父命的孝子。1918年徐志摩的长子出生,徐家皆大欢喜,而徐志摩尚在人生的懵懂状态。1921年徐志摩到伦敦后不久,认识了北洋军阀政府司法总长林长民十六岁的女儿林徽因,并

---

① 胡适:《追悼徐志摩》,转引自《徐志摩传》,第31、32页,中国人民大学出版社1989年版。
② 徐志摩:《吸烟与文化》,转引自《徐志摩传》,第19页,中国人民大学出版社1989年版。

不由自主地深爱上这位美貌的才女。是时其妻张幼仪携长子来伦敦伴读,次子即将出世。但这时的徐志摩已接受了几年西方文化的陶冶,崇人道、重人性,决心冲出父母包办的这桩婚姻,追求个性自由,爱自己之所爱,他说:"我将于茫茫人海中访我唯一灵魂之伴侣;得之,我幸;不得,我命,如此而已。"① 他在写给张幼仪的离婚信中写道:"真生命必自奋斗自求得来,真幸福亦必自奋斗自求得来,真恋爱亦必自奋斗自求得来! ……彼此有改良社会之心,彼此有造福人类之心,其先自作榜样,勇决智断,彼此尊重人格,自由离婚,止绝苦痛,始兆幸福,皆在此矣。"② 但和张幼仪女士离婚后,林徽因却并未给他回音就随父亲回国了,这使徐志摩陷入了极大的精神痛苦中,"一份深刻的忧郁占定了我,这忧郁,我信,竟于渐渐的潜化了我的气质"。③

在伦敦徐志摩受到浪漫派作家的影响,加上爱情生活的痛苦,他开始把美丽的大自然当作自己的"情人",在自然万物中去寻找心灵的慰藉。在康桥,自然和人文的环境交织出一种怡人的氛围,徐志摩记道,康桥的灵性全在一条河上。在上下河分界处,有一个小水坝,水流得很急,就是在那里,他在星光下听水声,听邻近小村的晚钟声,听河畔倦牛的刍草声,顿时生出了最神秘的一种康桥式的体验,大自然的优美、宁静,调谐在这星光与波光的默契中不期然的淹入了你的性灵。康河的精华在蜚声环宇的学院建筑群,自上而下,培姆布罗克学院、圣凯瑟琳学院、王家学院、克莱亚学院、三一学院、圣约翰学院,那脱尽尘埃气的一种清澈秀逸的意境可说是超出了图画而化生了音韵的神韵,再没有比这一群建筑更调谐更匀称的了,它给人的美感简直是神灵性的一种。"只要你审美的本能不曾泯灭时,这是你的机会实现纯粹美感的神奇!""尤其是它那四五月间最渐暖最艳丽的黄昏,那才真是寸寸黄金。在康河边上过一个黄昏是一服灵魂的补剂。啊! 我那时蜜甜的单独,那时蜜甜的闲暇。一晚又一晚的,只见我出

---

① 转引自赵遐秋著《徐志摩传》,第36页,中国人民大学出版社1989年版。
② 同上书,第34页。
③ 徐志摩:《猛虎集·序文》,转引自《徐志摩传》,第37、38页,中国人民大学出版社1989年版。

神似的倚在桥栏上向西天凝望"。①

在康桥,徐志摩完全回到了自然母亲的怀抱,享受着神灵赐予的美景,"任你选一个方向,任你上一条通道,顺着这带草味的和风,放轮远去,保管你这半天的逍遥是你性灵的补剂。这道上有的是清荫与美草,随地都可以供你休憩。你如爱花,这里多的是锦绣似的草原。你如爱鸟,这里多的是巧啭的鸣禽。你如爱儿童,这乡间到处是可亲的稚子。你如爱人情,这里多的是不嫌远客的乡人……带一卷书,走十里路,选一块清静地,看天,听鸟,读书,倦了时,和身在草绵绵处寻梦去"。② 这时候徐志摩眼中的大自然都注入了一种灵性和神奇的美感。有一次他正冲着一条宽广的大道,过来一大群羊,放草归来,偌大的太阳在它们背后放射着万缕的金辉,天上却是乌青青的,只剩这不可逼视的威光中的一条大路、一群生物!徐志摩的心头顿时感着神异性的压迫,对着这冉冉渐翳的金光,他跪下了。大自然给徐志摩带来了灵感,加上爱情生活不如意的忧思、苦情,情感的凝聚,他在这时开始写诗了。

他在《艺术与人生》中指出"文学不仅是娱乐,他是实现生命的"。③ 他推崇文学创作中"灵感的冲动",进而指出评价文学作品的标准乃是作家真纯的内在情绪,即真纯的心灵、人格的美的表现,是艺术用美的形式去实现人的生命。

在康桥,徐志摩度过了一生中最幸福、最美好的两年。为了追求林徽因的爱,他割舍了康桥回国去寻找爱情,但林徽因已和梁启超的儿子梁思成恋爱,徐志摩苦苦的等待、追求,化为了泡影,只好放弃了这段恋情。1924年徐志摩在北大任教授期间与陆小曼相识。陆小曼,名眉,江苏常州人。陆家原是世代书香的望族,陆小曼的父亲是学者兼外交官,陆小曼自小受琴棋书画的熏陶,曾就读于北京法国圣心学堂。中学时,法文已很好,十五岁又受教于英籍教师,英文说得

---

① 徐志摩:《我所知道的康桥》,《潇洒的人生》,第191页,湖南文艺出版社1993年版。
② 同上书,第196页。
③ 转引自赵遐秋著《徐志摩传》,第87页,中国人民大学出版社1989年版。

相当流利,是北京上层社会交际界的舞星、名花,生得美丽,举止温柔得体。十九岁奉父母之命嫁给比她大七岁的王赓。王赓,清华毕业,后到美读哲学,又进西点军校,与艾森豪威尔同学。王赓对陆小曼爱护多于温情,夫妻敬多爱少,婚后感情淡漠。陆小曼为此在交际场中寻欢乐。徐志摩与王赓是好友,常与他们夫妇往来,陆小曼爱好文艺,常求教徐志摩,对这位才华横溢的诗人很仰慕。王赓因公务多,也常请徐志摩陪夫人。因为两人常相处,爱好、志趣相投,渐渐产生了爱情以至热恋。徐志摩不顾世俗、家庭的反对,追求他理想中的爱人陆小曼,几番周折,有情人终成眷属,1926年他们结婚。但婚后不到一年,陆小曼旧病复发,生活奢侈,吸鸦片,和家庭医生关系暧昧。徐志摩为填补家庭经济的无底洞疲于奔命,往返与上海、北平之间,精神相当痛苦,创作上收获也不大,他自称诗思枯萎了。1931年11月13日,徐志摩因在上海家中和陆小曼大吵了一架,便于18日乘早车到了南京,为了节省开支徐志摩免费搭乘第二天中国航空公司的邮政班机济南号飞回北京。19日虽然有雾,但徐志摩还是决意按时飞回,因为林徽因当天晚上要在北京协和小礼堂为外国人演讲中国建筑艺术。济南号于上午8时起飞,午后2时飞至济南城南三十里处的党家庄,因雨雾大,撞上开山山顶,飞机失事坠毁,徐志摩以三十五岁英年遇难,结束了他浪漫的一生。

徐志摩的主要创作有诗集四部。《志摩的诗》于1925年8月自费出版,收入1922—1925年的诗作五十五首,1928年删改后去掉十五首,另加一首《恋爱到底是怎么一回事》,原《沙扬娜拉》删去一至十七节留第十八节。这部诗集充满了诗人的理想主义和乐观情绪。《翡冷翠的一夜》于1927年9月,由上海新月书店出版,全集分两辑,共收入四十二首诗,其中有译诗七首,是1925—1926年的创作。"翡冷翠"是意大利文佛罗伦萨的音译,这时的创作流露出颓唐失望的叹息,另外记录了徐志摩和陆小曼之间的恋情。《猛虎集》于1931年8月由上海新月书店出版,全集共收四十一首诗,其中译诗六首。《云游》在徐志摩去世后于1932年7月由上海新月书店出版。全集由陈梦家编辑,陆小曼作序,共收十三首诗,其中译诗两首。后两部诗集大部分记录了徐志摩思想从怀疑到悲观的情绪。徐志摩还有散文集四部。1926年6月北京北新书局出版的《落叶》,1927年8月上海新月书店出版的《巴黎的鳞爪》,1928年1月上海新月书店出版的《自剖文集》共分三辑,1931年11月上海良友图书印刷公司出版的《秋》。徐志摩的创作另有小说集《轮盘》,1930年4月中华书局出版。日记《爱眉小札》由陆小曼编辑,1935年良友图书公司出版。

徐志摩是新格律诗派中卓有成就的诗人,在新诗理论上虽然没有什么严谨的理论主张,但凭着诗人的艺术直觉所发表的见解也许更接近诗的真纯内蕴。他特别强调诗的音乐性:"诗的灵魂是音乐的,所以诗最重音节。这个并不是要我们去讲平仄,押韵脚,……作白话诗我们也要在大范围内去自由。""正如字句的排列有侍于全诗的音节,音节的本身还得起源于真纯的'诗感'。再拿人身作比,一首诗的字句是身体的外形,音节是血脉,'诗感'或原动的诗意是心脏的跳动,有它才有血脉的流转。"[①]

在徐志摩的诗作中最能代表他艺术成就的是抒写性灵、风格纤细、柔美的抒情诗。例如:

再别康桥

轻轻的我走了,
　　正如我轻轻的来;
我轻轻的招手,
　　作别西天的云彩。

那河畔的金柳,
　　是夕阳中的新娘;
波光里的艳影,
　　在我的心头荡漾。

[①] 徐志摩:《诗人与诗》、《诗刊放假》,《徐志摩诗全编》,第553页、第567—568页,浙江文艺出版社1991年版。

软泥上的青荇,
　　油油的在水底招摇;
在康河的柔波里
　　我甘做一条水草!

那榆荫下的一潭,
　　不是清泉,是天上虹
揉碎在浮藻间,
　　沉淀着彩虹似的梦。

寻梦!撑一支长篙,
　　向青草更青处漫溯;
满载一船星辉,
　　在星辉斑斓里放歌。

但我不能放歌,
　　悄悄是别离的笙箫;
夏虫也为我沉默,
　　沉默是今晚的康桥!

悄悄的我走了,
　　正如我悄悄的来;
我挥一挥衣袖,
　　不带走一片云彩。

　　　　　1928年11月6日中国海上(收入《志摩的诗》)

《再别康桥》写于1928年,在现实中、情感上历经波折的徐志摩再访康桥,在这片他生命中倾注了深情的美丽净土上,他找到了灵魂的慰藉,忘情地把自我完全消融在康桥的自然美景之中。在归途的海上,他提笔抒写他梦牵魂绕的康桥,这首诗可以说是徐志摩把他所崇尚的性灵表现得最充分的诗了。

在新格律诗派的诗人中徐志摩是最讲究音乐美的,他的音乐美不只是外在的形式,而是内在的律动。它和诗的内容、诗的灵魂是融为一体的,诗人写出了拨人心弦的优美旋律,仿佛一首轻盈柔和的小夜曲,带有梦幻般的情调,构成一种幽渺的意境。徐志摩就像是一位技艺超凡的作曲家,只运用几个基本的音符,却谱出了美妙动听的乐曲,普通的白话文字,经过徐志摩的妙笔,奏出了和谐而美妙的乐章,从心底流淌出的心曲才会有如此美的意境。

《再别康桥》全诗诗行的排列错落有致,好似康河的柔波轻轻荡漾。每一节都是一幅色彩斑斓、动静相宜的怡人画面,画面中的一草一木都充满了灵性。正像陆小曼所说徐志摩"有些神仙似的句子看了真叫人神往,叫人忘却人间有烟火味"①,恰到好处地概括了徐志摩诗潇洒、飘逸的风格。

还有一首短诗《沙扬娜拉一首》描写日本女郎的瞬间神情,动态可掬。

沙扬娜拉一首
——赠日本女郎

最是那一低头的温柔,
　像一朵水莲花不胜凉风的娇羞,
道一声珍重,道一声珍重,
　那一声珍重里有蜜甜的忧愁——
　　沙扬娜拉!
　　　约写于1924年夏与泰戈尔访日之后

"沙扬娜拉"是日语"再见"的意思,诗人虽然是写生活中一个常见

---

① 陆小曼:《云游·序》,转引自《中国现代文学名篇选读》(上),第285页,南开大学出版社1984年版。

的道别场面,但他却捕捉到了温柔的日本女郎低头说再见时的一刹那的美态,用最适切、传情的比喻表达出来。在这人生的短暂瞬间却蕴涵着丰富的情感——温柔、娇羞、珍重、蜜甜、忧愁、别离,令人难忘。

在新格律诗的创作中还有一位别有成就的诗人朱湘,他早年虽然和闻一多、徐志摩等前期新月派的一些诗人一起主编过《晨报·诗镌》,但为时很短。他的孤傲的性格也许是他能写出与众不同的新格律诗的重要原因之一。朱湘,1904年出生于湖南沅陵县,字子沅,父亲是清朝的翰林,朱湘自幼接受严格的旧学启蒙教育,五四前夕进入南京工业学校预科学习了一年,1919年秋考入清华学校,对新诗产生了浓厚的兴趣。1922年在《小说月报》上发表新诗、译作。他还酷爱音乐,想追求一种自由、真率、美好的人生,对未来充满天真的幻想。1927年赴美留学,在美期间,强烈的民族自尊心和孤高、敏感的性格,使他和美国社会格格不入,决计回国以"复活起古代的理想、人格、文化与美丽",设想办个"作家书店","安定一班文人的生活,使他们能更丰富更快乐的创作"。[①]但1929年回国以后,现实的污浊和生活的贫困打碎了他的一切憧憬。回国几年,理想化为泡影,加上失业,文路不佳,又患了脑充血,朱湘在绝望、悲愤中丧失了继续生活的勇气,于1933年12月5日晨在由上海开往南京的轮船上投江自尽,年仅二十九岁。

朱湘十年的创作生涯可分为几个时期:1922—1925年写有诗集《夏天》,是他诗歌创作的尝试期;1925—1926年的《草莽集》为成熟期;1927—1933年,生前编就,死后出版的《石门集》、《永言集》为新的开拓期。

《采莲曲》是他著名的代表诗作:

采莲曲

小船呀轻飘,
杨柳呀风里颠摇;

[①] 中国现代作家选集《朱湘》,第273页,人民文学出版社1985年版。

荷叶呀翠盖,
荷花呀人样妖娆。
　　日落,
　　微波,
金丝闪动过小河。
　　左行,
　　右撑,
莲舟上扬起歌声。

菡萏呀半开,
蜂蝶呀不许轻来,
绿水呀相伴,
清净呀不染尘埃。
　　溪涧,
　　采莲,
水珠滑走过荷钱。
　　拍紧,
　　拍轻,
桨声应答着歌声。

藕心呀丝长,
羞涩呀水底深藏,
　不见呀蚕茧,
丝多呀蛹裹中央?
　　溪头,
　　采藕,
女郎要采又夷犹。
　　波沉,
　　波升,
波上抑扬着歌声。

莲莲呀子多；
两岸呀榴树婆娑，
喜鹊呀喧噪，
榴花呀落上新罗。
溪中，
采莲，
耳鬓边晕着微红。
风定，
风生，
风飔荡漾着歌声。

升了呀月钩，
明了呀织女牵牛；
薄雾呀拂水，
凉风呀飘去莲舟。
花芳，
衣香，
消溶入一片苍茫；
时静，
时闻，
虚空里袅着歌音。

一九二五年十月二十四日

《采莲曲》在中国新诗史上是评价很高的一首诗。沈从文先生评价这首诗："以一个东方民族的感情，对自然所感到的音乐与图画意味，由文字结合，成为一首诗，这文字，也是采取自己一个民族文学中所遗留的文字，用东方的声音，唱东方的歌曲，使诗歌从歌曲意义中显出完美,《采莲曲》在中国新诗发展上,也是非常有意义的。"① 五四以来的白话诗发展经历曲折但仍呈多元化发展的态势,也许因为新文化运动反传统的特点,白话新诗借鉴外国诗歌的艺术手法更多。朱湘的新诗善于化用旧体诗词的意境,保留的是"中国旧词韵律节奏的灵魂"。②《采莲曲》那幽渺的意境,给人以无限的遐想。作为新格律诗的代表诗作,《采莲曲》在音乐美、绘画美、建筑美方面也卓有建树。诗行的排列非常别致,每一行的错落都暗合着全诗的内在节奏,变化中有匀整,每一节都是有颜色的水墨画,情景交融,富有动感。朱湘是一位颇有音乐造诣的诗人,极力主张新诗可以歌唱,经常在一些集会上读唱他的诗。《采莲曲》全诗音节抑扬婉转,节奏清缓动听,表现出舒缓、和谐、优美的韵致。

【内容小结】

1. 早期白话新诗的"后放脚"的特点。(了解)
2. 郭沫若《女神》开一代新诗风的文学史地位和贡献。(理解、掌握)
3. 冰心代表的哲理小诗、湖畔诗社的情诗、李金发代表的象征诗派的特色。(理解、掌握)
4. 闻一多新格律诗的三美原则及代表诗作、徐志摩抒情诗的艺术贡献、朱湘《采莲曲》的别致意境。(理解、掌握、应用)

【难点解析】

1. 对"后放脚"的早期诗作和郭沫若《女神》的评价要有文学史的眼光。
2. 对新格律诗的评价不仅要有审美方面的欣赏,还应该把它放到新诗发展的历史长河中去体会它艺术价值的魅力。

---

① 沈从文:《论朱湘的诗》,中国现代作家选集《朱湘》,第258页,人民文学出版社1985年版。
② 同上书,第255页。

【作品分析例释】

徐志摩诗《雪花的快乐》赏析:

雪花的快乐

徐志摩

假若我是一朵雪花,
翩翩的在半空里潇洒,
　我一定认清我的方向——
　飞扬,飞扬,飞扬,——
这地面上有我的方向。

不去那冷寞的幽谷,
不去那凄清的山麓,
　也不上荒街去惆怅——
　飞扬,飞扬,飞扬,——
你看,我有我的方向。

在半空里娟娟的飞舞,
认明了那清幽的住处,
　等着她来花园里探望——
　飞扬,飞扬,飞扬,——
啊,她身上有朱砂梅的清香!

那时我凭藉我的身轻,
盈盈地,沾住了她的衣襟,
贴近她柔波似的心胸——
　消溶,消溶,消溶,——
溶入了她柔波似的心胸!

写于1924年12月30日,原载1925年1月17日《现代评论》第1卷6期,曾编入《志摩的诗》。

《雪花的快乐》是徐志摩较早的诗作中艺术技巧相当圆熟的创作。全诗想象奇妙,构思精巧,语言清新、活泼,在空灵、静谧、美妙、潇洒的艺术意境中,既给读者以优美的爱情诗的意境,同时又浸蕴着诗人特有的意志和愿望,诗人不愿随风逐尘,而是非常自信、洒脱地认清"我的方向",表现了诗人对美好理想浪漫而执着的追求。全诗文字简洁、灵动、纯净,有一种徐志摩抒情诗特有的魅力。

【学习检测】
  名词解释:
1. 哲理小诗
2. 湖畔情诗
3. 象征诗派
  问答题:
1. 早期白话新诗的特点。
2. 为什么说郭沫若的《女神》是一部开风气之先的诗集?
3. 简述新格律诗三美原则的主要内容。
4. 徐志摩抒情诗的艺术成就的主要表现是什么?
  赏析题:
1. 闻一多诗赏析。(可选《死水》、《发现》等代表诗作或自己喜欢的诗作赏析)
2. 徐志摩诗赏析。(可选《再别康桥》、《偶然》等代表诗作或自己喜欢的诗作赏析)

【相关资料】
钱理群主编《中国现当代文学名著导读》,北京大学出版社2002年版。

【相关影视作品简介】
《人间四月天》(根据徐志摩的爱情故事改编的电视剧)

第五章　散文与戏剧创作概述

【内容要点】
1. 各散文流派的特点及周作人、朱自清美文的贡献。
2. 现代戏剧的萌芽——文明新戏概况。
3. 爱美剧的贡献。
4. 田汉早期戏剧文学的贡献。

【学习建议】
建议阅读作品：

朱自清散文，参见朱自清著《月光下的人生》，湖南文艺出版社1990年版。

周作人散文，参见周作人著《雨中的人生》，湖南文艺出版社1990年版。

田汉剧本《获虎之夜》、《名优之死》，参见《田汉文集》第一卷，中国戏剧出版社1983年版。

【参考书目】

钱理群、温儒敏、吴福辉著《中国现代文学三十年》(修订本)，北京大学出版社1998年版。

葛一虹主编《中国话剧通史》，文化艺术出版社1997年版。

焦尚志著《中国现代戏剧美学思想发展史》，东方出版社1997年版。

【课件链接】
参考课件光盘(上)第一编 第七章

第一节 散文创作的繁荣

在五四新文化运动中创建并发展起来的现代散文,是新文学最先成熟的体裁之一。在第一个十年的发展中,许多作家都涉猎了散文创作,并开创了白话散文的繁荣局面。各派创作异彩纷呈,例如有以鲁迅、李大钊等为代表的《新青年》"随感录"作家群;以冰心、朱自清为代表的文学研究会作家群;以郁达夫、郭沫若为代表的创造社作家群;还有以周作人、鲁迅、林语堂为主体的"语丝"作家群;以徐志摩、陈西滢为代表的"现代评论"派作家群等。白话散文的作家们在新旧交替、中西交融的时代,在创作上既吸纳着欧风美雨,又传承着华夏薪火;既有议论说理、扬清激浊的杂文,又有叙事抒情、率性任心的"美文"。

现代散文依托报刊传媒而产生,最早兴起的是"随感录"作家群的杂文。1918年4月15日《新青年》第4卷第4号设立"随感录"专栏,提倡和发表关于社会、政治、历史、文化、思想方面的杂感短评。随后,陈独秀、李大钊主编的《每周评论》,李辛白主编的《新生活》,瞿秋白、郑振铎主编的《新社会》,邵力子主编的《民国日报》副刊《觉悟》等,相继开辟"随感录"专栏;《晨报副刊》、《星期评论》、《星期日》、《国民公报》等,也推出类似的栏目;《语丝》、《现代评论》则专门刊登杂文类作品,杂文创作一时蔚然成风。《新青年》刊物集团的陈独秀、李大钊、胡适、鲁迅、周作人、钱玄同、刘半农等都是杂文创作的圣手。周氏兄弟,同为杂文大家,可谓双子星座。鲁迅1918年8月在《新青年》上发表《我之节烈观》,周作人同年9月在《新青年》上发表《随感录三十四》[①]。此后,二人倾大量心血用于杂文创作。尤其是鲁迅,将一生大部分精力都投入杂文创作,并在思想和艺术上把这一文体提升到完美的境界。陈独秀、李大钊披坚执锐,率先发出振聋发聩之音。作为新文化运动的首倡者及《新青年》、《每周评论》两大刊物的

---

① 后收入《谈龙集》,更名为《爱的成年》。

主编与主笔,陈独秀的杂文高屋建瓴、气度不凡。《偶像破坏论》、《下品的无政府党》、《反抗舆论的勇气》等,通篇闪烁着明快犀利的时代锋芒。李大钊的杂文,笔力雄健,激情似火,风格与陈独秀相似。《新的！旧的！》、《新纪元》等,铺张扬厉,创新的欲求贯穿其间。《宰猪场式的政治》、《太上政府》等,短小精悍,辛辣的嘲讽溢于言表。名篇《今》,更是把革故鼎新的精神推向极致,"不仅以今日青春之我,追杀今日白首之我,并宜以今日青春之我,豫杀来日白首之我",与陈独秀《一九一六年》所高扬的思想一脉相通。李大钊是诗人又是学者,杂文具有极强的思辨力和感染力,故鲁迅称其文是"革命史上的丰碑"。

在白话散文的艺术成就上,这一时期除了鲁迅的杂文和散文诗成就卓著外,有影响的还有被称为新文学最美的收获之一的小品文和美文的创作,其代表作家是周作人、冰心和朱自清。

周作人,字星杓,后改名奎绶,自号起孟、启明、知堂等,1885年出生在浙江绍兴。1901年秋考入江南水师学堂。1906年赴日本先后入东京政法大学、立教大学文科学习。曾与鲁迅共同翻译《域外小说集》。1911年返回绍兴,先后任浙江省教育司视学和绍兴教育会会长、浙江第五中学英语教员。1917年到北京大学任文科教授兼国史编译处纂辑员。新文学运动发轫时期,在《新青年》、《每周评论》等刊物上先后发表《人的文学》、《平民文学》、《思想革命》等新文学运动理论建设上的重要文章,产生过广泛影响。1920年参加新潮社,被推选为该社主任编缉,并负责主持北京大学歌谣研究会。1921年参与发起成立文学研究会并起草宣言。五四前后除继续翻译介绍外国作品外,还发表了大量白话诗文,成为新文化运动的骨干之一。1923年第一部散文集《自己的园地》问世。1924年11月发起组织语丝社,并成为《语丝》的实际主编。这时期的散文集有《雨天的书》、《泽泻集》、《谈虎集》、《谈龙集》等。1930年与冯文炳等合办文艺周刊《骆驼草》,同时大力鼓吹文学的无目的性,创作了大量专注于草木虫鱼的文章和读书笔记,创作风格愈加走向闲适。此时结集的有《永日集》、《看云集》、《苦茶随笔》、《夜读抄》、《瓜豆集》等。但后来面对严酷的现实,他的思想逐渐远离了时代的主流,封建隐逸思想也有所发展,向往那种悠远、闲适的读书生活。到 1937 年抗战爆发时,他竟留在沦陷区北平,出任华北政务委员会常务委员兼教育总督督办等伪职。这是他一生中极不光彩的一页。日本投降后,他以叛国罪于 1945 年 12 月入狱,1949 年 1 月保释。新中国成立后主要从事日本、希腊文学作品的翻译工作,另外还写作了有关鲁迅的回忆资料。

周作人是最早从西方引入"美文"概念的。1921 年 6 月,周作人在《晨报》副刊发表《美文》,将其界定为"记述的"、"艺术性的"叙事抒情散文,并积极倡导"美文"创作,以"给新文学开辟出一块新的土地来"。周作人所说的"美文"即英文 essay,通常译作随笔、小品文,当时也有译为家常散文、絮语散文、随笔散文的。就像鲁迅的杂文、散文诗的首创作用一样,周作人以提倡美文,创作集合叙事、说理、抒情式的小品散文的成功而著称五四文坛。在白话文学新文体的创建上,周作人作了开拓性的贡献,给新文学开辟出一块新的园地。周作人的散文多作闲谈体,追求的是自然而隽永的风格,是有艺术意味的闲谈,虽然取材极平凡琐碎,但一经他的笔墨点染,就透出某种人生的滋味,有特别的情趣。人们常用"闲话"来概括周作人的散文风格,似乎表面上是他行文"洒脱",其实他在介绍自己文章的"作法"时,归之为"不切题"。"不切题"就是写文章不以切题为宗旨,找到一个着手点然后敷陈开去,表现了周作人特有的平和冲淡的写作观念、态度和心境。如《乌篷船》以书信的方式,怀着摆不脱的寂寞的乡情,娓娓叙述故乡恬静自在的生活,仿佛又回到了童年。这类作品还有《北京的茶食》、《故乡的野菜》、《济南道中》、《苦雨》、《喝茶》等皆是周作人二十年代的名篇。郁达夫对周作人散文推崇备至,在他选编的《中国新文学大系散文二集》一百三十一篇文章中,周作人的就占了五十七篇,他评价"周作人的文体,又来得舒徐自在,信笔所至,初看似乎散漫支离,过于繁琐!但仔细一读,却觉得他的漫谈,句句含有分量,一篇之中,少一句就不对,一句之中,易一字也不可,读完之后,还想翻转来从头再读的"。① 再比如《关于三月十八日的死者》同写"三一八惨案",但周氏兄弟却因为创作风格、思想内涵的不同而呈现不同的色彩。周作人从人道主义立场出发,用平淡之笔抒写悲哀。而鲁迅的《记念刘和珍君》,全篇充满了一位思想者、革命者的义愤之情,是对真的猛士的敬颂。周作人以平和冲淡的艺术风格,形成中国散文早期创作的一个流派——闲谈体,在舒缓、含蓄、自如的叙述中,品味生活的滋味,就像中国人品茶一样。俞平伯、废名的散文创作也属这一风格流派。

冰心的创作最早以"问题小说"出名,但她同时受到泰戈尔《飞鸟集》的影响,写作了许多无标题的自由体小诗。这些晶莹清丽、轻柔隽逸的小诗,后结集为《繁星》和《春水》出版,被人称为"春水体"。1921年她加入文学研究会,同年起发表散文《笑》和《往事》。冰心1923年毕业于燕京大学文科后随赴美国威尔斯利女子大学学习英国文学,在旅途和留美期间,她创作的散文集《寄小读者》,显示出婉约典雅、轻灵隽丽、凝炼流畅的特点,具有高度的艺术表现力,比小说和诗歌取得的成就更突出。这种独特的风格曾被时人称为"冰心体",产生了广泛的影响。1926年,冰心获文学硕士学位后回国,执教于燕京大学和清华大学等校。此后著有散文《南归》、小说《分》、《冬儿姑娘》等,表现了更为深厚的社会内涵。所谓"冰心体"的散文是指以行云流水般的叙述文字,满蓄着温柔,略带着忧愁,倾诉心中对自然、童真、母爱的美好情感。她的笔下有对祖国、故乡、家人和大海的眷念,她的散文语言凝结了古文的典雅、凝练和西文的灵动、婉转,对建立现代美文的新形式与新意境作出了卓著的贡献。

朱自清,原名自华,号秋实,后改名自清,字佩弦。1898生于江苏东海,原籍浙江绍兴,后随祖父、父亲定居扬州。幼年在私塾读书,受中国传统文化的熏陶。1912年入高等小学,1916年中学毕业后考入北京大学预科。1919年2月写的《睡罢,小小的人》是他的新诗处

---

① 郁达夫:《〈中国新文学大系〉散文二集·导言》(影印本),第14页,上海文艺出版社1981年版。

女作。他是五四爱国运动的参加者,受五四浪潮的影响走上文学道路。1920年朱自清在北京大学哲学系毕业后,到江苏、浙江一些中学教书。1922年和俞平伯等人创办《诗》月刊,这是新诗诞生时期最早的诗刊。他是早期文学研究会会员,1923年发表的长诗《毁灭》产生了一定的影响,这时他还写过《桨声灯影里的秦淮河》等优美的散文。1925年8月朱自清到清华大学任教,开始研究中国古典文学,创作则转向以散文为主。1927年写的《背影》、《荷塘月色》都是脍炙人口的名篇。1931年他留学英国,漫游欧洲,回国后写成《欧游杂记》。1932年9月朱自清任清华大学中文系主任。1937年抗日战争爆发,他随校南迁至昆明,任西南联大教授,讲授《宋诗》、《文辞研究》等课程。1946年由昆明返回北京,任清华大学中文系主任。解放战争时期积极参加爱国民主运动,他在贫病交加之中,宁愿饿死也不吃美国配给的救济粮,表现了一个正直的爱国知识分子高尚的民族气节和可贵情操。1948年12月,朱自清病逝于北平。

朱自清的创作以散文成就最高。他善于将丰富的思想感情诉诸简明生动的艺术形象。现代作家杨振声在《朱自清先生与现代散文》一文里,曾有这样的评语:"他文如其人,风华从朴素出来,幽默从忠厚出来,腴厚从平淡出来。"朱自清的散文创作就内容讲可分为三种:一是直接针对现实社会的,如《生命的价格——七毛钱》,记叙了一个五岁的小女孩,以七毛钱的价格在生命市场上被拍卖的人生悲剧。《执政府大屠杀记》,以自己亲身的经历,详实的描写,揭露控诉段祺瑞执政府屠杀爱国青年的暴行。二是个人身世的感怀,如《给亡妇》,娓娓追忆亡妻武钟谦生前种种往事,情意真挚,凄婉动人。《背影》则以朴实无华的文字,真挚强烈的感情,描写了家庭遭到变故,父亲到车站送远行的儿子,这一看似平常却又极富人情味的动人场景,真情全在不言之中。三是写景抒情的美文,这是最能体现朱自清创作成就的一类作品,构思缜密,技巧娴熟。如《荷塘月色》就是文情并茂、脍炙人口的名篇。文中抒写了一种静谧、幽美的景致,引出"心里颇不宁静"的感触。在对客观景物新异独特的观察和委婉有致的描写之中,寄寓着作者在大革命失败后那种黑暗现实的氛围笼罩之下怅然若失的寂寞、郁闷的感情。用笔既平淡、朴素、自如,又能见出作者遣词造句功底之深厚,于平淡自如之中显示出清新优美的艺术风格。《桨声灯影里的秦淮河》,记述秦淮河的夜景,抒发那种幻灭的情思,和《荷塘月色》风格相近,写景充溢着诗情画意,借景抒怀,自如贴切。郁达夫评朱自清的散文有诗人气质,"能够满贮着那一种诗意"。① 朱自清的散文,可以说是他正直淳朴人格的艺术化的表现。正是因为他坦白、诚挚的至情,才能产生这样优美感人的至文。他散文创作那种纯正、朴实、清丽的风格,高深的艺术造诣,为白话抒情散文创作树立了典范。

第二节 初期戏剧活动

戏剧是一门综合性艺术,在中国现代文学史上它是一个晚起的艺术门类。因为是舶来品,所以在第一个十年的发展中都还属于初创阶段,相对于白话散文、小说、诗歌在同时期的成就,戏剧艺术还处在蹒跚学步和探索的阶段。戏剧严格地说可分为广义和狭义两类:广义是指话剧、歌剧、戏曲艺术的总称;狭义则专指话剧。在本章中我们主要探讨话剧艺术的萌芽与发展。

文明戏时期是中国现代话剧艺术的胚胎期。文明戏曾被喻为"没有吹打的戏剧",它完全不同于中国传统旧戏的虚拟化、程式化的歌舞剧形式,而是一种以对话和舞台艺术为基本特征的戏剧形式。1907年,一部分在日本的中国留学生受日本"浪人戏"的影响,成立了我国第一个话剧团体春柳社,主要成员有曾孝谷、李哀、欧阳予倩、陆镜若、马绛士等,都是很有戏剧修养的人。他们在东京演出了《黑人吁天录》(七幕剧,曾孝谷根据林纾译自美国斯托夫人的小说《汤姆叔叔的小屋》改编)和小仲马《茶花女》中的两幕。辛亥革命成功后,春柳社成员先后回国,在上海组织演出大获成功。1914年又在上海

---

① 郁达夫:《〈中国新文学大系〉散文二集·导言》(影印本),第18页,上海文艺出版社1981年版。

建立"春柳剧场",进行了八十多个剧目的职业演出,带动文明戏进入了兴盛时期。

文明戏时期,如果把上海的春柳社等"作为南方新剧运动的代表,那么,南开新剧团则是北方新剧运动之翘楚"。①由天津南开学校创办人严范孙、张伯苓创建于 1909 年的南开新剧团在当时是卓有影响的剧团之一。1916 年从美国留学归来的张伯苓先生之弟张彭春先生,对戏剧颇有研究,曾担任副团长兼导演,编导上演过早期话剧《新村正》(写于 1917 年,1918 年 10 月公演),排演了多个翻译改编和创作剧本,在业余演剧中创出了专业水准,建立了比较完整的导表演体系。而描写辛亥革命之后恶霸地主罪恶的《新村正》比现代文学史上公认的第一部剧本胡适的《终身大事》写作时间还要早,内容和艺术表现也要深刻得多,《新村正》成为中国现代话剧史早期在剧本创作和舞台实践上不可多得的成功作品。

文明戏从萌生到兴盛所用的时间很短,这一方面是戏剧艺术本身的魅力,另一方面当然也是环境使然,"在一个政治和社会大变动之后,人民正是极愿听指导,极愿受训练的时候。他们走入剧场里,不只是看戏,并且喜欢多晓得一点新的事实,多听见一点新的议论。……在看戏的人,正热诚的希望着文明戏成功。即使偶有幼稚粗糙不妥的地方,也都原谅了"。②虽然文明戏盛极一时,也演出了许多富有反封建革命色彩的新戏,但还不能算是具有现代意义的话剧艺术。因为文明戏的演出大多数没有完整的剧本,只有一张很简单的幕表提示,没有演出前的排练,演员表演过于随意。在此后许多从事文明戏演出的团体,越来越偏离文明戏创立的初衷并越来越商业化。演员的水平良莠不齐,为了迎合观众的低级趣味,戏剧内容后来也多流于三四流的颓腐故事,最终糟蹋了这一刚刚在中国兴起的戏剧艺术。文明戏从兴起到衰落也不过十年左右的时间。到 1917 年新文

---

① 田本相:《曹禺传》,第 68 页,北京十月文艺出版社 1994 年版。
② 1929 年 2 月广州《民国日报》,转引自洪深《导言》,中国现代文学史资料丛书(乙种),《中国新文学大系·戏剧集》(影印本),第 14 页,上海文艺出版社 1981 年 10 月版。

化运动开始的时候,中国的戏剧艺术又在新瓶装旧酒的"文明戏"的基础上再度起步了。

1917—1918年,倡导戏剧改良成为文学革命的一个组成部分,特别是1918年10月《新青年》第5卷第4号刊出"戏剧改良专号",刊登了胡适、傅斯年、欧阳予倩等人讨论改良戏剧的文章,出现提倡戏剧改革的第一个高潮。他们主要做了两方面的工作:一是批判旧戏,二是介绍西洋新剧,初步建立具有现代意味的新的戏剧观念。虽然出于历史的原因,在批判传统旧戏时以西洋戏剧的美学理念作为参照物,致使胡适、傅斯年、周作人等人的某些观点过于偏激,但在介绍新剧方面确乎呈现出繁荣景象,为中国现代戏剧理论的创建打下了初步的基础。

胡适以总体关照的方式,从西方进化论的观念出发,大力推介西洋戏剧,主张用白话翻译一流的名家名作,因为"二千五百年前的希腊戏曲,一切精美的工夫,描写的工夫,高出元曲何止十倍。近代的莎士比亚和莫里哀更不用说了,最近六十年来,欧洲的散文戏本,千变万化。远胜古代,体裁也更发达了……"[①]胡适特别强调西方戏剧在戏剧思想内容上的进步意义,他推崇切实关心家庭、社会、人生,主张维新革命、倡导个性解放的"易卜生主义"。强调戏剧"为人生"及反映时代的社会功能作用,并主要介绍了"问题戏"、"象征戏"、"心理戏"、"讽刺戏"等形式的戏剧,对五四以来现实主义戏剧观念的形成,产生了至关重要的影响。

傅斯年在《论编制剧本》一文中,针对中国的旧戏具体提出了编写新式剧本的许多建议:如在日常的社会现实中取材,写平常人的生活,塑造耐人寻味的个性人物,反对毫无意义的大团圆结局,还特别强调编制剧本,既要有文学价值,又要适用于舞台演出,并且"很盼望

[①] 胡适:《建设的文学革命论》,1918年4月作,中国现代文学史资料丛书(乙种),《中国新文学大系·建设理论集》(影印本),第139页,上海文艺出版社1981年10月版。

以后作新戏的人,在文学的技术而外,有个哲学的见解"。①为戏剧艺术最基本的剧本创作提供了可操作的具体建议。

欧阳予倩是一位实践型的戏剧家,他的戏剧理念要比胡适、傅斯年等只停留在戏剧的社会作用和文学剧本编制上的理论更深入。在强调了戏剧作为"社会之雏形"、"思想之影像"的社会功能后,又具体提出了"剧本"、"剧评"、"剧论"等现代戏剧艺术观念。"戏剧者,必综文学,美术,音乐,及人身之语言动作,组织而成。有其所本焉,剧本是也。"剧本文学为戏剧的根本。戏剧批评家也需要有"社会心理学,论理学,美学,剧本学之智识"②,不能随意而谈。戏剧理论的建设和新剧表演人才的培养也至关重要。欧阳予倩在充分肯定戏剧的思想内容和时代特征的基础上,非常尊重戏剧作为一种独立艺术的特殊规律和审美价值,提倡写实主义的"神形并存"和"灵的写实",提倡戏剧艺术是以艺术家个性的创造实现审美情绪的沟通,从而升华为美的感化和潜移默化的德行培养。

宋春舫是一位学者型的戏剧理论家,以他留学欧洲,并且全面考察过欧洲戏剧的得天独厚的条件,不仅全方位地介绍西方各种流派的戏剧剧作,而且重视戏剧作为剧场艺术的各种潮流和运动。例如,从易卜生的现实主义戏剧到戈登格雷的现代主义戏剧,涉猎了西方众多的戏剧名家,除著名戏剧家莎士比亚、莫里哀等戏剧大师外,还有象征派戏剧的代表人物梅特林克、霍普特曼,以及表现派戏剧和未来派戏剧等先锋性戏剧流派。他还及时地把最能体现独特的现代戏剧艺术的导演艺术理论和刚刚兴起的欧洲小剧场运动介绍到中国。在广泛传播西方戏剧各种思潮、流派和戏剧革新运动的同时,还注重研究吸收中国传统戏曲艺术的精华,以适合中国观众的欣赏习惯。在戏剧初创时期,为现代戏剧艺术观念的建立奠定了坚实的理论基

---

① 傅斯年:《戏剧改良各面观》,中国现代文学史资料丛书(乙种),《中国新文学大系·建设理论集》(影印本),第366页,上海文艺出版社1981年10月版。
② 欧阳予倩:《予之戏剧改良观》,中国现代文学史资料丛书(乙种),《中国新文学大系·建设理论集》(影印本),第387页,上海文艺出版社1981年10月版。

础。

民众戏剧社是五四以来中国第一个戏剧社团,对早期戏剧理论建设,特别是现实主义戏剧观念的建立有突出贡献。1921年5月由沈雁冰、郑振铎、陈大悲、欧阳予倩、汪仲贤、徐半梅、张聿光、柯一岑、陆冰心、沈冰血、滕若渠、熊佛西、张静庐等十三人组织了民众戏剧社,鲜明地提出"本会以非营业的性质,提倡艺术的新剧为宗旨",①并创办"戏剧"月刊,主要在宣传戏剧改革和戏剧理论研究方面作出了贡献。他们除了研究"纸面上的戏剧",还研究"舞台上的戏剧",在剧本编制(包括直接翻译、符合中国观众欣赏习惯的改编翻译及自己的创作剧本),戏剧内容、思想,戏剧语言,表演方法,化装以及布景、灯光、发音、排演,剧场建筑,演出中的管理与组织,提高演员的自身修养和社会地位,观众观剧时文明习惯的养成等等涉及剧本、舞台、演员、观众各方面的内容都有深浅不一的探讨,极大地推动了现代话剧的发展。

民众戏剧社在戏剧理论建设方面最突出的是大力提倡"爱美的戏剧"。主要是针对文明戏职业演剧商业化的堕落颓风,"爱美剧运动"才应运而生,其作用是引导中国戏剧真正开始走向现代的艺术的戏剧。提倡爱美剧的中坚人物是陈大悲,他根据美国的《剧场新运动》、《爱美的舞台实施法》、《二十世纪的剧场》等几本戏剧理论著作,结合中国的戏剧实践写成了一篇题为《爱美的戏剧》的长文,从1921年4月20日至8月4日逐日连载在北京《晨报》上,大力倡导爱美剧理论。"爱美的"一词音译自 Amateur,即业余爱好者、业余艺术家的意思。"爱美的戏剧"就是非职业的、不以营利为目的的业余戏剧,不因欲图赚钱或养家糊口而演出迎合观众口味而艺术水平低下的戏剧。爱美剧追求的是一种现代的、教化的、艺术的戏剧。其目的一是想通过改造戏剧去改造社会,其次是建设真正的现代戏剧,包括编制剧本、舞台监督(导演)、演员、舞美、观众等一整套戏剧创作、演出体

---

① 《民众戏剧社简章》,中国现代文学史资料丛书(乙种),《中国新文学大系史料·索引》(影印本),第133页,上海文艺出版社1981年10月出版。

系,将西方戏剧理论和中国戏剧实践结合,并普遍运用到戏剧演出的实际运作中,切实推进了新剧运动的发展。

除民众戏剧社外,陈大悲和李健吾等人组织了北京实验剧社,还和蒲伯英等人在北京组织了新中华戏剧协社,再加上上海戏剧协社的共同倡导,使爱美剧运动形成较大声势。除了北京、天津、上海的学校业余演剧团体的演出,还有颇具影响的南国社、辛酉社组织的轰轰烈烈的演剧活动,中国现代话剧在探索中向前迈出了一大步。但爱美剧的提倡也有过于理想、幼稚的一面,它把非职业戏剧和职业戏剧对立起来,为了一改文明戏的弊端而走向另一个极端。实际上在戏剧演出中,绝对的非职业化是做不到的,没有足够的经费和时间作保障,也会影响戏剧演出的质量。

初期的戏剧实践主要包括剧本的翻译改编、组织戏剧演出和剧本创作。在组织戏剧演出的舞台实践中,上海戏剧协社表现最突出。成立于1921年冬的上海戏剧协社是中国现代话剧团体中历史最长的,从1921—1933年长达十二年,主要成员有谷剑尘、应云卫、欧阳予倩、汪仲贤、徐半梅、洪深等,其中如欧阳予倩和洪深就属于两位"实践的戏剧者",他们不仅编写剧本,而且在演剧和排剧方面也很突出,为中国话剧向现代化方向发展作出了巨大的贡献。

欧阳予倩,幼年留学日本,曾参加春柳社表演新剧,有表演、导演、编剧、戏剧理论等多方面的戏剧实践经验。洪深,从小就喜欢戏剧,1916年清华毕业后留学美国,在哈佛大学师从戏剧名师专攻戏剧。他们都把戏剧作为一门艺术加以研究,作为一项事业不懈追求。他们排演了多出话剧,比如《终身大事》、《泼妇》、《好儿子》等,其中1924年洪深根据英国剧作家王尔德的四幕喜剧《温德米尔夫人的扇子》改译的剧本《少奶奶的扇子》的演出,获得了空前的成功,并以此剧开创了中国新剧男女同台演出的现代演出模式,也建立了以导演为中心的演出体制。可以说洪深成功借鉴了西洋的演剧经验,从导演、表演、舞美到广告宣传形成一个有机的整体,完整地体现了话剧剧场艺术的特点。在剧本的翻译上也突出了中国特色,为了适应中国人的欣赏习惯,洪深把长得让中国人头疼的外国人名都改成中国名,这种有创见的改编是他成功的关键,和汪仲贤《华伦夫人之职业》的演出失败形成鲜明的对比。后者就因全部直译,而完全违背了中国观众的欣赏习惯,导致演出失败。《少奶奶的扇子》的演出成功对中国话剧的发展产生了多方面的影响。

在早期的剧本创作方面主要作家、作品有:胡适的独幕剧《终身大事》(1919年)、陈大悲的五幕剧《幽兰女士》(1921年)、汪仲贤的独幕剧《好儿子》(1921年)、洪深的三节九幕话剧《赵阎王》(1923年)、丁西林的独幕喜剧《一只马蜂》(1923年)、独幕喜剧《压迫》(1926年)、欧阳予倩的独幕剧《回家以后》(1924年)、《泼妇》(1925年)、熊佛西的三幕剧《洋状元》(1925年)、郭沫若的历史剧《三个叛逆的女性》(1926年)、王独清的《杨贵妃之死》(1926年)、田汉以独幕剧《获虎之夜》(1924年)为代表的多部早期创作的剧本。初创时期的话剧虽多为独幕剧,但正剧、悲剧、喜剧都有所涉猎。

从剧本内容上看多数为五四前后关注社会人生问题的社会问题剧,如关注家庭婚姻问题的《终身大事》、《一只马蜂》、《回家以后》等。还有心理剧如《赵阎王》,以对赵阎王复杂心理的刻画为主,反映军阀混战的现实。富有浪漫气息、追求个性解放的,如郭沫若的《卓文君》、《王昭君》等。这一时期的创作虽然在内容和形式上都显简单、幼稚,但中国的现代戏剧创作毕竟已经走上正轨并初具规模。

此时期,翻译、改编的外国戏剧作品数量之多,可以百余部计,远远超过创作剧本。西方戏剧史上各种流派的著名作家都被引进中国,莎士比亚、易卜生、萧伯纳、泰戈尔、王尔德、契诃夫、果戈理、莫里哀等等大师级戏剧家,给中国戏剧界带来了全新的多元现代戏剧观念,人们在全方位借鉴中不断推进中国现代话剧的发展。

第三节 田汉早期戏剧文学成就

在第一个十年的戏剧作家中,"没有一个现代中国戏剧家在二十年代享有比田汉更高的声誉了。"① 这不仅是因为作为戏剧全才,田汉在二十年代就有三十多部数量可观的话剧剧本创作,更主要的是他在吸收西方多种流派文学、戏剧大师艺术营养的基础上,创出了独具艺术魅力和个性蕴涵的中国早期话剧文学的典范。

田汉,字寿昌,湖南长沙人,1898年农历2月20日出生在长沙东乡春华山下一户农民家庭。他八岁丧父,母亲易克勤靠纺纱织布维持生活,勉强供家中长子田汉读私塾。他发奋读书,于1912年考入长沙师范学校公费学习,1917年随舅父易象(字梅臣)到日本留学。在日本先学海军,后改学教育。因自幼酷爱文学和戏曲而结识宗白华、郭沫若等志同道合的文学友人,并于1921年加入创造社。1922年回国后和妻子易漱瑜创办《南国半月刊》,1924年办《南国特刊》。1927年把与唐槐秋等组织的"南国电影剧社"扩展为"南国社",同时创办"南国艺术学院",为中国戏剧的发展培养人才。1930年加入"左联",成为我国革命戏剧运动的奠基人。二十世纪二十年代话剧剧本的主要作品有《咖啡店之一夜》、《获虎之夜》、《苏州夜话》、《名优之死》、《湖上的悲剧》、《古潭里的声音》、《南归》等,他还翻译了莎士比亚的《哈姆雷特》和《罗米欧与朱丽叶》等名剧,成为最早的莎翁译作之一。田汉是一位跨越了现代、当代的戏剧艺术家,特别是在话剧创作力量薄弱的第一个十年里,突显出了田汉戏剧的贡献。

田汉是一位有着感伤、忧郁情感色彩的戏剧诗人,也可以说他是五四一种时代情感的代表作家。经历了两千多年封建历史积淀和专制压抑的现代中国作家,在时代的感召下,终于可以用自己的眼睛去看世界,用自己的心灵去感受另一种艺术世界。个性的解放使他们心潮澎湃,而现实的腐败、污浊又使他们失望、抑郁。他们"心中郁积壅塞的苦恼"不仅是时代的,也是个人的。在田汉的生活中,三位亲人的死别对他的情感世界产生了深刻的影响。第一次是八岁那年父

---

① 康斯坦丁·东(Constantine Tung)著,丁罗男译:《孤独地探索未知:田汉1920—1930年的早期剧作》,中国当代文学研究资料《田汉专集》,第640页,上海戏剧学院柏彬、徐景东等编选,江苏人民出版社1984年版。

亲去世,"他的家庭便和'盛于咸丰同治年间的大地主'这样的名声告别了"。① 父亲的死,对于一个儿童来说无疑意味着一个家庭大厦的倾塌,使田汉早早地尝到"从小康人家而坠入困顿"的人世艰辛。第二次是1920年,田汉如对自己父亲一般深爱的舅父易梅臣先生被湖南军阀赵恒惕暗杀,"在他看来,舅父的死并不是一个政治问题,而是一个神秘莫测的命运的问题,如同一场梦,不是能用科学的方法去解释的"。② 1924年既是田汉表妹又是他妻子的易漱瑜女士过早的去世,几乎使田汉丧失了生活下去的勇气,爱妻的死使他深深感到"宇宙不可抵抗的力量,没有价值的短暂的人生之毫无意义,以及命运之神之绝对的严酷"。③ 这一切造就了一位具有感伤气质、浪漫追求的诗人田汉,并深深地影响了他的早期戏剧创作。

田汉天生的诗人气质是形成他浪漫主义戏剧观的内在动因,而他留日期间所广泛涉猎的外国文学作品及其理论又极大地丰富和滋养了他的艺术人生,"如近代现实主义戏剧大师莎士比亚、易卜生,浪漫主义文学先驱歌德、席勒、惠特曼,象征主义剧作家梅特林克、诗人波特莱尔、魏尔伦等等"④ 深深吸引着他。另外王尔德为代表的唯美主义和厨川白村的《苦闷的象征》、艺术哲学家尼采的《悲剧的诞生》等著作,加上田汉在日本时期经常观看日本剧作家翻译上演的西方新浪漫主义戏剧等都对田汉戏剧观的形成产生了直接的影响。

田汉对于社会运动和艺术运动持"两元"的见解,"即在社会运动方面很愿意为第四阶级而战,在艺术运动方面却仍保持着多量的艺术至上主义"。⑤ 故而形成了早期具有"为人生"本质的唯美主义、浪

---

① 转引自康斯坦丁·东(Constantine Tung)著,丁罗男译,《孤独地探索未知:田汉1920—1930年的早期剧作》,中国当代文学研究资料《田汉专集》,第644页,田汉自传体中篇小说《上海》,第645页、第646页,田汉著《离乡的滋味》,上海戏剧学院柏彬、徐景东等编选,江苏人民出版社1984年版。
② 同上。
③ 同上。
④ 焦尚志:《中国现代戏剧美学思想发展史》,第92页,东方出版社1997年版。
⑤ 田汉:《我们的自己批判》,转引自洪深《导言》,中国现代文学史资料丛书(乙种),《中国新文学大系·戏剧集》(影印本),第48页,上海文艺出版社1981年10月版。

漫主义艺术观。田汉唯美的浪漫主义戏剧观的主要特点,一是立足于现实人生的新浪漫主义。认为新浪漫主义戏剧对真理的追求"不在天国,而在地上;不在梦乡,而在现实;不在空想界,而在理想界"。① 在切实为人生的理念支持下,寻求超越现实人生的艺术美的境界。二是唯美的目的是执着于现实。田汉追求唯美主义的艺术,不是为了远离尘世,躲进空中楼阁,而是要"立定人生的基本","使生活艺术化,即把人生美化",也许就像五四时期有的人崇尚科学救国,有的人追求教育救国一样,田汉则"迷信美的巨大作用,试图以艺术的魔力和爱的威力去揭示现实的黑暗,改造社会,美化人生,是田汉式的唯美主义的特质"。②

田汉早期善写感伤而富有诗意的悲剧。他这一时期剧作中塑造的主人公大多具有美好善良的心灵,对爱情、艺术、人生有诗意的憧憬和追求。早期的主要作品有《咖啡店之一夜》、《午饭之前》、《获虎之夜》,在内容上"它们同表示青春期的感伤,小资产阶级青年的彷徨与留恋,和这时代青年所共有的对于腐败现状的渐趋明确的反抗"。③ 田汉捕捉住了二十世纪二十年代小知识分子的一种特定情绪,在艺术上引领了诗化浪漫主义的戏剧创作风格。

田汉早期剧作最突出的特点是具有强烈的主观抒情色彩,浓郁的诗意氛围。《获虎之夜》是他早期剧作的代表作。此剧情节上的浪漫传奇色彩本身就透现着诗意的追求。剧中描写了富裕猎户魏福生的女儿莲姑,深爱着她贫穷的表哥——青梅竹马的黄大傻,但遭到父亲魏福生的极力反对。一夜,无法见到心爱莲姑的黄大傻,到山上去守望即将屈从父命嫁给富家子弟的莲姑屋里的灯光,不幸误中了魏家长工放置的打老虎的抬枪。受伤的黄大傻被抬到莲姑家,莲姑悲痛万分,想要看护表哥一晚,反遭父亲的毒打,黄大傻痛不欲生,拿起

---

① 焦尚志:《中国现代戏剧美学思想发展史》,第95页,东方出版社1997年版。
② 朱寿桐:《田汉早期剧作中的唯美主义倾向》,转引自焦尚志著《中国现代戏剧美学思想发展史》,第96页,东方出版社1997年版。
③ 《田汉论创作》,第9页,上海文艺出版社1983年版。

旁边的猎刀自杀了。

在这个爱情悲剧里,作者成功地塑造了两位痴情男女的形象。一位是温柔、勇敢,富于反抗精神的少女莲姑;一位是虽然贫穷,却对爱情痴心不改的善良青年黄大傻。黄大傻的气质就像一位遁入农家的流浪诗人,人物塑造具有强烈的主观色彩,戏剧语言也蕴涵浓郁的诗情,剧中大段的人物独白像抒情诗一样打动人心。如黄大傻受伤后的感情倾诉:

我寂寞得没有法子。到了太阳落山,鸟儿都回到窠里去了的时候,就独自一个人挨到这后山上,望这个屋子里的灯光,尤其是莲姑娘窗上的灯光,看见了她的窗子上的灯光,就好像我还是五六年前在爹妈身边做幸福的孩子,每天到这边山上喊莲妹出来同玩的时候一样。尤其是下细雨的晚上,那窗子上的灯光打远处望起来是那样朦朦胧胧的,就像秋天里我捉了许多萤火虫,莲妹把它装在蛋壳里。我一面呆看,一面痴想,身上给雨点打的透湿也不觉得,直等灯光熄了,莲妹睡了,我才回到戏台底下。

除剧本的文学价值之外,在舞台演出上,《获虎之夜》自发表之后就有十几个学校剧团演出,其中最成功的是"上海艺术大学学生在四川路青年会演的那一次,朴素的背景和化装,舞台上息了一切近代的灯光,而代以柴火,对着那熊熊的火光每一个农民的面孔都生动起来","尽管有幼稚的感伤的地方,而纯朴的青春时代的影像还可以从这作品中追寻出来"。①

二十年代中后期田汉的戏剧艺术更多地融进了哲学的意蕴,延续并深化了他在关注社会人生问题的基础上对灵与肉、生与死、艺术与人生、理想与现实等人生真谛的思考和艺术至美境界的探寻。《苏州夜话》(一幕悲喜剧,1928年)描写一位视艺术高于一切的画家刘

---

① 洪深:《导言》,中国现代文学史资料丛书(乙种),《中国新文学大系·戏剧集》(影印本),第51页,上海文艺出版社1981年10月版。

叔康在残酷的战争中艺术之梦的破碎和对人生的反省。《名优之死》（两幕悲剧，1927年，1929年改为三幕）写一位把京剧艺术当作自己生命一样珍视的京剧名优刘振声，面对社会邪恶势力的义愤、抗争与惨死。《湖上的悲剧》（一幕诗剧，1928年）抒写作家杨梦梅与白薇小姐跨越生死两界、超越尘俗的灵魂之恋。《古潭里的声音》（一幕抒情剧，1928年）写一位诗人和一位舞女之间的恋情，当诗人从尘世中救出舞女后，舞女却因被孤零零地关入塔楼而抑郁之极，受着塔楼下古潭的诱惑，而跳入古潭自杀。古潭象征着生活神秘力量的诱惑，"这里有生与死，迷与觉，人生与艺术的紧张极了的斗争"，① 透现着幽玄、神秘之美。《颤栗》（一幕问题剧，1929年）写一个饱受了专制淫威和人间屈辱生活的私生子，在精神分裂状态下杀母后灵魂的痛苦颤动，揭示黑暗社会对人性的扼杀。《南归》（一幕抒情剧，1929年），抒写春姑娘和流浪诗人在理想与现实的纠葛中痴情浪漫的爱和无奈的离别，充满着诗的悠远和感伤情调，表现人生漂泊之感，浪漫而忧伤。

　　这些剧作无论在情节的设置、戏剧冲突的铺排、人物的独白以及舞台氛围的营造上，田汉都在追求生活的诗意化，那种忧郁的感伤、浪漫的真诚、触及人性之真，远超过同时期社会问题剧对某些问题的表层揭示，田汉早期剧作虽还有许多幼稚之处，但"在那个年代，戏剧在中国，还没有被一般人视为文学的一部分。自从田（田汉）郭（郭沫若）等写出了他们的那样富有诗意的词句美丽的戏剧，即不在舞台上演出，也可供人们当做小说诗歌一样捧在书房里诵读，而后戏剧在文学上的地位，才算是固定建立了"。②

　　田汉戏剧创作的文学审美价值和哲理蕴涵的独特性，奠定了他在中国早期话剧史上不可动摇的地位。"只有在二十年代的剧作中，田汉才探索了不可理喻的寂寞感，先天注定的孤独和痛苦，以及在浑

---

① 《田汉论创作》，第96页，上海文艺出版社1983年版。
② 洪深：《导言》，中国现代文学史资料丛书（乙种），《中国新文学大系·戏剧集》（影印本），第48页，上海文艺出版社1981年10月版。

沌的人世间无止境地探求社会的准则。这些剧作确实表现了他是从某种哲学的角度看问题,这一点使他区别于同时代的人,例如欧阳予倩、洪深、熊佛西、丁西林、郭沫若、陈大悲以及和他们相似的许多其他人。当那些剧作家正在哀叹社会与政治的不公正时,田汉一个人企图探索那些苦难时代的深奥的基本问题。"①

随着青春梦境的破碎,田汉的剧作风格有了改变,"唯美的残梦,青春的感伤,到现实的觉醒,集团的吼叫,历然的也可以自己看出心的发展的痕迹"。②田汉二十年代的戏剧艺术留下了他青春探索的轨迹,也奏出了中国话剧史上舒缓而美丽的第一乐章。

【内容小结】
1. 第一个十年各散文流派的特点。(了解)
2. 周作人、朱自清美文的艺术特色及贡献。(了解、掌握)
3. 现代戏剧的萌芽——文明新戏的概况。(了解)
4. 爱美剧的理论与贡献。(理解、掌握)
5. 田汉早期戏剧文学的风格特点。(了解、掌握)

【难点解析】
早期戏剧活动主要是在借鉴外国戏剧艺术的基础上初步确立中国现代戏剧的雏形,包括舞台演出与文学剧本创作等各个层面戏剧艺术的探索,虽然早期戏剧看似繁盛,但因为它完全是外来艺术,所以第一个十年的戏剧还处在比较表层的阶段,没有出现大师级的戏剧家。田汉是这个时期比较有影响的早期话剧艺术家,他的戏剧文学艺术风格独特。

---

① 康斯坦丁·东(Constantine Tung)著,丁罗男译:《孤独地探索未知:田汉 1920—1930 年的早期剧作》,中国当代文学研究资料《田汉专集》,第 654 页,上海戏剧学院柏彬、徐景东等编选,江苏人民出版社 1984 年版。
② 《田汉戏曲集》第四集自序,《田汉论创作》,第 121 页,上海文艺出版社 1983 年版。

【作品分析例释】

田汉话剧《名优之死》分析：

《名优之死》1927年完成两幕初稿，1929年以三幕话剧发表，也是田汉早期话剧文学的代表作。剧本写了一代名优刘振声和他的女弟子刘凤仙的故事。刘振声是一位为人正直，有操守，有戏德并把戏曲艺术视作自己生命的著名演员，他苦心栽培自己的女弟子刘凤仙，欣赏她的才华，希望将来刘凤仙能继承自己的事业。但是污浊的社会现实却恰恰事与愿违，出名的刘凤仙开始贪图荣华和享乐，不再专心于艺术，而是投入流氓绅士的怀抱。刘振声的理想被现实的恶势力摧残，他不遗余力、势单力薄地与恶势力抗争，但最终还是敌不过强大的恶俗势力而惨死在舞台上。全剧既有田汉早期戏剧新浪漫主义的色彩，同时又融进批判现实的思考。刘振声对戏曲艺术的痴迷和执著几乎到了忘情的程度，但面对现实黑暗势力的冲击，刘振声不再只是默默忍受的软弱戏子，而是一个敢于反抗的铮铮硬汉。刘凤仙的堕落则不只是金钱和权势的压力，还有她自身无法拒绝诱惑的人性弱点。《名优之死》已经开始突破田汉早期浪漫抒情剧唯美的层面，具有了更深层次的开掘。

【学习检测】

名词解释：
1. 美文
2. 冰心体
3. 闲谈体

问答题：
1. 第一个十年主要散文创作群体有哪些？
2. 朱自清抒情散文的风格特点。
3. 简述爱美剧的内容及其贡献。
4. 试述田汉早期剧作的风格特色。

【相关资料】

宋宝珍著《残缺的戏剧翅膀——中国现代戏剧理论批评史稿》，北京广播学院出版社2002年版。

第二编

第二个十年的文学(1927—1937)

1927年大革命失败以后,中国现代文学的发展进入第二个十年,文学的格局也随之发生了本质的变化。如果说在此之前的文学创作还属启蒙主义、人文主义范畴的话,那么,在此之后最大的变化就是革命文学的倡导和论争。虽然此时期左翼文学成为主潮,但在战争和混乱的时代背景下,现代文学还是呈现出多种创作思潮并存的局面,除左翼文学外,代表无党派民主进步人士的文学、追求纯文学艺术价值的自由主义作家的文学、透现商业气息的海派都市文学等等不同的文学流派共同构成了第二个十年现代文学的繁荣。

第一章　革命文学论争及多种创作思潮

【内容要点】
1. 左联成立的意义。
2. 第二个十年多种创作思潮的特点。

【学习建议】
阅读有关文献：
陈寿立编《中国现代文学运动史料摘编》，北京出版社1985年版。

【参考书目】
谢筠主编《中国现代文学史教程》，北京广播学院出版社2003年版。

【课件链接】
参考课件光盘(上)第二编　第一章

第一节　革命文学论争及左联的成立

在第二个十年，作为现代新兴知识分子启蒙话语的明显标志、在五四时期成为主流的"同人刊物"迅速消失，而文坛以往那种相对思想自由的空气也没有了，代之而来的是文学空前的政治化，各派政治势力都加强了在意识形态领域的争夺。随之出现的是文学媒介与公众的结合、杂志和报纸与大众的结合所带来了文学的政治化和商业化。随着诸多文化人从新文化运动发祥地北京大规模南下，文化的中心也开始南移上海，新文化的团体和机构如北新书局、《语丝》和《现代评论》杂志等从北京迁移到了上海，商业化的报纸和杂志，成为作家的基本生存空间。"一九二八年文化人向上海的迁徙造成了中国现代思想文化一次历史性的大转。它不仅引起了文化中心的南移,而且导致了中国现代思想文化性质的根本变化。这是一次文化的转移。"① 在左翼文学迅猛发展的同时,各种不同倾向的文学展开了激烈的竞争。

革命文学的论争开启了第二个十年文学论争的大幕。1927年后国共分裂,蒋介石逐渐确立并巩固了在中国的统治。政治形势的变化,相应地引起了文学领域的变革。一批曾经参加过实际革命工作的进步作家和一批自日本归国的激进青年认为,中国的革命虽陷于低潮,但革命文学的倡导和迅猛发展能够推动政治革命的继续和深入,于是共同倡导了革命文学。

郭沫若在《革命与文学》一文中指出,革命与文学并非毫无关联,文学的发展能够推动革命的深入,"真正的文学永远是革命的前驱,而革命的时期中总会有一个文学的黄金时代出现"。② 但革命文学成为一场声势浩大的运动则是1928年的事。当时正值大革命失败,国共两党决裂,有一批从日本留学归国的文学青年,主要是后期创造社成员如冯乃超、李初梨、彭康、朱镜我等,他们和一批在国内正式参加过实际革命工作的作家如蒋光慈、阳翰笙、钱杏邨等,不满当时国内文学发展不能适应时代需要的状况,正式提出了革命文学的口号。之后,他们以创造社和太阳社为主体,创办了《创造月刊》、《文化批判》、《太阳月刊》等杂志,倡导无产阶级革命文学。他们相继发表了一系列论文,如郭沫若的《英雄树》,成仿吾的《从文学革命到革命文学》、《全部的批判之必要》,冯乃超的《艺术与社会生活》,蒋光慈的《关于革命文学》,李初梨的《怎样地建设革命文学》,钱杏邨的《死去了的阿Q时代》等,系统地阐述了无产阶级革命文学的主张。对于五四新文学和新文化运动进行历史性的清算和批判,有意识地要和五四启蒙运动以及资产阶级现代性决裂,从而确立新的意识形态,以推动中国革命文学的发展。他们认为,革命文学是"以无产阶级的阶级意识,产生出来的一种斗争的文学",是"为完成他主体阶级的历史

---

① 旷新年:《一九二八年的文学生产》,《读书》,1997年第9期。
② 张若英:《中国新文学运动史料》,光明书局1934年版。

的使命"服务的。① 但是,由于他们对马克思主义文艺理论的理解过于机械和片面,而其革命文学的理论基础主要来自苏联"无产阶级文化派"的文化观点和苏联文学理论家波格丹诺夫的"文艺组织生活"论,他们的理论主张具有明显的缺陷,如夸大文艺的社会功能,忽视文艺的特性和自身规律,忽视作家世界观改造的艰巨性等。而且,他们还全面否定五四新文学传统和成就,一开始就将矛头对准鲁迅、茅盾、郁达夫、叶圣陶等五四时期的进步作家,并明确表示,鲁迅作为一个作家已经过时,"阿Q时代是早已死去"②,称鲁迅为"封建余孽"、"二重反革命人物",扬言要"替他们打包,打发他们去"。③

而人到中年、眼光锐利的鲁迅在这场论战中却保持了冷静的态度。早在1927年鲁迅就谈到大革命时代是没有文学的,因为"大家忙着革命,没有闲空谈文学了"④,这些倡导革命文学的青年对革命文学的概念尚不十分了然,就遑论革命文学的建设。对创造社一些人所宣扬的工具论,鲁迅颇不以为然,他指出,文艺固然具有宣传的作用,但有着不同于其他宣传品的独特规律:"一切文艺固是宣传,而一切宣传却并非全是文艺……革命之所以于口号,标语,布告,电报,教科书……之外,要用文艺者,就因为它是文艺。"⑤忽略文艺的自身规律,抹煞文艺的自身特点,都会妨害文艺的健康发展。鲁迅认为,创造社片面夸大"文艺的旋乾转坤的力量"⑥,这是"踏了'文学是宣传'的梯子而爬进唯心的城堡里去了"。⑦ 同时,鲁迅也严肃批评了创造社作家对五四新文学传统的否定。但是当国民党当局全力围剿

---

① 李初梨:《怎样地建设革命文学》。
② 钱杏邨:《死去了的阿Q时代》,《太阳》月刊,1928年3月号。
③ 成仿吾:《打发他们去》,《文化批判》,1928年2月号。
④ 鲁迅:《而已集·革命时代的文学》,《鲁迅全集》第三卷,第419页,人民文学出版社1981年版。
⑤ 鲁迅:《三闲集·文艺与革命》,《鲁迅全集》第四卷,第84页,人民文学出版社1981年版。
⑥ 同上书,第83页。
⑦ 鲁迅:《译文序跋集·〈壁下译丛〉小引》,《鲁迅全集》第十卷,第280页,人民文学出版社1981年版。

革命文学时,鲁迅却毅然站在了革命文学一边。他建议大家都能用理智和客观的态度对待革命文学,承认革命文学的存在价值,认为它的出现是历史的必然,"空嚷力禁,两皆无用"①。这场论战也促使鲁迅身体力行,着手翻译和介绍马克思主义的文艺理论著作。1928年年底,他同柔石、冯雪峰酝酿编译《科学的艺术论丛书》,第二年这套丛书开始陆续出版。鲁迅先后翻译了卢那察尔斯基的《艺术论》和《文艺与批评》、普列汉诺夫的《艺术论》等,冯雪峰也翻译了卢那察尔斯基的《艺术之社会基础》、普列汉诺夫的《文艺与社会生活》和梅林的《文学集》等,澄清了许多曾经争论不休而又似是而非的问题,为革命文学的理论建设作出了贡献。

  1929年下半年,共产党指示创造社和太阳社停止对鲁迅的攻击,并同鲁迅等其他进步作家合作,筹备成立统一的革命文学组织,以对抗国民党的文化围剿。1930年3月2日,中国左翼作家联盟(简称"左联")在上海宣告成立,鲁迅、冯雪峰、沈端先、冯乃超、柔石、蒋光慈、李初梨、彭康、田汉、钱杏邨、阳翰笙等四十余人出席了成立大会,大会通过了"左联"的理论纲领和行动纲领,选举沈端先、冯乃超、钱杏邨、鲁迅、田汉、郑伯奇、洪灵菲等人为常务委员。此后不久,远在日本的茅盾、周扬也相继回国加入了"左联"。大会发表了宣言,声称:"我们的艺术是反封建阶级的,反资产阶级的,又反对'失掉了社会地位'的小资产阶级的倾向",还表示要"支援而且从事艺术的生产"。会上,鲁迅也发表了一篇题为《对于左翼作家联盟的意见》的重要讲话,根据革命文学倡导过程中存在的问题,提醒"左联"在工作中注意避免出现不应有的失误,如不切实际,盲目乐观,对革命的艰巨性和残酷性估计不足等。他指出,革命不可能总是充满阳光和欢乐,有时也会有污秽和血,如果不正视现实,只是抱着罗曼蒂克的幻想,则"'左翼'作家是很容易成为'右翼'作家的",因为"无论怎样的激

---

① 鲁迅:《现代新兴文学的诸问题·小引》,《鲁迅全集》第十卷,第292页,人民文学出版社1981年版。

烈,'左',都是容易办到的;然而一碰到实际,便即刻要撞碎了"。①除了上海总部之外,"左联"在北平等国内其他城市,成立了北平左联(又称北方左联)、天津支部,以及保定小组、广州小组、南京小组、武汉小组等地区组织,甚至在日本东京也成立了"左联"东京分盟,扩大了"左联"的影响力,集结了一批进步的文学青年,使革命文学的队伍不断壮大。1930年11月,左联派萧三作为代表参加在苏联哈尔科夫召开的第二次国际革命作家代表会议。中国左翼作家联盟加入国际革命作家联盟,成为它的一个支部——中国支部。

"左联"在革命文学理论的建设和文学创作方面也取得了较大的成果。"左联"成立不久就成立了马克思主义文艺研究会,比较系统地介绍和传播了马克思主义的文艺理论,并先后同新月派、民族主义文艺运动、自由人、第三种人等文艺派别进行了文艺论争,阐明了"左联"的文艺主张。"左联"还先后创办了许多机关刊物:《萌芽月刊》、《拓荒者》(二刊系接办)、《巴尔底山》、《世界文化》、《前哨》(第2期起改名为《文学导报》)、《北斗》、《十字街头》、《文学》、《文艺群众》、《文学月报》、《文学新地》等等,并在《时事新报》副刊《青光》主办《每周文学》。此外还有《文艺新闻》等"左联"外围刊物。"左联"以此为阵地创出了革命文学创作的繁荣局面。在创作方面,以茅盾的《子夜》、蒋光慈的《咆哮了的土地》、洪深的《农村三部曲》、田汉的《回春之曲》等为代表的一批文学作品,显示了"左联"的创作实绩。同时"左联"也十分关注青年作家的培养,在左翼文学的旗帜下,柔石、叶紫、张天翼、丁玲、胡也频、萧红、萧军、沙汀、艾芜、蒲风等一批作家迅速成长起来。但是,由于左倾思想的影响,"左联"在工作中也存在一些失误,主要表现在政治上的左倾思想影响,时常在白色恐怖下采用集会和节日游行方式,从而造成重大损失;组织上具有明显的宗派主义倾向,团结的面还不够广泛,削弱了革命阵营的力量;创作上则表现为相当一部分作品有公式化和概念化倾向。

---

① 鲁迅:《二心集·对于左翼作家联盟的意见》,《鲁迅全集》第四卷,第233页,人民文学出版社1981年版。

"左联"成立后,国民党当局为扼制革命文学迅猛发展的势头,发动了"民族主义文艺运动",试图用"民族主义"的中心意识统一文艺界的思想。同时成立"图书杂志审查委员会",制定《出版法》,在政策上实施严格的管制,肆意查禁、删改进步文艺作品,同时在政治上实行法西斯高压统治,大量逮捕和暗杀左翼作家。"左联"对白色恐怖进行了顽强的抗争。1931年,"左联"作家柔石、胡也频、冯铿、殷夫、李伟森被秘密杀害于上海龙华国民党警备司令部,成为著名的"左联五烈士"(李伟森又名李求实,左翼工作人员,不是左联成员)。

1936年春,因为要组织抗日民族统一战线,"左联"在完成了自己的历史使命后宣布解散。

第二节 多种创作思潮综述

此时期虽然有各种不同政治派别和文学倾向的论争和论战,虽然有强大的左翼文学阵营的创作,但文学毕竟还是呈现出多元化态势,既有政治意念很强的左翼文学家;也有反对从属于政治,又反对文学的商业化,维护文学理想的自由主义作家,如京派;还有偏于追求商业化的所谓海派作家;更有一些作家虽然没有参加"左联",但他们的作品却以自己深刻、独到的体验,在非常深广的程度上反映社会现实,实现了思想性与艺术性的统一,他们被称为趋向民主进步的作家,比如巴金、老舍的小说和曹禺的戏剧创作。在众多的创作思潮中京派和海派是两个创作趋向大相径庭,并产生激烈论争的流派。

京派与海派的论战发生在二十世纪三十年代,人们也据此将三十年代的作家归为京派与海派两大阵营。而这场论战的发难者、第一个站出来抨击海派文人的沈从文,也自然被尊为京派作家的旗手和盟主。论争始于1933年,它实际上是一场京派作家向海派作家发起的讨伐运动,沈从文在《论中国创作小说》一文中提出了"海派"这一概念,并对海派作了明确的界定:"从民十六年,中国新文学由北平转到上海以后,一个不可避免的变迁,是在出版业中,为新出版物起了一种商业的竞卖。一切趣味的俯就,使中国新的文学,与为时稍前低级趣味的海派文学,有了许多混淆的机会,因此……创作的精神,是堕落了的。"沈从文在《论"海派"》一文指出:"妨害新文学健康发展,使文学本身软弱无力,使社会上一般人对于文学失去它必需的认识,且常歪曲文学的意义,又使若干正拟从事于文学的青年,不知务实努力,以为名士可慕,不努力写作却先去做作家,便都是这种海派风气的作祟。"海派文人苏汶则以《文人在上海》一文回应。这场论战一开始就是不对称的,京派居高临下、咄咄逼人,海派则自知理亏,有招架之功,无还手之力。

京派作家多是一些自由主义作家,他们在不脱离现实的前提下,更注重文学的艺术价值,追求文学人性的、永恒的魅力。朱光潜曾论道:"我坚信中国社会闹得如此之糟,不完全是制度的问题,是大半由于人心太坏。我坚信情感比理智重要,要洗刷人心,并非几句道德家言所可了事,一定要从'怡情养性'做起……要求人心净化,先要求人生美化。"① 在这派作家的创作中不乏成就卓著者,他们多是学者型的文人,陶醉于中国文化的博大精深,追求文学的独立与自由,反对文学的政治化、商业化,是文学的理想主义者。他们的主张和那个斗争激烈的时代似乎有些错位。但时过境迁,从今天的角度审视则凸显其文学审美的价值。

作为一个文学流派,京派作家没有固定的组织,只是一个自由松散的作家群体,包括小说家、理论家、诗人如沈从文、梁实秋、凌叔华、林徽因、萧乾、朱光潜、梁宗岱等等。他们以北京北总布胡同三号四合院梁思成与林徽因的家为主要活动场所,定期聚会,自由交流,切磋技艺,形成了良好的创作氛围,而这个"太太客厅"也就成为京派作家的文艺沙龙。京派作家也有相对固定的报刊作为发表作品的阵地。由沈从文主编的《大公报·文艺》,1934 年创刊;由郑振铎、靳以主编的《文学季刊》,1936 年创刊;由巴金、靳以主编的《文学月刊》和 1937 年创刊、由朱光潜主编的《文学杂志》都成为这个作家群发表作

---

① 朱光潜:《谈美·开场话》,转引自钱理群、温儒敏、吴福辉著《中国现代文学三十年》(修订本),北京大学出版社 1998 年版。

品的共同阵地,而《大公报·文艺》是其中起步最早、时间最长而又最具连续性的一面旗帜。

　　作为一个文学流派,京派是在特定的历史文化背景下形成的。北伐战争结束后,国民政府的首都迁至南京,南京成为中国的政治中心,故都北京不再是政治、军事的中心,只是一个纯粹的文化都市。随之而来的是大批文化人向南京、上海一带迁移,从而形成了自五四新文化运动以来最大规模的一次文人迁徙。而作为明清帝都和新文学发源地、经受了新文化运动洗礼的北京,在政治上,进而在文化上逐渐边缘化,但它毕竟具有极为丰厚的文化积淀,温柔敦厚的历史风气和五四新文化开放的传统都深深地在故都积淀着。这培养了京派作家宁静的创作心态和舒缓的笔致。迁都后仍有一部分作家留在北京从事文学创作,这样就使得京派的产生成为可能。因为远离政治、文化中心,使一批创作风格严谨的作家,能够以更平和的心态进入创作状态,并形成流派。此外,因为处于文化边缘地位,也就远离了尘世的喧嚣,反而促使他们甘于寂寞,与当时流行文学保持一定的距离,少了些政治功利性和商业气息,在艺术上精益求精,精神上追求独立,看重作品的思想价值和艺术价值。

　　京派作家由于身居文化古都,过着一种相对稳定、自由、闲散的学院生活,养成了从容矜持的传统学者风范和不偏不倚、不温不火的处世态度,力图超越急功近利的政治化、商业化的文学选择,专注于"纯正"文学趣味的培植,他们很容易认同和接受和谐、节制、恰当的古典主义审美原则。朱光潜把"和平静穆"标为诗的极境,还说他和梁实秋都倾向于古典主义,在做人和为文上都推崇"从心所欲不逾矩"的境界。京派作家的创作在题材上可分为:表现山水风景之美、风俗之美、人情之美的创作,如废名的《桥》、沈从文的《边城》;世态讽刺类作品,如废名的《莫须有先生》、沈从文的《八骏图》等。林徽因概括京派作品的共同特点是"趋向农村或少受教育分子或劳力者的生活描写",艺术风格表现为:"题材的新鲜,结构的完整,文字的流丽。"①

京派小说家中除沈从文显示出独特艺术魅力外,还有一些比较出色的作家。如废名小说集《桃园》、《枣》和长篇小说《桥》等作品,他善于用清淡而稍嫌滞涩的语言,描写具有牧歌风味的田园风光,描写平和淳朴的人性美,十分注重在作品中营造诗的意境,被公认为京派的重镇。师陀的小说集《谷》、《里门拾记》、《落日光》、《野鸟集》等,侧重表现农村的破败,呈现在他笔端的常常是旷野、荒村、炊烟,带有一种浓重的感伤和抒情色彩。萧乾1933年以第一篇小说《蚕》而进入京派文化圈,后来的主要作品还有《篱下集》、《栗子》、《小树叶》、《落日》、《梦之谷》等,他的小说有童年苦楚,有爱情的波折,既是忧郁、感伤的,又是健朗、有生气的。

海派是一个不像京派那么单一的创作群体,总体来看,人们将体现都市文化和商业色彩的各路作家都当作了海派,其中包括已成流派的现代派诗歌、新感觉派小说,以及无法归入何种流派的上海作家如张爱玲、苏青、予且、林微音、施济美、徐訏等,而忽略了他们在创作主张和艺术风格上的差异。若从艺术流派的角度加以考察,只有以施蛰存、刘呐鸥、穆时英、杜衡、戴望舒为代表的现代派,他们热衷于在都市生活中寻觅五光十色的美,热衷于表现商业文明的节奏和情绪,有同人刊物,真正体现了流派的特征。他们当中写小说的一群,便被称作新感觉派。

中国的新感觉派是在日本新感觉派的影响之下形成的。日本的川端康成、横光利一、片冈铁兵等作家"不愿意单纯描写外部现实,而是强调直觉,强调主观感受,力图把主观的感觉印象投进客体中去,以创造对事物的新的感受方法,创造所谓由智力构成的'新现实'。"②1928年9月,中国的新进作家刘呐鸥创办《无轨电车》半月刊,追求艺术形式的创新,显示了现代主义的倾向。刘呐鸥自小生长

---

① 林徽因:《文艺丛刊小说选题记》,《林徽因》,香港三联书店有限公司1990年版。
② 严家炎:《〈新感觉派小说选〉前言》,《新感觉派小说选》,人民文学出版社1985年5月版。

在日本,曾在东京青山学院专攻文学。二十世纪二十年代中期回国后,在上海震旦大学学习法文,结识了同班的杜衡、施蛰存和戴望舒,也将日本新感觉派的文学观念和创作方法引进了中国。"刘呐鸥极推崇弗里采的《艺术社会学》,但他最喜爱的却是描写大都会中色情生活的作品。……因为,用日本文艺界的话说,都是'新兴',都是'尖端'。共同的是创作方法或批评标准的推陈出新,个别的是思想倾向和社会意义的差异。"[①] 1929 年 9 月,施蛰存、刘呐鸥、戴望舒等又创办《新文艺》月刊,既带有无产阶级文学色彩,又带有新感觉主义倾向。刘呐鸥在该杂志上发表的八篇作品,后结集为《都市风景线》出版;施蛰存在该刊物上发表了《鸠摩罗什》、《将军底头》等作品;穆时英的《咱们的世界》等也发表在这个杂志上。1932 年 5 月,《现代》杂志创刊,这是一个开放性的有着明显的流派特征的文学月刊。它发表郁达夫、鲁迅、张天翼、茅盾等左翼作家的作品,更是象征派诗歌、新感觉派小说的主要阵地,穆时英的《公墓》、《上海的狐步舞》、刘呐鸥的《赤道下》、施蛰存的《四喜子底生意》等,都发表在《现代》月刊上。就是在上述三个刊物上,形成了以施蛰存、刘呐鸥、穆时英为骨干的、有浓重的现代主义色彩的新感觉派。他们以表现半殖民地都市的畸形生活为主要特色,少爷、寡妇、舞女、水手、姨太太、资本家、投机商、公司职员、各种小市民、流氓无产者等等都是他们笔下常见的人物。快速的节奏、跳跃的结构、对人物的病态心理的挖掘,都在描绘着一幅幅"都市风景线",使他们的创作迥异于新文学早期和当时一般左翼作家的表现领域,展现出新异的特点。

【内容小结】
1. 革命文学论争的基本史实。(理解)
2. 左联的性质及意义。(了解、掌握)

[①] 施蛰存:《最后一个老朋友——冯雪峰》,《新文学史料》,1983 年第 2 期。

3．多种创作思潮的特点。(了解)
4．京派和海派的主要区别。(了解、掌握)
【难点解析】
京派和海派论争以及它们各自的文化趋向是十分值得注意和思考的文化现象,探究它们各自的得失、优劣有其现实意义。
【学习检测】
　　名词解释:
1．左联
2．京派
3．新感觉派
　　问答题:
第二个十年基本的文学趋向有哪些?
【相关资料】
严家炎著《中国现代小说流派史》,人民文学出版社1988年版。

第二章 茅盾与左翼小说的贡献

【内容要点】
1. 茅盾生平简况及创作概况。
2. 茅盾作品《子夜》、《林家铺子》、《腐蚀》分析。
3. 部分左翼小说家创作概况。
4. 萧红小说《呼兰河传》的成就。

【学习建议】
茅盾著《子夜》、《林家铺子》,参见《中国新文学大系》(1927—1937)小说集六、小说集二,上海文艺出版社1984年版。
茅盾著《腐蚀》,四川人民出版社1981年版。
萧红著《呼兰河传》,黑龙江人民出版社1979年版。

【参考书目】
孙中田、查国华编《茅盾研究资料》(上)(中)(下),中国社会科学出版社1983年出版。
《茅盾论中国现代作家作品》,北京文学出版社1980年版。

【课件链接】
参考课件光盘(上)第二编 第二章、第三编 第四章

第一节 茅盾的小说创作

茅盾,原名沈德鸿,字雁冰,1896年7月4日出生于浙江省桐乡县乌镇一个中医家庭。少年时期受家庭开明教育的影响,不满于陈腐的封建教育,表现出反封建的叛逆精神。他1913年考入北京大学预科,因家境困窘无力升学,于1916年北大预科毕业后到商务印书

馆工作,初做校对后升为编译,开始了编书、翻译、写评论的生活。以后主编《小说月报》,参加文学研究会,为文学革命的理论建设作出过很大贡献。1921—1927年茅盾主要从事革命工作。1928年以后,由于形势严峻,躲避迫害而流亡日本,从此失去和党组织的联系。从这时开始,茅盾的主要精力转向文学创作,他始终站在进步和正义的一边,从事进步的文学事业。在左翼时期、抗战及解放战争时期,他都以一个革命作家的姿态站在时代的前列,如左联、文协,他都是积极的组织者,同时以大量的作品成功地反映了当时时代的风貌,不愧为一个革命的现实主义作家。

茅盾幼时生活在一个开明家庭,父亲沈永锡是个维新派人物,对孩子的教育很少陈规旧套。母亲陈爱珠也酷爱文史,茅盾曾回忆说母亲是他的第一位启蒙老师。茅盾读小学时,由于图画和书籍插图的吸引,使得他和小说的关系较之经史子集密切得多。那时在守旧人的眼里,小说之类被称为诲淫诲盗的"闲书",是不准孩子们看的,但茅盾却得到了明达的父母的允许,他小时看的第一部"闲书"就是《西游记》。另外,《三国演义》、《水浒传》、《聊斋志异》、《儒林外史》等都是他这一时期爱读的书。古典小说的大量阅读,不仅启迪了他的文思,而且在他文章的格调上也显露出影响来。他的国文老师对他作文的评语是"文思开展",但又担心地说"有点小说的调子,应该力戒!"后来他谈到自己的小说创作时说,他在写作技巧上是有传统小说的影响的,"如果有什么准备写小说的年青人要从我们旧小说堆里找点可以帮助他'艺术修养'的资料,那我就推荐《儒林外史》"。[①]

现代文学作家大都接受过外国文学作品的影响,茅盾也不例外,尤其在他主编《小说月报》期间有机会对西洋文学作进一步钻研。他除了每月经常综合报导一些国外文学简讯外,还著文介绍现代文学名家,广泛涉猎了国外著名小说家的创作。1936年在回忆他的小说创作时他说:"没有读过若干的前人的名著,——而且是读得很入迷,

---

① 茅盾:《谈我的研究》,孙中田、查国华编《茅盾研究资料》(上),第66页,中国社会科学出版社1983年版。

而忽然写起小说来,并且又写得很好的作家,大概世界上并不多罢。"
"我觉得我开始写小说时的凭藉还是以前读过的一些外国小说。我读得很杂。英国方面,我最多读的,是狄更斯和司各特;法国的是大仲马和莫伯桑、左拉;俄国的是托尔斯泰和契诃夫;另外就是一些弱小民族的作家了。这几位作家的重要作品,我常常隔开多少时后拿来再读一遍。"① 茅盾认为,写小说首先要研究的是人,"'人'——是我写小说时的第一目标"②,提出要观察生活,进行生活积累,除此之外要研究前人的名著以及累代相传的民间文学。

茅盾是左翼作家的代表,早在1920年茅盾就开始为中国早期宣传马克思主义的刊物《共产党》撰稿,并参加了"马克思主义研究会"的活动。1921年二三月间,他参加了上海共产主义小组,并参与筹备中国共产党的成立工作,同年7月转为正式党员,成为最早的党员之一。此后他以共产党员身份参加过"五卅运动",1926年到广州出席国民党第二次全国代表大会,并在毛泽东任代理部长的国民党中央宣传部做秘书工作,后又赴武汉任中央军事政治学校教官等职。汪精卫叛变后他被通缉,被迫流亡日本,从此和党组织失去联系,结束了直接参与革命活动的生涯,开始从事文学创作。在以后的生活道路上虽以非党员身份出现,但他始终在从事进步事业,为中国的文学事业作出了巨大的贡献。用他在临终前给中共中央信中的一句话来概括茅盾的一生最恰当不过——"为了共产主义的理想我追求奋斗了一生"。

茅盾作为一位作家和革命、和党的关系如此直接、紧密,这在现代文学的著名作家中可以说是少见的。茅盾的革命经历,他对马克思主义的研究,对共产主义的信仰都反映到他的创作上来,使他的小说创作在反映中国的社会现实方面达到了其他作家少有的高度,具有很强的历史认识价值。

---

① 茅盾:《谈我的研究》,孙中田、查国华编《茅盾研究资料》(上),第65页,中国社会科学出版社1983年版。
② 同上书,第64页。

茅盾最初的文艺活动,主要是从事文学评论和翻译,在这方面成就很大。大革命失败以后他转而从事小说创作。他的第一篇小说始于大革命失败后不久,1927年9月开始创作《蚀》三部曲的第一部《幻灭》,开始用笔名"茅盾"发表。几个月后又陆续完成第二、三部《动摇》、《追求》。这时期正如茅盾自己所说:"经验了动乱中国的最复杂的人生的一幕,终于感得了幻灭的悲哀,人生的矛盾,在消沉的心情下,孤寂的生活中,而尚受生活执著的支配,想要以我的生命力的余烬从别方面在这迷乱灰色的人生内发一星微光,于是我就开始创作了。"① 《蚀》三部曲就是在这种悲观、迷茫的心境之下写成的,它描写了大革命失败前后,小资产阶级知识分子的思想状况,塑造了多种类型的人物。茅盾初试小说创作就在人物形象的塑造上初显成绩。如《幻灭》中的女主人公章静,一个纯净、好幻想又有热情的青年,在经历了个人的不幸和革命的挫折后热情减退,揭示了小知识分子脆弱的一面。《动摇》中的男主人公方罗兰,在革命和反革命的大是大非面前动摇、妥协。胡国光,投机革命,两面三刀,想趁革命之机谋取私利。《追求》里塑造了想要教育救国的张曼青;爱情至上主义者王仲昭;有热情而无毅力,追求享受的章秋柳;怀疑派的代表史循等各色人物,比较全面地反映了动荡中国的社会现实,特别是知识分子阶层的状况。1929年茅盾还写了长篇小说《虹》,塑造了一个和《蚀》中有所不同的女性——梅,她倔强、勇敢,最后积极投身到反帝爱国的运动中去。茅盾的初期创作和他的革命经历密切相关,他忠实于自己熟悉的生活,使他的小说创作获得初步成果。

左联时期即1930年开始,茅盾的小说创作进入黄金时期,从技巧到思想都趋于成熟、深刻。1930—1931年,他创作了中篇小说《路》,反映在国民党的黑暗统治之下进步青年知识分子的思想历程。1931年他创作中篇小说《三人行》,塑造了三个不同类型的青年形象,指出青年只有奋而前行,不屈斗争,才能打破黑暗,迎来光明。

---

① 茅盾:《从牯岭到东京》,孙中田、查国华编《茅盾研究资料》,第2页,中国社会科学出版社1983年版。

1931年10月开始创作代表作《子夜》，1933年1月出版。1932—1933年，又陆续出版了短篇小说《林家铺子》、《春蚕》、《秋收》、《残冬》。二十世纪三十年代茅盾的小说创作硕果累累，显示了左翼文艺的实力。进入四十年代，1941年写出长篇日记体小说《腐蚀》，可称得上是后期代表作。1942年写有长篇小说《霜叶红似二月花》，1948年有长篇小说《锻炼》。综观茅盾的创作可以看出，他着眼于中国的社会现实，通过艺术的手段来探索中国革命的出路，艺术性、思想性很高。

《子夜》是公认的茅盾代表作，创作于1931年10月至1932年12月，以三十年代初的中国社会为背景。当时正是大革命失败以后国民党严酷统治的时期，可以说是中国社会处在最黑暗的时候，作品命名为"子夜"（深夜11时至1时）是暗示着黑暗过去会有光明。三十年代初的中国社会处在黑暗昏乱之中，据作者自己描述："《子夜》的时代背景是1930年春末夏初。这短短的时间内，有几件大事值得一提。第一，国民党内部争权的斗争，又一次爆发为内战。汪精卫、冯玉祥、阎锡山为一方，蒋介石为另一方，沿津浦铁路一带作战，其规模之大、战争之激烈，创造了国民党内战的纪录。老百姓遭殃自不待言，工商业也受到阻碍。第二，欧洲经济恐慌影响到当时中国的民族工业，一些以外销为主要业务的轻工业受到严重打击，濒于破产。第三，中国的民族资产阶级为了挽救自己，就加强了对工人的剥削。增加工作时间、减低工资，大批开除工人，成为普遍现象，这就引起了工人的猛烈反抗，罢工浪潮一时高涨。第四，处于三座大山残酷压迫下的农民，在共产党领导下武装起义，势已燎原。"[1]《子夜》一书艺术地、形象地反映了当时三十年代初中国社会的真实面貌。

在《子夜》里，茅盾通过塑造各种类型的艺术典型，主要揭示了三个内容：

（1）以赵伯韬为代表的金融买办资本家，在美国财团和蒋介石政

---

[1] 茅盾：《再来补充几句》，孙中田、查国华编《茅盾研究资料》（中），第85页，中国社会科学出版社1983年版。

府的支持下,企图控制、摧残中国民族工业的活动。

(2)以吴荪甫为代表的民族工业资本家为办企业,力图摆脱帝国主义和买办阶级的控制,面临双重矛盾:一是和买办资本家、帝国主义的矛盾;二是和工人的尖锐矛盾。作品揭示了吴荪甫在这两种矛盾的夹击之下走向破产的过程。

(3)共产党领导的工农斗争汹涌澎湃。

小说以民族资本家吴荪甫的活动为主线展开故事,着力刻画这一人物,吴荪甫是整部小说矛盾的焦点,作者在错综复杂的矛盾交织中,成功地表现了吴荪甫矛盾、复杂的性格。吴荪甫是一位富有魄力、敢作敢为、具有冒险精神的民族工业资本家,他曾游历过欧美,有丰富的办实业的经验,另外还有祖传下来加上自己发展的雄厚的财力基础,所以在发展民族工业方面他有很大的抱负,想成为二十世纪机械工业的王子。为了实现宏大的理想,他在各条战线上摆开阵势。首先在自己的家乡双桥镇兴办实业,大大小小十几个厂;在上海独立经营裕华丝厂,合伙办益中信托公司;吞并同行朱吟秋的丝厂以扩大自己的企业范围;为了扩充工业资本还冒险做公债买卖。然而,吴荪甫这位性格刚毅、强悍、极有自信力的民族资本家却处在动荡不定、矛盾纷呈的三十年代的大上海——一个典型的半殖民地半封建的环境中,在各种矛盾的夹击之下,他在各方面受挫。于是,吴荪甫性格中那种矛盾复杂性就突现出来,在他身上,刚毅、果决,犹豫、动摇,坚韧、自信,暴躁、颓丧,强悍、凶鸷,虚弱、无力,进步性和残酷性交织在一起。作品从各个方面揭示吴荪甫性格的多面性。在农村,乡下农民的暴动使他的财产、企业损失严重,这时从来胸有成竹的吴荪甫,第一次显出少有的不安和暴躁,对乡下来的听差大发雷霆。不久,理智又让他克制住自己,信心十足地把精力转到上海来。在城市,为了对付丝厂工人的罢工,他启用得力助手屠维岳,用阴险的手段加以扼制,当工潮再起时,他再也不想克制自己"猛的跳起来,像发疯的老虎似的咆哮着"①,极力主张用武力镇压,暴露出资本家为了自身的利益,不惜牺牲他人一切的残酷性。

对于背后有靠山、有实力的金融买办资本家赵伯韬,吴荪甫有胆力和他斗法,充分显示了他敢于冒险的魄力,最后不惜用自己全部资产作赌注在公债市场上和赵伯韬决一死战。但在决战时刻,吴荪甫内心却异常惶恐,失去常态,虚弱无力。在四面受挫时,他也会放下平常冷静、持重的绅士架子,去寻欢作乐,得到心理的一时满足,显出作为普通人的荒唐的一面。吴荪甫在家里是严厉的、无感情的一家之主,他对妻子无所谓爱,干涉弟妹的婚姻自由,一旦在外面遇到不顺心的事,就回家来发泄一通,表现了中国半封建半殖民地的特定社会环境下,封建地主家庭出身的民族资本家身上留存的根深蒂固的封建传统意识。吴荪甫在遇到事业、家庭的不如意时,也会不时感到作为人的孤独、渺小和无力,绝望时也曾经想要自杀。

总之,作者成功地塑造了一位充满矛盾、有着人间七情六欲的活生生的艺术形象。对吴荪甫矛盾性格的揭示,充分显示出中国民族资本家的几大突出特征:革命性——表现在反帝反封建方面,同时又有妥协、软弱性,以及特定历史阶段的某种反动特征——对工农的镇压。

吴荪甫是二十世纪三十年代中国民族资本家的典型。这一典型人物的塑造,对这个失败的英雄的悲剧命运的揭示,形象地表现了茅盾的创作意图。就吴荪甫这个人物讲,无论是才干、人格气质、风度都远远超过粗俗、鄙陋的赵伯韬之流,然而吴荪甫却惨败于赵伯韬之手,这不仅仅是个人的过失,其背后有无法抗拒的社会和历史的必然性。在吴荪甫面前面临的是占绝对优势的帝国主义和买办阶级的强大联盟,这个联盟不仅具有雄厚的经济实力,而且可以任意左右国家政权。赵伯韬和吴荪甫在金融界斗法,就是借助国民党财政部的权力,用非经济性的强制手段在公债市场上最后打垮了吴荪甫。所以,

---

① 茅盾:《子夜》,《中国新文学大系》(1927—1937),第八集,小说集六,上海文艺出版社1984年版。

在半殖民地的中国，民族资本家只有两条路，一条是失败，一条是买办化。吴荪甫的悲剧史可以说概括了中国民族工业的衰败史，从而生动地揭示出在三十年代中国没有走向资本主义的路而是更加半殖民地化了。

除了吴荪甫的形象外，茅盾还成功塑造了一系列人物形象，其中最突出的是屠维岳，这是一个机警、镇静、胆大、狷傲的年轻人，脸上总隐现着阴冷、自负的笑，从某种意义上讲，他是吴荪甫形象的补充。作为吴荪甫的得力干将，在平息罢工中，屠维岳显示了吴荪甫才有的镇静、自信、阴狠手辣。作为普通的工厂小职员，他第一次见顶头上司吴荪甫时就表现得非同一般。他丝毫没有畏怯的态度，眼睛闪着自然而机警的光，这种从容不迫和其他下属的奴颜卑膝、愚蠢无能，形成鲜明的对比，于是受到吴荪甫的器重。屠维岳一上任就处在各种矛盾的包围中，罢工风潮迭起，而善于审时度势的屠维岳则不慌不忙，先是打一派拉一派，稳固自己的地位，然后用反间计及各种手段制造矛盾，瓦解工人队伍，骗取女工的信任。另一方面则调动警察，准备镇压。在这种软硬兼施的压力下，工潮被一次次扼制下去。作者成功地塑造了一位个性非常突出的资本家鹰犬的形象。赵伯韬是买办资本家的典型，依仗洋人的势力，一手操纵公债市场，一手同军政界联系，是直接扼杀民族工业的凶手。他生活糜烂、腐朽，作者着力刻画了他狡猾、蛮横、狂妄的性格特征。杜竹斋是金融资本家，吴荪甫的姐夫，突出特点是"好利却又异常多疑"。为了个人的利益，他不问亲朋故旧，可以牺牲任何人的利益。所以，他办事情唯利是图、谨小慎微、见机行事。当吴荪甫和赵伯韬形成对峙局面时，他怕赵伯韬势力大，自己吃亏而激流勇退，从吴荪甫主办的益中公司抽走自己的二十万元资本，最后竟背叛吴荪甫，站到赵伯韬一边，可以说此举加速了吴荪甫做公债破产。朱吟秋，一个唯唯诺诺的愚笨的资本家的形象，他和吴荪甫同样经营丝厂，但处处显出无魄力，少手段，最后丝厂被吴荪甫吞并。

对封建地主形象也写得惟妙惟肖，吴老太爷是封建顽固守旧派地主阶级的典型代表，虔诚地供奉着宣扬道家因果报应、劝善惩恶的

《太上感应篇》,退避书斋想积德行善,不甘心向新派资本家儿子吴荪甫妥协。因为农村暴动,吴老太爷不得不从乡下逃到上海儿子家,可大都市灯红酒绿的世界,使他处处感到格格不入,精神受到极大刺激,突发脑溢血而死。他的死,象征着封建顽固势力在二十世纪三十年代的中国正在走向衰落和灭亡的历史趋势。曾沧海是吴荪甫的舅父,双桥镇有名的"老地头蛇",巧取豪夺,压榨农民,外号"曾剥皮"。他贪婪、吝啬、刻薄、狠毒,吴荪甫的厂在双桥镇陷入困境,他不但不帮忙,反而盘算扣住吴荪甫在乡下的现款。得知双桥镇农民要暴动的消息,他去向国民党新贵告密,想从中得到好处,谁知反倒死在暴动的乱枪之下。曾沧海是三十年代中国农村地主阶级恶势力的典型代表。冯云卿也是一个贪婪吝啬、荒淫无耻的土地主,但却以"笑面虎"的面目出现,颇会看风使舵。乡下大乱,他带着所有现款和小老婆以及十七岁的女儿一起逃到上海。一到上海,见做公债能发大财,于是拿着七八万的现款,到公债市场上撞大运,可运气不佳。他得知公债市场是赵伯韬在操纵,就唆使女儿去施美人计,虽然绞尽脑汁,最后还是失败。冯云卿是一个既有封建道德驯化,又满身铜臭的地主,作品成功地揭示出在金钱的诱惑面前,他所谓"诗礼传家"的封建训诫,不过是一层虚伪的面纱,他的灵魂是卑陋的,在三十年代的中国,这样的土地主只会有悲剧的结局。

《子夜》对形态各异的知识分子形象也进行了描摹。知识分子虽不是《子夜》的主要角色,但简单的勾勒,却也生动地反映出三十年代初上海某些知识分子的面貌。如林佩瑶是一个生活优越、精神空虚的资产阶级少妇,青年时读过不少外国小说,受到过个性解放思潮的鼓动,曾和曾参谋恋爱,最后却做了吴少奶奶。她虽怀恋旧情,却不愿放弃安逸的生活,内心是空虚的、矛盾的。除此以外,还写了诗人范博文、林佩瑶的妹妹林佩珊等空虚无聊的小知识分子。还有一批资本家的代理人,如经济学家李玉亭,为自己的利益趋炎附势。另外,《子夜》还成功地描写了交际花的生活、工厂黄色工会的活动等等,真实地描画出了中国近代资产阶级都市生活的全景。

《子夜》在错综复杂的矛盾冲突中塑造了各阶层形态各异的人物

形象，可以说在最广的程度上概括了三十年代初社会生活的全貌，展示了时代风云的变幻，大到政治舞台上的纠葛，军阀间的混战，工农革命斗争，再到工业巨头的竞争，金融公债市场上的火并，小到资产阶级家庭内部的冲突，可以说从政治、军事、经济、伦理道德、爱情婚姻诸方面概括了社会现实生活。通过对民族工业的衰败、民族资本家悲剧命运必然性的揭示，生动形象地表达了作者对中国现实出路的深层认识，即中国没有走上资本主义的道路，而是更加殖民地化了。

茅盾的《子夜》表现出成熟的写作技巧，结构庞大、曲折、复杂，具有史诗般的规模。内容上，作者力图要反映动荡的社会生活的全貌，为了充分表现这一点，作者把众多的人物放到多重的矛盾冲突中，采用多条线索交织进行的宏大、复杂的结构。第一章序幕，吴老太爷到沪，透露出时代的气息，让主要人物吴荪甫亮相。第二章，借吴老太爷的葬礼，集中主要人物和情节线索，把当时的社会形势，各主要人物的性格、背景加以初步介绍，发丧的气氛和工业萧条的社会氛围形成很好的映衬。第三章到结尾，开始围绕赵伯韬和吴荪甫的主要结构线索展开，其间还穿插许多小的结构线索，比如农村的暴动，工人的罢工，青年男女的爱情纠葛，其他小资本家、小地主的不同命运等等，情节安排跌宕有致。

在刻画人物上，以陪衬对比的方法，使人物性格更鲜明生动。比如吴荪甫和赵伯韬斗法，显示出吴荪甫的倔强大胆；吴荪甫和屠维岳两者之间相互补充，相得益彰；吴荪甫和朱吟秋的对比，显示出吴荪甫搞企业的魄力；吴荪甫和杜竹斋的对比表现出他的冒险和果敢精神。

作者善于把人物放到广阔的社会背景和尖锐的矛盾冲突中加以表现，从而使人物性格的各个侧面得以强化。比如对吴荪甫复杂性格的揭示，对屠维岳性格两面性的刻画等等。小说语言细致、缜密，近乎工笔画式的精雕细刻，表现力很强。比如写吴荪甫"紫酱色的一张方脸，浓眉毛，圆眼睛，脸上有许多小疱"，发怒时"脸上的紫疱一个一个都冒出热气来",简洁生动地突显出人物的性格特征。①

除《子夜》外,茅盾的短篇小说以容量大,深刻、生动地展现时代面貌见长,人物形象栩栩如生,具有浓郁的地方色彩。其中《林家铺子》、《春蚕》是成功之作。这两部短篇小说和《子夜》写于同一年,是作者大规模描写中国社会现象的一个组成部分。如果说《子夜》偏重于都市生活的描写,那么《林家铺子》、《春蚕》则分别描写了小城镇和农村生活。从某种意义上讲,这两个短篇可以说是对《子夜》来不及接触和未能展开的小城镇和农村生活的补充描写。

两部小说都以1932年"一二八抗战"后的动乱生活为背景。《林家铺子》通过江南一个小镇中精明能干的林老板经营小百货店,几经挣扎终于避免不了破产的悲剧,揭示了日本侵华战争给中国普通老百姓所造成的灾难,痛斥了国民党政府利用战争巧立名目、横征暴敛以及地方官恣意横行、无恶不作的罪行,揭示了在这种动荡的社会背景下,农村经济崩溃、农民购买力低下、同行互相倾轧的社会现实,林老板的悲剧是二十世纪三十年代民族工商业者的共同命运。

小说着力刻画了林老板的形象。林老板是一个安分守己又聪明肯干的人,但他生活在一个动荡不安的年代,当时日本帝国主义开始侵犯中国,上海爆发了"一二八抗战",农村经济凋敝,政府捐税重重,林老板就是在这种四面危机中,挣扎着做生意。为了使林家铺子免于倒闭,他想尽方法应付。在四处抵制东洋货的时候,为了不亏本,他不得不花四百元钱到党部去贿赂、通融,终于使他能换掉日本商标,继续做买卖。到年关时他不惜血本,九折出售商品,但做这亏本的买卖就像割林老板的肉一样,但却被逼无奈,不得不做。上海收账的客人催逼货款,他硬着头皮去钱庄借款,碰了一鼻子灰,加上镇上贪官污吏的敲诈,同行的中伤,逼得林老板走投无路。当镇上的卜局长要娶他女儿林小姐,妻子林大娘抵死不肯时,林老板无奈,只好坐等灾祸降临。镇上谣言四起,说林老板要携款逃走,林老板被拘留,

---

① 茅盾:《子夜》,《中国新文学大系》(1927—1937),第八集,小说集六,上海文艺出版社1984年版。

其实是有权势的官商联合起来敲诈他,林老板无力和他们抗衡,只好自认倒霉。当家里花钱保他出来后,林老板已是元气大伤,最后只好带着女儿逃走。林家铺子终于挣扎不起倒闭了。

林老板是一个典型的中国小商人,他受到官绅的压榨,为了生存他也不得不做一些不义之事,比如卖东洋货等,有令人同情的一面;另一方面,他也坑害了一些比他更弱小的人,比如朱三太、张寡妇等,为了自己他一走了之而不顾穷人的死活,也有值得批判的一面。总之,林老板这个人物是在二十世纪三十年代,国民党的黑暗统治、帝国主义的入侵之下,在民生凋敝的旧中国出现的一类小商人,他的命运真实而深刻地反映了三十年代中国社会的现实。

《春蚕》通过对老通宝一家辛勤劳作挣得蚕茧丰收,结果却负了更多的债,揭示了农村经济的破产。在同时期描写农村"丰收成灾"的作品中,《春蚕》在揭示农村破产的原因上有其深刻性,他在揭示农村高利贷盘剥的同时,更尖锐地揭示了帝国主义侵略的罪行。正是国民党政府依附帝国主义势力,使民族工商业无力与外国的经济侵略抗争,使民族工商业凋零,致使像老通宝这样的农民生产的工业原料失去销路,造成他们破产。

三十年代是茅盾小说创作的黄金时期,从长篇小说到短篇小说的成功,充分显示了左翼文学创作的成就,《子夜》也成为公认的社会剖析派小说的典范之作,在现代文学史上地位显著。

第二节 部分左翼小说家的创作

1930年3月2日中国左翼作家联盟的成立为革命文学的发展做了大量的工作,其中最显著的成绩就是培养、扶持了大批青年作者,出现了许多有新意的作品,尤其在短篇小说创作方面出现了许多有成绩的左翼作家,充实、丰富了左翼文学的创作。

这一时期的青年作家首推张天翼。张天翼,1906年出生在湖南湘乡,父亲是教员,张天翼从小随父亲到过很多地方,接触的现实生活面比较广。他当过职员、记者,这些丰富的生活经历为他的创作奠定了丰富的生活基础。张天翼的创作从数量到题材都很丰富。1929年他的处女作《三天半的梦》发表在鲁迅主编的《奔流》月刊第1卷第10期上，此后他创作了大量的短篇小说，出版了《从空虚到充实》、《小彼得》、《蜜蜂》、《反攻》、《移行》、《团员》、《畸人集》等大量的短篇小说集和中、长篇小说以及童话、寓言、文艺评论等多种创作。张天翼的创作题材也比较广泛，有反映小市民生活的，有表现知识分子心态的，也有直接反映封建地主残害农民的，还有生动活泼、饶有兴味的童话作品。其中写得最多也最成功的是描写小市民灰色人生和对部分知识分子庸俗虚伪、矛盾可笑心态的小说。比如《皮带》中的炳生先生，仗着是梁处长的表弟，就梦想当官挂斜皮带，谁想到他刚当上少尉司书，就因为梁处长被调换而被解雇。在《稀松的恋爱故事》中的罗缪和朱列谈了两个月的恋爱，只留下这样的记录："猪股癫糖一百三十四盒、甜酒两打又三瓶……看电影每周四次，抒情诗六十九首"，这些小资产阶级知识分子沉醉于庸俗无聊的生活之中，玩着恋爱的把戏，消磨时光。张天翼用他特有的明快、犀利的笔调，剖露出三十年代某些落后于时代的知识分子龌龊、丑陋灵魂的一隅。

在描写小市民题材的作品中，最深刻的要算《包氏父子》。小说写了一个当了三十年老听差的小市民老包，一心望子成龙、含辛茹苦、委曲求全供儿子上洋学堂，结果腐败的社会吞噬了他的儿子，也吞噬了他的希望，美梦变成了一场噩梦。作者用极富个性色彩的语言和动作描写惟妙惟肖地刻画出了一心想向上爬的小市民卑微的心理状态。老包为了实现日后让儿子做官发财的梦想，甘愿忍受一切凌辱。他到银行、学校去苦苦哀求免交制服费，老着脸皮拖欠债务，在家里他也宁愿失去做父亲的尊严，对儿子的要求唯命是从。比如去给儿子偷他买不起的头油以满足儿子的物质需求，为了儿子的前程，他甘愿受屈辱而不以为苦。作品通过许多细节描写表现了这位既善良又愚昧、无知、麻木的城市小市民的畸形心理。作者还采用漫画式的描写手法写出媚态十足、中分头、既卑又亢的小包的形象。他在富家子弟同学郭纯面前卑微到令人厌恶，郭纯多瞥他一眼，他都会高兴得眉飞色舞，什么坏事都愿意替他做，完全丧失了人格尊严，而在父亲老包的面前却逞凶、霸道。张天翼用讽刺的笔调,写出了一幕小市民在社会中挣扎着向上爬的悲喜剧。

由于张天翼小说成功地运用了讽刺手法,在文学史上常把他的小说称为讽刺小说。他的讽刺艺术具有自己独到的特色,文笔明快,往往几笔、几句话、几个细节和动作,就能勾勒出人物的性格面貌,生动传神。他的讽刺艺术不似鲁迅讽刺的幽长、深远。他的笔调表现得更激愤、夸张、辛辣。他对人物的种种丑相极尽描写,挖掘的是恶,使人感到他蔑视旧世界的尖刻与锋芒。

丁玲是左翼文坛上著名的女作家,1904年生于湖南临澧县的一个封建世家,从小丧父,她从母亲那里接受了反封建的民主主义思想的熏陶。五四运动时他接受了新思想的影响,一直站在时代的前列。1928年在上海,她参加了以鲁迅为中心的左翼作家群,同时投身学生运动,1931年在丈夫胡也频被国民党杀害后,她毅然加入了中国共产党,成为一名真正的革命作家。1927年丁玲发表了她的处女作《梦珂》,此后又发表了多篇中、短篇小说如《莎菲女士的日记》、《韦护》、《水》、《母亲》等。

这一时期影响较大的是《莎菲女士的日记》,这是一部日记体的中篇小说,展示了一个二十世纪三十年代的年轻女性复杂的情感世界。莎菲是一个极有个性的女性,她坚毅、自尊、敏感、脆弱,内心情感体验异常丰富,她憧憬美好的、真正的爱情和友谊,苦苦地追寻着爱的真谛,但是她得到的却总是廉价的爱,绝望之中,病弱的莎菲只有叹息……丁玲在这篇小说中成功地运用了日记体的抒写形式,对主人公莎菲的内心世界作了细致而深刻的剖析。日记体小说能够打破叙述语言、描写语言、抒情语言的界线,主人公对一件事情的观感、幻想、疑问都能同时显露出来,既可以写出人物隐秘的内心世界,又可以直抒胸臆,比如作者这样描写:"莎菲生活在世上,所要人们的了解她体会她的心太热烈太恳切了,所以长远的沉溺在失望的苦恼中,但除了自己,谁能够知道她所流出的眼泪的分量?"[①] 这些都是莎菲

---

① 中国现代作家选集《丁玲》,第37页,人民文学出版社1987年版。

心灵深处的呼声,感情挚烈,打动人心。莎菲内心深处的孤独、寂寞、缺乏知音的苦闷心境,通过这样的心理剖白表现得非常细致入微。另外,丁玲还注意表现人物心理的变化和矛盾复杂的心理现象。比如对和凌吉士邂逅、接近、爱慕、倾心以致狂热、迷醉的描写,当看到凌吉士内心深处的污浊时,莎菲又痛苦地徘徊,作者生动、逼真、细腻地揭示莎菲心理过程的复杂和微妙之处。对苇弟的感情矛盾也描写得真实自然。苇弟老实、善良,却不能真正理解莎菲的心,莎菲对他只有怜悯而没有爱情,她常常在捉弄了老实的苇弟之后就自我忏悔。莎菲对她身边的这两个男性表现出非常复杂而不由自主的情感,对凌吉士是自知他不值得爱却不能自拔,对苇弟是明明知道他是一个好人却爱不起来。这种多层次表现人物的复杂心灵世界的手法,就使莎菲这个人物形象鲜活、丰满起来,富有感染力。

《莎菲女士的日记》表现的是五四退潮和大革命失败以后那个混乱的时代,当时知识分子开始分化,其中一部分转向对自我内心世界的审视和思考,表现出惶惑、苦闷和消沉的情绪,有的沉溺于爱情,希望从理想的爱情追求中摆脱时代的重压。《莎菲女士的日记》让读者窥探出那个时代一个小资产阶级女性内心世界的隐蔽和曲折之处,写出了一个具有叛逆性格的女性莎菲在探索真善美的爱的真谛的过程中内心的渴望、痛苦、矛盾及理想爱情幻灭的苦闷,从一个侧面反映了时代的阴影——五四以后在初步解决了恋爱、婚姻自由的问题之后,对爱这一人生命题更深刻的思考,即什么是真正的爱,莎菲追求的是一种真正被理解的爱。丁玲的《莎菲女士的日记》虽然没有鲁迅《伤逝》的深刻,但也写出了作为女性作家特有的别致风格。丁玲是三十年代非常有特色的女作家,她很少有女性作家写作上惯用的幽婉的笔致,比如冰心的自然清新,淦女士(冯沅君)的缠绵悱恻,卢隐的幽婉哀怨,丁玲是以全新的面貌显示了左翼作家的特点,她感情炽热、大胆泼辣,笔致痛快淋漓又不乏女性的细腻并赋有哲理意蕴。

艾芜是左翼文坛上一位具有传奇色彩的作家。艾芜,原名汤道耕,笔名刘明、吴岩、汤爱吾,1904年出生在四川省新繁县一个乡村小学教师的家庭。1921年考入成都省立第一师范学校,1925年因不满学校守旧的教育和反抗旧式婚姻而离家出走,怀着"劳工神圣"的信念,决心凭自己的双手到社会上闯荡出一条路来。此后他在云南边境、缅甸和马来亚等地漂泊,在社会底层过着自食其力的贫困生活,他当过小学教师、杂役和报纸编辑。1931年被英国殖民当局驱逐回国到了上海,1932年加入中国左翼作家联盟,开始发表小说。在上海期间出版有短篇小说集《南国之夜》、《南行记》、《山中牧歌》、《夜景》和中篇小说《春天》、《芭蕉谷》以及散文集《漂泊杂记》等。作品大都反映西南边疆和缅甸等底层人民的苦难生活及其自发的反抗斗争,开拓了新文学创作的题材领域。他描写传奇性的故事,具有特异性格的人物和边地迷人的绮丽风光,使作品充溢着抒情气息和浪漫情调。

《南行记》是这一时期的代表作,是以他漂泊经历为素材写成的,首篇《人生哲学的一课》用第一人称的写法叙述了"我"漂泊到大都市昆明的几段经历,小说通过"卖草鞋碰了壁"、"拉黄包车也不成"、"鞋子又给人偷去了"几个生活片段写出"我"的窘困境遇。但"我"并没有因此而颓丧,从作者诙谐的叙述中透出艾芜对生命执著的精神,表现了一位性格坚毅的人在黑暗社会中乐观奋斗的信念。作品以细致传神的文笔,边叙述、边议论,非常自然顺畅。"在这离开故乡四五千里的陌生都市里,我像被人类抛弃的垃圾一样了。成天就只同饥饿做了朋友,在各街各巷寂寞地巡游。我心里没有悲哀,眼中也没有泪。只是每一条骨髓中,每一根血管里,每一颗细胞内,都燃烧着一个原始的单纯的念头:我要活下去! 就是有时饥饿把人弄到头昏脑涨浑身发出虚汗的那一刻儿,昏黑的眼前,恍惚间看见了自己的生命,仿佛檐头一根软弱的蛛丝,快要给向晚的秋风吹断了的光景,我也这样强烈地想着:至少我得明天再看见鲜朗的太阳,晴美的秋空的。"[1]

《山峡中》是一篇技巧更趋圆熟的作品。小说描写了一群被残酷的生活逼得走上合伙偷窃道路的农民,他们劫富是为了救自己,他们

---

[1] 艾芜:《南行记》,第20页,人民文学出版社1980年版。

用这种畸形的手段去对抗不合理的社会,一个个都变成了铁石心肠。作者着重描写了这样一个情节,一个老实的农民小黑牛被迫加入团伙,因偷窃被打得遍体鳞伤,他不愿再过这种悲惨的生活,他想回家,团伙的头儿却因怕他走漏风声,在黑夜中把这个他们认为懦弱的人投到滔滔的江水之中。在《山峡中》作者为我们展现了一般人所不熟悉的生活天地和人物性格。这群底层的人被生活逼得只懂得"懦弱的人,一辈子只有给人踏着过日子",所以他们个个性格粗蛮,就连"老头子"的女儿野猫子也是如此,但他们又不乏农民原始的朴实和侠气。作者以第一人称的写法,把我加入团伙后的所见、所思融合着凄厉的夜色、咆哮的江水、在狂涛中飘摇的铁索桥一起描写,情景相融,气氛逼人,作品的基调似那滚滚的江水,有怒吼,也有呜咽。

　　艾芜小说的语言透着一种阳刚之气,在浑宏的气势中透现着缕缕悲恸,呈现出粗犷的悲剧美。他以自己小说特有的题材开拓了中国现代文学反映现实社会的新领域,同时因为他所特有的乐观精神和作品表现的粗犷美充实了三十年代左翼文学的创作。

　　张天翼、丁玲、艾芜等作家的小说创作以其技巧的娴熟、语言的精致,以各具特色的艺术成就率先纠正了革命文学倡导初期思想上革命的罗曼蒂克的情调和艺术上公式化、概念化的倾向,使左翼文学在早期呈现出了一种新的面貌。

　　稍晚在左翼文学阵营中又出现了一批新人、新作,包括叶紫、丘东平、吴组缃、罗淑、周文和"东北作家群"的诸多作家。他们的作品都直接反映了三十年代的阶级斗争和民族斗争,在创作题材上为读者展现了一个新的世界,极大地丰富了革命文学的表现领域。叶紫的创作代表了这类题材的新成就。叶紫,原名俞鹤林,1912 年出生在湖南长沙一个革命家庭,他的叔父是益阳县农运的主要领导人,父亲、姐姐也都是革命者,1927 年惨遭杀害。叶紫从小就和农民革命有着血肉联系,国仇家恨在心中积蓄。十五岁他为了躲避敌人的迫害被迫过起了流浪生活。从乡村到城市,叶紫更广泛地接触了社会底层的人民,对农民的悲惨命运有了深切的了解,也成为他创作的源泉。三十年代他到上海和地下党取得了联系结束了流浪生活,1932

年加入左联并入党,他以一个左翼作家的姿态开始了革命文学的创作直到1939年病逝。叶紫出版有短篇小说集《丰收》、《山村一夜》,中篇小说《星》,还有一部未完成的长篇《太阳从西边出来》。叶紫的作品内容上大都是正面反映阶级斗争的重大题材,以大革命期间和三十年代农村革命运动为背景,写出了国内革命战争时期的军事斗争和农村阶级关系的动荡。比如《电网外》通过一个老实、纯朴的农民的惨痛教训和觉醒过程,反映了三十年代红军和国民党军队在军事上的斗争,写出了两种军队对人民群众两种不同的作风。《向导》写了一位乡村妇女怀着深仇大恨,以大无畏的牺牲精神和敌人同归于尽,较成功地塑造了一个革命母亲的英雄形象,在三十年代的文学画廊中是少见的。《丰收》描写了三十年代普遍存在的"谷贱伤农"、"丰收成灾"的怪现象和农民的苦难生活,成功塑造了老一辈农民云普叔和新一代起来革命的农民立秋的形象。在左翼作家中叶紫小说的内容是非常独特的,就像鲁迅先生在《丰收》集序中所评价的叶紫"是属于别一世界"的。

在二十世纪三四十年代左翼作家中还有一个独特的作家群体就是东北作家群。自从1931年"九一八事变"东北沦陷后,东北的年轻作家们开始用自己手中的笔,表现灾难深重的黑土地上的沧桑变化与人民不屈的民族性格和反抗意志。这些东北作家虽然在流亡的生活中所处的环境不同,生活经历各异,但作为东北人失去家园、背井离乡的深切体验是相通的。所以无论是流亡上海的穆木天、李辉英,滞留北平的端木蕻良、马加等,还是前期"哈尔滨作家群"中的萧军、萧红、舒群、白朗、塞克等,都始终追寻着时代的脚步,从各自的生命体验出发,反映现实人生,反映抗战大时代的脉动。在创作上,以1935年萧军、萧红在上海出版描写抗战题材的小说《八月的乡村》和《生死场》为标志,确立了东北流亡作家在文坛上的地位,并产生很大影响,也成为当时左翼文学创作的重要一翼。

萧军,原名刘鸿霖,1907年出生在辽宁义县,创作有短篇小说集《羊》、《江上》,长篇小说《第三代》。《八月的乡村》是萧军的第一部长篇小说,完成于1934年,1935年由鲁迅编入奴隶丛书出版。小说以

"九一八事变"为背景,描写了一支由共产党领导的人民革命军由小到大、从弱到强的壮大过程以及他们与敌伪军队、汉奸地主战斗的经历,刻画了来自各阶层的队员形象,比如农民出身的唐老疙瘩、李七嫂在残酷的现实面前自发的觉醒和朦胧的反抗意识,知识分子出身的萧明和安娜在革命和恋爱上的矛盾心理,胡子出身的铁鹰队长的果敢以及队员之间不同思想的矛盾,真实地反映了东北人民的抗日斗争。萧军凭着一个东北流亡青年的热血写出了这部小说,字里行间都洋溢着战斗的激情和对敌人的憎恨,在文学创作上吹响了第一声抗日的号角。但小说艺术上不够成熟,结构显得松散而没有章法,文字也比较粗糙,人物形象塑造得不够丰满。鲁迅在《八月的乡村》序中对萧军的这部小说作出了十分中肯的评价:"这《八月的乡村》,即是很好的一部,虽然有些近乎短篇的连续,结构和描写人物的手段,也不能比法捷耶夫的《毁灭》,然而严肃,紧张,作者的心血和失去的天空,土地,受难的人民,以至失去的茂草,高粱,蝈蝈,蚊子,搅成一团,鲜红的在读者眼前展开,显示着中国的一份和全部,现在和未来,死路与活路。"①

在东北作家群中在艺术表现上最突出、最有才华的是女作家萧红。萧红,本名张乃莹,1911年初夏出生于黑龙江省呼兰河县县城内一个乡绅地主家庭。萧红是张家的长女,由于传统的重男轻女观念,萧红的亲生父母及以后的继母从来对她冷眼相待,刻薄的祖母也对天真活泼的孙女恶言恶语,只有仁慈宽厚的祖父张维桢给萧红的童年带来了莫大的温暖,成为她的保护人。萧红从善良的祖父那里懂得了同情、爱,她同情下层劳动者,热爱美丽的大自然,同时知书达理的祖父使萧红从小就受到了中国古典诗词的熏染。也是在祖父的支持下,1925年萧红进入了呼兰县南岗小学,1925年她上了县立第一女子高小,1927年8月考进了哈尔滨东省特区区立第一女子中学,开始了崭新的生活。在这里她接触了五四以来的新思想、新文学

---

① 鲁迅:《田军作〈八月的乡村〉序》,《鲁迅全集》第六卷,第287页,人民文学出版社1981年版。

作品,开始逐渐培养起对文学的兴趣,并初露写作才华,她的散文常在学校壁报上出现。中学毕业后,为了逃避包办婚姻,萧红毅然离开家庭,开始了一个弱女子在社会上的漂泊生活,历尽坎坷。

1932年冬末,在萧军、舒群等哈尔滨左翼文艺界朋友的鼓励之下,应当地著名的左倾《国际协报》文艺副刊征文之约,萧红写出了处女作《王阿嫂的死》。1933年以悄吟的笔名与萧军合著短篇小说集《跋涉》。1934年到上海结识了鲁迅,在鲁迅的帮助下出版了她的成名作长篇小说《生死场》,以后又陆续发表了《手》、《牛车上》、《商市街》等作品。1940年为了躲避战乱到了香港,1941年在香港最后写完了《呼兰河传》,出版了长篇小说《马伯乐》上卷,也完成了下卷,但原稿不幸被人遗失。萧红的最后一部作品是短篇小说《小城三月》。

1942年1月22日,萧红在孤独、寂寞、痛苦中病逝于香港,年仅三十一岁。从1932—1942年不足十年的时间里,萧红创作的小说、散文、杂感近一百多万字。她是二十世纪三十年代一位极有文学天赋的女作家,她过早的去世,对中国文坛无疑是一个不小的损失。

萧红的成名作《生死场》,以哈尔滨附近一个偏僻的村庄为背景,反映了"九一八事变"前后东北农民的苦难和抗争。小说的前半部分描写了"九一八事变"前东北农民贫困、麻木的生活。他们日复一日、年复一年地进行着人类生老病死的轮回,物质上的穷困和精神上的愚昧构成了北方农村一幅凄惨的具有原始意味的生活图景。他们"蚁子似地生活着,糊糊涂涂地生殖,乱七八糟地死亡,用自己的血汗、自己的生命肥沃了大地,种出食粮,养出畜类,勤勤苦苦地蠕动在自然的暴君和两只脚的暴君的威力下面"。①

小说的后半部主要是写了"九一八事变"日军侵占东三省后这个古老村庄的变化。这些世世代代为生存而艰苦挣扎的农民,在日军的暴行下也开始觉醒,连一向沉默寡言的赵三都说出这样的话:"我是中国人! ……我要中国旗子,我不当亡国奴,生是中国人,死是中

---

① 胡风:《〈生死场〉后记》,《胡风全集》第二卷,第431页,湖北人民出版社1999年版。

国鬼……"①农民们,特别是年轻人开始自发组织起来与日军对抗,他们宁愿站着死,不愿跪着生。"这些蚁子一样的愚夫愚妇们就悲壮地站上了神圣的民族战争的前线。蚁子似地为死而生的他们现在是巨人似地为生而死了。"②

　　作者在小说中还穿插描写了东北农村古朴的风习和乡村的景色,生动逼真地写了农民们对一匹马、一头牛、一只羊的淳朴感情,非常富有人情味儿。比如"老马走进屠宰场"一节,王婆对老马难舍难分的感情,生动地描绘出了"九一八"前东北农民真实的生活图景。《生死场》真切地描写了北方驯顺的农民民族意识的觉醒和抗日斗争,成为那个年代最早反映抗日斗争的作品之一,具有很高的历史认识价值,在那个时代的读者中也产生了深远的影响。但就文学作品本身的价值而言,《生死场》还是比较幼稚的。作为一部中篇小说,在结构安排上比较松散,作品每一节所描绘的生活画面缺乏一个中心线索的贯穿。对人物的塑造缺乏更进一步的综合加工,人物性格不丰满。但作为一部最早的真实反映北方农民抗战斗争的小说,《生死场》在现代文学史上应该占有一席之地。同时这部小说也不乏精彩的片断,比如对北方农村景物的描写,对农民纯朴感情的描绘,都预示着萧红在创作上的巨大潜力。"在这里,我们看到了女性的纤细的感觉,也看到了非女性的雄迈的胸境。"③

　　《呼兰河传》是萧红的代表作,初稿完成于1939年的重庆,1941年在香港最后定稿,是一部艺术上最能代表萧红风格和成就的长篇小说。在《呼兰河传》里作者用非常纯朴的语言叙述了她的故乡东北的一个小县城——呼兰河小城的故事。写了小城的地理环境、风土民情;冰天雪地、冷清的小街上卖馒头的吆喝声;东二道街上的"大泥坑"、"扎彩铺"里的各种花样;每年一度的唱秧歌、放河灯、野台子戏、四月十八娘娘庙大会,以及颇能吸引人的跳大神儿等场面。萧红从

---

① 萧红:《生死场》,《萧红全集》(上),第125页,哈尔滨出版社1991年版。
② 胡风:《〈生死场〉后记》,《胡风全集》第二卷,第432页,湖北人民出版社1999年版。
③ 同上。

小城里的事,再写到小城里的人,"我"的家以及"我"所熟悉的人。"我"任性、天真、快乐的童年;宽厚、善解人意的祖父;后花园、狗尾巴草、神奇的储藏室;邻居家团圆媳妇的悲剧故事;老仆人有二伯的憨直性格;后院磨官冯歪嘴子的生活遭遇等等。

《呼兰河传》不同于一般意义上的小说,它没有一个集中的故事情节线索,也没有一个集中的人物,作者只是客观地叙述了呼兰河小城中她所熟悉的环境、人和事,然而就是在这看似平淡的叙述中却蕴涵着丰富复杂、令人深思、耐人寻味的内容。概括地说就是表现了中国人的国民性,或者说揭示出了国民劣根性。改造中国的国民劣根性是鲁迅作品的重要主题之一,如《阿Q正传》深刻地剖露了中国人身上许多顽固的劣根性,那种精神上的愚昧、麻木状态以及种种具体表现,都凝聚在对人物形象的成功塑造中。而萧红则以女性细腻、敏锐的观察和深切、不凡的体验,通过对某一事件的具体叙述来表现深刻的文化蕴涵。

如对"大泥坑"的描写:作品开始写呼兰县城的景物时用了大量的篇幅,描写了城中心东二道街上的一个深五六尺的大泥坑,这个大泥坑给交通带来很多不便,经常淹死马、猪、鸡、鸭等等,但谁也想不到要填上它,而让它年复一年地泛滥,倒是大泥坑里面发生的许多事情给小城的人民提供了说长道短、借以消遣的资料(如大家一起拉陷在泥坑中的马车,自欺欺人地吃瘟猪肉等)。"大泥坑"虽然普通,却具有深刻的象征意义,旧的传统意识千百年来束缚着、吞噬着人们,但他们却都安于现状,不思改变,甚至自欺欺人,把痛苦说成快乐。

这一寓意在团圆媳妇(童养媳)身上也有具体的表现。老胡家的团圆媳妇是个十二岁天真、活泼、大方的小姑娘,但就是因为她过门时见人不怕羞,头一天到婆家就吃三碗饭,个子又高,不像个团圆媳妇,于是她婆婆就开始用棍棒教训她,想让她变得像个守规矩的团圆媳妇,于是整整打了一个月。在团圆媳妇奄奄一息时,又花很多钱给她跳大神。她婆婆和周围的人都认为这是为她好,打她是想让她成规矩,花了那么多钱救她,她还是死了,那是她的命不好。善良人冷漠的残酷,让一位天真活泼的小姑娘惨死,可爱而宝贵的年轻生命就这样死于亲人的愚昧之手,令人触目惊心!作品真切地再现了鲁迅揭示的封建礼教吃人的本质,同时也揭示出在封建礼教观念束缚下,人们冷漠、愚昧、麻木的生命状态。

在小说中作者也赞誉了农民们那种与生俱来的无限潜力。如有二伯的纯朴、憨直的品质;冯歪嘴子的善良以及坚忍的生存意志等。

萧红不像鲁迅先生那样以文艺作为改造人民精神世界的武器,她是一个社会政治观念不很强的女性,但她的《呼兰河传》却包含了如此丰富、深刻的社会内容,可见萧红艺术表现的功力之深,表现出形象大于思想的特点。

在小说的结构上,作者继续沿用《生死场》时期自己所擅长的散文化小说文体,如行云流水般自由自在地描写。作者很少在人物的性格刻画、心理分析上多着笔墨,也没有什么离奇的情节安排,有时用具有戏剧意味的场景代替情节的驱动。整部作品都在给你讲述一个小城故事,很少有作者的主观议论,作者娓娓道来显得非常自如。

《呼兰河传》是作者离乡背井、为情所困、寄居香港时思念家乡情绪下的作品,无论是写景、叙事,都浸透着作者深深的眷恋之情,诗样美的精练而别致的行文,极富表现力。茅盾在《呼兰河传》序中说:"它是一篇叙事诗,一幅多彩的风土画,一串凄婉的歌谣。"①

《呼兰河传》的语言透出一种厚朴、沉重的美。萧红是一位具有诗人气质的小说家,她的语言似乎都出自天然,未经雕琢,却有一种自然纯朴的美,简洁而传神,有天籁般的神韵。

这地方的晚霞是很好看的,有一个土名,叫火烧云。说"晚霞"人们不懂,若一说"火烧云"就连三岁的孩子也会呀呀地往西天空里指给你看。

晚饭一过,火烧云就上来了。照得小孩子的脸是红的。把大白狗变成红色的狗了。红公鸡就变成金的了。黑母鸡变成紫檀色的了。喂猪的老头子,往墙根上靠,他笑盈盈地看着他的两匹小白猪,

---

① 《茅盾论中国现代作家作品》,第292页,北京大学出版社1980年版。

变成小金猪了,他刚想说:

"他妈的,你们也变了……"

他的旁边走来了一个乘凉的人,那人说:

"你老人家必要高寿,你老是金胡子了。"

天空的云,从西边一直烧到东边,红堂堂的,好像是天着了火。

这地方的火烧云变化极多,一会红堂堂的了,一会金洞洞的了,一会半紫半黄的,一会半灰半百合色。葡萄灰、大黄梨、紫茄子,这些颜色天空上边都有。还有些说也说不出来的,见也未曾见过的,诸多种的颜色。

……

小说的结尾,看似平淡,实则情真意切,又充满感伤。

呼兰河这小城里边,以前住着我的祖父,现在埋着我的祖父。

我生的时候,祖父已经六十多岁了,我长到四五岁,祖父就快七十了。我还没有长到二十岁,祖父就七八十岁。祖父一过了八十,祖父就死了。

从前那后花园的主人,而今不见了。老主人死了,小主人逃荒去了。

那园里的蝴蝶,蚂蚱,蜻蜓,也许还是年年仍旧,也许现在完全荒凉了。

小黄瓜,大倭瓜,也许还是年年地种着,也许现在根本没有了。

那早晨的露珠是不是还落在花盆架上,那午间的太阳是不是还照着那大向日葵,那黄昏时候的红霞是不是还会一会工夫会变出来一匹马来,一会工夫会变出来一匹狗来,那么变着。

这一些不能想象了。

……

萧红自觉不自觉地遵循了文学的"缘情说"和"神思说",高度重视文学语言的形象思维的特点,使她的散文体小说既有出神入化的意境,又有浓郁的诗情和耐人寻味的情感和思想内蕴。

第二章　茅盾与左翼小说的贡献

【内容小结】

1. 茅盾生平简况。（了解）
2. 《子夜》的历史认识价值及艺术特色。（了解、掌握）
3. 短篇小说《林家铺子》、《春蚕》的特色。（了解）
4. 茅盾四十年代的代表作《腐蚀》。（了解、掌握）
5. 左翼作家创作概况。（了解）
6. 萧红小说《呼兰河传》的独特艺术价值。（理解、掌握）

【难点解析】

1. 左翼文学特定的时代特点以及它创作内容的特殊性决定了当代读者理解这些作品的困难，因为从艺术角度看大部分创作不够成熟，同学们应该以历史的眼光评价这部分创作。
2. 萧红是一位非常独特并赋有才情的女作家，她小说创作的散文化特点、特有的韵味是值得大家悉心体会的。

【作品分析例释】

茅盾四十年代的代表作《腐蚀》分析：

1. 写作背景：《腐蚀》写于1941年初夏，同年5月至9月在香港邹韬奋主编的《大众生活》上连载，10月由上海华夏书店出版单行本。这部小说就是以当时的社会现实为背景的。1941年前后，抗战进入相持阶段，武汉失守后，蒋介石缩进四川重庆，变消极抗战为积极内战，加紧推动反共卖国政策，对共产党人大杀出手。1940年江苏省的国民党军队围攻新四军陈毅支队，陈毅率部奋战苏北黄桥，予以迎头痛击。1941年1月又策动袭击新四军的"皖南事变"，引起中外震惊。1940年3月在南京成立了以汪精卫为头目的国民党政府的傀儡政权。汪精卫以"和平反共"为旗号，极力协助日本侵略者对蒋介石进行诱降活动，蒋介石则以加紧反共步伐作为投降的步骤，蒋汪相互勾结进行肮脏的卖国勾当。对大后方重庆，蒋介石则实行严酷的法西斯特务统治，国民党的官员、特务都借手中的权力大发国难财。

2. 主要内容：《腐蚀》是一部日记体的长篇小说，虽然以揭示女主人公赵惠明的内心世界为主，但和茅盾以往的创作倾向一样，作品仍旧是在上述大的社会历史背景下展开的，上述重大历史事件在作品中都有涉及。《腐蚀》通过赵惠明的生活经历、思想历程，揭示了抗战进入相持阶段，青年知识分子何去何从的问题。

小说主要描写了两部分内容：一是暴露国民党特务统治的残酷性。在重庆，特务组织无处不在，他们派遣特务潜入大学文化区密察、暗访，掌握进步学生的动向，跟踪、陷害进步青年，严刑拷打、杀害革命者，使用威逼、利诱手段，拉拢腐蚀不明真相的青年，使他们误入歧途。特务内部也明争暗斗，大特务、小特务、汪派特务、蒋派特务，各色人等都为了自身的利益，互相监视，栽赃陷害。二是描写革命者不屈的斗争，预示着抗战的进步力量不可战胜。比如赵惠明过去的爱人小昭被捕入狱后，特务对他严刑逼供，又用赵惠明做诱饵收买他，但这个既有感情，又有坚强信念的革命者宁死不屈，英勇牺牲。此外，还有赵惠明的中学同学萍及K等进步青年，利用合法身份和特务进行巧妙的地下斗争，揭露国民党的反共卖国伎俩，最后赵惠明也在他们的感召之下弃暗投明。以上内容都是通过日记的记述者赵惠明来表现的。

作品的主要人物形象就是日记的记述者赵惠明，她是一位二十四岁的女性，个性好强，出身于一个封建官僚家庭，中学时代曾经是学生运动的积极分子，参加过反蒋爱国运动，后来学校当局向她父亲告状，家里断绝了她的经济来源，她从此脱离家庭。她当过小学教师，后来投身抗日队伍，参加战地服务团。她和小昭相恋同居。抗战初期她还是一个单纯、进步的知识女性。抗战进入相持阶段以后，情况日趋复杂，国民党假抗日真反共，加强了法西斯统治，布下特务网，使许多不明真相的青年误入歧途。国民党特务希强用卑劣无耻的手段"提拔"她，种种逼胁诱惑，都集中到她这个涉世未深的女子身上。她为了使自己的生活过得舒服些和小昭分道扬镳，充当了国民党的一名小特务，从此陷入罪恶的深渊不能自拔，精神处于极度的矛盾痛苦之中。一方面极端憎恶自己的环境，一方面又一天天鬼混着。她进特务圈五六年，尝尽了甜酸苦辣，心变得冷酷了，不过她还没有彻底堕落，良心没死尽，还有羞耻心。这样她内心也就更痛苦，性格更复杂，表现出多侧面的人格，用她自己的话说："我做好人嫌太坏，做坏人嫌太好。"① 她常常痛恨自己,但又被逼无奈,怀着强烈的报复欲,她和周围的大小特务明争暗斗,为的是保全自己,她清楚地意识到:"在这样的环境中,除非是极端卑鄙无耻阴险的人,谁也难于立足,我还不够卑鄙,不够无耻,不够阴险!我只不过尚留有一二毒牙,勉强能以自卫而已。"② 见到小昭后,她心情非常复杂,她既要保全她仍爱恋着的小昭,又要保全自己,于是劝小昭自首。当上司发现她工作不忠时,为使自己能过关,她不惜供出了小昭嘱咐她保护的同志 K 和萍,过后她又自悔、自责、自慰。她知道手上沾过纯洁无辜者的血,虽然她也是牺牲者,但她不愿借此宽恕自己。最后,小昭的牺牲震动了她,使她认清了国民党政府的反动面目,毅然倒戈。她先是帮助 K 和萍逃走,又巧妙地营救了和她同命运的女青年 N,然后自己出走,走上自新的道路。赵惠明的经历,深刻揭露了国统区国民党统治的反动、丑恶、残酷的本性,真实地再现了一些失足青年走向新的道路的心灵历程。

3. 艺术手法:作品突出刻画了人物的内心情绪世界。

(1)心理分析手法:借鉴西欧小说剖析心理的手法,反复描写人物复杂的心理活动。比如对出卖了 K 和萍又没救成小昭后赵惠明的矛盾、复杂心理状态的描写。

(2)在事件的展开,人物的活动、对话中透视人物的心灵世界:比如赵惠明到舜英家做客,接触到各色人等,汪派汉奸希强、松生、舜英夫妇;蒋派高级特务何参议、陈胖子等。舜英本想拉赵惠明入伙,赵惠明则察言观色,周旋其间。各派人物虽表面寒暄,但话里有话,其内心的隐微之处亦被透现出来。

(3)通过景物描写、气氛烘托展示人物的精神状态:《腐蚀》的语言除原有的细密的特点外,还成功地运用口语,吸取古典文言简洁的表现手法,使其语言更洗练,文采斐然。

《腐蚀》通过塑造被国民党特务统治腐蚀而又走上自新道路的青

---

① 茅盾:《腐蚀》,四川人民出版社 1981 年版。
② 同上。

年知识分子的形象,有力地揭露了国民党消极抗日、积极反共的面目,控诉了国民党残酷的法西斯统治。艺术上采用西方小说的日记体形式又成功地融合进民族的形式,形成精致而又蕴藉的艺术风格。

【学习检测】

问答题:
1. 茅盾小说《子夜》的主要内容和结构特点是什么?
2. 左翼小说主要作家的创作特点。
3. 《呼兰河传》的文体特点。

思考题:
  萧红小说形象大于思想的主要表现是什么?在揭示国民性问题上,萧红和鲁迅的艺术表现有何不同?

【相关资料】

皇甫晓涛著《萧红现象——兼谈中国现代文化思想的几个困惑点》,天津人民出版社1991年版。

【相关影视作品简介】

1. 茅盾的小说《子夜》、《林家铺子》、《腐蚀》(电影);《春蚕》、《秋收》、《残冬》(电影、电视剧);《霜叶红似二月花》(电视剧)。
2. 艾芜的小说《南行记》(电视剧、电影)。

第三章 老舍的京味儿小说创作

【内容要点】
1. 老舍北京平民生活的经历与创作概况。
2. 老舍的文学见解。
3. 代表作《骆驼祥子》分析。

【学习建议】
建议阅读作品:
老舍著《骆驼祥子》,参见《老舍选集》第一卷,四川人民出版社1982年版。

【参考书目】
曾广灿、吴怀斌编《老舍研究资料》(上)(下),北京十月文艺出版社1985年版。

【课件链接】
参考课件光盘(上)第二编 第三章

第一节 具有北京风味的平民文学作家

老舍是一位生活积累厚实、创作激情旺盛的作家,他的创作跨越了两个时代——现代和当代,成就卓著。他的作品主要以他对市民阶层的深刻了解,塑造出中国现代文学史上第一批市民阶层的形形色色的人物形象,开辟了现代文学创作题材的新领域。一个重要的原因是因为老舍来自市民阶层,对他们的生活、习俗了如指掌,他的创作是写他最熟悉的生活。

老舍,1899年2月3日出生在北京西城小杨家胡同一位姓舒的平民家里。老舍的出生日正值农历腊月二十三,是我国传统的"小年",第二天又逢"立春",为合新年喜庆贺春之意,父亲给他起名"庆春",字舍予。老舍是满族人,属正红旗。老舍自1925年发表第一部长篇小说《老张的哲学》以来,曾用过的笔名有老舍、絜青、鸿来、非我等,以老舍这个笔名用得最多。1926年老舍在伦敦完成了他的第二部长篇小说《赵子曰》后,由许地山介绍加入文学研究会。在老舍四十余年的创作生涯中,他始终是一位爱国的、具有高度社会责任感的、写实主义的进步作家。他一生创作甚丰,伴随着几十年的创作实践,他还有许多有关创作经验、文艺思想的著述,为我们留下了一笔宝贵的文化遗产。

　　文学源于生活是一个传统的命题,而生活中的人是最生动、最丰富、最复杂的主体,创作者本身也不例外。老舍先生就是一位酷爱生活、幽默风趣、执著追求真善美的人。文如其人,老舍作品那独特的韵味、独特的追求,带给人深深的回味。关于文艺、生活、人,老舍自己曾明确地表述过他的见解:"要作一个写家,须先作一个'人'。盖自己不崇高宏大,何以能体会世上最善最美的事?何以心明如镜,鉴别善恶,有了真人,而后才有至文,文艺并非文字把戏也。"[①]

　　老舍先生来自北京城市平民阶层,他笔下那真切、生动、蕴涵丰富的人和事,无疑源于他扎实的生活与不懈的艺术追求。老舍幼年时期大清王朝已摇摇欲坠,他虽出身于旗人之家,却是属于满人中的下层贫民阶层。父亲舒永寿是一位身带腰牌的旗兵,每天到皇宫内值勤,按月领取三两微薄的饷银。父亲天性善良、乐观,笑口常开,和蔼可亲,每天下班回来常在小院子里摆弄花草。1900年八国联军攻打紫禁城,父亲在炮火中被烧伤致死,再也没能回家。老舍兄弟姐妹八人,活下来的只有三个姐姐,一个哥哥,他是家里的老儿子。父亲去世时,老舍才一岁多,一家人的生计全靠母亲的辛勤劳作。由于生活贫困,幼时的老舍身体虚弱,三岁才学会走路、说话。穷苦的生活虽给老舍的童年带来不幸,却也炼就了他的意志和个性,形成他质

---

① 舒乙:《老舍的关坎和爱好》,第117页,中国建设出版社1988年版。

朴、善良、坚忍、幽默、热情、乐观的品格,这一切对老舍的创作有着很深的影响。幼年时期,有两个人对老舍的一生影响颇大:一位是他的母亲,另一位是宗月大师。老舍的母亲姓马,出生在北京德胜门外的一个农家,也是旗人,属正黄旗。她不识字,是一位典型的中国劳动妇女,具有许多劳动妇女可贵的品格。正像老舍所说:"母亲生在农家,所以勤俭诚实,身体也好。这一点事实却极重要,因为假若我没有这样的一位母亲,我之为我恐怕也就要大大的打个折扣了。"① 母亲一年到头,从早忙到晚,给人家洗衣服、缝衣裳,手终年是红肿的。艰难的生活并没有消磨掉她的好习惯,她爱清洁,爱养花,热情好客,倔强有骨气。母亲这种软而硬的性格传给了老舍。在《我怎样写〈老张的哲学〉》一文中他写道:"我自幼便是个穷人,在性格上又深受我母亲的影响——她是个楞挨饿也不肯求人的,同时对别人又是很义气的女人。穷,使我好骂世;刚强,使我容易以个人的感情与主张去判断别人;义气,使我对别人有点同情心。有了这点分析,就很容易明白为什么我要笑骂,而又不赶尽杀绝。我失了讽刺,而得到幽默。"② 老舍的母亲没有文化,但给老舍的却是最根本的"生命的教育"。另一位宗月大师姓刘,是帮助老舍走上读书之路的大恩人。他是个极富有的人,乐善好施,经常帮助穷朋友。因家里穷,老舍到九岁还没上学。刘大叔偶然来家,就热心帮着给老舍出学费,买书籍,亲自带老舍进了一家改良的私塾。刘大叔的出现,改变了老舍的人生道路,他成为家里唯一读书识字的文化人。无论在物质上还是在精神上,这位刘大叔都给过他莫大的恩泽。刘大叔家财万贯,一生助人为乐,豁达、豪爽,最后为了救助穷人,荡尽家产,出家当了和尚,号称"宗月大师"。老舍从他身上体味到了帮助别人的乐趣与意义,这也是老舍人生的一大收益。学生时期,他就曾在刘大叔办的慈善机

---

① 老舍:《我的母亲》,曾广灿、吴怀斌编《老舍研究资料》(上),第109页,北京十月文艺出版社1985年版。
② 老舍:《我怎样写〈老张的哲学〉》,《老舍文集》第十五卷,第166页,人民文学出版社1990年版。

构中帮忙做善事。1922年,老舍正式接受洗礼加入基督教,目的也是为了帮助受苦大众。

老舍小学毕业后,先入北京市立三中,不久因经济所迫又转入免费吃住的北京师范学校。在校期间,他初步显露了作文的才华,并擅长演讲,得到校长和国文教师的赞赏。1918年,老舍以优异的成绩毕业,被直接任命为北京内城左区方家胡同京师公立第十七高等小学校兼国民学校校长。1919年的五四运动,老舍没有直接参加,但五四精神对老舍的影响是深远的。具体地说就是五四给他提供了当作家的条件,因为"'五四'运动是反封建的。这样,以前我以为对的,变成了不对。""我还是我,可是我的心灵变了,变得敢于怀疑孔圣人了!""假若没有这一招,不管我怎么爱好文艺,我也不会想到跟才子佳人、鸳鸯蝴蝶有所不同的题材,也不敢对老人老事有任何批判。"①他进一步深刻阐明:"'五四'运动是反抗帝国主义的","这运动使我看见了爱国主义的具体表现,明白了一些救亡图存的初步办法。反封建使我体会到人的尊严,人不该作礼教的奴隶;反帝国主义使我感到中国人的尊严,中国人不该再作洋奴。这两种认识就是我后来写作的基本思想与情感。""这点基本东西迫使我非写不可,也就是非把封建社会和帝国主义所给我的苦汁子吐出来不可!"②五四新文化运动又提倡白话文,这使老舍在得到新思想的同时学到了得心应手的新文学表现手法,使这位平民出身的知识分子在以后的日子里,大胆地拿起笔写他熟悉的生活,吐露内心的真情实感。

在小学教育界供职的几年,老舍从校长做到劝学员,职位高了,薪水多了,苦闷也随之加深。一向正直、无私、勤奋的老舍,不愿与腐败的社会同流合污,不愿过悠闲而无所事事的生活。他毅然辞职,选择了穷却有生趣的生活,先到南开中学教书,后回北京边教书,边到燕京大学旁听英文课。1924年被燕京大学英籍教授艾温士看中,推

---

① 老舍:《五四给了我什么》,曾广灿、吴怀斌编《老舍研究资料》(上),第118页,北京十月文艺出版社1985年版。
② 同上,第119页。

荐老舍到伦敦大学东方学院任华语教师。伦敦五年,教书、读书之余便是寂寞、想家。看了许多狄更司等英国作家的小说后,过去在国内经历的许多人和事不断地忆上心头,像过电影一样。他开始用自己的语言把心中的图画画下来,这就产生了老舍的第一部长篇小说《老张的哲学》。这部小说是写在三便士一本的作文簿上的。当时老舍只是写着玩玩儿,并没有想到拿出去发表,还是当时也在英国的朋友许地山看到了推荐到国内的《小说月报》,谁知两三个月后他的小说居然被采用了。这给初试创作的老舍带来了很大的鼓舞,摸索中老舍走上了漫长的创作道路。

《老张的哲学》是老舍在北京小学教育界生活体验的产物。小说塑造了以老张为主的教育界及官场上的形形色色的各色人等,还穿插描写了青年人的婚恋。虽然在故事结构、人物性格刻画等方面还比较幼稚,就像作者自己所说,"想起什么就写什么,简直没有个中心"[1],但这第一部长篇显露出的作者所独具的幽默、讽刺才能,使他的创作别具一格。在以后的创作中,老舍弥补不足,发挥优势,使其作品日臻成熟。《赵子曰》是到伦敦后写的第二部长篇小说,1927年在《小说月报》上发表。书中描写了五四时期的一群学生,作者仍"立意要幽默",以轻松的笔调去"轻搔新人物的痒痒肉!"[2] 虽然尚欠深入,但在揭示人物的个性及景物描写上较前有了不小的进步。1928年,老舍接着写他的第三部长篇小说《二马》,于1929年春回国前写完。1929年5月在《小说月报》第20卷第5号上开始连载。前两部小说老舍调动了他国内生活的积累,《二马》则是他国外生活的体验,作者怀着深沉的爱国情感,表现了弱国子民在海外所受的屈辱,揭示一些中国人身上所具有的令人痛心的愚昧和落后性。在表现手法上,因当时老舍已阅读了大量擅长心理分析与描写细腻的英国当代

---

[1] 老舍:《我怎样写〈老张的哲学〉》,《老舍文集》第十五卷,第165页,人民文学出版社1990年版。
[2] 老舍:《我怎样写〈赵子曰〉》,《老舍文集》第十五卷,第171页,人民文学出版社1990年版。

小说,于是在自己的创作中开始注意描写的工细,并调动口语,使文字更通俗、生动,有个性。

从老舍在伦敦所写的上述三部小说看,创作水平是逐渐提高的,而写作的兴趣也日渐浓厚。老舍手中那支灵巧的笔以后就再也没有停歇过,不论是在和平的环境中,还是在战争的年代里。

1929年6月,老舍离开英国,先后到法国、德国、意大利等国转了三个月。钱花得差不多了,仅够由法国到新加坡,于是他打定走一步近一步的主意先到新加坡。在船上老舍接着写他刚开了个头儿的长篇爱情小说《大概如此》,写了四万多字。到新加坡后,为筹回国的路费,他到一个华侨中学去做国文教员。一到新加坡,老舍就为那些开发南洋的华侨的坚忍精神所震动,同时感染着东方受压迫民族的强烈反抗情绪,他放弃了《大概如此》,开始写中篇童话小说《小坡的生日》。这部小说最使老舍先生得意的地方是"文字的浅明简确"①。1930年3月,老舍回到上海,写完了小说的最后一万字。1931年1—4月《小坡的生日》在《小说月报》上连载。作者以儿童为主,表现了弱小民族的联合,寄寓了老舍的理想,艺术上童话世界的建构独具匠心。

回到北平后,老舍接受了一些团体、学校的邀请发表演讲,如《论滑稽》等。在北师大的演讲,使他第一次与未来的夫人胡絜青会面。1930年7月,老舍接受济南齐鲁大学的聘请,任该校国学研究所文学主任兼任文学院文学教授。1931年暑假,老舍回北平和胡絜青结婚,并把小家安在济南。从1930年到1937年"七七事变"后老舍离开济南,这七年是老舍创作丰收的黄金时期,工作、生活都比较安定幸福。在山东,老舍一边认真教书,兼编《齐大月刊》,一边利用节假日写作,包括小说、文艺论著、译文、散文等。《文学概论讲义》比较系统地阐述了老舍的文学见解。《老牛破车》(1936年9月《宇宙风》第一期刊出)总结了自己十年的创作经验。小说更是一本接一本地写

---

① 老舍:《我怎样写〈小坡的生日〉》,《老舍文集》第十五卷,第181页,人民文学出版社1990年版。

出来。1931年度的寒暑假完成了以济南"五三惨案"为背景的长篇小说《大明湖》，控诉日本帝国主义和反动军阀的暴行，为劳苦大众鸣不平。不幸小说原稿被焚于上海"一二八"战火中。随后几年，老舍以玩命的劲头在暑假、课余完成了长篇小说《猫城记》、《离婚》、《牛天赐传》，出版了短篇小说集《赶集》、《樱海集》和《老舍幽默诗文集》等。老舍为了专心于他所钟爱的写作，曾几次想辞职当专业作家，但怕收入不稳定，暂时打消了这个念头。1934年9月他接受国立山东大学的聘书，任中文系教授，全家搬到青岛。1936年春，老舍收集了许多人力车夫的资料，准备写一部长篇小说。夏天，他下决心辞去了教职，做了专业"写家"。《骆驼祥子》仅用了几个月时间就完成了，打响了他作为专业作家的第一炮，成为老舍长篇小说的代表作，也是现代小说的经典之作。紧接着老舍又出了短篇小说集《哈藻集》、长篇小说《文博士》、著名中篇小说《我这一辈子》及诸多杂文。

"七七事变"后，青岛形势紧张。1937年8月，老舍重接齐鲁大学聘请回到济南。作为一个有正义之心的爱国作家，老舍为国家的命运忧心忡忡。民族危难，理当尽责，可当时妻子产后不久身体虚弱，女儿舒雨不足三个月，让他怎忍离开妻儿。危急中，妻子的坚强大度促使老舍狠心抛下了个人的小家去为国家效力。抗战八年，老舍以一位坚强的抗战文艺战士的姿态，书写了他创作生涯的光辉一页。为了抗战，他承担起文协的艰苦工作，坚持八年，始终不渝。为了抗战，他放下自己熟悉的小说写作计划，致力于通俗文艺的写作，以达到激励士气民气、坚强抗战精神的目的。

抗战中，老舍手中的笔尽管比平时要沉重得多，他还是像耕牛一般，埋头苦干，任劳任怨。老舍自幼好清洁，好安静，喜欢有秩序的生活，不大爱热闹，也不喜欢见生人。洁净而有秩序的生活能促使他的笔挥洒自如。然而战争带给他的却是混乱、疾病，是清苦的生活。老舍以极大的毅力适应着艰难的环境，以他过人的热情和认真为抗战做了大量的工作。"文协"是文艺界的抗日民族统一战线组织，老舍作为日常工作的主持者，克服了环境的艰难和复杂，促成了各界文人的大团结。在"文协"成立大会上，老舍就以别开生面的化装相声活跃了"文协"的气氛。以后他始终以乐观、豪爽、无私的作风，巩固扩大了"文协"的力量。各地建立了文协分会，出版《抗战文艺》等有影响的刊物，组织"文章下乡"、"文章入伍"等活动，形成了文人抗战的强大声势。

繁忙的公务之余，他还尽心尽力地写作。老舍是位热爱生活的人，恶劣的环境也没有消磨掉他对美好生活的追求。老舍在四川，住处是经常迁移的，他常身居陋室，屋里整天还有大老鼠坦然出入。就这样老舍也不忘创出一方写作佳境。一年四季，老舍的案头总有一瓶鲜花带给他一点快慰、一些灵感。老舍的花瓶各式各样，花也无奇不有。一次实在窘迫，便找了一束竹叶，插在药瓶里，并幽默地赋诗"竹叶当花插陶瓶"①。老舍以乐观的态度，坚忍的毅力，在抗战中广收博采，吸取文艺界朋友各方面的写作经验，开辟了自己创作的新领域。为配合抗战宣传，老舍开始尝试写剧本。八年中共写出九个剧本：《残雾》、《国家至上》（与宋之的合作）、《张自忠》、《面子问题》、《大地龙蛇》、《归去来兮》、《谁先到重庆》、《桃李春风》（与赵清阁合写）、《王老虎》（与赵清阁、肖亦五合写）。这些剧本内容都是与抗战有关的。或正面歌颂为抗战牺牲的爱国将领，赞美人民的抗日热情，表现各民族携手抗战的主题；或反面揭露国民党官僚的腐败、堕落与消极抗日的面目，讽刺发国难财的投机商等。

老舍还热心致力于通俗文艺的写作，虚心向民间艺人求教。鼓词、相声、诗歌、戏剧、通俗小说等等他都有所涉猎。1938年6月出版了他的通俗文艺作品集《三四一》（包括三篇大鼓书词《王小赶驴》、《张忠定计》、《打小日本》；四出二黄戏《忠烈图》、《王家镇》、《新刺虎》、《薛二娘》；一篇旧型小说《兄妹从军》），除此之外，还有记述他参加北路慰劳团万里劳军的长诗《剑北篇》（未完）以及大量的杂文、政论、散文。

抗战时期，老舍先生的老本行小说创作也取得了丰硕成果。发表了两个短篇小说集《火车集》、《贫血集》，两部未完成的长篇小说

---

① 舒乙：《老舍的关坎和爱好》，第40页，中国建设出版社1988年版。

《蜕》、《民主世界》,一部长篇小说《火葬》及长篇巨制《四世同堂》第一部和第二部。这些小说主要是为配合抗战而写,表现人民和爱国官兵的抗日爱国热情,控诉日军的暴行,揭露国民党统治下的黑暗现实。《四世同堂》是老舍抗战作品的代表作。第一部《惶惑》和第二部《偷生》完成于重庆,1944 年、1945 年分别连载于重庆《扫荡报》和《世界日报》"明珠"副刊。小说描写了沦陷区的北平,一位四世同堂的祁老人一家及小羊圈儿胡同的各色人物在日军残暴统治之下的亡国奴生活。老舍发挥了他对北平生活积累扎实的优势,人物塑造笔法细腻、真切。整部小说人物涉及面之广、人物性格之鲜明生动是前所未有的,光有名有姓的人物就有六十多个。祁老人的隐忍与自尊、祁瑞宣的惶惑与坚毅、祁瑞全的奋而抗争、韵梅的善良明理、钱默吟的洁身自好到勇敢斗争以及疾恶如仇的小崔、仗义执言的李四大妈等等,小羊圈儿里那些善良的人物都写得活脱可见、千姿百态。他们有自己的个性、自己的弱点,在国破家亡的艰难岁月里,他们以各自的姿态表现了一份爱国的心气儿,真实感人。连大赤包、冠晓荷这些民族败类,也都写得有声有色,不刻板生硬。老舍高超的艺术表现力在这部小说中又一次得到了成功的体现。

　　一个作家既能投身于时代洪流,为抗战大业竭尽全力,又能在艰苦的环境中不放弃自己的艺术追求,并使自己的艺术风格、表现技巧更加纯熟,做到这一切是何等艰难,需要付出多少心血!我们从抗战中老舍先生看似平凡的工作中见出了他作为爱国文学家不平凡的气度。抗战八年,老舍把个人的命运和民族的命运紧紧地联系在一起,历经千辛万苦,终于看到了抗战的胜利。这八年,老舍先生无论在艺术创作上还是思想上都大开眼界,收获甚丰。自他步入社会以来,从五四运动到抗战前,国内的重大历史事件都没能直接参加。抗日战争,第一次把老舍带进中国民族解放的事业中,他办"文协",慰劳军,还到了陕北和周恩来等共产党人建立了亲密联系,并大受教益。一个文弱书生,心中燃着炽热的爱国情感,在民族危难的复杂现实面前,义无返顾地做一个抗战派。他刻苦自励、以笔作枪、尽职尽责,表现出中国爱国知识分子可敬可叹的品格。

抗战结束后不久,由美国著名汉学家费正清教授介绍,华盛顿美国国务院邀请老舍、曹禺到美国讲学,为期一年。1946年3月5日,他们从上海启程赴美。先到了西海岸的西雅图,然后经华盛顿到纽约。在美国,老舍一是讲学,让美国人民更全面、真实地了解中国人民和中国文化。他以"中国艺术的新道路"、"中国文学的历史与现状"等为题发表了演讲。二是到美国各地旅行。从南到北、从东到西,他走了不少地方,为的是更多地了解美国。他从自己切身见闻中感到美国人民是友好的、爱好和平的,但美国社会也存在很多弊病。第三是继续写他的长篇小说。老舍有感于中国现代文学作品被介绍到国外的太少,有些翻译偏离原著,所以他决定在美国多停留一段时间,一边拼命写小说,一边帮助美国朋友翻译介绍自己的作品。1948年老舍完成了《四世同堂》第三部《饥荒》,给艾达·普鲁伊特口授翻译出《四世同堂》英文节译本。1949年完成长篇小说《鼓书艺人》,同时协助郭镜秋女士把它翻译成英文出版。

这两部在美国完成的长篇小说第一次与读者见面,都是以英文形式出版的。经过几十年的辗转,它们最终以中文呈现在祖国读者面前时,人世沧桑,其中的一段故事耐人寻味。《四世同堂》第三部《饥荒》按原计划写完了三十三段,每段一万字左右。这样,开始于抗战后期的长篇巨著《四世同堂》三部,共约一百万字,于1948年最终完稿。在美国老舍帮助译完节译本后,把手稿带回了祖国,并曾于1950年5月在上海《小说》第4卷第1期开始连载。载至1951年1月第6期第二十段时就突然结束了。这就使完整的第三部《饥荒》少了十三段。当时大概因某些社会政治因素,使作者不愿把小说最后的部分公诸于世。更不幸的是,小说手稿在文革中被毁,致使这部巨著无法以完整的面貌与读者见面。经过了整整三十年,1981年,老舍先生的夫人胡絜青女士得到了老舍协助翻译的《四世同堂》英文节译本,竟奇迹般地发现了丢失的《四世同堂》最后十三段。这样由英文又回到中文,使《四世同堂》恢复了较完整的面貌。《鼓书艺人》译成英文后,老舍没把手稿带回国。文革结束后,老舍的许多作品又能与读者见面了。1980年《鼓书艺人》也从英文本复原为中文本,以满足老舍作品的爱好者。

1949年10月1日中华人民共和国成立。老舍得知周恩来同志邀请他回国的消息后,不顾病魔缠身,立即启程回国。经过近两个月的旅途颠簸,于12月9日抵达天津。两天后终于回到了魂牵梦绕的故土——北京。经历艰难人生路,重踏故乡土,老舍止不住内心的激动,"离开华北已是十四年,忽然看到冰雪,与河岸上的黄土地,我的泪就不能不在眼中转了"。①

第二节 京味儿小说的代表作《骆驼祥子》

老舍小说纯正的京味儿风格一方面来自他深厚的北京平民生活的积淀,就像老舍所说的,"我生在北平,那里的人、事、风景、味道,和卖酸梅汤、杏儿茶的吆喝的声音,我全熟悉。一闭眼我的北平就完整了,像一张彩色鲜明的图画浮在我的心中。我敢放胆的描画它。它是条清溪,我每一探手,就摸上条活泼泼的鱼儿来"。②另一方面也和他在文学风格上的着意追求有关,老舍不仅是一位小说家,他还有许多非常个性化的文学见解。老舍认为文学是美的、个性的、创造的、时代的,这是他文学观的基本出发点。关于思想,他认为:"伟大的文艺中必有一颗伟大的心,必有一个伟大的人格,这伟大的心田与人格来自写家对他的社会的伟大的同情与深刻的了解","思想通过热情才成为情操,而热情之来是来自我们对爱人爱国爱真理的努力与奋斗,来自我们对一种高尚理想的坚信与活动。"③老舍把为文和为人看作是一回事,"五四"使他走上了文学创作的道路,在他的作品中反帝反封建的爱国主义倾向是一以贯之的。幽默是老舍初试创作就形成的一种风格,被公认为幽默大师的老舍也有一套自己的幽默

---

① 老舍:《由三藩市到天津》,曾广灿、吴怀斌编《老舍研究资料》(上),第221页,北京十月文艺出版社1985年版。
② 老舍:《三年写作自述》,曾广灿、吴怀斌编《老舍研究资料》(上),第573、574页,北京十月文艺出版社1985年版。
③ 老舍:《大时代与写家》,《老舍文集》第十五卷,第317页,人民文学出版社1990年版。

理念。他认为,幽默是一种心态,幽默的人由事事中看出可笑之点而技巧地写出来。他自己看出人间的缺欠,也愿使别人看到,不但仅是看到,他还承认人类的缺欠,于是人人有可笑之处,他自己也非例外。这笑里带着同情,而幽默乃通于深奥。幽默者的心是热的,和颜悦色,心宽气朗,才是幽默。老舍认为讽刺必须幽默,但它比幽默厉害,它必须用极锐利的口吻说出来,给人一种极强烈的冷嘲,它不使我们痛快地笑,而是使我们淡淡地一笑,笑完因反省而面红过耳。讽刺者的心是冷的,好似看透了这个世界,而去极巧妙地攻击人类的短处。机智更是老舍独创的手法,他认为机智是用极聪明、极锐利的言语来道出像格言似的东西,使人读了心跳。

老舍的小说语言以口语化、幽默、简练、富于哲理及北京的地方色彩而独树一帜。他探索了一套把北京市民通俗的口语提炼成文学语言的方法,比如关于语言的性格化,他曾论道语言是与人物的生活、性格等因素分不开的,先由话知人,而后才能用话表现人,不仅对人如此,就是对不会说话的草木泉石等等,我们也要抓住它们的特点、特质精辟地描写出来。它们不会说话,我们用自己的语言替它们说话。如杜甫写过这么一句诗"塞水不成河",这确是塞外的水,不是江南的水。塞外荒沙野水,往往流不成河。这是经过诗人的观察,提出特点,成为诗句的。又如杜甫还写过这样一句"月是故乡明",这并不是月的特质,月亮不会特意照顾诗人的故乡分外明亮一些,这是诗人见景生情,因怀念故乡而把这个特点加给了月亮。"塞水不成河"是客观的观察,"月是故乡明"是主观的情感。我们了解了人,才能了解他的话,从而学会以性格化的话去表现人。我们了解了事物,找出特点与本质,便可以一针见血地状物绘景,生动精到。关于语言的哲理性,老舍认为含有哲理的语言,往往是作者的思想通过人物的口说出来的。一个平常的人说了一句看来是平常的话而道出了一个真理,这个人物便会给人留下难忘的印象。关于语言的感情性他认为用普通的语言,有的人写得不好,是因为只是泛泛地写出来,有的人写得好,是因为用了很深的思想感情写出来的,是从心里掏出来的,好的文字倾注了作家的心血。假如你要描写一个好人,就须热爱他,钻到他心里去,和他同感受、同呼吸,然后你就能够替他说话。关于语言的自然美,老舍主张文字应该力求亲切、简单、精练,从人民群众的口语中提炼艺术化的语言,深入浅出,雅俗共赏。老舍还注重书面语言的音声调和,他写完小说经常读给别人听,不吸引人的地方就要修改,力求做到语言生动、有活力,所以老舍的小说既耐读又耐听。

《骆驼祥子》是在老舍小说艺术的探索中集大成的作品,也很好地体现了老舍上述的文学见解。《骆驼祥子》创作于 1936 年,是老舍辞去大学教职成为职业作家后精心创作的长篇小说。小说的素材看似简单,是老舍听到一位朋友讲述了一个人力车夫的故事而写成的,但故事的内涵却突破了老舍以往创作的小说,正像他曾经谈到的:"我所要观察的不仅是车夫的一点点浮现在衣冠上的、表现在言语与姿态上的那些小事情了,而是要由车夫的内心状态观察到地狱究竟是什么样子。车夫的外表上的一切,都必有生活与生命上的根据。我必须找到这个根源,才能写出个劳苦世界。"[1]

《骆驼祥子》的主人公祥子生活在二十世纪二十年代军阀混战的时期,他从农村出来到城里做了人力车夫。刚进城时,祥子无论从外表到内心都是一个好小伙子。他健壮、有力气,不怕吃苦,为人憨厚、老实。这样一个好人,经历了种种不幸,最后从形体到灵魂都完全变了一个人,他形体猥琐,灵魂肮脏,老舍在小说中着重描写了一个美好灵魂毁灭的过程。作品通过描写祥子和他的命根子"车"的关系来展现祥子的变化过程:第一阶段是从租车到买车,这是祥子的实干精神和他的希望、理想暂时得到统一的人生兴旺时期。他凭着自己的力气吃饭,靠着自己的本事、人格、吃苦精神去实现自己的希望和憧憬——买一辆自己的车。他拉车时不抢座,不讨价,拉起车来轻、快、稳。他不抽烟,不喝酒,最后终于凭着自己的血汗钱买了一辆车。拉上了自己的车,祥子高兴得要哭出来了。无父无母的祥子不知道自己的生日,于是激动地把买车这天当作了自己的生日。这时的祥子

---

[1] 老舍:《我怎样写〈骆驼祥子〉》,曾广灿、吴怀斌编《老舍研究资料》(上),第 608 页,北京十月文艺出版社 1985 年版。

是一个善良、憨厚、有力气、有志气的人。第二阶段是从丢车到第二次买车希望的破灭。经过心爱的车被逃兵抢走的打击，祥子落泪了，他第一次向生活提出质问："凭什么!?"这时的祥子内心开始发生变化，自信心受到挫折，感到命运不能掌握在自己手里，心里遮上了阴影。这时的祥子不再那么单纯了，他的坦诚、谦让减少了，生活逼得他去和别人抢座，和顾客讨价还价，为的是早日实现他第二次买车的愿望。污浊的现实在改变着祥子纯朴、善良的本色，但还未泯灭他唯一的理想——买车，过自食其力的生活。正在祥子苦闷之时，虎妞的引诱，又使他精神上落下污点，经济的打击之外，在道德上又加上了一层精神的负累。这时祸不单行，侦缉队的特务抢走了他的全部积蓄。在丢车后祥子挣扎着坚持自己的理想，想再买一辆自己的车，所以这次打击来得更加沉重，使他元气大伤，他只能放下自己的理想，回到车厂听凭命运的安排。第三阶段是从娶虎妞到小福子的死，这是祥子从最后的挣扎到堕落的彻底毁灭的阶段。祥子任人摆布和虎妞成了亲，但他不愿在家吃闲饭，想用虎妞的钱拉上一辆车，挣一份自己的辛苦钱来养家，但命运又给了他一次沉重的打击，虎妞难产死了，祥子家破人亡。他想找善良、温柔和他同样有不幸命运的小福子相依为命，但小福子却沦落到了最下等的妓院，最后也被逼上吊自杀了，祥子的一切希望都破灭了。他从此不再想，不再希望什么，真正走了下坡路，吃喝嫖赌无所不干，成了没有灵魂的行尸走肉。当初，祥子对生活的希望太殷切了，付出的代价太多了，一旦绝望了，他的毁灭就更彻底，更悲惨。

　　在现代文学史上人力车夫的形象很多，这表现了新文学作家把小人物放在了文学描写的重要位置，而老舍塑造的祥子形象却包含了比同类形象更丰富的内涵，祥子和骆驼的关系虽然看起来有某种偶然的联系，祥子的车被逃兵抢了，祥子趁乱从兵营里牵回来三匹骆驼卖了点钱准备再买车，从此祥子变成了骆驼祥子。这只是表层的联系，而这种联系的深层内涵则是骆驼形象所带给读者的代表着沉默、坚忍、吃苦耐劳的中国民众的传统美德，这也是老舍文化思考的基点。然而本来是骆驼祥子的祥子经过苦难的挣扎，骆驼品性完全丧失殆尽了，作者始终是围绕着这个中心来塑造人物的。祥子虽然是人力车夫，但因为他是从乡村刚刚进入城市，他身上有纯朴的农民特性，比如外在形象：健壮、有力气、不怕吃苦；内在性格：老鸹儿、憨厚、老实、善良；职业道德：不抢座儿，不讨价，拉起车来轻、快、稳；生活习惯：不抽烟，不喝酒，勤俭，有志气。但越是祥子这样从里到外都透着好的好人，他最终的道德沦丧直至毁灭的悲剧就越有震撼力。小说通过描写祥子这个不善言辞的城市贫民面对着事态人心芜杂、混乱的现实，希望——失望——再希望——挣扎、绝望的悲剧过程，揭示了一颗美好灵魂怎样被逐渐吞噬以至破罐子破摔，人性中美好的东西完全丧失，变成一个吃、喝、嫖、赌无所不干的行尸走肉。老舍通过一位看似简单的形象祥子揭示了病态的城市文明给美好、善良的人性带来的种种戕害，物欲横流、道德沦丧造成的畸形的人伦关系，并对城市贫民的性格弱点进行了批判。

　　除祥子之外老舍还成功地塑造了市民阶层的各类人物，绘出了一幅二十年代北京市民阶层的社会风俗画。刘四爷，年轻时打过群架，到晚年开了车厂，是靠坑害穷人发家的土混混出身。他无知、卑陋、庸俗、霸道、心狠手辣，是市民阶层较上层人物的典型。虎妞，是一个比较复杂的人物形象。她是一个三十未嫁、又老又丑的老姑娘，生活在刘四家里虎妞固然有无知、粗俗、骄横、放肆的一面，但她还不至于像刘四那样蛮横无理，她性格粗野，好使心计，和祥子的婚姻是她一手做的圈套，但她有时也流露出一些女人的体贴。她对小福子撒野，但她也有一点儿同情心，不过这一切都是以她一己的私欲、私利为目的的。二强子，和祥子一样是穷拉车的，因为养不活全家，最后不得不把女儿小福子卖给一个小军官当小老婆，军队一开拔，小福子就被抛弃了。这不是二强子心狠而是没有办法，生活逼得他情绪颓丧、性情暴躁、借酒浇愁，最后成了酒鬼、无赖。但他清醒时内心是痛苦的，精神上充满了矛盾。身上没钱时逼着女儿去卖身，清醒时又觉得无脸再见女儿，当他想到体面时又觉得女儿丢人。这是二十年代下层市民的典型代表。老马，下层市民的另一类人物的代表，一辈子辛辛苦苦，任劳任怨，以外表的温和和内在的坚毅来忍受一切生活的磨难,在任何情况下也不会丧失人的自尊,"如同破庙里的神像似的,虽然破碎,依然尊严"。① 但不公平的社会也不让这样的好人活下去。总之,老舍在小说中通过对市民阶层形形色色人物的刻画,反映了旧中国市民阶层的面貌,把各类小市民刻画得栩栩如生、蕴涵深刻。

《骆驼祥子》是老舍精心勾画的北京平民世界的社会风俗画,京味浓郁、蕴涵丰富、风格独特,具有中国传统的说书艺术的亲切感和吸引力。但小说的叙述语言又不是传统的,在这部小说中老舍从容不迫地以北京口语讲述着北京的故事,从看似俗、白的北京市民口语中提炼出一种北京特有韵味的口语美。这是因为老舍极熟悉北京市民的生活,并善于挖掘北京口语中简洁、明快的语言成分。无论是对话、叙述、写景,都有通俗、朴实的味道,虽俗虽白,却又耐人寻味,语言个性化很强。比如《骆驼祥子》全书十几万字,而表现老实巴交的主角祥子的性格时,祥子说的话却屈指可数。祥子被孙侦探敲诈走了他最后准备买车的三十块血汗钱之后,他气急了,但他明白,孙侦探要打死他像碾死个臭虫一样容易,他攥着拳头,不敢动手,只说了六个字:"我招谁惹谁了!?"② 表现一个老实人心中的无奈、愤怒和痛苦。虎妞的语言则泼辣、爽利、粗俗,活脱脱地表现了虎妞的性格。

【内容小结】
1. 老舍的生活经历对他创作的影响。(了解)
2. 老舍先生的文学见解。(理解)
3. 老舍创作风格的独特性及其贡献。(理解、掌握)
4.《骆驼祥子》的形象塑造及其深刻的悲剧意蕴。(理解、掌握)

---

① 老舍:《骆驼祥子》,《老舍选集》第一卷,第96页,四川人民出版社1982年版。
② 同上书,第108页。

【难点解析】

老舍在现当代文学史上被誉人民艺术家、语言艺术大师,这固然有老舍创造的风格独特的京味儿小说的贡献,同时也不能忽略老舍作品的文学史价值。首先在内容上老舍所表现的平民世界不只局限在对某一特殊阶层的物化描写上,老舍还在看似平实的叙写中蕴涵着深深的文化思考。尤其是在对旧中国儿女的描写中蕴涵的丰富内容,他以现代作家的平民视野审视他们的生存状态,既有深深的隐忧,也有难得的执著。而现代祥子的现象,对现代农民问题的思考也使祥子的形象富有了现实意义,引人深思。在文学语言的创造上老舍是真正实现了白话语言的大众化与艺术性的统一,完全摆脱了欧化语言模式的束缚,升华出一种雅俗共赏的境界。

【作品分析例释】

《骆驼祥子》的语言特色:

作品突出的贡献就是把俗、白的北京口语艺术化,"从容调动口语,给平易的文字添上些亲切,新鲜,恰当,活泼的味儿。因此,《骆驼祥子》可以朗诵。它的言语是活的"。[①] 在这部小说中充分表现了老舍主张的语言的性格化、哲理性、感情性和自然美,老舍不再刻意地追求滑稽幽默,而是更自然、更沉潜。

比如描写虎妞揣着枕头,假装怀孕来找祥子,堵着门儿大喊大叫非要他就范时祥子的心情:"树木微动,月色更显得微茫;白塔却高耸到云间,傻白傻白的把一切都带得冷寂萧索,整个的三海在人工的雕琢中显出北地的荒寒。到了桥头上,两面冰上的冷气使祥子哆嗦了一下,他不愿再走。平日,他拉着车过桥,把精神全放在脚下,唯恐出了错,一点也顾不得向左右看。现在,他可以自由的看一眼了,可是他心中觉得这个景色有些可怕:那些灰冷的冰,微动的树影,惨白的高塔,都寂寞的似乎要忽然的狂喊一声,或狂走起来!就是脚下这座大白石桥,也显着异常的空寂,特别的白净,连灯光都有点凄凉。他

---

① 老舍:《我怎样写〈骆驼祥子〉》,曾广灿、吴怀斌编《老舍研究资料》(上),第610页,北京十月文艺出版社1985年版。

不愿意再走,不愿再看,更不愿再陪着她;他真想一下子跳下去,头朝下,砸破了冰,沉下去,像个死鱼似的冻在冰里。"一个不善言辞、善良无辜的祥子的复杂心理描写得生动、入微。

【学习检测】
　　问答题:
1. 老舍京味儿风格形成的原因?
2. 老舍主要的文学见解是什么?
　　思考题:
1. 你怎样理解《骆驼祥子》中祥子和虎妞形象的文化内涵。
2. 作为语言艺术家,老舍对五四以来白话语言艺术的贡献是什么?
3. 为什么老舍的小说大多都被改编成影视作品?

【相关资料】
舒乙著《老舍的关坎和爱好》,中国建设出版社1988年版。
杨义著《中国现代小说史》第二卷,人民文学出版社1986年版。

【相关影视作品简介】
　　由小说改编的有《骆驼祥子》(话剧、电影、电视剧);《四世同堂》(电视剧);《我这一辈子》(电影、电视剧);《月牙儿》(电影、话剧);《离婚》(电视剧);《二马》(电视剧);《鼓书艺人》(电影);由话剧拍成的《茶馆》(电影);由话剧改编的《龙须沟》(电影)。

第四章　巴金的小说创作

【内容要点】
一、巴金的心灵世界
1. 幼年——爱的教育。
2. 青少年——爱与恨的交织。
3. 克鲁泡特金——巴金心中的偶像,早期叛逆思想的精神支柱。
4. 走向社会,不断探索,文学成为探索社会出路的主要途径。
二、巴金的艺术世界
1. 小说创作概况。
2. 文艺思想——艺术的最高境界是无技巧。
3. 代表作品《家》、《憩园》、《寒夜》分析。
4. 巴金的艺术风格。
(1)巴金的现实主义具有浓厚的主观抒情色彩。
(2)语言自然、亲切、真挚,非常富于感染力。

【学习建议】
建议阅读作品:
《家》,人民文学出版社 1982 年版。
《憩园》,参见《巴金选集》第五卷,四川人民出版社 1982 年版。
《寒夜》,参见《巴金选集》第六卷,四川人民出版社 1982 年版。

【参考书目】
谭兴国著《巴金的生平和创作》,四川人民出版社 1983 年版。

【课件链接】
参考课件光盘(上)第二编　第四章

第一节　巴金的心灵世界

巴金是具有国际影响的现代文学作家。1982年意大利卡森蒂诺文学、艺术、科学、经济院授予巴金"但丁国际奖"。1983年法国政府授予巴金"法国荣誉军团勋章",密特朗总统亲自到上海授勋,亲自将勋章的绶带佩戴在巴金胸前,并发表了十分友好热情的讲话,高度赞颂巴金是"大师"、"不朽作家"、"本世纪伟大的见证人","不仅是一位伟大的作家,也是一位伟大的思想家"。1984年香港中文大学授予巴金荣誉文学博士学位。1985年美国文化艺术学院宣布授予巴金名誉院士的称号。巴金的文学地位是在二十世纪三十年代奠定的,半个世纪后仍能获得这么高的国际声誉不仅因为他的作品,还因为他伟大的人格。

巴金,1904年11月25日出生在四川成都一个封建大家庭中。在慈母的爱抚下,巴金度过了美好的童年,并从母亲那里接受了朴素的爱的教育。巴金曾回忆道:"她教我爱一切人,不管他们贫或富;她教我帮助那些在困苦中需要扶持的人","因为受到了爱,认识了爱,才知道把爱分给别人,才想对自己以外的人做一些事情。把我和这个社会联起来的也正是这个爱字,这是我的全性格的根柢。"[①] 爱的教诲使巴金从小就怀有一颗深厚、博大的同情心。在他的心里没有等级贵贱之分,他从小就乐于和仆人、底下人在一起,听他们讲故事,他说:"在这一群没有知识、缺乏教养的人中间我得到了我的生活态度,我得到了那个近于原始的正义的信仰,我得到了直爽的性格。"[②]

爱与恨的交织是巴金青少年时期基本的心理特征,对善良的事物爱之愈深,对丑恶的事物则恨之愈切。随着年龄的增长,巴金越来越感觉到他周围存在着许多不公平的、残酷的人和事。令他感受最直接、最深切的就是自己大家庭内部的丑恶,目睹一起起悲剧、丑剧

---

① 《我的几个先生》,《巴金散文选》(下),第461页,浙江人民出版社1982年版。
② 巴金:《〈将军〉序》,《序跋集》,第81、82页,花城出版社1982年版。

的发生,这时巴金的仇恨和反抗开始有了明确的目标——封建大家庭的专制统治。"爱那需要爱的,恨那摧残爱的"①,这是巴金的心声。爱与恨的交织,孕育了巴金以人道主义思想为基础的民主主义思想的胚胎。轰轰烈烈的五四爱国民主运动,使巴金的心灵受到了极大震动,他说:"五四运动像一声惊雷把我从睡梦中惊醒了。我睁开了眼睛,开始看到了一个崭新的世界。"② 正在成都外专读书的巴金很快被五四新思想的狂潮所吸引,他如饥似渴地去吸收,不管是什么主义,什么派别,凡是新的都是好的,旧的都应该打倒,这是五四时代追求进步的年轻人共同的特点。同时,每个人又都按照自己的思想基础、环境、遭遇、性格特点去选择自己的信仰和偶像。巴金最终选择了无政府主义,选择了克鲁泡特金。

克鲁泡特金是巴金心中的偶像,他是俄国无政府主义者,他的《告少年》一书对巴金影响非常大。克鲁泡特金所生活的俄国十九世纪沙皇专制社会和中国封建专制社会颇为相似,克鲁泡特金的家庭环境也和巴金有一致之处。他们都出生于富贵人家,而不甘心过那种腐败的生活,他们都有年幼失去慈母的创痛,特别是克鲁泡特金那种反抗专制压迫、追求合理生活的理想和献身精神深深地打动了巴金,引起他强烈的感情共鸣。克鲁泡特金吸引他去接近无政府主义,同时也影响他走出家庭,到社会中去寻找志同道合的人。克鲁泡特金是无政府共产主义的代表,强调要建立一个消灭了私有制的,实现人尽所能、各取所需的社会,认为社会全体利益应高于个人利益之上。在革命手段上提出了"互助论",反对暴力手段,主张爱、互助,用道德的力量去感化统治阶级。巴金是基于反封建的要求接受无政府主义的,他的无政府主义的主要内容是坚信一种社会理想:没有剥削压迫、人人平等的社会,保证万人面包与自由的社会一定会到来,这成为他反封建的一个动力。巴金从无政府主义中找到了反对封建主义与一切旧传统的思想武器,即否定一切强权的思想。无政府主义

---

① 谭兴国:《巴金的生平和创作》,第56页,四川人民出版社1983年版。
② 同上书,第27页。

者的行为,使他树立了一种为信仰而大胆叛逆、献身的人生信念。巴金始终以极大的崇敬看待克鲁泡特金,他认为,你可以反对他的主张,却不可以不赞美他的人格。无政府主义使巴金更进一步确立了热爱人类、与全体人民共命运的思想。有了精神支柱,巴金勇敢地付诸实践,并不断探索。

1923年,十九岁的巴金和大家庭决裂,带着憎恶和留恋的复杂心情和三哥李尧林一起到了上海。巴金憎恶腐败的大家庭,但那里仍有他所爱的人在大家庭的专制下呻吟,其中就有他最亲近的大哥。

巴金在上海、南京住了四年,度过了孤独、无望的五四退潮期。除了在书本里寻找慰藉外,他还和一些无政府主义者保持联系。如和著名的无政府主义者爱玛·高德曼通信,称她为"精神上的母亲"。但无政府主义思想的局限性使巴金找不到现实的出路,于是远涉重洋去寻找真理。在法国,他亲眼目睹了无政府主义社会活动的一次次挫折和失败,一切豪言壮语都无法弥补内心的空虚。巴金在散文《我的泪》中写到了当时的心境。有一天晚上,他独自走进国葬院,到卢梭的铜像底下,伸手去抚摸那冰冷的石座,向着那个被称为"十八世纪全世界底良心"的巨人,喃喃地倾诉自己心中的悲哀。在法国这段时间是巴金以社会活动为主要途径来探索社会改革道路的最后一个阶段,此后,他生活的重心开始转向文学创作。

第二节 巴金的艺术世界

1927年,巴金拿起笔开始了文学创作,他并不是想走艺术之路,他是要用笔倾诉自己心中的爱憎。这也是他在变革现实的社会活动中找不到出路的曲折表达,所以巴金的文学生涯始终伴随着探索社会改革的道路而进行。在现代文学阶段,从1927—1949年的二十多年的时间里,巴金创作了二十部中、长篇小说,十一本短篇小说集,近二十本散文、杂文、评论集,是一个充满创作激情的作家。

巴金的中、长篇创作基本上可分为以下几大类型:

(1)以小资产阶级革命者的革命活动为描写对象,作品直接反映社会斗争的。比如"革命三部曲"——《灭亡》、《死去的太阳》、《新生》,"爱情三部曲"——《雾》、《雨》、《电》。

这些作品都是作者追求光明的呼号,也可以说是巴金在用文学的手段去探索社会变革的道路,但这些作品艺术上还不够成熟。

(2)直接反映被压迫劳动人民苦难生活的。如《砂丁》、《萌芽》写得是锡矿和煤矿工人的悲惨生活,作品中寄予了作者人道主义的同情,但因巴金对所写的生活不熟悉,所以这类作品影响不大。

(3)巴金"挖开了回忆的坟墓"而写的作品,包括"激流三部曲"——《家》、《春》、《秋》以及《憩园》等,这是巴金极富表现力的一类创作,思想和艺术水平都很高。

(4)抗战时期反映现实小人物的作品,如《第四病室》、《寒夜》等。其中《寒夜》是巴金后期创作中最成熟的作品。

由于巴金走上文学道路的特殊经历,使他的文艺观有区别于他人的独到之处。他曾经非常坦率地说:"自从我执笔以来,我就没有停止过对我的敌人的攻击。"[1]他所说的敌人就是一切不合理的制度和旧的传统观念,这是巴金的写作纲领。巴金的文艺思想最核心的一点就是"我写作如同在生活","作品的最高境界是写作同生活一致"。[2]"把心交给读者"[3]是巴金文艺思想中最突出的表现。巴金的作品之所以能感动人,赢得读者,主要原因之一就是由于他那炽热的波涛汹涌般不平静的爱憎感情。他是属于那种富有博爱和强烈同情心的人,他常说要把心掏出来交给读者,他特别强调感情性在艺术审美活动中的作用。巴金的感情从来不是个人的哀怨,他的感情同生活始终是一致的。他认为艺术的使命是普遍地表现人类的感情和思想,所以他说,"我从人类感到一种普遍的悲哀,我表现这悲哀,要使人类普遍地感到这悲哀","他"爱那需要爱的,恨那摧残爱的"[4]。他

---

[1] 邵伯周:《人道主义与中国现代文学》,第128页,上海远东出版社1993年版。
[2] 巴金:《我和文学》,《探索集》,第126页,人民文学出版社1986年版。
[3] 巴金:《把心交给读者》,《巴金散文选》(下),第836页,浙江人民出版社1982年版。
[4] 巴金:《我的自剖》,《巴金文集》第十卷,人民文学出版社1961年版。

对人生和社会有一种深刻的情感体验,在写作过程中巴金往往是全身心地把自己的感情倾注到描写对象身上,情动于衷,感情真挚强烈。如写《家》的时候,"我仿佛跟着书中每一个人受苦,跟着每一个人在魔爪下面挣扎。我陪着那些年轻的灵魂流过一些眼泪,我也陪着他们发出几声欢笑。我愿意说我是跟我的几个主人公同患难共甘苦的"。①

这种独特的文艺观使巴金善于挖掘人物的内心世界,作品中经常出现大段抒情性的心理描写。在小说《家》中鸣凤投湖前的大段的内心独白,是控诉,是抗议,是诗也是歌,表现了一个美丽、善良、无辜的少女对那个吃人、肮脏的社会发自心底的呐喊。还有《爱情三部曲》中吴仁民爆发式的自白;《憩园》中寒儿的倾诉;《寒夜》中汪文宣的痛苦,曾树生的矛盾,都写得如怨如歌、如泣如诉。他们或狂热,或沉郁,或发泄出来,或压在心底,感情强烈、深沉、感人。巴金的作品中处处都有"我"在,这是一种不可替代的作家独特的真情实感。巴金的作品,如果抽去了他的感情,也就失去了巴金的特点,失去了巴金作品所存在的重要价值。

"艺术的最高境界是无技巧"②,是巴金反复强调的一个观点。所谓"无技巧"并不是不要技巧,而是反对一切矫揉造作、不自然的艺术,使之达到词浅意深、自然天成、返朴归真的境界。巴金在艺术创作中所孜孜不倦追求的,就是这样一种境界。巴金在评价他自己的作品时说:"态度是一贯,笔调是同样简单。没有含蓄,没有幽默,没有技巧,而且也没有宽容。这也许会被文豪之类视作浅薄,卑俗,但是在这里面却跳动着这个时代的青年的心。"③ 巴金常说,"青春是美丽的东西"。④在艺术上,巴金追求一种朴素、自然的风格,使艺

---

① 巴金:《〈家〉十版代序——给我的一个表哥》,《序跋集》,第 218 页,花城出版社 1982 年版。
② 巴金:《我和文学》,《探索集》,第 127 页,人民文学出版社 1986 年版。
③ 巴金:《〈沉落〉题记》,《序跋集》,第 100 页,花城出版社 1982 年版。
④ 巴金:《〈家〉十版代序——给我的一个表哥》,《序跋集》,第 227 页,花城出版社 1982 年版。

技巧不作为一个独立的存在外加到艺术作品里去,而是溶化在作品所要表现的生活内容之中,犹如水中之盐。他主张生活真实与情感真挚的一致性,所以他要用一颗炽热的心去感染读者,动人以情,启人以善,育人以美,而不是单靠技巧去吸引读者。真善美三位一体倾注在艺术创作中,这就是巴金追求的"最高境界"。他首先强调真,这不仅是指感情的真实,还必须是艺术上能够真实地反映出生活与时代的本质;善,巴金的创作是为大多数人服务的,他要鼓动人民起来为改变自己的命运,争取自身的解放而战斗,这种"功利主义"则是巴金善的本质;美,一部作品能够做到在艺术上真实表现生活和感情,能够起到教育人民、鼓舞人民的作用,那么艺术上的美就在其中了。在艺术作品的内容与形式的关系上,巴金首先关注的是内容,把艺术形式看作是与作品内容浑然一体不可分割的整体。巴金的小说多直抒胸臆,一触即发,像一条河流上下奔腾,时而湍急,时而平缓,均自然形成。你偶尔舀起一瓢水看,平淡无奇,但汇成激流,却颇为壮观。因此巴金的小说是一个整体,在浑然一体中体现出动人的美来,如行云流水,自然天成。

巴金的这种独特的艺术风格,是随着他的创作实践不断趋向成熟的。在他的早期作品中,如《灭亡》等,对艺术形式确实有所忽略,作者大多是任由自己感情的宣泄。但巴金毕竟接受过古今中外文学特别是法国和俄罗斯文学的熏陶,文学的根底和素养是很深的。因此他很快就找到了适合表达自己感情的方式,写起来得心应手,比如《家》在艺术上就取得了很大成就,到他的最后一部长篇小说《寒夜》,这种"无技巧"的艺术境界则发展到了一个高峰。

巴金的文艺思想并不是用专门的文艺理论专著来阐述的,他的许多文艺观点的论述,都是与他谈创作经验结合在一起的,这就构成了他的文艺思想的一个特点——经验之谈。因此他的理论与创作是一致的。对他来说,创作不必去实现某种理论主张,倒是理论被用来解释创作,其理论上的得失,一般都能从其创作中反映出来。巴金作品一个明显的缺陷是有时控制不住自己的感情,似乎作者在直接讲话,这就损害了艺术形象的完整性,这种现象主要表现在他的早期作品中。

《激流三部曲》是巴金创作高峰时期的代表作品,"激流"象征着五四那个新旧交替的时代一股奔腾不息向前发展的生活的激流。现实生活固然黑暗,但生活并没有停滞,历史是向前发展的,黑暗的现实让那些接受了新思想的年轻人懂得爱与恨、欢乐与痛苦。这种认识汇成强大的冲击力,推动历史长河的奔腾,促进人类的进步和社会的发展,其中寄寓了作者的生活信念——美好的社会一定能够到来,表现了作者乐观向上的态度。《激流三部曲》的中心主题就是控诉封建专制制度对健康、正常人性的摧残,颂扬封建阶级的叛逆者。其中代表作《家》创作于1931年,这部小说通过对高家这个封建大家庭罪恶的控诉以及对青年人叛逆和反抗的描写,揭示出了作为封建制度的重要支柱——封建家族制度走向崩溃的历史趋势,反映了五四以后中国半封建半殖民地社会内部引起的重大的动荡和变化。

高公馆就像一个小小的"大观园",作者为我们展示了一幕幕大家庭内部那些代表着至高无上权威的封建卫道者们的丑剧,以及青春受到践踏、摧残的青年一代的悲剧,作者成功地塑造出了许多活生生的人物形象。

觉新是作者倾注了全部感情、性格刻画最成功的形象。这个人物表现最突出的是双重人格——懦弱、矛盾、痛苦。他是一个生活在新旧交替时代的年轻人,长房长孙的特殊地位,使他比同代人受封建传统的教育更早、更深,身上所承担的大家庭的责任也就更多。比如,高老太爷想抱重孙,圆四世同堂之梦,那么高觉新就要为这所谓的义务而毁掉自己的爱情。在觉新的意识深处,维护家族兴盛的传统观念是根深蒂固的,这成了他生活的出发点,成为他处理一切事情的原则,也成为他一生痛苦的根源。宁可牺牲自己甚至牺牲别人,也要服从封建家长的意志。所以这是一个非常可悲的人物,他的悲剧是封建制度一手造成的,是命运的悲剧,也是性格的悲剧。觉新在矛盾重重的生活中能把新的思想和旧的行为统一在自己身上,而实现这种统一的代价是健忘、牺牲和极度的痛苦。他爱梅表妹,幻想着以后自己要娶的就是这位美丽善良的姑娘,但他又顺从地任由祖父用抓阄的办法给自己选择了一个自己不认识的人做妻子。他既是封建家长的顺民和助手,不自觉地帮助祖父去束缚觉民、觉慧,但又是那些被损害的青年男女的忠实的同情者。他既认为陈姨太所谓"血光之灾"是一派胡言,又含泪把临产的妻子送到城外。他没有一丝的反抗意识,只有忍耐,只有悲痛,懦弱无力。

作者用他那支极富感情的笔,塑造了一个性格最复杂,精神最痛苦,不能被人理解的人物,深刻地揭示出了封建传统意识害人之深,使觉新这个人物形象具有了高度的典型意义。

觉新是新旧交替时代的一个畸形的产儿,封建社会最后的牺牲品。这在当时的时代是很有代表性的。他们一方面面临着五四新思潮的冲击,一方面又因袭着几千年的封建传统的重担而无力摆脱,最后只能不自觉地做封建制度的牺牲品。

也正是在这样的时代,却孕育了另一种人,他们放掉因袭的重担,要走新的路,这就是《家》中具有叛逆性格的觉慧的形象。觉慧在大家庭中目睹了祖父的专制给青年男女所带来的痛苦,以及他的叔叔们荒淫无耻的丑剧、闹剧,他意识到这个家庭的腐烂。五四的新思想给他带来希望,使他变得大胆,他热烈地追求新思想,向往能有人类光明合理的社会到来。所以他有区别于觉新的全新的精神面貌,热情、勇敢,敢于和封建家长抗争,敢于做出大逆不道的事情,表现了一个具有初步民主思想的小资产阶级知识分子的反封建的叛逆精神。

他痛恨封建制度、封建礼教,他就敢喊出自己的心声。比如高老太爷生了重病,陈姨太要"捉鬼",觉慧看着这些所谓的孝子贤孙,名义上是为爷爷治病而无异于要吓死他。他对这种迷信、虚伪从心底升腾起一股怒火,当着许多长辈的面喊出:"哪个敢进我的房间,我就要先给他一个嘴巴。我不怕你们!"① 这样振聋发聩的声音。觉慧的叛逆性格最终表现为与大家庭彻底决裂,离家出走。作者在塑造这个叛逆性格的时候,没有简单地把他只写作正义的化身,而是写出

---

① 巴金:《家》,第358页,人民文学出版社1982年版。

了符合觉慧性格的许多感情活动。他和鸣凤纯真而具有人道主义色彩的恋爱，对觉新的手足情深，又恨其不争，在高老太爷临死之前表露的孙子对一位垂危老人的怜悯，都使这个具有时代感的形象充满了人情味儿。

《家》中还塑造了一系列女性形象。在封建社会对女性的束缚最多，也最残酷，这在封建婚姻制度中表现尤为突出。《家》中许多女性的悲剧命运，都是不合理的封建婚姻制度一手造成的。梅，一个美丽、柔弱的女子，由于父母之命、媒妁之言的驱使，剥夺了她婚姻的自由。婚后的不幸，使她在孤独无望中抑郁而死。瑞珏，端庄、宽厚、善良，侥幸遇到了一个能够体贴她的丈夫。然而，封建礼教、封建迷信，使这个善良的女子最后还是成为了封建大家庭的牺牲品。鸣凤，封建卫道者的荒淫无耻，逼着一位正当青春年华的美貌少女走上了绝路。婉儿，她虽然活着，但已完全埋葬了自己的青春，成为一个封建僵尸泄欲的工具。作者笔下这些可爱的生命都是善良的女子：梅，美丽、沉静；瑞珏，端庄、宽厚；鸣凤，善良、倔强。作者通过这些年轻、可爱生命的被摧残，揭开了诗礼传家的大家庭的真正面目，暴露了血淋淋的封建制度吃人的悲惨性，这是凝聚着血和泪的控诉。

在女性形象中，巴金还刻意塑造了大家庭内部一位与众不同的女性形象——琴。琴是一位热情、开朗的女性，一旦她接受了新思想，就使她变得更大胆，更乐观了。她要争取和男子同校读书的权利，她要为自己爱情的实现而勇敢地与封建家庭抗争，表现出了封建大家庭女性解放的一线希望，也真实地反映了五四时期妇女求得个性解放的真实面貌。

除此之外，作者还成功地塑造了封建卫道者的形象。高老太爷，虚伪、专横又虚弱；冯乐山，荒淫、贪婪，行同禽兽；高克明，刻板、专制；高克安、高克定，堕落、腐败。作者所塑造的这一类封建传统的维护者的形象，各具特色，然而他们都在以各种形式腐烂着，作者通过对封建统治者本身腐败趋势的揭露，宣判了旧制度的死刑。

在中篇小说《憩园》中，作者以比《激流三部曲》更为深沉的笔调来塑造人物。无论是明写，还是暗写，人物性格刻画得入木三分，作者善于抓住细节描写表现人物。比如对杨梦痴深入骨髓的好吃懒做本性的刻画,作者用了这样一个细节,杨梦痴在坐牢时因为不愿干重活儿而装病,于是和伤寒病人关在一起,最后真的染病而死。对姚国栋那种夸夸其谈不做正事,但又不失真诚的性格,作品这样描写:他买公馆时连杨家的藏书也买下来以摆样子;他对妻子既爱又不懂爱,他可以陪妻子去看欧洲电影,但他多半是陪着睡觉。姚国栋前妻的母亲是一位从未出场的人物,但作者通过她对小虎行动的控制,写出了一个刻薄、狭隘、自私的封建大家庭的专制老太婆的形象。她给小虎的后母,善良、贤惠的姚太太一种无形的压力。

最值得注意的是《憩园》的结构,在巴金的许多作品中,一般没有刻意的结构安排,都是随着故事、人物命运的自然发展来写的,大多是按时间顺序单线结构。《憩园》则是以杨、姚两家的生活为线索,双线并行的,有时是平行发展,有时交错扭结,前后呼应,相互映衬,十分得体。在这两条线索中对姚家是明写直叙,对杨家则是暗写转叙。小说没有曲折离奇的情节和惊心动魄的场面,一切事件都是在平淡无奇的生活中发生的。但作者善于运用悬念设置,比如黎先生对杨家小少爷折花的好奇,卖了公馆为什么还来折花?花是折给谁的?自然而然地引出了杨老三(杨梦痴)。情节一环紧扣一环,作者一步步地吸引着读者走进"憩园",去窥探它的过去,去观察它的现在,去预测它的未来。小虎是杨老三的过去,杨老三是小虎的未来,杨老三一家的现在预测着姚国栋一家的未来,如果这个制度不改变,姚国栋一家就不可能有真正的幸福。这一系列故事都通过"我"和杨家小少爷寒儿连接起来,结构严谨而又自如。《憩园》是巴金的创作进一步走向成熟的成功之作,作者艺术地再现了生活的本质,在《憩园》的创作中表现了作者对封建大家庭制度腐朽本质更深层的认识——"财富只能毁灭崇高的理想和善良的气质,要是它只消耗在个人的利益上面。"①

《寒夜》创作于1947年,是巴金最后一部长篇小说。作品描绘的

---

① 巴金:《爱尔克的灯光》,《巴金散文选》(上),第135页,浙江人民出版社1982年版。

是抗战胜利前后,生活在大后方重庆的一个最普通的四口之家,几个最平凡的小人物的悲剧。丈夫是一个安分守己的小职员,妻子是某银行职员,实际不过是"花瓶"式的摆设,婆婆是受过教育但旧意识很深的旧式妇女,加上一个被功课压得没有孩子的天真的小宣。《寒夜》不是像巴金其他的小说那样以故事情节为主线来组织作品,而是以人物的心理变化和感情波动作为全书的贯穿线索,尤其以汪文宣的心理活动为主。整部作品都是非常冷静地按生活本来的样子描写的,很少作家主观感情的宣泄。这种客观描写是以人物的内心世界为视点的,在每一个生活画面、具体事件、客观场景中,都渗透出人物特有的主观情绪、感情、心境等种种心理表现。

　　对汪文宣作者着重刻画了他典型的小人物胆小、怯懦的心理状态。汪文宣在办公室里总是默默无声地低头工作,但主任的一个眼神儿都会使他毛骨悚然,总怕自己被裁掉。他心里不满,但他连鼻息都要极力忍住,总怕别人会察觉出他心中的不平。他爱妻子爱得很深,但看到妻子充满活力,他却非常自卑,觉得自己不配得到妻子的爱。他总在自责中度日,梦中也仍在受着感情的煎熬,汪文宣和觉新的性格有天然的联系,自责而不能自拔。

　　曾树生则不同,她不甘心忍受痛苦的生活,虽然她内心也充满矛盾、痛苦。有时她也想对善良、怯懦的丈夫尽妻子的爱心,想和同样受生活煎熬的婆婆和解,但她不甘于这样寂寞、受苦,总在想方设法摆脱痛苦去追求"幸福",表现了一种不自觉的自私却又矛盾的心理挣扎。作品在描写她对去兰州一事的态度上,既写出了她的细腻、微妙的感情,她不忍离开病重的丈夫,又突出了她的倔强和报复心理,她要做给婆婆看看。她不像汪文宣那样总在压抑自己,她不痛快就会向丈夫发泄出来,对婆婆的冷言冷语她也毫不忍让,非常真实地展现了一位性格倔强、受过新式教育的小资产阶级知识女性的心理面貌。

　　汪母是一位旧式知识妇女,她为儿子可以付出一切,而对媳妇却很苛刻,对媳妇的一言一行都引起她同样的心理反射——不守妇道,交男朋友,只想到自己享福。生动地揭示了一位有浓厚的封建旧意识又被痛苦的生活所累的老人敏感、偏狭的心理。作者把婆媳之间的猜疑、嫉妒,一个仇视的眼神,一句带刺儿的话,都写得入木三分,达到了对人物心理描写出神入化的境界。

这几个本是善良的人,最后都是悲剧结局,汪文宣带着说不出来的义愤死在欢呼抗战胜利的夜晚,汪母带着孙子不知去向,曾树生前途渺茫。作者侧重于心理描写塑造形象,写出了国统区小人物的不幸。这是由于大后方国民党当局的黑暗统治造成的,他们利用抗战大发国难财,小人物却不得温饱。巴金通过汪文宣一家的遭遇,控诉了那个使善良人受苦的罪恶社会。除了控诉,作者还挖掘了更深层的内容,旧的意识使人的亲情冷漠,这主要表现在汪文宣家庭的不和。所以《寒夜》的矛头仍然指向不合理的社会制度,只是更深沉,更深刻了。

巴金小说的现实主义具有浓厚的主观抒情色彩,他的作品大都以现实生活为依据客观地、艺术地再现生活,但是他的每一部作品都有非常鲜明的感情基调:《爱情三部曲》激愤、热烈,《激流三部曲》悲愤、热情,《憩园》沉郁、深沉,《寒夜》凄婉、怨怒。但巴金作品抑郁的感情基调差不多隐含在每部作品之中,这和他在现实中找不到出路是有关系的。

巴金小说的语言自然、亲切、真挚,非常富于感染力。《家》的语言热情、素朴、直泻无余。《憩园》清婉、恬淡而又含蓄蕴藉,带有散文语言的味道,从容不迫,舒展自如。《寒夜》凝重、含蓄,引人深思。巴金的语言是凝聚着深切的作家感情的结晶。

巴金是一位具有浓厚主观抒情色彩的现实主义作家,他的作品之所以能够唤起读者情感上的升华和人性的觉醒以及对专制的反抗,是因为他的作品中渗透着真挚的情感、美好的理想、深厚的人道主义和对人类的爱。巴金的艺术可以使生活在不同社会历史条件下的人们受到感染,相互沟通、理解。正是因为巴金的作品不同程度地蕴含着人类的共同主题,它才有超越时空的力度,使巴金获得世界的承认和较高的评价,并因此被称为"中国的卢梭"。

【内容小结】
1. 巴金的人格魅力:追求真、善、美的境界。(了解)
2. 巴金文艺思想的主要特点:"把心交给读者"、"艺术的最高境界是无技巧"。(理解、掌握)
3.《家》的形象塑造及思想内容,《寒夜》的形象及艺术价值。(理解、应用)

【难点解析】
巴金是一位富有青春激情的现代作家,他的作品倾诉的感情和激荡的情怀曾经感动过那个时代的许多年轻人,他的博大的同情心和人道主义情怀至今还令读者感动,理解巴金的作品需先理解他写作同生活一致的观点,这样才能通过理解巴金的理想追求去解读他作品的蕴涵。

【作品分析例释】
《寒夜》主要人物分析:

《寒夜》创作于抗战胜利后的1947年,是一部反映在抗战大后方重庆,一个普通知识分子的四口之家悲剧生活的小说。作品的主人公汪文宣本来是家里的一家之主,虽然他大学毕业,但他的性格有和觉新一脉相通的地方。他有新思想,是一个非常善良的人,但是性格怯懦、胆小、面对战乱时社会的挤压,他作为男人的个性尊严几乎被磨平。他为了保住校对的工作,怕被上司开除,在办公室连大气都不敢出。回到家里还要面对妻子的牢骚和母亲的埋怨,他身心疲惫只能退缩到自己心理的世界去企望"天下太平"。他是一个善良的小人物的典型代表,然而不公平的社会不让这样善良的人有活下去的希望,他因为贫病交加死在抗战胜利的夜晚,因为严重的肺病他临死都不能发出自己心中的声音。

汪文宣的妻子曾树生则完全不同,她虽然是汪文宣的大学同学,但是性格热情、开放、大胆,她不甘心忍受痛苦的生活就执著地去追求她心目中幸福的生活,虽然单纯的物质追求对于一个知识女性来说内心也充满矛盾、痛苦。有时她也想对善良、怯懦的丈夫尽妻子的爱心,想和同样受生活煎熬的婆婆和解,但她最终不甘于寂寞、受苦,总在想方设法摆脱痛苦去追求"幸福",表现了一种不自觉的自私却又矛盾的心理挣扎。作品在描写她对去兰州一事的态度上,既写出了她的细腻、微妙的感情,她不忍离开病重的丈夫,又突出了她的倔强和报复心理,她要做给婆婆看看。她不像汪文宣那样总在压抑自己,她不痛快就会向丈夫发泄出来,对婆婆的冷言冷语她也毫不忍让,非常真实地展现了一位性格倔强,受过新式教育的小资产阶级知识女性的心理面貌。

【学习检测】

问答题:

1. 巴金小说《家》中觉新和觉慧形象的典型意义。
2. 《寒夜》在塑造形象上有哪些特点。

思考题:

作为有"中国的卢梭"之称的作家,你认为巴金小说的主要价值是什么?

【相关资料】

巴金著《序跋集》,花城出版社1982年版。

【相关影视作品简介】

《家》(话剧、电影);《春》(电影);《家》、《春》、《秋》(电视剧);《憩园》(电影);《寒夜》(电影)。

第五章　沈从文的小说成就

【内容要点】
1. 凤凰自然美景中的审美体验。
2. "乡下人"的都市生活。
3. 湘西世界——艺术的世界。

【学习建议】
建议阅读作品：

沈从文著《边城》，参见《中国新文学大系》(1927—1937)第七集，小说集五，上海文艺出版社 1984 年版。

【参考书目】
凌宇著《从边城走向世界》，三联书店出版社 1985 年版。

【课件链接】
参考课件光盘(上)第二编　第六章

第一节　与众不同的人生积淀

　　沈从文，1902 年 12 月 28 日(农历十一月二十九日)生于湖南凤凰县，原名沈岳焕，他身上流淌着汉族、苗族和土家族的血液。他出身于行伍世家，祖父在清末曾任贵州代理提督，祖母是乡下的苗人，没有地位，完成传宗接代的任务后就被买掉不知去向了。沈从文的父亲是军医，母亲黄英则是本地一个书香世家出身，认识字，能读书，懂医方，沈从文的启蒙教育则得益于这位富于"胆气与常识"[①] 的开

[①]　沈从文：《我的家庭》，《从文自传》第 5 页，人民文学出版社 1981 年版。

明的母亲。沈从文的最高学历是高小毕业,而来自大自然的教育却使他终身受益非浅。庄子云"天地有大美而不言",在这"无声"与"不言"中,大自然给人一种美的教育,是其他形式的教育无法替代的。因为大自然的背后蕴含着永恒的真理,大自然是有生命、有灵性的。王一川在《审美体验论》一书中论述道:"西方从外在于我的观点看自然,从而得其真;中国从内在于我的观点看自然,从而得其美。""西方人以'绘画'的眼睛去'看'自然,注重自然的块面、光与色;中国人则以'音乐'的心灵去'听'自然,领悟自然的流动圆转的线条运动,它的节奏与气韵。"① 中国先祖两千多年前就开启了发现自然美的先河,于是欣赏自然美或自然美育就成为中国人审美潜意识中不可或缺的一部分。

  沈从文是现代文学作家中受自然美熏陶受益颇多的一位。他六岁开始上私塾,塾师的虐待与四书五经的乏味,使他学会了抵抗顽固塾师的有效方法——逃学,"逃避那些书本枯燥文句去同一切自然相亲近。这一年的生活,形成了我一生性格与感情的基础"。② 沈从文幼时所亲近的自然是凤凰县及周围五彩斑斓的极美世界。沈从文是从受压抑的私塾走进了一个自由的天地,正像他散文所写的"我读一本小书同时又读一本大书"③,他是把大自然当作一部知识浩瀚的大书来读的,他在用全副精神去倾听大自然的言说,思考天地万物稀奇古怪的事情。

  沈从文心驰神往的自然是地处川、湘、鄂、黔交界处的湘西——凤凰小城。沈从文的表侄、著名画家黄永玉先生在他的散文《太阳下的风景》中这样描写凤凰的地理环境和自然之美:

  我那个城,在湘西靠贵州省的山洼里。城一半在起伏的小山坡

---

① 王一川:《审美体验论》,第76、77页,百花文艺出版社1999年版。
② 沈从文:《我读一部小书同时又读一本大书》,《从文自传》,第7页,人民文学出版社1981年版。
③ 同上书,第6页。

上,有一些峡谷,一些古老的森林和草地,用一道精致的石头城墙上上下下地绣起一个圈来圈住。圈外头仍然那么好看,有一座大桥,桥上层叠着二十四间住家的房子,晴天里晾着红红绿绿的衣服,桥中间是一条有瓦顶棚的小街,卖着奇奇怪怪的东西。桥下游的河流拐了一个弯,有学问的设计师在拐弯的地方使尽了本事,盖了一座万寿宫,宫外左侧还点缀一座小白塔。于是成天就能在桥上欣赏好看的倒影。

城里城外都是密密的、暗蓝色的参天大树,街上红石板青石板铺的路,路底有下水道,蔷薇、木香、狗脚梅、桔柚,诸多花果树木往往从家家户户的白墙里探出枝条来。①

在这美的自然中"尽我到日光下去认识这大千世界微妙的光,稀奇的色,以及万汇百物的动静","我的心总得为一种新鲜声音、新鲜颜色、新鲜气味而跳"。②"我情感流动而不凝固,一派清波给予我的影响实在不小。我幼小时较美丽的生活,大都不能和水分离。我受业的学校,可以说永远设在水边。我学会思索,认识美,理解人生,水对于我有极大的关系。""水和我的生命不可分,教育不可分,作品倾向不可分。""水的德性为兼容并包,……水的性格,……则柔弱中有强韧……涓涓细流,滴水穿石,却无坚不摧。水教给我粘合卑微人生的平凡哀乐,并作横海扬帆的美梦,刺激我对于工作永远的渴望,以及超越普通个人功利得失,追求理想的热情洋溢。"③

沈从文从自然美中所获得的滋养,使他有了发现美的慧眼和执著追求理想的信念。他离开学校后,十四岁当兵,看到了太多的死亡和残酷,在多艰的生活中沈从文反而自省,刻苦读书。书法、文物、历史、文学涉猎广泛。自然美的引领,使他内在驱动力不断增强,从领

---

① 黄永玉:《太阳下的风景》,《从文自传》,第144页,人民文学出版社1981年版。
② 沈从文:《我读一部小书同时又读一本大书》,《从文自传》,第8页,人民文学出版社1981年版。
③ 沈从文:《一个传奇的故事》,《大山里的人生》,第51、52页,湖南文艺出版社1994年版。

会自然美走向学习文化的美、知识的美,并自学成才,成为一个用文学表现美的写作大家。

"不安于当前事务,却倾心于现世光色,对于一切成例与观念皆十分怀疑,却常常为人生远景而凝眸"[1],沈从文这性格的形成,便应当溯源于小时在私塾中的生活。二十岁时,他不甘于当兵的生活,而去实现他憧憬的理想。1922年沈从文到北平,靠着自己的天资和不懈奋斗,在二十世纪二十年代中期开始跻身于文坛。1928年在上海由胡适提携任上海中国公学讲师,后又担任过青岛大学、武汉大学、北京大学、西南联大教授。1933年开始主编《大公报·文艺副刊》,这是三十年代影响极大的文学刊物。同时,三十年代沈从文的创作也趋于成熟。这一时期为了配合他大学的教学,他的写作经常变换写法,文体不拘常例,故事不拘常格,故被称为"文体作家"。到新中国建立前夕,共出版过小说、散文、传记等七八十个集子,是产量最多的现代作家之一。

沈从文在《记胡也频》、《记丁玲》中写道:"文学是用生活作依据,凭想象生着翅膀飞到另一个世界里去的一件事情。它不缺乏最宽泛的自由,能容许感情到一切现象上去散步。什么人他愿意飞到过去的世界里休息,什么人他愿意飞到未来的世界休息,还有什么人,又愿意安顿到目前的世界里:他不必为一个时代的趣味拘束他的行动。若觉得在'修正这个社会的一切制度'的错误,而把意识坚固,做一点积极的事情,他仍然不缺少那个权利,却没有低头于一时兴味的义务。"[2]"我不轻视左倾,也不鄙视右翼,我只信仰'真实'。……文学实有其独创性与独立价值。"[3]沈从文的创作印证了他的文学理念,他的作品独具魅力,历久弥新。

---

[1] 沈从文:《我读一部小书同时又读一本大书》,《从文自传》,第9页,人民文学出版社1981年版。
[2] 转引自凌宇著《沈从文传》,第246页,北京十月文艺出版社1988年版。
[3] 同上书,第247页。

第二节 《边城》的艺术世界

  沈从文的作品所反映的社会生活面比较广阔,从农村到城市、从上流社会到下层人民都有反映。但写得最多也最美的要算以故乡湘西的风土人情、民风习俗为素材的作品。作者曾充满感情地写道:"笔下涉及社会面虽比较广阔,最亲切熟悉的,或许还是我的家乡和一条延长千里的沅水,及各个支流县份乡村人事。这地方的人民爱恶哀乐、生活样式,都各有鲜明特征。我的生命在这个环境中长成,因之和这一切分不开。"① 在沈从文的文学世界中,自然的美,人性的美,构成了超越时空,有永恒魅力的艺术世界。他一生有数量众多的创作,而最能体现其个性风格的就是描写湘西世界的作品,其代表作当属《边城》。

  中篇小说《边城》描写的就是像沈从文的故乡凤凰县那样的美丽小城中所发生的故事。作品以湘西一个边远小城茶峒和附近的乡村为背景,描述了当地管水码头的团总顺顺的两个儿子天保、傩送同时爱上了碧溪咀渡船老人的外孙女儿翠翠,天保因得不到翠翠的爱在随船运货途中不幸溺水而死,傩送因哥哥的死非常伤心,也驾船远行。渡船老人因翠翠的命运难卜而忧心忡忡,心力交瘁,于雷电交加的晚上猝死。小说结尾,翠翠在大雪中继续驾着渡船等候心上人二老的归来。

  作品以大量篇幅展示了小城淳朴的民风、民俗,是一幅幽美的民俗风情画,在边城的世界里人与人之间以诚相待,都富有一颗善良的同情心,大家不分高低贵贱,和睦相处。例如,比较富裕的顺顺一家和渡船老人一家的交往就是这样。作品还着重描写了茶峒人的重大节日,端午节赛龙船的热闹场面:船与船竞赛,人与鸭子竞赛,这一天,小伙子们都憋足了劲儿想一显身手,谁在赛船中得胜,谁捉到的鸭子最多谁将被奉为英雄,傩送就是茶峒的英雄小伙子。

---

① 沈从文:《沈从文小说选集》题记,《从文自传》,第138页,人民文学出版社1981年版。

《边城》艺术地再现了二十世纪初叶,湘西边远小城的社会人生面貌。湘西地区的自然景色、风土民情、人物性格,通过沈从文的眼光作了有声有色的描绘。比如性格淳厚、善良的外祖父;聪慧、温柔、天真的翠翠;憨厚、朴实的天保;英俊、勇敢的傩送;热情、正直的团总,每个人物都写得恰到好处。

　　《边城》创作于1934年,当时正是中国阶级矛盾、民族危机日益严重的时候。《边城》这样描写世外桃源的作品,从当时时代的历史的眼光看似乎有些不合时宜,但文学毕竟不是政治和时代的附属品,它有本身的规律和价值,《边城》正是这样一部成功的经得起时间考验的优秀文学作品,并且有超越时代的艺术和文化蕴涵。在沈从文的湘西世界中张扬和挖掘了那种接近自然形态的,充满活力与自由舒展的生命形式,寄寓了作者对人生问题的独特的思考,就像他自己所说的:"我要表现的本是一种'人生的形式',一种'优美、健康、自然,而又不悖乎人性的人生形式'。我主意不在领导读者去桃源旅行,却想借重桃源上行七百里路,酉水流域一个小城小市中几个凡夫俗子,被一件普通人事牵连在一处时,各人应有的一份哀乐,为人类'爱'字作一度恰如其分地说明。"①《边城》描写了边城人的善与美的朴素的人性,蕴含着作者对理想的人生形式的探索,通过翠翠、傩送等人物的勤劳、朴素、善良、热情,在爱情上的自然与纯真,自主与自为,抗拒着外在的一切诱惑与影响,唱出了生命自为的理想之歌。

　　我们读沈从文的小说就像被美的氛围包围着,给人以美的陶醉和遐想,这是因为他的作品中非常注重艺术的表现。《边城》中最突出的艺术表现是意境美。"意境"一词原本出自中古文论和画论之中,是从艺术鉴赏的角度来评价艺术作品的一个美学范畴,五四以后被引进小说创作中。小说中意境构成有诸种因素:比如题材的选择、场面的描写、自然景物的描绘、语言的风貌、作家处理情感的具体方式、作品的色彩、情节发展的节奏等等。沈从文早年对中国画有比较深入的研

---

① 沈从文:《从文小说习作选·代序》,转引自凌宇著《沈从文传》,第341页,北京十月文艺出版社1988年版。

究,中国是以创造意境的写意画取胜的,不像欧洲写实的油画,沈从文自然在创作上受中国写意画表现技巧的影响,具有写意抒情的特点,中国的艺术重意不重形,《边城》很好地体现出了这一特色。

《边城》的意境美概括地说表现在写人和处理情感方面,表现为自然天成纯净的美,这体现在描写各种人物之间的爱的关系和爱的过程上。比如作品对翠翠和二老之间爱情关系的描写就是这样,翠翠是一个聪明、纯朴、温柔、美丽的妙龄少女;二老是一位勤快、热情、大方、勇敢的英俊少年,他们之间没有过多的言语交流,却有一种心的吸引,这虽然是一种具有朦胧感的少男少女的初恋,却是他们各自心灵中至纯、至真的感情。作品有这样一段描写:傩送为翠翠唱山歌,翠翠在这晚做了一个美丽的梦:"老船夫做事累了睡了,翠翠哭倦了也睡了。翠翠不能忘记祖父所说的事情,梦中灵魂为一种美妙歌声浮起来了,仿佛轻轻的各处飘着,上了白塔,下了菜园,到了船上,又复飞窜过悬崖半腰——去做什么呢?摘虎耳草!白日里拉船时,她仰头望着崖上那些肥大虎耳草已极熟悉。"[1] 早上醒来翠翠兴奋地把这个梦讲给祖父听:"爷爷,你说唱歌,我昨天就在梦里听到一种歌声,又轻又缠绵,我像跟了这声音各处飞,飞到对溪悬崖半腰,……"[2]

《边城》还表现了东方艺术特有的含蓄宁静的美,在对人物的塑造上,比如对翠翠这位情窦初开的美丽的边城少女那种朦胧的爱的情绪的描写:"她有时仿佛孤独了一点,爱坐在岩石上去,向天空一片云一颗星凝眸。祖父若问:'翠翠,你在想什么?'她便带着点儿害羞情绪,轻轻的说:'翠翠不想什么'","同时自己也在心里答着:'我想得很远,很多,可是我不知想些什么!'"[3]

又如对老船工这位具有丰富的人生情绪内涵的人物的描写:

---

[1] 沈从文:《边城》,《中国新文学大系》(1927—1937)小说集五,第137页,上海文艺出版社1984年版。
[2] 同上书,第138页。
[3] 同上书,第109页。

管理这渡船的,就是住在塔下的那个老人。活了七十年,从二十岁起便守在这小溪边,五十年来不知把船来去渡了若干人。年纪虽那么老了,本来应当休息了,但天不许他休息,他仿佛便不能够同这一分生活离开。他从不思索自己的职务对于本人的意义,只是静静的很忠实的在那里活下去。代替了天,使他在日头升起时,感到生活的力量,当日头落下时,又不至于思量与日头同时死去的,是那个伴在他身旁的女孩子。他唯一的朋友为一只渡船与一只黄狗,唯一的亲人便只那个女孩子。

女孩子的母亲,老船夫的独生女,十五年前同一个茶峒军人,很秘密的背着那忠厚爸爸发生了暧昧关系。有了小孩子后,这屯戍军士便想约了她一同向下游逃去。但从逃走的行为上看来,一个违悖了军人的责任,一个却必得离开孤独的父亲。经过一番考虑后,军人见她无远走勇气,自己也不便毁去作军人的名誉,就心想:一同去生既无法聚首,一同去死当无人可以阻拦,首先服了毒。事情业已为作渡船夫的父亲知道,父亲却不加上一个有分量的字眼儿,只作为并不听到过这事情一样,仍然把日子很平静的过下去。女儿一面怀了羞惭一面却怀了怜悯,仍守在父亲身边,待到腹中小孩生下后,却到溪边吃了许多冷水死去了。在一种奇迹中这遗孤居然已长大成人,一转眼间便十三岁了。为了住处两山多篁竹,翠色逼人而来,老船夫随便为这可怜的孤雏,拾取了一个近身的名字,叫作"翠翠"。①

慈爱的外祖父,总怕伤了天真、纯洁的翠翠,总想在自己死去之前保护她走上幸福的人生之路,但天总是不随人愿,"他有时便躺到门外的石上,对着星子想他的心事,他以为死是应当快到了的"。②作者表现了老人面对死亡的坦然态度。

作者把生命的自然代谢,岁月的变迁,大自然的风云变幻,人生

---

① 沈从文:《边城》《中国新文学大系》(1927—1937)小说集五,第85页,上海文艺出版社1984年版。
② 同上书,第86页。

的快乐忧伤,人生命题中的点点滴滴都蕴涵在含蓄自然的描写之中。

沈从文的《边城》为什么会写得这样美,因为他爱世界,爱人类。对文学的社会功能他有自己的看法,他认为好的作品除了使人获得"真美感觉之外,还有一种引人'向善'的力量"①,"从作品中接触另外一种人生,从这种人生景象中有所启发,对人生和生命能作更深一层的理解。"② 于是小说《边城》就具有了超越时空的、永恒的、美的回味。

【内容小结】
1. 自然美景的浸染对沈从文审美理想的影响。(理解)
2. 《边城》的审美价值。(理解、掌握)
3. 《边城》的文化蕴涵。(理解、掌握)

【难点解析】

沈从文文学理想是超越政治功利和商业赢利的纯文学的追求,从现实的角度评价他的作品具有耐人思索的多层面人文价值,这是理解沈从文作品的基本前提。

【作品分析例释】

又读《边城》

汪曾祺

请许我先抄一点沈先生写给三姐张兆和(我的师母)的信。

三三,我因为天气太好了一点,故站在船后舱看了许久水,我心

---

① 沈从文:《小说的作者与读者》,赵园主编《沈从文名作欣赏》,第587页,中国和平出版社1994年版。
② 同上书,第588页。

中忽然好像澈悟了一些,同时又好像从这条河中得到了许多智慧。三三,的的确确,得到了许多智慧,不是知识。我轻轻地叹息了好些次。山头夕阳极感动我,水底各色圆石也极感动我,我心中似乎毫无什么渣滓,透明烛照,对河水,对夕阳,对拉船人同船,皆那么爱着,十分温暖地爱着!……我看到小小渔船,载了它的黑色鸬鹚向下流缓缓划去,看到石滩上拉船人的姿势,我皆异常感动且异常爱他们。……三三,我不知为什么,我感动得很!我希望活得长一点,同时把生活完全发展到我自己的这份工作上来。我会用自己的力量,为所谓人生,解释得比任何人皆庄严些与透入些!三三,我看久了水,从水里的石头得到一点平时好像不能得到的东西,对于人生,对于爱憎,仿佛全然与人不同了。我觉得惆怅得很,我总像看得太深太远,对于我自己,便成为受难者了,这时节我软弱得很,因为我爱了世界,爱了人类。三三,倘若我们这时正是两人同在一处,你瞧我的眼睛湿到什么样子!
……

　　这是一封家书,是写给三三的"专利读物",不是宣言,用不着装样子、做假,每一句话都是真诚的,可信的。
　　从这封信,可以理解沈先生为什么要写《边城》,为什么会写得这样美。因为他爱世界,爱人类。
　　从这里也可以得出对沈从文的全部作品的理解。
　　也许你会觉得这样的解释有点不着边际。不吧。
　　……
　　为什么这个小说叫做《边城》?这是个值得想一想的问题。
　　"边城"不只是一个地理概念,意思不是说这是个边地的小城。这同时是一个时间概念,文化概念。
　　"边城"是大城市的对立面。这是"中国另一个地方另外一种事情"(《边城题记》)。沈先生从乡下跑到大城市,对上流社会的腐烂生活,对城里人的"庸俗小气自私市侩"深恶痛绝,这引发了他的乡愁,使他对故乡尚未完全被现代物质文明所摧毁的淳朴民风十分怀念。

便是在湘西,这种古朴的民风也正在消失。沈先生在《长河·题记》中说:"1934 年的冬天,我因事从北平回湘西,由沅水坐船上行,转到家乡凤凰县。去乡已十八年,一入辰河流域,什么都不同了。表面上看来,事事物物自然都有了极大进步,试仔细注意注意,便见出在变化中堕落趋势。最明显的事,即农村社会所保有那点正直朴素人情美,几几乎快要消失无余,代替而来的却是近二十年实际社会培养成功的一种唯实唯利的人生观。"《边城》所写的那种生活确实存在过,但到《边城》写作时(1933—1934)已经几乎不复存在。《边城》是一个怀旧的作品,一种带着痛惜情绪的怀旧。《边城》是一个温暖的作品,但是后面隐伏着作者的很深的悲剧感。

可以说《边城》既是现实主义的,又是浪漫主义的,《边城》的生活是真实的,同时又是理想化了的,这是一种理想化了的现实。

为什么要浪漫主义,为什么要理想化?因为想留驻一点美好的,永恒的东西,让它长在并且常新,以利于后人。

《从文小说习作选·代序》说:

这世界上或有想在沙基或水面上建造崇楼杰阁的人,那可不是我。我只想造希腊小庙。选山地作基础,用坚硬石头堆砌它。精致,结实,匀称,形体虽小而不纤巧,是我的理想的建筑。这庙里供奉的是"人性"。

我要表现的本是一种"人生的形式",一种"优美,健康,自然,而又不悖乎人性的人生形式"。

喔!"人性",这个倒霉的名词!

沈先生对文学的社会功能有他自己看法,认为好的作品除了使人获得"真美感觉之外,还有一种引人'向善'的力量,……从作品中接触另外一种人生,从这种人生景象中有所启发,对人生或生命能作更深一层的理解。"(《小说的作者与读者》)沈先生的看法"太深太远"。照我看,这是文学功能的最正确的看法。这当然为一些急功近利的理论家所不能接受。

《边城》里最难写,也是写得最成功的人物是翠翠。

翠翠的形象有三个来源。

一个是泸溪县绒线铺的女孩子。

"我写《边城》故事时,弄渡船的外孙女,明慧温柔的品性,就从那绒绒铺子女孩子印象得来。"(《湘行散记·老伴》)

一个是在青岛崂山看到的女孩子。

"故事上的人物,一面从一年前在青岛崂山北九水看到的一个乡村女子,取得生活的必然……"(《水云》)

这个女孩子是死了亲人,带着孝的。她当时在做什么?据刘一友说,是在"起水"。金介甫说是"告庙"。"起水"是湘西风俗,崂山未必有。"告庙"可能性较大。沈先生在写给三姐的信中提到"报庙",当即"告庙"。全文是经过翻译的,"报"、"告"大概是一回事。我听沈先生说,是和三姐在汽车里看到的。当时沈先生对三姐说:"这个,我可以帮你写一个小说。"

另一个来源就是师母。

"一面就用身边新妇作范本,取得性格上的朴素式样。"(《水云》)

但这不是三个印象的简单的拼合,形成的过程要复杂得多。沈先生见过很多这样明慧温柔的乡村女孩子,也写过很多,他的记忆里储存了很多印象,原来是散放着的,崂山那个女孩子只是一个触机,使这些散放印象聚合起来,成了一个完完整整的形象,栩栩如生,什么都不缺。含蕴既久,一朝得之。这是沈先生的长时期的"思乡情结"茹养出来的一颗明珠。

翠翠难写,因为翠翠太小了(还过不了十六吧)。她是那样天真,那样单纯。小说是写翠翠的爱情的。这种爱情是那样纯净,那样超过一切世俗利害关系,那样的非物质。翠翠的爱情有个成长过程。总体上,是可感的、坚定的,但是开头是朦朦胧胧的,飘飘忽忽的。翠翠的爱是一串梦。

翠翠初遇傩送二老,就对二老有个难忘的印象。二老邀翠翠到他家去等爷爷,翠翠以为他是要她上有女人唱歌的楼上去,以为欺侮了她,就轻轻地说:"你个悖时砍脑壳的!"后来知道那是二老,想起先前骂人的那句话,心里又吃惊又害羞。到家见着祖父,"另一件事,属于自己不关祖父的,却使翠翠沉默了一个夜晚。"

两年后的端午节,祖父和翠翠到城里看龙船,从祖父与长年的谈话里,听明白二老是在下游六百里外青浪滩过的端午。翠翠和祖父在回家的路上走着,忽然停住了发问:"爷爷,你的船是不是正在下青浪滩呢?"这说明翠翠的心此时正在飞向谁边。

二老过渡,到翠翠家中做客,二老想走了,翠翠拉船。"翠翠斜睨了客人一眼,见客人正盯着她,便把脸背过去,抿着嘴儿,很自负的拉着那条横缆……""自负"二字极好。

翠翠听到两个女人说闲话,说及王团总要和顺顺打亲家,陪嫁是一座碾坊,又说二老不要碾坊,还说二老欢喜一个撑渡船的……翠翠心想:碾坊陪嫁,希奇事情咧。这些闲话使翠翠不得不接触到实际问题。

但是翠翠还是在梦里。傩送二老按照老船工所指出的"马路",夜里去为翠翠唱歌。"翠翠梦中灵魂为一种美妙歌声浮起来,仿佛轻轻地各处飘着;上了白塔,下了菜园,到了船上,又复飞窜过悬崖半腰,——去做什么呢?摘虎耳草!"这是极美的电影慢镜头,伴以歌声。

事情经过许多曲折。

天保大老走"车路"不通,托人说媒要翠翠不成,驾油船下辰州,掉到茨滩淹坏了。

大雷大雨的夜晚,老船夫死了。

祖父的朋友杨马兵来和翠翠作伴,"因为两个必谈祖父以及这一家有关系的事情,后来便说到了老船夫死前的一切,翠翠因此明白了祖父活时所不提到的许多事,二老的唱歌,顺顺大儿子的死,顺顺父子对祖父的冷淡,中寨人用碾坊作陪嫁妆奁诱惑傩送二老,二老既记忆着哥哥的死亡,且因得不到翠翠理会,又被家中逼着接受那座碾坊,意思还在渡船,因此赌气下行,祖父的死因,又如何与翠翠有关……凡是翠翠不明白的事,如今可都明白了。翠翠把事情弄明后,哭了一个夜晚。"哭了一夜,翠翠长成大人了。迎面而来的,将是什么?

"我平常最会想象好景致,且会描写好景致"(《湘行集·泊缆子湾》)。沈从文对写景可算是一个圣手。《边城》写景处皆十分精彩,使人如同目遇。小说里为什么要写景?景是人物所在的环境,是人物的外化,人物的一部分。景即人。且不说沈从文如何善于写景,只举一例,说明他如何善于写声音、气味:"天快夜了,别的雀子似乎都在休息了,只杜鹃叫个不息。石头泥土为白日晒了一整天,到这时节皆放散一种热气。空气中有泥土气味,有草木气味,且有甲虫气味。翠翠看着天上的红云,听着渡口飘来乡下生意人的杂乱的声音,心中有些薄薄的凄凉。"有哪一个诗人曾经写过甲虫的气味?

《边城》的结构异常完美。二十一节,一气呵成;而各节又自成起讫,是一首一首圆满的散文诗。这不是长卷,是二十一开连续性的册页。

《边城》的语言是沈从文盛年的语言,最好的语言。既不似初期那样的放笔横扫,不加节制;也不似后期那样过事雕琢,流于晦涩。这时期的语言,每一句都"鼓立"饱满,充满水分,酸甜合度,像一篮新摘的烟台玛瑙樱桃。

《边城》,沈从文的小说,究竟应该在文学史上占一个什么地位?金介甫在《沈从文传》的引言中说:"可以设想,非西方国家的评论家包括中国的在内,总有一天会对沈从文作出公正的评价:把沈从文、福楼拜、斯特恩、普罗斯特看成成就相等的作家。"总有一天,这一天什么时候来?

(节选自赵园主编《沈从文名作欣赏》第584—591页,中国和平出版社1993年版)

【学习检测】

问答题：

1.《边城》的审美价值表现在哪里？
2. 沈从文充满诗意的抒情小说文体对现代文学的贡献是什么？

思考题：

你怎样评价沈从文文学理想的文化价值。

【相关资料】

赵园主编《沈从文名作欣赏》，中国和平出版社1994年版。

凌宇著《沈从文传》，北京十月文艺出版社1988年版。

【相关影视作品简介】

《湘女萧萧》(电影，根据沈从文的短篇小说《萧萧》改编)，最著名的是《边城》(电影)。

第六章　诗歌艺术的发展

【内容要点】
1. 殷夫及中国诗歌会诸诗人的创作概况。
2. 臧克家的诗歌创作风格。
3. 戴望舒的诗歌成就。

【学习建议】
建议阅读作品：
《戴望舒诗全编》，浙江文艺出版社 1989 年版。

【参考书目】
孙玉石主编《戴望舒名作欣赏》，中国和平出版社 1993 年版。
陈丙莹著《戴望舒评传》，重庆出版社 1993 年版。

【课件链接】
参考课件光盘(上)第二编　第七章

第一节　左翼阵营的诗歌创作

　　在第二个十年的诗歌发展中由于时代的气氛和第一个十年有了很大的不同，左翼文学阵营发展壮大，在诗歌创作上左翼作家秉承了蒋光慈初创的无产阶级革命诗歌的方向，出现了革命诗歌创作的繁荣局面，在各具风格的左翼诗歌中，较有影响的是被称为"红色鼓动诗人"的殷夫。殷夫，原名徐祖华，笔名白莽，1909 年出生于浙江省象山县一个中产阶级家庭，父亲是医生，但很早就去世了，比殷夫大十四岁的大哥徐培根从小养育和培养了殷夫。徐培根是国民党的高级军官，蒋介石总司令部的参谋处长，他对弟弟竭尽了手足之情，也想使殷夫按照他的足迹走上做官的道路,而殷夫却另有追求。1927
年,殷夫十七岁的时候离家到上海求学,很快就参加了共产党领导的
革命活动。"四一二反革命政变"后,他被出卖,第一次被捕入狱。在
狱中他表现出革命者的顽强和不屈的精神,并写诗题为《在死神未到
之前》表明他要为革命献身的决心。后来由他大哥保释出狱,出狱后
殷夫被大哥软禁,他和党失去了联系。1927年秋天大哥送他上同济
大学,还想培养他走上仕途。但不久殷夫又参加了革命活动。1928
年秋殷夫第二次被捕,这次仍是大哥出面保释并把他送回老家软禁。
同年底殷夫潜离了家乡,并断绝了和家庭的经济联系,他一度过着流
浪生活直到和党组织取得联系。1929年殷夫开始了他职业革命家
的生涯,其间他的大哥曾多次劝导他,他都拒绝了,殷夫为此还写下
了一首诗《别了,哥哥》,公开宣告向他的本阶级告别。1929年6月
在一次丝厂罢工中殷夫第三次被捕,这次没有通知大哥营救。为的
是彻底摆脱家庭的束缚,他出狱后立刻又投入了战斗直到1931年被
捕、牺牲,成为左联五烈士之一。

　　殷夫是用他的生命和鲜血来写诗的,现存的诗集有三部《孩儿
塔》、《伏尔加的黑浪》、《一百零七个》,除了创作百余首诗歌外还有正
论、文艺论文和翻译的诗歌作品。匈牙利诗人裴多菲的著名诗篇:
"生命诚可贵,爱情价更高。若为自由故,二者皆可抛。"就是殷夫的
译作。殷夫以他对革命事业的坚贞和才华横溢的诗情写下的红色鼓
动诗,确立了他在现代文学史上特殊的地位。从内容上看殷夫的诗
表现了全新的革命内容,比如《我们》赞美工人、农民,《一九二九年五
月一日》歌颂党领导的工农反帝反封建的革命事业,《让死的死去罢》
表现自己为真理献身的精神。殷夫的革命诗歌气势磅礴,感情粗犷、
豪放,节奏鲜明,铿锵有力,富有鼓动性。比如为纪念"五卅运动"四
周年而作的《血字》

血　字

　　　　血液写成的大字,
　　　　斜斜地躺在南京路,

这个难忘的日子——
润饰着一年一度……

血液写成的大字,
刻划着千万声的高呼,
这个难忘的日子——
几万个心灵暴怒……

血液写成的大字,
记录着冲突的经过,
这个难忘的日子——
狞笑着几多叛徒……

"五卅"哟!
立起来,在南京路走!
把你血的光芒射到天的尽头,
把你刚强的姿态投映到黄浦江口,
把你的洪钟般的预言震动宇宙!

今日他们的天堂,
他日他们的地狱,
今日我们的血液写成字,
异日他们的泪水可入浴。

我是一个叛乱的开始,
我也是历史的长子,
我是海燕,
我是时代的尖刺。

"五"要成为报复的枷子,
"卅"要成为囚禁仇敌的铁栅,
"五"要分成镰刀和铁锤,
"卅"要成为断铐和炮弹! ……

四年的血液润饰够了,
两个血字不该再放光辉,
千万的心音够坚决了,
这个日子应该即刻消毁!

殷夫的红色鼓动诗以他全新的革命内容和高超的艺术形式的巧妙结合,很大程度上弥补了革命诗歌创作空洞的口号化的缺陷,为左翼诗歌创作开辟了一个新的表现领域。

作为革命文学的重要组成部分,这一时期革命现实主义的诗歌创作得到了较大的发展。其中最有代表性的就是中国诗歌会诗人们的创作。中国诗歌会1932年9月在上海成立,是"左联"领导的一个群众性团体,也是我国第一个有组织、有纲领的革命诗歌团体。发起人有穆木天、杨骚、森堡(任钧)、蒲风等。1933年2月中国诗歌会机关刊物《新诗歌》创刊。在诗歌的内容上,中国诗歌会主张"捉住现实",他们在诗歌会《缘起》中说:"在次殖民地的中国,一切都浴在急雨狂风里,许许多多的诗歌的材料,正赖我们去摄取,去表现。但是,中国的诗坛还是这样的沉寂;一班人在闹着洋化,一班人又还只是沉醉在风花雪月里……把诗歌写的和大众距离十万八千里,是不能适应这伟大的时代的。"① 在诗歌的形式上他们提倡大众歌调,把俗言俚语、民间小调运用到诗歌创作中去,提倡致力于大众合唱诗、朗诵诗、话剧以及一般大众诗歌的创作。

中国诗歌会还十分重视诗歌运动的组织工作,相继在广州、北

---

① 转引自曾庆瑞编著《中国现代文学史简明教程》,第534页,北京广播学院出版社1988年版。

平、青岛、湖州等地成立分会,其中有的分会还创办了刊物。中国诗歌会的成员蒲风、王亚平、林林等在日本东京还出版了《诗歌生活》。中国诗歌会是应合着时代的要求产生的,它为我国革命诗歌运动的发展起了一定的推动作用,具有历史进步意义。

蒲风是中国诗歌会中最活跃,创作数量也比较丰富的一位诗人。1936年他曾提出过诗歌的"斯达哈诺夫运动",认为诗歌应像前苏联的劳动英雄斯达哈诺夫一样的提高产量。蒲风的诗集有很多:《茫茫夜》、《生活》、《钢铁的歌唱》、《摇篮歌》、《抗战三部曲》、《黑陋的角落里》以及长诗《六月流火》、《可怜虫》等。

蒲风出身贫苦家庭,对农村的破产、农民的悲惨生活及其他们解放的愿望和斗争的要求有较深的体验。他又先后到过南洋、日本,对于帝国主义歧视和侮辱中国人民有切身的感受。

他的诗歌创作集中表现了两类主题:一个是表现农村生活的动荡不安和农民的觉醒和斗争,如《茫茫夜》、《母亲》、《扑灯蛾》等。另一个是写民族危机的空前深重和人民抗日爱国热情的高涨。如《武装田地山河》、《我迎着风狂和雨暴》。

武装田地山河

不要冷视了它们,
我们来武装田地山河;
都会城市是田地山河的儿子,
无条件地让它们也来共枕干戈。
在那矮鬼的侵略踩蹦中,
受痛苦的不光是你和我:
在东北,在松沪,
山河为了敌人的大炮、舰艇、飞机,
曾日夜喘息;
青青的田地,
曾突的变作长长的战壕;

省会,城市变成了废墟,
商店,民房,学校烧起过烈火。
——醒醒吧,
为敌人而怒吼的不光是我们的心,
我们要来武装都会和城市,
我们更要武装一切田地和山河!

1936年8月10日

蒲风的诗,笔力粗犷,节奏急促,具有雄劲、刚健的气势,呈现一种豪放的风格,但在感情的宣泄中忽略了形象的刻画和语言的锤炼。不过,他的诗作的出现,给当时的诗坛吹去了新鲜的空气,产生了积极的影响。

中国诗歌会团结了一大批诗人,杨骚、穆木天、任钧、柳倩、王亚平、温流等都创作了各具特色的反映现实的作品。杨骚有诗集《记忆之都》、《受难者的短曲》、《春的感伤》,他的诗受旧诗词影响,但笔调清新。如《福建三唱》用形象的比喻,先写故乡之美再写日本侵略后的荒凉,宣传抗日。任钧写有诗集《战歌》、《冷热集》富有浓郁的战斗气息。如《十二月的行列》,描写抗日游行队伍。穆木天是亲历过"九一八"故土沦亡之苦的诗人,写有诗集《流亡者之歌》,诗中充满着亡国的悲痛和对日本帝国主义暴行的控诉。如《奉天驿中》写"九一八"后东北大地满目疮痍;《守堤者》控诉日军枪杀守堤者的暴行;《黄浦江舟中》触景生情,回忆故乡松花江。王亚平是中国诗歌会河北分会主要负责人,写有短诗集《都市的冬》、《海燕的歌》,长篇叙事诗《十二月的风》。他的诗明快、朴实,运用大众口语比较成功,如《两歌女》、《黄浦江》、《灯塔守者》。温流是广州分会主要负责人,写有诗集《我们的堡》、《最后的吼声》等。

臧克家是这一时期影响很大的诗人之一,他在这一时期的诗歌创作为二十世纪三十年代前半期的新诗坛带来了新气象。在现代派更加注意追求诗的艺术形式,而一些左翼诗人的诗歌又存在着某些概念化倾向的时候，臧克家的诗把现实主义的内容和成功的艺术形式统一起来，以他那带着泥土气息、充溢着浓郁诗情的作品，令人耳目一新，具有开拓性的意义。

臧克家，1905年出生于山东诸城一个破落的封建家庭，十八岁以前一直生活在家乡。上高小时正是五四运动蓬勃开展的时候，他接受了反帝反封建思想的影响。1923年进入济南山东省立第一师范学习，开始练习写诗。1926年，他受大革命的影响参加了北伐军，大革命失败后流亡东北。1930年考入国立青岛大学（山东大学前身）中文系，得到了在那里任教的闻一多先生的指导，艺术上受闻一多的影响很大。1933年在青岛大学学习期间发表了第一个诗集《烙印》，闻一多给这本诗集写了序。此后三四年内到抗战前，又陆续发表了诗集《罪恶的黑手》、《自己的写照》、《运河》。这一时期臧克家的代表作是《烙印》和《罪恶的黑手》。

臧克家本时期的诗歌创作以反映二十世纪二三十年代农村的破产和农民的深重苦难为基本特征，因此被誉为"农民诗人"、"泥土诗人"。他的诗可以说是旧中国社会，特别是农村破败、穷困、萧条图景的真实写照，从中寄托了诗人对劳动人民苦难的深厚同情和对黑暗现实的诅咒。诗人的笔下有小婢女、老农、渔翁、难民、煤矿工人、人力车夫，诗人怀着深沉的悲愤，为这些挣扎在底层的人们的悲惨命运唱出不幸和不平。臧克家诗歌风格的形成也和他的成长环境有关，他自幼生长在农村，对那些具有宽厚、纯朴、勤劳美德的劳动人民是有着深厚的感情的，内心深深地为他们的悲惨命运而不平，所以它的诗写出来感情真挚、深沉。臧克家自幼就受到中国古典诗歌的影响，后来又受到闻一多的指教，因此他的诗除感情真挚、富于泥土气息外，还非常注重艺术的形式美，注重格律和语言的锤炼，形成严谨、凝练、含蓄的风格。这一时期最著名的诗篇是《老马》。

老 马

总得叫大车装个够，
它横竖不说一句话，

　　　　背上的压力往肉里扣,
　　　　它把头沉重的垂下!

　　　　这刻不知道下刻的命,
　　　　它有泪只往心里咽,
　　　　眼里飘来一道鞭影,
　　　　它抬起头望望前面。

　　　　　　　1932 年 4 月

　　全诗只有八行,第一节写老马的形象:突出描写了超负荷的重压和惊人的忍耐、沉默力,使人感到只要它没倒下,再重的压力也要承受下来。第二节写老马的心理状态:不知道满载苦难的大车何时能拉到尽头。诗人用暗喻的手法,沉重的大车象征着旧中国各种压迫的势力,老马象征着勤劳善良的农民,老马的命运也就是农民们痛苦无告的牛马般的奴隶命运的写照。

　　全诗结构十分工整,每节四句,隔句压韵。诗的语言非常朴素,看似口语,实际上非常注意每个字的运用,力求少而精。比如"扣"字,用得相当精彩,形象、生动地写出了老马身上所承受的重担。正是由于诗人在炼词造句上的独具匠心,才能在短短八句诗中刻画出一个从外形到内心备受磨难的老马形象,概括了旧中国千千万万忍辱负重的农民的悲惨命运,具有高度的典型意义。

第二节　戴望舒的诗歌成就

　　西方象征主义诗歌从新诗发展之初就对中国诗人产生了影响,到第二个十年这种影响仍然延续,形成了以戴望舒为代表的现代派诗人群。他们深化象征主义的影响,把东方传统美学风格和西方现代诗歌技巧结合,开拓了新诗美学的新天地。

　　戴望舒,笔名戴梦鸥等,1905 生于浙江杭州。他 1923 年考入上海大学文学系,1925 年转入震旦大学法文班。1926 年同施蛰存、杜衡创办《璎珞》旬刊,1928 年与施蛰存、杜衡、冯雪峰一起创办《文学工场》。1932 年参加施蛰存主编的《现代》杂志的编辑工作,同年 11 月初赴法留学,入里昂中法大学,1935 年春回国。1936 年 10 月与卞之琳、孙大雨、梁宗岱、冯至等创办《新诗》月刊。抗战爆发后在香港主编《大公报》文艺副刊,发起出版《耕耘》杂志。1938 年春在香港主编《星岛日报》副刊,1939 年和艾青主编《顶点》,1941 年底被捕入狱,在狱中写下了《狱中题壁》、《我用残损的手掌》等诗篇。戴望舒从二十世纪二十年代开始写诗,到逝世的二十多年间诗的数量不多,但却产生了一定的影响。这些诗除少数几首没有收集外,大都收入到《我的记忆》、《望舒草》、《望舒诗稿》以及《灾难的岁月》四本诗集里。戴望舒是中国现代诗歌史上具有鲜明艺术个性的诗人之一。

《我的记忆》1929 年出版,《望舒草》1933 年出版,《灾难的岁月》1948 年出版。这三本诗集大体记录了诗人诗歌创作的三个不同的发展阶段,也反映了诗人思想发展的轨迹。第一阶段以抒发个人孤独、忧伤、愁苦的情怀为主,诗中充满了伤感的情调,反映了诗人对人生迷茫的态度。但这一时期的诗在艺术上却很富于表现力。这一阶段的代表诗作是 1928 年 8 月《小说月报》19 卷 8 号刊出的《雨巷》。第二阶段开始突破个人的小天地,戴望舒的诗歌创作随着时代的发展,题材有所开拓。比如《断指》一诗是怀念为革命而牺牲的友人的。与第一阶段相比,《望舒草》中的诗形式自由,语言接近现代口语,由原来讲究音韵、格律向自由诗体转变。第三阶段把个人的命运和祖国的前途融在一起。《灾难的岁月》中的诗篇,标志着诗人的思想和风格发生了重大的变化,他开始超越个人情感的藩篱,执著于民族危机深重的社会现实。比如《狱中题壁》反映了在日寇监狱中视死如归和对胜利的信念,《我用残损的手掌》洋溢着对敌人的仇恨和对祖国的爱的激情。《灾难的岁月》这个集子无论思想,还是艺术都是高水平的,这是戴望舒诗歌创作较为成熟的时期。

戴望舒是一位具有丰富才能的诗人,他的诗既有中国传统诗歌的影响,重视意境的创作,也有欧洲文学尤其是法国象征派的影响,重视运用象征和暗示的手法。艾青认为,戴望舒的诗,具有很高的语言的魅力,他诗里的比喻,常常是新鲜而又适且的。《雨巷》一诗集中表现了以上特点。

雨　巷

撑着油纸伞,独自
彷徨在悠长,悠长
又寂寥的雨巷,
我希望逢着
一个丁香一样地
结着愁怨的姑娘。

她是有
丁香一样的颜色,
丁香一样的芬芳,
丁香一样的忧愁,
在雨中哀怨,
哀怨又彷徨;

她彷徨在这寂寥的雨巷,
撑着油纸伞
像我一样,
像我一样地
默默彳亍着
冷漠,凄清,又惆怅。

她默默地走近
走近,又投出
太息一般的眼光,
她飘过

像梦一般地
像梦一般地凄婉迷茫。

像梦中飘过
一枝丁香地,
我身旁飘过这女郎；
她静默地远了,远了,
到了颓圮的篱墙,
走尽这雨巷。

在雨的哀曲里,
消了她的颜色,
散了她的芬芳,
消散了,甚至她的
太息般的眼光,
丁香般的惆怅。

撑着油纸伞,独自
彷徨在悠长,悠长
又寂寥的雨巷,
我希望飘过
一个丁香一样地
结着愁怨的姑娘。

《雨巷》写于1927年夏天,正是中国历史上最黑暗的时候,戴望舒他们这些追求进步的青年,一下子从热情的理想跌入痛苦的深渊,彷徨、迷惘。而在二十年代末,在革命遭受严重挫折处于低潮的时候,象征主义在一部分追求自由、民主的诗人中产生了很大的影响。当时他们的困惑、迷惘、消沉的思想情绪,正好在带有颓废倾向的象征主义艺术境界里找到寄托。象征主义是十九世纪末法国诗歌中崛起的一个艺术流派,在表现手法上,强调用暗示、隐喻等手段表现内心瞬间的感情。卞之琳在《戴望舒诗集·序》中说:"这种幻灭感与日俱增,进一步变形为一种绝望的自我陶醉和莫名的怅惘。"[1] 在借鉴象征手法的同时,《雨巷》还融入了中国古典诗词的意境,全诗节奏缓慢,音韵和谐,委婉含蓄,具有古典诗词中婉约的特色。表现手法上运用象征手法和我国传统的回环复沓的抒情方式,给人造成了一种迷离恍惚的感觉,仿佛是一幅流动的图画,诗人用一种审美的态度去表现感伤的情绪。唐代李商隐在《代赠》诗里有"芭蕉不展丁香结,同向春风各自愁"的诗句。南唐李煜在一首《浣溪沙》中也有"青鸟不传云外信,丁香空结雨中愁"的诗句,戴望舒化用了古诗以丁香结象征愁心的意境,描绘了一位飘忽即逝的、在雨中的丁香一样结着愁怨的姑娘——一个代表某一情绪特征的愁美意象。《雨巷》并不是纯粹的爱情诗,他的主旨是寻求一个能够体会、理解自己悲凉、苦闷情怀的知音。

《雨巷》诗的形式也别具一格,特别是采用"跨行法",即把一行的诗句跨越成两行或三行。比如"她是有丁香一样的颜色,"一行变成两行,为"单跨法",比如:

　　她是有
　　丁香一样的颜色,

比如"我希望逢着一个丁香一样地结着愁怨的姑娘。"变成三行,为"双跨法",比如:

　　我希望逢着
　　一个丁香一样地
　　结着愁怨的姑娘。

这种结构就使那种徘徊、彷徨的心境找到了适切的表达方式,增强了诗的表现效果。由于这首诗,戴望舒赢得了"雨巷诗人"称号。

---

[1] 转引自温儒敏编著《中国现代文学课程学习指导》,第237页,北京大学出版社2001年版。

【内容小结】

1. 殷夫诗歌的特点。(了解)
2. 中国诗歌会诗人的创作。(了解)
3. 臧克家诗歌创作的风格。(了解)
4. 戴望舒诗歌对新诗发展的贡献。(理解、掌握)

【难点解析】

戴望舒诗歌虽然数量不多,但前后变化很大。从前期倾向于象征主义到后来抛开偏重诗歌形式的表现,注重形式的自由和口语化特点,是需要特别注意的。

【作品分析例释】

戴望舒诗《我的记忆》赏析:

我的记忆

我的记忆是忠实于我的,
忠实甚于我最好的友人,

它生存在燃着的烟卷上,
它生存在绘着百合花的笔杆上,
它生存在破旧的粉盒上,
它生存在颓垣的木莓上,
它生存在喝了一半的酒瓶上,
在撕碎的往日的诗稿上,在压干的花片上,
在凄暗的灯上,在平静的水上,
在一切有灵魂没有灵魂的东西上,
它在到处生存着,像我在这世界一样。

它是胆小的,它怕着人们的喧嚣,
但在寂寥时,它便对我来作密切的拜访。
它的声音是低微的,
但它的话却很长,很长,

很长,很琐碎,而且永远不肯休:
它的话是古旧的,老讲着同样的故事,
它的音调是和谐的,老唱着同样的曲子,
有时它还模仿着爱娇的少女的声音,
它的声音是没有气力的,
而且还挟着眼泪,夹着太息。

它的拜访是没有一定的,
在任何时间,在任何地点,
时常当我已上床,朦胧地想睡了;
或是选一个大清早,
人们会说它没有礼貌,
但是我们是老朋友。

它是琐琐地永远不肯休止的,
除非我凄凄地哭了,
或者沉沉地睡了,
但是我永远不讨厌它,
因为它是忠实于我的。

《我的记忆》创作于 1929 年,明显地和《雨巷》诗不同,是戴望舒对自己诗歌音乐性反拨的开始。结构上第一节只有两句,明确说明记忆是忠实的,这是最真实的描写。第二节是一长串的具象描写,虽然粗糙却很自然贴切,把似乎遥远的记忆拉回到现实的空间。第三、四节主要表现诗人主观的感觉,表现点点滴滴记忆中历久长存的眷念,生命中这些最珍贵的记忆在不经意中就会复苏,就会映现眼前。最后一节与第一节遥相呼应,令人回味。全诗没有了整饬的形式和回环复沓的音乐美,而是以自然随意的结构形式,内在的情绪律动,用大众的口语,更亲切,更有平民化的人情味儿。

【学习检测】
　　名词解释：
1．中国诗歌会
2．红色鼓动诗
　　问答题：
臧克家诗歌创作的风格特点。
　　赏析题：
就戴望舒的名篇《雨巷》写一篇赏析短文。
　　【相关评论资料】
金丝燕著《文学接受与文化过滤——中国对法国象征主义诗歌的接
　　受》，中国人民大学出版社1994年版。

第七章　曹禺戏剧文学成就

【内容要点】
1. 曹禺成为戏剧天才的环境和心理因素。
2.《雷雨》作为戏剧诗的深刻内涵。
3. 从《雷雨》、《日出》、《原野》到《北京人》曹禺戏剧艺术的创新和发展。

【学习建议】
建议阅读作品：
《雷雨》(四幕剧)、《原野》(三幕剧)，参见《曹禺文集》第一卷，中国戏剧出版社 1988 年版。
《北京人》(三幕剧)，参见《曹禺文集》第二卷，中国戏剧出版社 1988 年版。

【参考书目】
钱理群著《大小舞台之间——曹禺戏剧新论》，浙江文艺出版社 1994 年版。
孙庆升著《曹禺论》，北京大学出版社 1985 年版。

【课件链接】
参考课件光盘(上)第二编　第五章

第一节　戏剧天才——曹禺

曹禺是现代文学第二个十年中出现的天才剧作家，他在中国话剧史上是成就最高、最富有艺术创新精神、影响深远的作家。

曹禺，原名万家宝，字小石，1910 年 9 月 24 日(阴历八月二十一日)出生在天津一个封建官僚家庭里,祖籍湖北潜江。父亲万德尊,字宗石,清朝末年曾留学日本,毕业于日本陆军士官学校。辛亥革命后曾任黎元洪的秘书以及师长等职,后来因为厌恶官场生活而赋闲在家。曹禺的父亲喜爱文学,能诗能文,常与友人一起饮酒作诗,非常重视对儿子的教育,曹禺从小就接受了中国古典文学的熏陶。他没有上过小学,由家庭教师启蒙学习《四书》、《五经》等,但他也偷偷地阅读了《红楼梦》、《三国演义》、《水浒传》、《镜花缘》、《西厢记》等小说和戏曲作品。除了读书,曹禺最大的乐趣就是看戏,他从小是在戏里泡大的,这是他成为戏剧天才最初的环境基础。

童年生活往往对一个人性格和气质的养成产生很大影响,特别是像曹禺这样具有诗人气质、早熟、聪慧、敏感的孩子。对他童年情感世界影响最大的事情,第一件是他没有见过自己的亲生母亲。曹禺的生母生下他三天就患产褥热去世了。还在襁褓之中,命运就割断了他与这个世界上骨肉至亲的情感联系。五六岁时,曹禺的奶妈告诉了他这个秘密。没有亲生母亲的情感创痛,以及由此带来的无法言喻的心灵深处的悲情体验,恐怕只有当事人自己才能深切地感受到,所以他说:"我从小失去了自己的母亲,心灵上是十分孤单而寂寞的。"① 第二件是曹禺家庭阴郁气氛的影响。父亲爱他,但却不是那种平等的、朋友的爱。曹禺的父亲,生性文人的气质,喜欢舞文弄墨,却不得不当了一名武官,于乌烟瘴气的官场之中沉浮。由于厌倦官场生活他父亲四十岁就赋闲回家做了寓公,因为怀才不遇,他稍不如意就会大发脾气。他生于乱世,找不到适宜的人生位置,光宗耀祖的理想破灭,内心苦闷之极,于是曹禺的家也就笼罩在苦闷之中。正像曹禺说的,"尽管我的父亲很喜欢我,但我不喜欢我的家。这个家庭的气氛是十分沉闷的,很别扭。我父亲毕竟是个军人出身的官僚,他的脾气很坏。有一段时间我很怕他。他对我哥哥很凶很凶,动不动就发火"。② 对父亲他有时恨,有时怕,但又忘不了父亲对他的爱,

---

① 田本相:《曹禺传》,第13页,北京十月文艺出版社1988年版。
② 同上书,第7页。

那时的曹禺就感受到了人性的复杂和不可琢磨。

除此之外,曹禺还目睹了身边及社会上更复杂、悲惨的人生。姐姐家瑛,由于婚姻不幸,年纪轻轻抑郁而死。哥哥家修和父亲形同仇敌,整天无所事事,吸鸦片上瘾,三十多岁就死去了。他还看到了太多的穷人在受苦,也看到父亲周围那些畸形的人生状态。他童年时期,全家随到宣化任镇守史的父亲来到塞外小城,他曾目睹士兵把犯人打得半死,然后再想法给犯人治伤,可伤好了还是要拉出去枪毙。他还目睹了天津这个畸形都市中三教九流的人生百态,这一切都使他心中压抑着巨大的苦闷,要找一个方式释放出来,这个方式就是他从小就酷爱的戏剧。

曹禺是一个活在自己内心世界的人,或驻留在自己的内心,或憧憬辽远、朦胧的想象世界,除了读书、看戏,他多倾慕于能引发神秘联想的事情。有时他到天津老龙头火车站,会凝望着向远方无尽伸延的铁轨出神。在家读书休息的间歇,他会跑到二楼的小阳台上凭栏倾听从海河对面传来的教堂钟声。在荒凉的塞外小城宣化,夕阳西下时,他会一个人躲到城垛上,听远处传来的士兵归营的军号声,"那时我非常敏感,我总是坐在城墙上,听那单调却又十分凄凉的号声。偌大一个宣化府,我一个小孩子,又没有了自己的母亲,是十分孤独而寂寞的"。[①] 一个情感孤独、郁闷的孩子,也许在现实生活中遇到太多的压抑后,才在戏剧和诗的世界中寻找心灵的慰藉。在曹禺的心灵深处有太多情感的波澜,忧郁、苦闷、孤独、寂寞、追索、憧憬、迷茫,他是一位倾向于忧郁、感伤的诗人剧作家。

曹禺的心理气质是内在"郁热"与外在"沉静"的统一,内心波涛汹涌,却看似风平浪静。在情感上,从表面看,曹禺较内向、胆小,这使他在家里总是战战兢兢地躲避,但在心灵深处,曹禺所获得的却是极其大胆的、俯视状态的悲天悯人,他在自己的精神世界里是一个"巨人"。他祈望求索宇宙间神秘、复杂、残忍、黑暗的人类行为或命运,其中浸透的不是廉价的表层同情,而是感同身受的痛苦折磨;不

---

① 田本相:《曹禺传》,第37页,北京十月文艺出版社1988年版。

是对吃不饱穿不暖的物质层面的关切,而是对人类灵魂、精神境界的探寻,涉及到对人类的生存状态、人为什么活着等终极问题的艺术性体现。这种情感从小家庭延伸到大社会(包括上层社会和下层社会),这是一种真正的对人的悲悯,一种彻底的悲悯,是深刻的人文关怀,这样一种情感心理内核在他的创作上始终是存在的,其深邃性远远超出他同时代的剧作家,其哲理内蕴也令今天的我们称叹。

  除了情感的因素外,良好的戏剧环境也是曹禺后来成为出色的戏剧家重要的艺术铺垫。曹禺从小生长在天津,母亲的影响和大都市得天独厚的戏剧氛围,使他从小就成了一个小戏迷。他是文明戏时期的小观众,爱美剧时期出色的业余演员,最终成为成就卓著的剧作家。

  曹禺的继母是个戏迷,从小就带着曹禺看了许多京戏、各种地方戏曲、曲艺和文明戏,这给曹禺的童年生活带来了莫大的快乐。他常在小朋友来家的时候组织他们编排演戏,自娱自乐。从童年开始,看戏就成了他一生的嗜好,"我从小时候就看旧戏,那是入了迷的。到了大学时代,我和靳以经常到广和楼看戏。……从这些旧戏里能学到写性格的本领,每个人物的性格都是异常鲜明的"。[①]

  1922年曹禺十二岁时进入天津南开中学。这所学校是北方业余话剧运动的中心之一,1919年正式成立的"南开新剧团"是很有影响的戏剧团体。曹禺于1925年参加了这个剧团,并开始他的演剧活动。在颇有戏剧艺术造诣的张彭春先生的指导下,曹禺成为南开新剧团的中坚力量。他出演了中外很多剧目,特别是1928年10月17日南开二十四周年校庆,曹禺主演易卜生的《玩偶之家》引起天津各界的轰动。他不仅演话剧,还会唱京剧,看过他演出的同学评价:"家宝是个天才,他演什么像什么,他演京戏也照样打动人。"[②] 此间,他还为《南开双周》做戏剧编辑,写诗、杂文、翻译、改编剧本等。由看戏到演戏,再到自己动手编戏,可以看出曹禺对戏剧的浓厚兴趣。"南

[①] 田本相:《曹禺传》,第23页,北京十月文艺出版社1988年版。
[②] 同上书,第76页。

开新剧团是我的启蒙老师:……它使我熟悉舞台,熟悉观众,熟悉如何写戏才能抓住观众。戏剧有它自身的内在规律,不同于小说和电影。掌握这套规律的重要途径,就是舞台实践。"① 南开中学这几年的戏剧活动,为他以后成为中国话剧史上一位大师级剧作家做了最好的艺术准备。

1928年南开中学毕业后,曹禺升入南开大学,在政治系学习政治经济学。由于对这门学科不感兴趣,他于1930年转入清华大学西洋文学系,插入二年级,专攻西方语言文学。在此期间,他广泛系统地涉猎了欧美戏剧名家名作,包括戏剧名作和戏剧理论著作。在写《雷雨》之前,他已经阅读了几百部各种流派的中外名作。如英文版《易卜生全集》,希腊悲剧作家的剧作,英国的莎士比亚、俄国的契诃夫、美国的奥尼尔等人的作品,都对他后来的戏剧创作产生了多方面的影响,大大提高了他的艺术表现力。此外,他仍热衷于中国戏曲艺术,京戏、昆曲、曲艺等他都感兴趣,这对他从事话剧创作也是大有益处的。

曹禺的戏剧观念也是在他多方面戏剧实践的基础上产生的,其核心是强调戏剧的舞台性,注意戏剧的表演艺术特性。具体地说,他认为构成戏剧的三个要素是舞台、演员、观众。从这三个要素出发,曹禺要求编剧必须注意三件事:一是结构要严谨集中,做到头绪清晰,在舞台的时空限制内,通过妥善的安排处理,引导观众接受剧情。二是要注意动作性。因为剧本是由人表演,让人观赏的,因此应尽量多找动作来代替对话。即使是介绍性的场面,也要掺和着动作来介绍。三是要抓住观众的注意力,通过安排悬念,利用"发现"与"陡转"等手法吸引观众。曹禺丰富的舞台演出经验,形成了他突出戏剧作为剧场艺术的独特创作观,使他的剧本兼有读、演两种性质,使看不到演出的读者,也能从富有动作性、戏剧性、文学性的剧本中读出兴味来。在曹禺的戏剧创作中,对艺术创新的不懈追求,也是他成功的

---

① 曹禺:《回忆在天津开始的戏剧生活》,转引自田本相著《曹禺传》,第88页,北京十月文艺出版社1988年版。

重要原因。他根据剧本的内容需求来安排结构,组织戏剧冲突,塑造极富个性特征和丰富悲剧内涵的人物形象,每个剧本都别具特色,在现代文学史上凸显出了他非凡的戏剧艺术才能。

第二节 代表剧作——《雷雨》

1933年清华即将毕业时,曹禺根据自己丰富的生活积累和艺术积累,写出了他的处女作《雷雨》。这部作品由巴金推荐,1934年7月在《文学季刊》第1卷第3期上发表。《雷雨》的问世标志着中国话剧艺术开始走向成熟。

《雷雨》不是一部理性的作品,可以说情感因素是促使《雷雨》得以问世的重要原因。情感,"是创作的动力、想象的酵母、人物的血肉、作品的气韵和生命,又是艺术魅力的源泉"。[①] 曹禺在长期的生活积淀中蕴蓄着强烈的情感冲动,写作过程也是一个积郁已久的情感宣泄的过程。曹禺说,"我写《雷雨》有一段酝酿过程。我刚读完南开中学,便立志想写《雷雨》这一类的剧本,因为我在自己的生活圈子里已经看到了一些像蘩漪和周朴园这样的人物。《雷雨》中的每个人物都有真实的影子,但又不是一个人,而是集中了很多人物的特点,再加以我的创造","我记得写的时候,就在清华大学旧图书馆的杂志室里,白天晚上就在一个座位上,完全忘记了学校上课的钟声。我当时感到创作是非常快乐的,而不是皱着眉头硬挤的苦事,因为找材料,搞结构,组织大纲这些苦事已经过去了,而且那些人物已经活生生地在我的脑中转","写完之后,我喘了一口气,仿佛四五年朝思暮想的心事终于完了"。[②]在一种痴迷的创作状态下,戏剧天才曹禺把一种不吐不快的复杂而又朦胧的情感催生成凝聚着人生精髓的"诗的境界",产生了中国现代话剧的一部经典之作。《雷雨》多方面的成就,至今仍牵扯着我们当代人的情感丝缕,面对人生的复杂、人性

[①] 顾祖钊:《文学原理新释》,第33页,人民文学出版社2000年版。
[②] 曹禺:《简谈〈雷雨〉》,《曹禺研究专集》上册,第81、82页,海峡文艺出版社1985年版。

的扭曲,《雷雨》会带来具有深刻哲理内蕴的永久的心灵震颤。

《雷雨》最突出的成就是具有鲜明、复杂性格特征的人物塑造。在错综复杂的矛盾纠葛中透现人物的命运。分析《雷雨》中的人物可以从多个层面:社会的、阶级的、家庭的、情感的、心理的、性格的、命运的、神秘莫测的种种方面去接近你心目中的人物。周朴园是一位封建买办资本家,它的封建家长式的专制使这个家庭出现了一系列不正常的变化,引起繁漪的强烈反抗,导致了母子乱伦。周朴园阴影下的灰暗生活,滋生了像周萍这样无所事事、懦弱无能的"零余者"。周冲由于新思潮的影响,远远背离了周朴园的训导轨道。周朴园本人三十年前做地主少爷时所造的罪孽,三十年后被暴露出来,引起了整个家庭的总崩溃。

《雷雨》全剧矛盾冲突最本质的核心是周朴园所代表的扼杀人性的封建伦理观念,具体表现为专制封建家长制下那种压抑、禁锢、令人窒息的气氛。但这个内容不是概念化的,曹禺先生凭着多年深切的生活体验,以及他过人的艺术感觉,把这一内容浓缩进雷雨之前那自然界的郁热、憋闷、令人喘不过气来的氛围之中。剧中其他的矛盾:周朴园与侍萍,周朴园与繁漪,繁漪与周萍,以及和周冲、四凤、鲁大海等人物之间的矛盾关系,如果离开了周朴园这个核心人物,都将不复存在,于是周朴园成为《雷雨》中至关重要的人物。

周朴园的性格特征主要表现为专制、虚伪、冷酷、虚弱等方面。他年轻时受传统的封建教育,后来到欧洲留学,是一个封建性很浓的资本家。他既有封建式的家长专制作风和封建道德的虚伪性,又有资本家的冷酷性。内外交困、众叛亲离的处境又使他在心理上十分虚弱。作者在他与不同人物的关系中表现了他多方面的性格特征。在家庭中突出表现他对妻子、儿子的专横暴戾,只要求别人绝对服从他个人的意志,却不管别人如何痛苦。比如劝繁漪吃药一场,与其说是关心妻子,不如说是当着儿女的面来树立一家之主的绝对权威。剧中这样描写:

周　冲　爸,妈不愿意,您何必这样强迫呢?

周朴园　你同你母亲都不知道自己的病在哪儿。(向蘩漪低声)你喝了,就会完全好的。(见四凤犹豫,指药)送到太太那里去。

周蘩漪　(顺忍地)好,先放在这儿。

周朴园　(不高兴地)不。你最好现在喝了它吧。

周蘩漪　(忽然)四凤,你把它拿走。

周朴园　(忽然严厉地)喝了它,不要任性,当着这么大的孩子。

周蘩漪　(声颤)我不想喝。

周朴园　冲儿,你把药端到母亲面前去。

周　冲　(反抗地)爸!

周朴园　(怒视)去!

　　　　[冲只好把药端到蘩漪面前。

周朴园　说,请母亲喝。

周　冲　(拿着药碗,手发颤,回头,高声)爸,您不要这样。

周朴园　(高声地)我要你说。

周　萍　(低头,至冲前,低声)听父亲的话吧,父亲的脾气你是知道的。

周　冲　(无法,含着泪,向着母亲)您喝吧,为我喝一点吧,要不然,父亲的气是不会消的。

周蘩漪　(恳求地)哦,留着我晚上喝不成么?

周朴园　(冷峻地)蘩漪,当了母亲的人,处处应当替孩子着想,就是自己不保重身体,也应当替孩子做个服从的榜样。

周蘩漪　(四面看一看,望望朴园,又望望萍。拿起药,落下眼泪,忽而又放下)哦,不!我喝不下!

周朴园　萍儿,劝你母亲喝下去。

周　萍　爸!我——

周朴园　去,走到母亲面前!跪下,劝你的母亲。

　　　　[萍走至蘩漪前。

周　萍　(求恕地)哦,爸爸!

周朴园　(高声)跪下!(萍望蘩漪和冲;蘩漪泪痕满面,冲身体发抖)叫你跪下!(萍正向下跪)

周蘩漪 （望着萍，不等萍跪下，急促地）我喝，我现在喝！（拿碗，喝了两口，气得眼泪又涌出来，她望一望朴园的峻厉的眼和苦恼着的萍，咽下愤恨，一气喝下！）哦……（哭着，由右边饭厅跑下。）

　　虚伪则是封建旧道德的突出表现，比如和侍萍相会一场，在知道真相前后判若两人。从表面看周朴园对亡妻侍萍是很怀念、很有感情的，实质上他的内心并非这样纯净，这可以从分析周朴园的心理来看，侍萍事件从情感上说对他影响很大。年轻时，他占有了年轻貌美的侍萍，后来他一直以为侍萍母子已经死了。两条人命这样的罪孽，不可能不在他心灵深处投下阴影，尽管三十年了，想忘也忘不了。怀念亡妻，一是要忏悔，以使自己心安；二是要在家人心中造成他是一位恪守夫妇之道的品德高尚的丈夫。再往他的灵魂深处探究，他的专制粗暴的家长作风不但灭绝了自己的温情，同时也失去了妻儿对他的感情，整个家庭冷漠、郁闷，谁也不敢接近他，在家庭中他很难体味到骨肉亲情。财产富有，感情贫乏，在他已干涸了的感情生活中，可能只有自己三十年前青春时期和侍萍的一段真情生活还值得回忆。所以他借怀念亡妻来弥补感情的空虚，洗清自己过去的罪恶，好堂而皇之地做一个"正人君子"。正所谓假亦真时真亦假，周朴园已虚伪到了无意识状态，这种"不觉虚伪的虚伪"、"不觉自私的自私"被作者恰到好处地表现出来。当侍萍事件真相大白，侍萍站到他面前时，一切的一切都暴露无遗，他先是惊愕，继而严厉质问，最后终于说出"你要多少钱"，这种最能反映他资本家惯性思维的话，这时已经没有一丝一毫的感情可言，他的所作所为完全符合这个人物的心理性格逻辑。

　　冷酷主要从他和鲁大海为代表的工人的关系中揭示出来。虚弱则是他专制、伪善、冷酷所带来的必然心理反映。如对周冲的一反常态，忽然很和气地问周冲想帮谁出学费，周冲却害怕地托词离开。作者从性格的多侧面非常成功地塑造了一位封建式资本家的典型，但我们又不能用这个标签来概括周朴园的全部，在人物形象的这个大的框架下还有作为人的多重复杂性,作品给我们留下了耐人寻味的思考空间。

繁漪是曹禺塑造的最具个性和丰富性的人物,是一位矛盾到焦灼状态的女性的代表。"她们都在阴沟里讨着生活,却心偏天样的高;热情原是一片浇不熄的火,而上帝偏偏罚她们枯干地生长在砂上。这类的女人许多有着美丽的心灵,然为着不正常的发展,和环境的窒息,她们变为乖戾,成为人所不能了解的。受着人的嫉恶,社会的压制,这样抑郁终身,呼吸不着一口自由的空气的女人在我们这个社会里不知有多少吧。"[①] 繁漪是生长在旧式大家庭,同时受五四后新式教育的小资产阶级女性,被曹禺誉为"雷雨式"的性格。她强烈追求个性自由和爱情幸福,不肯屈服于封建专制下,是极富有反抗个性的女性。但她毕竟是个阔太太,没有力量,也没有勇气抛弃一切去追求自由。在大家庭的束缚下,她要追求幸福,就表现出一种不正常的反抗形式,和名义上的儿子周萍发生乱伦关系。她把一切希望都寄托在和周萍的关系上,这种关系是封建专制下一种畸形的产物。一个心性孤傲的明慧女子最后只能指望周萍这个捞不起来的救命稻草,是不可能获得永久幸福的,这是那个时代女性的悲哀。当她发现和周萍的关系破裂不可避免时,感到了彻底的幻灭,于是她的倔强、阴鸷的性格又促使她不顾一切地进行报复,甚至不惜伤害自己的亲生儿子。繁漪是全剧中推进各种矛盾爆发的关键人物,也是曹禺贡献给现代文学人物画廊的独具魅力的女性形象。有评价说繁漪,"她的可爱,正是她的不可爱处",[②] 是很有意味的。

除此之外剧中的其他人物也写得颇具特色。周萍,懦弱无能又自私颓废,他对父亲既怨恨又惧怕,精神的压抑、苦闷使他陷于和繁漪的乱伦关系,而激情过后是痛苦、忏悔,他于是想挣脱这种罪恶的关系。他拼命抓住善良、纯洁的少女四凤,想救出自己,却不知他再次陷入兄妹乱伦的深渊。在这个世界上,他是一个多余的人,他越挣

---

① 曹禺:《〈雷雨〉序》,《曹禺研究专集》上册,第19页,海峡文艺出版社1985年版。
② 孙庆升:《曹禺论》,第130页,北京大学出版社。

扎,越背负更重的罪孽,最后只有以自杀来解脱。侍萍,一位被侮辱被损害的劳动妇女的典型,遭遇最不幸,意志最坚忍,她越是不想让自己的女儿走自己的痛苦之路,但偏偏命运捉弄人,而且四凤的命运比自己更悲惨。四凤,美丽、天真,可以说是侍萍青春的再现。周冲,是纯洁无邪的梦幻青年。鲁大海,性格倔强,有骨气。鲁贵,是个市侩加奴才的形象。

《雷雨》中人物数量虽然很少,只有八个人,但它像许多文学名著一样,人物的分量是很重的,有挖掘不尽的内涵。《雷雨》问世近七十年来,除了在话剧舞台上常演不衰外,对其文学剧本的研究也是热度不减,其中尤以对复杂人物性格的分析为最多。现在谈到繁漪、周朴园、周萍等人物,人们仍然是仁者见仁,智者见智,会有各自不同的理解。但有一点是相同的,就是认为《雷雨》的人物形象有其复杂多面的内涵,因此才会有多种不同的解读,这也是《雷雨》作为名著的显著特点。正像钱理群先生所述:《雷雨》"既是关注现实的,同时又超越现实,追索着隐藏于现实背后深处的人生、人性、人的生命存在的奥秘"。[1]《雷雨》所具有的悲剧震撼力和独特的审美情感体验,可以超越时空,魅力永恒。

曹禺被喻为中国戏剧史上诗化现实主义的代表作家,《雷雨》是一首蕴涵丰富悲剧寓意和哲理内蕴的情感诗。《雷雨》的独特魅力,是在复杂的人生状态中孕育激情、诗意和哲理。"曹禺不仅要求自己用脑去认识所要表现的生命,而且要求自己用心去感悟它们。他的创作激情正是靠着这种认识和感悟的助力燃烧起来的,并且达到了诗化的高度。"[2] 曹禺先生在《〈雷雨〉的写作》一文中说:"我写的是一首诗,一首叙事诗,……这诗不一定是美丽的,但是必须给读诗的一个不断的新的感觉……"[3],所以《雷雨》是可以当作戏剧诗来读

---

[1] 钱理群、温儒敏、吴福辉:《中国现代文学三十年》(修订本),第 415 页,北京大学出版社 1998 年版。
[2] 张健:《中国话剧百年述论》,《中国现代文学研究丛刊》,2002 年第 4 期,第 108 页,作家出版社 2002 年 10 月版。
[3] 转引自田本相、张靖编著《曹禺年谱》,第 29 页,南开大学出版社 1985 年版。

的。

　　首先曹禺创作《雷雨》是来自模糊的影像。"一两段情节,几个人物,一种复杂而又原始的情绪"[①]的强烈触动,作者把它艺术化为在雷雨式强烈的情绪渲染中推进的戏剧情节,通过八个人物错综交织的关系,透现各种不同的心理状态:爱与恨、诱惑与恐惧、困惑与憧憬、挣扎与无助,表现"宇宙正像一口残酷的井,落在里面,怎样呼号也难逃脱这黑暗的坑"[②]。

　　其次是剧本的"序幕"和"尾声"的精心设计,他曾强调说:"那序幕中的音乐是 Bach 作的 High Mass in B Minor, Benedictus qui venait Domini Nomini(即巴赫作《b 小调弥撒曲》——编者注),那点音乐是有用意的。"[③] "序幕"和"尾声"虽从未被搬上舞台,但作为文学剧本中表现诗意的一部分是不可缺少的。它像电影的远景镜头把一个极悲惨的故事推向了遥远的过去,距离感产生了悲悯的欣赏效果和神秘感,同时"一个劈雷暴雨般原始情结下的悲剧故事,就在这悠远宁静的结尾中消解了,远去了,……"[④] 再则是《雷雨》全剧的叙述语言和人物对白所表现出的诗的意韵。剧中最能代表作者心声的周冲的语言,他美丽的梦及梦的破碎,谁能说不充满着带着忧伤的诗情画意呢。

周　冲　有时我就忘了现在,(梦幻地)忘了家,忘了你,忘了母亲,并且忘了我自己。我想,我像是在一个冬天的早晨,非常明亮的天空,……在无边的海上……哦,有一条轻得像海燕似的小帆船,在海风吹得紧,海上的空气闻得出有点腥,有点咸的时候,白色的帆张得满满地,像一只鹰的翅膀斜贴在海面上飞,飞,向着天边飞。那时天边上只淡淡地浮着两三片白

[①] 曹禺:《〈雷雨〉序》,《曹禺研究专集》上册,第 16 页,海峡文艺出版社 1985 年版。
[②] 同上,第 17 页。
[③] 转引自田本相、张靖编著《曹禺年谱》,第 29 页,南开大学出版社 1985 年版。
[④] 祝红:《〈雷雨〉的诗化意象》,田本相、刘绍本、曹桂方主编《雷雨研究论集》,第 203 页,花山文艺出版社 1998 年版。

云,我们坐在船头,望着前面,前面就是我们的世界。

曹禺从小性格"忧郁而暗涩",他对艺术亲近,热衷于莫扎特和巴赫,二十岁时曾"苦苦地追索着人活着是为什么的问题,探求着宗教的奥秘。他有时到法国教堂去参加礼拜,有时去观察基督教的洗礼,参加复活节活动。他领略过教堂静穆的气氛,醉心于教堂庄严神秘的音乐之中"。① 他对东西方戏剧艺术的深厚修养,使他的《雷雨》蕴涵深刻、诗意浓郁、非常雅致。

《雷雨》的戏剧结构基本上遵循"三一律"原则,结构严谨,人物集中,戏剧冲突紧张、尖锐,矛盾线索错综交织,被称为"佳构剧"。全剧采取由近及远的结构方式,立足于三十年后的现实,在矛盾冲突的发展中,逐步揭示三十年间周、鲁两家的人事沧桑,现实和过去相互交映,四凤的今天也就是侍萍的昨天,周萍的现在映现着周朴园的过去,在一天中把三十年的人世沧桑揭示出来。全剧八个人,分成若干线索,若干组矛盾冲突,使各条线索之间紧密交织,相互勾连,形成牵一发而动全身的局面。围绕周朴园——侍萍这个主要冲突线索另有四条线索穿插:周朴园——蘩漪、蘩漪——周萍、周萍——四凤、鲁大海——周朴园等。周萍和四凤的关系促使周萍和蘩漪关系的紧张化,引出侍萍出场,揭开周朴园和侍萍矛盾冲突的序幕,这对矛盾的存在决定了要断然制止周萍和四凤的兄妹恋情,导致二人出走,蘩漪的复仇使二人出走不成并叫出周朴园,引出周朴园当众认侍萍,各种矛盾环环相扣,出现一个接一个紧张的戏剧冲突,直至总爆发,演出了一幕三人死亡、两人发疯的大悲剧。

《雷雨》的戏剧语言极富表现力,人物的对白看似平常,但潜台词很多,一语双关甚至"多关",反映人物复杂的性格、心理。如"吃药"一场,非常符合周朴园的身份和性格,不是大喊大叫,恶语相伤,而是"跪劝",看似关心,实是伤害。蘩漪对四凤关于大少爷的问话,潜藏着蘩漪心中的怨毒;鲁贵和蘩漪的对白,低声下气中暗含着敲诈;蘩

---

① 田本相、张靖:《曹禺年谱》,第17页,南开大学出版社1985年版。

漪和周萍的对话,隐含复杂、激烈的情感纠葛。除人物对白外,剧本人物小传的语言也异常洗练、深刻,凸显了人物复杂的个性、心理。曹禺的戏剧语言,已经完全摆脱了早期话剧书面语言、欧化语言过重的弊病,而是完全口语化的对白,虽然是普通的口语,但却是具有高度戏剧性和个性化的文学语言,具有恒久的艺术魅力。

第三节 现代戏剧艺术的探索者

1933年大学毕业后,曹禺到河北保定的一所中学里教英文,不久又回到清华大学读研究生,专攻戏剧。1934年应河北女子师范学院之聘赴天津任教,同年夏天他到上海参观。这两座大都市的畸形的社会生活,激发了曹禺的写作欲望。在教课之余,他深入社会底层搜集素材,酝酿新作,1935年夏写出四幕悲剧《日出》。1936年曹禺应邀到南京戏剧专科学校任教,这一年的冬天他写了《原野》。1940年写了以抗战大后方某伤兵医院为背景的《蜕变》。同年还写了《北京人》,1941年出版。这也是一部描写封建大家庭罪恶的话剧,但和《雷雨》风格不同,全剧不求情节的曲折,而是在朴实中求深刻。《雷雨》、《日出》、《原野》、《北京人》被称为曹禺的四大名剧,也为中国话剧文学的历史奏出了恢弘的华彩乐章。

曹禺是一位极富艺术家天赋的戏剧家,一方面他有诗人剧作家的敏感体验,另一方面他在对西方戏剧各种流派借鉴的基础上锐意求新。因为讨厌《雷雨》"太像戏"的结构,有炫耀技巧的幼稚,所以在《日出》中刻意在结构上创新,但仍然热衷于活生生的人的塑造。他被契诃夫的《三姐妹》所折服,"在这出伟大的戏里没有一点张牙舞爪的穿插,走进走出,是活的人,有灵魂的活人,不见一段惊心动魄的场面,结构很平淡,剧情人物也没有什么起伏生展,却那样抓牢了我的魂魄","我想用片段的方法,写起《日出》,用多少人生的零碎来阐明一个观念"——"人之道,损不足以奉有余"。曹禺坚信"腐肉挖去,新的细胞会生起来","我们要的是太阳,是春日,是充满了欢笑的好生活,虽然目前是一片混乱"。①

《日出》采用了"散文化"的戏剧结构,因为要表现包括上层社会和底层世界的复杂人生面貌,运用这种散点式结构,"用色点点成光影明朗的印象派绘画",② 既扩大了表现人物的范围,又不失作者擅长的对人物性格复杂性的开掘和生动性的追求,戏剧外部情节的紧张,化入了内在动作的紧张。在一个神秘的隐蔽于舞台背后,而又无处不在的金八爷和黑三们所构成的势力下,舞台上穿插演出了陈白露的悲剧,翠喜、小东西的悲剧,黄省三的悲剧,跨越了不同社会层面,再加上李石清、潘月亭、胡四、顾八奶奶、张乔治等等人物的悲喜剧,《日出》在更广的角度上反映了社会人生面貌。

钱理群先生在总结"走向奥尼尔"的剧作——《原野》的戏剧生命形态时,认为这是一部"大胆的全面革新之作",主要表现为:"一、把戏剧的'心理'因素提高到一个新的地位与水平,并力图实现重内心与重情节、重性格二者的结合,人与外部环境(包括'他人')的冲突、与人自身性格、心灵的冲突(以至分裂),即外在戏剧冲突与内在戏剧冲突的结合。二、把戏剧的'哲学'因素提到了一个新的地位与水平,力图实现'形而下'的描写与'形而上'的底蕴的结合,'写实'与'写意'的结合,场景、性格刻划的具体性与观念的抽象性的结合。三、把'非现实'因素提高到一个新的地位与水平,努力实现现实主义与表现主义的结合,写实手法与非写实手法的结合。"③

在《原野》中,曹禺把展示人物复杂性格、心理和神秘命运的舞台从家庭、社会拉延到了辽阔而阴森的原野。他借鉴象征主义、表现主义等艺术表现手法,利用人物的幻觉、内心独白、光影交织的舞台手段,营造出一种逼人的气氛,表现仇虎在深仇大恨终得一报之后,因多种情感交织缠绕而呈现的自身灵魂的挣扎,揭示出人物灵魂深处

---

① 曹禺:《〈日出〉跋》,《曹禺文集》第一卷,第456、457、450、451、458页,中国戏剧出版社1988年版。
② 同上。
③ 钱理群:《大小舞台之间——曹禺戏剧新论》,第126、127页,浙江文艺出版社1991年版。

的隐秘世界,让外在情节的紧张和内在心理的纠葛同步进行,使人物形象变得更为复杂、玄妙和深不可测,具有更深刻的历史和伦理化的人性内涵。这是一种超现实的人性真实,具有深邃的哲理意蕴。《原野》延续了曹禺对人类心理、情感、人性、命运等天地间复杂、矛盾问题的追索。剧中蕴蓄的情感也异常浓烈,曹禺自己说:"《原野》是讲人与人的极爱和极恨的感情,它是抒发一个青年作者情感的一首诗。"[1]

曹禺的创作传承了希腊的悲剧精神,广泛接受莎士比亚戏剧在"变异复杂的人性,精妙的结构,绝美的诗情,充沛的人道精神,浩瀚的想像力"[2]等方面的影响,借鉴易卜生戏剧多样的艺术表现手法,奥尼尔表现主义的戏剧技巧,以及契诃夫"生活化的戏剧"的平淡而隽永的风格。他把西方戏剧大师高妙的戏剧表现手法化入自己具有鲜明艺术个性和中国民族特色的剧作中,使话剧这一完全移植于外国的艺术在中国生根,并走向成熟。就剧作家自身情感的发展脉络看,曹禺的四大名剧可以说大多作于青春时期,二十三岁作《雷雨》,二十五岁作《日出》,二十六岁作《原野》。这三部作品无论是关注家庭的《雷雨》、关注社会的《日出》,还是关注心理的《原野》,都充满了青春时期的激情、焦灼、苦闷与憧憬,虽然戏剧结构、人物的雕塑手法都有不同,但那种浓烈的诗情是一贯的。而三十岁而立之年作的《北京人》,却归于一种静的悲喜剧,风格上有了很大的变化。

《北京人》"从平凡安逸的生活形式中重新识察到生活内部的深沉冲突"[3]。"在《北京人》的创作中,他实现了美的思想与美的语言相结合的'戏剧诗'的理想,没有任何'张牙舞爪式'的穿插,平静得如生活的潜流,不卖弄任何的技巧,然而更见其技巧的圆熟和高超。"[4]

---

[1] 转引自钱理群:《大小舞台之间——曹禺戏剧新论》,第104页,浙江文艺出版社1991年版。
[2] 曹禺:《和剧作家们谈读书和写作》,转引自孙庆升著《曹禺论》,第232页,北京大学出版社。
[3] 宗白华:《悲剧的与幽默的人生态度》,《艺境》,第73页,北京大学出版社1999年版。
[4] 孙庆升:《曹禺论》,第72页,北京大学出版社。

在戏剧结构上,《北京人》采用了时空交错的立体化舞台设置,把代表不同时代的三个"北京人"——远古时代原始的北京人(中国猿人),现在的北京人(曾皓代表的没落封建旧式大家庭中的各色人物及杜家所代表的暴发户),未来的北京人(人类学家袁任敢父女),集中于一个舞台之上。在鲜明的对比中突出原始北京人蛮性的强壮,取之不尽的自然生命的活力;凸显未来北京人袁氏父女快乐、祥和、自由自在的生活状态。以此为视角审视现在的北京人,揭示曾皓、曾文清、曾霆、江泰等等没落士大夫和半新不旧的洋派人物生活的颓腐本质,讽刺始终觊觎曾家寿木的资产阶级暴发户杜家生活的荒谬性,对于半封建半殖民地中国社会中有代表性的各阶层人物,以及他们所代表的文化给予了最富有戏剧意味的嘲讽,深刻的悲剧意味隐含在夸张、荒诞的喜剧情节的背后,悲喜剧的交融达到了出神入化的境界。

在曹禺的剧作中,女性形象是他着力塑造的艺术形象,也是他写得最成功的一类形象。蘩漪、陈白露、花金子、愫芳等等,虽然性格、境遇不同,但她们心中都有美丽的梦幻憧憬,可是都以各种形式,被现实的污浊和残酷打碎。她们性格的倔强,使她们都坚守着自己的主见,无论是蘩漪的超常态的举动,还是陈白露的自杀,金子的出逃,愫芳的离开,她们都是敢作敢当的弱女子,不乏男人的气魄,作者在相似之中写出了每个人物的突出个性。

蘩漪浓烈的"雷雨"性格,霹雳一般烧毁了自己,也绞杀了身边无辜的人。曾经美丽、纯净,有青春活力的陈白露,从家乡走进现代都市,追求的结果还是被畸形的社会吞噬了生命的乐趣与意志,在上流社会过着寄生的生活,以玩世不恭来游戏人生,她心中并没有彻底泯灭女性的善良和柔弱的同情心,但社会的黑暗最终吞没了一个美好的灵魂。花金子被迫出嫁,在刻毒的婆婆、窝囊的丈夫家里过着压抑的屈辱生活,心中健康、野性的生命活力被扼杀,过去的情人仇虎的突然到来又点燃了她青春生命之火,作者刻画了一位内心善良、外表泼野的农村女性爱恨情仇的复杂情感,火辣的形象令人挥之不去。

愫芳的形象更是曹禺倾注极大心力塑造的形象。一个孤女,心

地的和善、宽容,内心的坚忍、执著,令人折服,剧本中这样描写:

见过她的人第一个印象便是她的"哀静"。苍白的脸上恍若一片明静的秋水,里面莹然可见清深藻丽的河床,她的心灵是深深埋着丰富的宝藏的。……

伶仃孤独,多年寄居在亲戚家中的生活养成她一种惊人的耐性,她低着眉头听着许多刺耳的话。只有在偶尔和文清的诗画往还中,她似乎不自知地淡淡泄出一点抑郁的情感。她充分了解这个整日在沉溺中讨生活的中年人。她哀怜他甚于哀怜自己。她温厚而慷慨,时常忘却自己的幸福和健康,抚爱着和她同样不幸的人们。然而她并不懦弱,她的固执在她的无尽的耐性中时常倔强地表露出来。

为心中的爱情默默活着的愫芳,并没有因为爱的消失而毁灭,她勇敢地走向了人生更广阔的世界,追求更美好的充满生机的生活,体现着东方女性的隐忍、含蓄、博大,在沉静中奏出一曲动人的生命诗。

和女性形象相比,曹禺还塑造了周萍、焦大星、曾文清形象系列。他们都是"一个生命的空壳",空有男人的外表,却性情懦弱,现出男人的女性化。

在形形色色男人、女人的世界里,曹禺主要表现了在他们情感历程中爱的话题:有的没有爱(周朴园与蘩漪),有的爱变成了恨(蘩漪与周萍),爱变成了虚伪(周朴园与侍萍),变成了罪恶(周萍与四凤),变成了梦幻(周冲与四凤),变成了隔膜(陈白露与方达生),变成了滑稽(胡四与顾八奶奶),变成了烈火(仇虎与金子),变成了疯狂(焦母与焦大星),变成了无奈(曾文清与曾思懿),变成了虚无(愫芳与曾文清),变成了束缚(瑞贞与曾霆),变成了私欲(曾皓与愫芳),只有《北京人》中袁家父女的爱变成了朋友。

曹禺剧作中塑造的许多人物,性格都是鲜活、生动的,情感是复杂、丰富的。除了以上的主要人物外,其他人物也写得有声有色。鲁贵、黄省三、李石清、王福升、翠喜、小东西、焦母、白傻子、江泰等等形象,都会给读者留下深刻印象。

用象征性意象构筑具有诗意和哲理蕴涵的戏剧背景,也是曹禺戏剧艺术的亮点。如像《雷雨》中象征性格、情感、时代氛围的"雷雨"意象塑造一样,《日出》中的"日出"和夯歌,《原野》中原野、铁轨、老屋、鼓声、黑林子等,《北京人》中"北京猿人"、棺材、鸽子、耗子、号声等都有着各自丰富的象征意义,也是除人物的塑造之外,曹禺着意写出的不可缺少的戏剧形象。所以才有"雷雨"是《雷雨》剧中第九个角色,"原野"是《原野》一剧第七个角色的说法。在文学剧本中作者用浓烈的抒情语言所塑造的象征意象,也具有撼人心魄的艺术魅力。

比如,《原野》中对"原野"意象的描写:

大地是沉郁的,生命藏在里面。泥土散着香,禾根在土里暗暗滋长。巨树在黄昏里伸出乱发似的枝丫,秋蝉在上面有声无力地振动着翅翼。巨树有庞大的躯干,爬满年老而龟裂的木纹,矗立在莽莽苍苍的原野中,它象征着严肃、险恶、反抗与幽郁,仿佛是那被禁梏的普饶密休士,羁绊在石岩上。他背后有一片野塘,淤积油绿的雨水,偶尔塘畔籁落籁落地跳来几只青蛙,相率扑通跳进水去,冒了几个气泡;一会儿,寂静的暮色里不知从什么地方传来一阵断续的蛙声,也很寂静的样子。巨树前,横着垫高了的路基,铺着由辽远不知名的地方引来的两根铁轨。铁轨铸得像乌金,黑黑的两条,在暮霭里闪着亮,一声不响,直伸到天际。它们带来人们的痛苦、快乐和希望。……

在天上,怪相的黑云密匝匝遮满了天,化成各色狰狞可怖的形状,层层低压着地面。……

原野中充满着神秘、生机、诱惑、渴望、寂寞、恐惧,是一种交织着重重矛盾的生命状态的诗意象征,也暗合了仇虎复仇过程中多重的情感表现。曹禺把富有艺术表现力的象征手法运用得非常自如、隽永,使他要表现的复杂思想、意念具象化,深化了作品的哲理意蕴。

著名美学家宗白华先生曾论道:"生活严肃的人,怀抱着理想,不愿自欺欺人,在人生里面体验到不可解救的矛盾,理想与现实的永久冲突。然而愈矛盾则体验愈深,生命的境界愈丰满浓郁,在生活悲壮的冲突里显露出人生与世界的'深度'。"[1] 曹禺在谈到自己的创作时曾说希望自己的戏写得深,写得叫人思索、深思,叫人想到戏中描写以外的问题。他做到了,他的名剧都成了现代文学史上的经典之作。

【内容小结】

1. 曹禺是一位倾向于忧郁、感伤的诗人剧作家,他的心灵深处有太多情感的波澜和痛苦、矛盾,这对他的创作有很大影响。(理解)
2. 经典剧作《雷雨》的特点:人物塑造的复杂性和蕴涵的深刻性,生命意识和人性视角。(理解、掌握)
3. 曹禺四大名剧《雷雨》、《日出》、《原野》、《北京人》在艺术上的不断创新和各自特点。(了解、掌握)

【难点解析】

曹禺剧作的故事性比较强,人物塑造也非常鲜明,同学们读曹禺的剧本时不能只注意曹禺戏剧的表层内容——故事情节,而是要透过他塑造的鲜活的人物形象体悟人性的复杂处与深蕴的诗化内涵,体味曹禺剧作强烈的悲剧震撼性所表现的幽深的意境。曹禺戏剧文学的语言也有经典之功,值得细细品味。

【作品分析例释】

《北京人》分析:

《北京人》是曹禺二十世纪四十年代的代表作,描写了北京一个没落的封建大家庭曾家祖孙三代的性格和命运,曹禺创作的关注视角从探究人性的复杂性(《雷雨》、《原野》)和探索复杂社会中畸形的人生(《日出》),转向了文化层面的思考。曾皓、曾文清、曾霆代表了封建家庭不同时代人的命运。曾皓是老太爷,代表着曾经富贵、诗礼

---

[1] 宗白华:《悲剧的与幽默的人生态度》,《艺境》,第72页,北京大学出版社1999年版。

传家的封建大家庭中行将就木的老一代,他生命的意义似乎就是体面的死亡,所以他最大的兴趣就是为已经漆了十五年的寿木不断地上漆。到头来曾家的没落走到尽头,他心爱的寿木最终自己没有用上,而是被隔壁暴发户杜家以抵债的方式抢走,揭示了一个时代的悲剧。曾家的第二代曾文清从年龄上看虽然正值壮年,但他的性格颇似巴金小说《家》中的觉新,懦弱、服从、消沉、健忘,是一个典型北京没落封建贵族文化的体现者。他有一个把他拿捏在手里的能干却刁悍的老婆曾思懿,有一个两情相悦、近在咫尺却不敢爱的表妹愫芳,他是一个快要做爷爷的人,但他自己还是奶妈眼里的乖少爷。他在沉闷、压抑的生活中以琴棋书画来打发时光,他的痛苦使他无法戒除鸦片瘾,即使有愫芳圣洁的感情的鼓励,曾文清仍然是一个没有了生命意志的生命驱壳,他无法承担起一切生命的角色,无论是男人、父亲、丈夫还是情人,他是一个彻底的失败者,所以吞下鸦片结束生命也许是他唯一有勇气做的事情。没落的封建文化又制造了一位艺术修养极好但连生命都无法维系的无用的人。曾家的第三代曾霆年纪轻轻就糊里糊涂被包办婚姻所捆绑,好在他的年轻、天真和大胆救了他,使他不再重蹈父亲的覆辙,他大胆地离婚去追求年轻人快乐的生活,虽然还不清楚出路在何方,但毕竟开始迈步。曹禺先生以远古北京人无所畏惧的原始力量来映现现世北京人的落寞与无力,以人类学者袁任敢父女开放、快乐的生活憧憬未来的北京人的明天。

【学习检测】

问答题:
1. 分析《雷雨》中人物形象的复杂内涵及悲剧意义。
2. 比较分析《雷雨》、《日出》、《北京人》的戏剧结构艺术。
3. 试述《原野》象征意象的哲理蕴涵。

思考题:
1. 就《雷雨》是不是社会问题剧谈谈你的看法。
2. 话剧《雷雨》为什么会常演长新,而影视改编剧却未能如此。
3. 谈谈曹禺剧作中塑造的女性形象的独特艺术魅力。

【相关资料】

田本相著《曹禺传》,北京十月文艺出版社 1988 年版。

【相关影视作品简介】

《雷雨》(电影、电视剧)、《日出》(电影、电视剧)、《原野》(电影)、《北京人》(电影)。

第八章 散文与其他戏剧文学创作

【内容要点】
1. 鲁迅后期杂文的主要表现。
2. 林语堂、梁实秋散文的艺术特色。
3. 夏衍戏剧的贡献。
4. 李健吾戏剧的风格特点。

【学习建议】
　　建议阅读作品：
鲁迅后期的杂文，参见《鲁迅全集》第三、四、五、六卷，人民文学出版社1981年版。
梁实秋散文，参见梁实秋著《雅舍菁华》，湖南文艺出版社1990年版。
林语堂散文，参见林语堂著《人生的盛宴》，湖南文艺出版社1990年版。
夏衍著《上海屋檐下》，参见《中国新文学大系》，戏剧集二(1927—1937)，上海文艺出版社1985年版。

【参考书目】
钱理群、温儒敏、吴福辉著《中国现代文学三十年》（修订本），北京大学出版社1998年版。
会林、陈坚、绍武编《夏衍研究资料》，中国戏剧出版社1983年版。

第一节　鲁迅后期杂文及其他散文作家

　　在大革命失败以后，阶级矛盾突显出来，中国社会空前的政治化,散文创作也难免受到影响。第二个十年散文创作的流派,通常从政治倾向的角度划分,主要有属于左翼作家的散文创作,比如鲁迅后期的杂文、以瞿秋白为代表的"鲁迅风"杂文,另外有以林语堂为代表的自由主义作家的幽默小品以及以何其芳为代表的政治上比较超然的京派与开明同人的散文等。虽然身处动荡、矛盾、对立的时代,但这些散文流派并没有因政见不同而势同水火,他们在各自的思想追求与艺术探索中使杂文、小品文和抒情散文创作都有所开拓,散文创作仍然异彩纷呈。

上海十年,作为自由撰稿人的鲁迅把大部分的精力都投入到了杂文的写作中,虽然无论是当时还是现在对鲁迅的杂感总是褒贬不一,但鲁迅仍旧依然故我地创作着他自《新青年》"随感录"时期就十分得心应手的杂文。或许对鲁迅先生来说无论内容还是形式,他认为杂文是最契合他的,也是最契合时代的,所以他说:"'中国大众的灵魂',现在是反映在我的杂文里了。……因此更使我要保存我的杂感,而且它也因此更能够生存,虽然又因此更招人憎恶,但又在围剿中更加生长起来。"[①] 由于时代的影响,鲁迅后期杂文表现出和前期杂文文化批判的主调不同的内容,它最紧密地联系社会现实,涉及政治斗争、文艺论辩、社会批评诸多方面,最全面、深刻、有力地反映了中国社会历史的本质面貌。而后期杂文的笔力仍然是一贯的鲁迅风格,"我自己也知道,在中国,我的笔要算较为尖刻的,说话有时也不留情面。但我又知道人们怎样地用了公理正义的美名,正人君子的徽号,温良敦厚的假脸,流言公论的武器,吞吐曲折的文字,行私利己,使无刀无笔的弱者不得喘息。倘使我没有这笔,也就是被欺侮到赴诉无门的一个;我觉悟了,所以要常用,尤其是用于使麒麟皮下露出马脚"。[②]

鲁迅后期杂文按时间先后排序主要包括《而已集》共收杂文二十九篇,均于 1927 年作,其中有二十四篇作于"四一二政变"后,反映了

---

① 鲁迅:《〈准风月谈〉后记》,《鲁迅全集》第五卷,第 411 页,人民文学出版社 1981 年版。
② 鲁迅:《我还不能"带住"》,《鲁迅全集》第三卷,第 244 页,人民文学出版社 1981 年版。

当时血的现实。《三闲集·序言》中说,"我是在二七年被血吓得目瞪口呆,离开广东的,那些吞吞吐吐,没有胆子直说的话,都载在《而已集》里"。①《而已集》题辞道:"这半年我又看见了许多血和许多泪,/然而我只有杂感而已。泪揩了,血消了;/屠伯们逍遥复逍遥,/用钢刀的,用软刀的。/然而我只有'杂感'而已。连'杂感'也被'放进了应该去的地方'时,/我于是只有'而已'而已!"②鲁迅满怀义愤用不同方式来控诉国民党的暴行,如《魏晋风度及文章与药及酒之关系》、《小杂感》、《可恶罪》、《谈"激烈"》、《扣丝杂感》。另外严酷的现实使鲁迅反思自己的思想,进化论开始轰毁,如《答有恒先生》。《三闲集》着重论述了革命文学的问题,共收杂文三十四篇。1927年作八篇,是《而已集》的补遗,1928年作十四篇,1929年作十二篇。这些杂文主要是参加"革命文学"论争,其中提出许多自己关于革命文学的见解,是比较客观又有见地的。如《文艺与革命》:"一切文艺,是宣传,只要你一给人看","用于革命,作为工具的一种,自然也可以的","但我以为当先求内容的充实和技巧的上达","一切文艺固是宣传,而一切宣传却并非全是文艺,这正如一切花皆有色(我将白也算作色),而凡颜色未必都是花一样。革命之所以于口号,标语,布告,电报,教科书……之外,要用文艺者,就因为它是文艺。"③

《二心集》收1930年、1931年作的杂文三十七篇。《南腔北调集》收1932年、1933年的杂文五十一篇。大部分都是发表在左联及有关刊物上的,涉及当时社会的许多问题。著名的有《对于左翼作家联盟的意见》,非常透辟地论证了左和右的关系,充满了辩证法,同时具体阐明了左翼作家的任务等问题,如斗争要坚决持久,注意实力,战线应扩大,要培养大群新的战士。《"友邦惊诧"论》义正辞严地谴责"九一八事变"后,国民党政府卖国求荣,镇压人民的罪行。《为了

---

① 鲁迅:《三闲集·序言》,《鲁迅全集》第四卷,第4页,人民文学出版社1981年版。
② 鲁迅:《而已集·题辞》,《鲁迅全集》第三卷,第407页,人民文学出版社1981年版。
③ 鲁迅:《三闲集·文艺与革命》,《鲁迅全集》第四卷,第84页,人民文学出版社1981年版。

忘却的记念》追悼左联五烈士。《我怎么做起小说来》谈了小说创作的问题等。

《伪自由书》收杂文四十三篇,《准风月谈》收六十四篇,均发表于1933年的《申报·自由谈》。《花边文学》收六十一篇,大多发表于1934年《申报·自由谈》,都是关于时事、社会、文化问题的短评。《伪自由书》主要是揭露、抨击国民党反动政权的"攘外必先安内"的"不抵抗政策",如《文章与题目》、《观斗》、《迎头经》。《准风月谈》明写风月,实写风云。1933年5月25日《申报·自由谈》编者迫于国民党政权的压力,发表"吁请海内文豪,从兹多谈风月,少发牢骚"的启示,鲁迅于是变换笔名,继续向自由谈投稿,用曲笔,影射国民党统治的黑暗,如《夜颂》。《花边文学》从社会批判的角度入手,涉及很多社会问题如妇女、儿童、迷信、自杀等。

《且介亭杂文》收杂文三十七篇,1934年作。《且介亭杂文二集》收杂文四十八篇,1935年作。《且介亭杂文末编》收杂文三十五篇,1936年作。其中涉猎的问题很广,如《拿来主义》谈科学地继承文化遗产问题。《〈中国新文学大系〉小说二集序》论述了"为人生"派小说发展的历史,是价值很高的研究论著。

鲁迅后期的杂文在艺术手法上或借古讽今,如《魏晋风度及文章与药及酒之关系》;或旁敲侧击,如《文章与题目》;或虚中有实,如《夜颂》;或小中见大,如《拿来主义》。他的杂文是鲜明的典型性、生动的形象性和深刻的思想、丰富的知识的结合,取得了艺术性和思想性高度统一的效果。

受鲁迅杂文的影响,左翼作家写出了许多战斗性、批判性的杂文,其主要发表在《萌芽月刊》、《前哨》、《北斗》、《十字街头》、《文学》、《海燕》、《芒种》等"左联"刊物和外围刊物上,形成杂文创作的繁荣景象,其中影响较大的有瞿秋白、茅盾、唐弢、徐懋庸、聂绀弩等。

瞿秋白,1899年1月29日出生在常州城东南角青果巷八桂堂天香楼。这八桂堂是时任湖北布政使的瞿秋白的叔祖父瞿赓甫的住宅,因大厅前后花木繁多,其中有长得比较挺拔的八株桂花而得名。出生于书香门第的瞿秋白,后来成为中国共产党的卓越领袖之一,同时还是一位才华横溢的散文作家。他1921年创作的《俄乡纪程》、《赤都心史》两部集子,描写从中国到俄国的旅途及在莫斯科的见闻感受,形式活泼,文笔洗练。作为鲁迅的知己,瞿秋白也是出色的"鲁迅风"杂文家,《民族的灵魂》、《流氓尼德》、《财神的神通》等反响很大。1933年他选编了《鲁迅杂感选集》,并提笔作序精辟论述了鲁迅思想的发展过程和鲁迅杂文的艺术价值。瞿秋白临终前撰写的近两万字的散文《多余的话》,坦诚回顾、审视了自己一生的经历和思想,结尾部分流露出对妻子女儿的眷恋,对青山秀水、美丽世界的留恋,读来感人至深。除瞿秋白外唐弢的《落帆集》中的散文诗和杂文,也秉承了鲁迅风格,简明而有文采,笔致锋利,击中要害。

"闲话风"是周作人代表的散文风格,在第一个十年的散文创作中就是一个影响广泛的散文流派,到二十世纪三十年代前期,文坛上进一步风行幽默与闲适小品。林语堂是幽默小品的集大成者,在此时期影响很大。林语堂,原名和乐,后改玉堂,又改语堂,1895年出生于福建漳州平和县。父亲是一名虔诚的基督教牧师,同时又信守中国儒家信条,并具维新思想,这对林语堂中西文化的修养有很大影响。他1912年入上海圣约翰大学,毕业后在清华大学任教。1919年秋赴美国哈佛大学文学系学习,1922年获文学硕士学位。同年转赴德国入莱比锡大学,专攻语言学。1923年获博士学位后回国,任北京大学教授、北京女子师范大学教务长和英文系主任。1924年后成为《语丝》主要撰稿人之一。1926年到厦门大学任文学院院长。1927年任外交部秘书。1932年主编《论语》半月刊,1934年创办《人间世》,1935年创办《宇宙风》,提倡"以自我为中心,以闲适为格调"的小品文。1935年后在美国用英文写《吾国与吾民》、《京华烟云》、《风声鹤唳》等文化著作和长篇小说。林语堂的散文创作在二十世纪三十年代达到高峰,虽然不如《语丝》时期针砭时弊,凌厉峻急,但正是此时期闲适幽默的风格奠定了他散文家的地位。林语堂是首先把"幽默"这一外来词引进汉语的,他提倡幽默、闲适、性灵的小品文创作,在文坛上有"幽默大师"的称号。关于幽默,林语堂论道,"无论哪一国的文化,生活,文学,思想,是用得着近情的幽默的滋润的。没有幽默滋润的国民,其文化必日趋虚伪,生活必日趋欺诈,思想必日趋迂腐,文学必日趋干枯,而人的心灵必日趋顽固","最上乘的幽默,自然是表示'心灵的光辉与智慧的丰富'","是属于'会心的微笑'一类的",其本质在于"超脱"、"冲淡"、"温厚"、"同情"。林语堂这样界定幽默与讽刺的差别,"其实幽默与讽刺极近,却不定以讽刺为目的。讽刺每趋于酸腐,去其酸辣,而达到冲淡心境,便成幽默。欲求幽默,必先有深远之心境,而带一点我佛慈悲之念头,然后文章火气不太盛,读者得淡然之味。幽默只是一位冷静超远的旁观者,常于笑中带泪,泪中带笑","愈是空泛的,笼统的社会讽刺及人生讽刺,其情调自然愈深远,而愈近于幽默本色"。[①] 林语堂一再倡导幽默,除了作为一种文学创作的美学追求,更是作为一种人生的达观态度,一种对人生、社会的批评方式。林语堂希望与现实保持距离,采取"冷静超远的旁观",与鲁迅所赞赏的"执著现实"的幽默观有所不同。他坚持以自由主义立场写"热心人冷眼看人生"的文章,游离于主流话语之外。

温和闲适、从容不迫的笔调,亦庄亦谐、趣味盎然的幽默,海阔天空、挥洒自如的率真,是林语堂散文的鲜明特色。他总是把自己的独到看法,用平实散淡的语言和浅显通俗的比喻娓娓道出,即使对高深严肃的问题,他也不云山雾罩,声色俱厉。如《粘指民族》,以轻松诙谐的叙述,绵里藏针的笔法,冷嘲热讽了那些擅长"染指、中饱、克扣、私肥、分羹"花样繁多的贪官污吏,令人拍案叫绝。《我怎样买牙刷》以自己受广告诱导购买牙刷、牙膏的经历,对现代文明进行了批判和颠覆。在现代广告术声东击西、狂轰乱炸之下,消费者的虔诚惶恐、无所适从以致最后幡然醒悟,商家的互相攻讦、惨淡经营,被作者渲染得惟妙惟肖、呼之欲出,给人似曾相识之感,读来忍俊不禁,痛快淋漓。

以幽默风趣的闲适小品见长的还有梁实秋。梁实秋,学名梁治华,字实秋,一度以秋郎、子佳为笔名。他原籍浙江杭县,1903 年生于北京,1915 年秋考入清华学校,在该校高等科求学期间开始写作。

[①] 《林语堂散文选集·论幽默》,第 146 页,百花文艺出版社 1987 年版。

第一篇散文诗《荷水池畔》发表于 1921 年 5 月 28 日《晨报》第七版。1923 年毕业后赴美留学，1926 年回国任教于南京东南大学，第二年到上海编辑《时事新报》副刊《青光》，同时与张禹九合编《苦茶》杂志，不久任暨南大学教授。最初梁实秋崇尚浪漫主义，发表了不少诗作。在美国哈佛大学研究院学习时受新人文主义者白璧德影响较深。他的代表性论文《现代中国文学之浪漫的趋势》，1926 年在《晨报副镌》发表。他认为中国新文学存在浪漫主义混乱倾向，主张在理性指引下从普遍的人性出发进行文学创作。1930 年他到青岛大学任外文系主任兼图书馆馆长。1932 年到天津编《益世报》副刊《文学周刊》。1934 年应聘任北京大学研究教授兼外文系主任。1935 年秋创办《自由评论》，先后主编过《世界日报》副刊《学文》和《北平晨报》副刊《文艺》。"七七事变"后，他离家独身到后方。1938 年任国民参政会参政员，在重庆编译馆主持翻译委员会并担任教科书编辑委员会常委，年底开始编辑《中央日报》副刊《平明》，抗战胜利后回北平任师大英语系教授。梁实秋散文的代表作是抗战时期的散文集《雅舍小品》。他的散文篇篇各呈异彩，令人爱不释手，一切诸如清丽隽永等评语，都不足以对它评头品足，它真正达到了炉火纯青、出神入化的境界。幽默是梁实秋散文创作的突出风格，他的幽默是一种学者的幽默，想象丰富灵活，描述简洁生动，随意生发，触类旁通，熔知识性与趣味性于一炉，自成一家，别有趣味。

《雅舍小品》记述抗战期间梁实秋在重庆北碚寄居的住宅，两间"有窗而无玻璃，风来则洞若凉亭，有瓦而空隙不少，雨来则渗如滴漏"的陋室，在作者的笔下竟成为个性十足的雅舍：地势较高但得月较先，陈设虽简却俱不从俗。作者并非不在意简陋的居室给予他的"苦辣酸甜"，但他更看重的是内心获得的丰赡惬意，"酣睡写读，均已有着，我亦不复他求"。究其底蕴，《雅舍》实际上表现的是一种对人格操守的追求，与刘禹锡《陋室铭》和王禹偁《黄州新建小竹楼记》气脉相通。

这个时期活跃于北方文坛的京派作家，在散文创作上也取得骄人成绩，代表人物有何其芳、李广田、吴伯箫、师陀、沈从文、萧乾等。

何其芳,原名何永芳,1912年出生,四川万县人。何其芳1929年到上海中国公学进入预科,1931至1935年就读于北京大学哲学系,课余沉浸于文学书籍之中,发表了不少诗歌和散文。1936年他与卞之琳、李广田的诗歌合集《汉园集》出版,受到文坛注意。他的散文集《画梦录》出版后,曾获《大公报》文艺奖金。大学毕业后他到天津南开中学、山东莱阳乡村师范学校教书。抗日战争爆发后回四川万县和成都教书,参加创办《川东文艺》和《工作》杂志。1938年赴延安,任鲁迅艺术学院文学系主任,其间曾随贺龙部队到晋西北和冀中根据地工作。新的生活使何其芳写出了《我歌唱延安》等散文和《生活是多么广阔》等诗篇,讴歌革命,礼赞光明,传诵一时。1944年以后,何其芳被派往重庆工作,任新华日报社副社长等职。1948年底开始在马列学院任教。结集出版的主要作品有:诗集《预言》、《夜歌》(后改名《夜歌和白天的歌》),作品集《刻意集》,散文集《还乡杂记》、《星火集》及其续编等。在散文创作上何其芳追求自己的风格,认为"在中国新文学的部门中,散文的生长不能说很荒芜,很孱弱,但除去那些说理的,讽刺的,或者说偏重智慧的之外,抒情的多半流入身边杂事的叙述和感伤的个人遭遇的告白。我愿意以微薄的努力来证明每篇散文应该是一种独立的创作,不是一段未完成的小说,也不是一首短诗的放大","我企图以很少的文字制造出一种情调:有时叙述着一个可以引起许多想象的小故事,有时是一阵伴着深思的情感的波动。……我追求着纯粹的柔和,纯粹的美丽"。[①] 他的散文成就表现在《画梦录》中,其中的篇章常用象征手法,构思精巧,文字秾丽,富于艺术的独创性,形式多采用"独语"的调式,敞开心扉,向读者倾诉自己的忧郁落寞和思考追求。如《雨前》、《黄昏》、《独语》、《梦后》、《岩》、《楼》、《弦》等均为其中精致的小品。以后在散文集《还乡杂记》中的篇什则趋于朴素自然,感情犷放,格调明朗。

与京派抒情小品散文风格相近的还有缪崇群、丽尼、陆蠡等散文

[①] 何其芳:《何其芳美文·画梦人生·〈还乡杂记〉代序》,第199页,花城出版社1992年版。

作家以及二十世纪三十年代围绕在开明书店周围的开明同仁丰子恺、夏丏尊、叶圣陶等众多作家的创作。丰子恺,原名丰润、丰仁,1898年出生,浙江崇德人。1914年入杭州浙江省第一师范学校师从李叔同学习音乐和绘画。1918年秋李叔同在杭州虎跑寺出家,对他的思想影响甚大。1919年师范学校毕业后,与同学数人在上海创办上海专科师范学校,并任图画教师。1921年东渡日本学习绘画、音乐和外语。1922年回国到浙江上虞春辉中学教授图画和音乐,与朱自清、朱光潜等人结为好友。1929年被开明书店聘为编辑。1931年他的第一本散文集《缘缘堂随笔》由开明书店出版,后来《车厢社会》和《缘缘堂再笔》两本散文集也很有影响。丰子恺的散文总是喜欢选取自己熟悉的生活题材,以自己切身所感,用最朴质的文字坦率地表达出来。在朴素到接近白描的文字中倾注了一股真挚而又深沉的情感,很容易打动读者的心灵而引起共鸣。正如他自己所说"暂时脱离尘世"是快适的,是安乐的,是营养的,似乎我们闭上眼睛,就能静心聆听他的心声。

第二节 其他戏剧文学创作

在第二个十年的戏剧文学创作中,除曹禺创作的突出成就外,还有左翼戏剧家田汉的《回春之曲》等剧作、洪深的《农村三部曲》、夏衍的《上海屋檐下》等为代表的追踪时代的剧作。另外李健吾的剧作和曹禺有大致相同的艺术价值取向,追求现实主义深刻的艺术蕴涵,探索现实社会中人性的复杂表现,也呈现出独特的戏剧艺术品格。在此重点分析一下此时期夏衍和李健吾两位剧作家的代表剧作。

夏衍,本名沈乃熙,字端轩,1900年10月30日(农历九月初八)出生于浙江省杭州城郊一座古老破旧的大庄园——沈宅。父亲沈学诗,教过私塾,业余学中医。母亲徐绣笙主持家务,为人宽厚,酷爱民间文学和戏曲。夏衍三岁时父亲病逝,寡母含辛茹苦拉扯大了六个儿女。夏衍排行最小,受到特殊宠爱。他六岁入蒙馆读书,从小就喜爱翻阅《三国演义》、《水浒传》等古典名著,以及《天雨花》、《再生缘》

等唱本,这为他以后的剧本创作打下了最初的基础。后来夏衍进入德清县立高小,因家境贫寒,不能进中学,曾当过半年染坊店学徒,后因小学时品学兼优,由德清县立高小校长推荐免费进了杭州甲种工业学校。中学的生活使他眼界大开,他如饥似渴地汲取新的知识。五四运动爆发后,夏衍怀着救国救民的极大热情投身到这场具有划时代意义的革命运动中去。他参加了浙江第一个宣传社会主义的刊物《双十》、《浙江新潮》的编辑工作。1920年被保送留学日本,第二年考入日本明治专门学校。在日本的六年多时间里,夏衍阅读了许多马列原著,接触到国民党左派人士和共产党员,积极参与革命活动。和鲁迅、郭沫若的经历相似,夏衍从中学到大学都是学工的,但当他感到工业救国没有出路时,便弃工从文,拿起文艺的武器,为反帝反封建而战斗。1927年,夏衍回国,不久在上海加入中国共产党。入党以后不久,他以一个"不曾写过一篇作品的非文艺工作者"的身份跨进了文艺界,做了大量的工作。1929年与郑伯奇等组织了上海艺术剧社,在中国话剧运动史上首次提出"普罗列塔利亚戏剧"这个无产阶级戏剧的口号。1930年主持了"左联"的筹备工作,是"左联"领导人之一,同时还坚持地下党的工作,在领导文艺工作者开展多样的文艺活动的同时,夏衍自己在翻译、戏剧、电影、杂文、评论等诸多方面开始尝试写作,取得很大成功。抗战期间,夏衍一方面主持编写许多抗日救亡的报纸,另一方面业余创作了大量话剧剧本。

夏衍最初的戏剧创作多是历史剧,如1936年创作的《赛金花》取材于"庚子事变",以清王朝的腐败卖国,影射国民党的媚外求和。同年发表的《秋瑾传》又名《自由魂》,歌颂民主革命先驱秋瑾的爱国主义精神和民族气节,影射抨击国民党的投降卖国。以后夏衍开始以现实为题材进行创作。1937年发表了著名的话剧《上海屋檐下》。此后到四十年代,连续创作了《一年间》、《心防》、《愁城记》、《水乡吟》、《法西斯细菌》、《离离草》、《芳草天涯》等多幕剧,并成功地改编了托尔斯泰的名著《复活》。

完成于1937年6月的三幕剧《上海屋檐下》是夏衍的代表剧作。故事发生在1937年四五月间,当时西安事变已经发生,蒋介石被迫接受联合抗日的条件。经过共产党的营救,一些政治犯被释放出狱,但联合抗战的局势尚未成定局,国民党政府缺乏诚意,政治气候是阴晴莫测的。国统区由于白色恐怖和社会动荡给人民带来一种沉重的压力,特别是那些生活在社会底层的小人物更感生活的黑暗与无望。夏衍就是要通过上海这个畸形社会中的一些平凡小人物的喜怒哀乐,反映时代的气氛,"从小人物的生活中反映出一个即将来临的伟大的时代,让当时的观众听到一些将要到来的时代的脚步声音"。①

剧中描写了抗战前夕上海一个普通里弄中五个家庭各自不同的命运,运用细腻、生动的戏剧笔法,写出既有个性特点,又能概括现实人生的人物群像。黄家楣,一个失业的小知识分子,在学校时是一个高才生,老父亲靠辛辛苦苦种地供他上大学,毕业以后却无出路,这样一个高才生只有在亭子间里忍受失业、疾病的痛苦。因为养不起家,不能给老父亲尽孝,内心常常处于抑郁、绝望之中。李陵碑,一个孤苦无依的老人,独子在上海"一二八抗战"中牺牲,他无依无靠,精神几乎失常。施小宝,一个流落风尘的不幸女子,丈夫抛弃她,因无以为生,流落风尘,过着一种屈辱的生活。赵振宇,一个贫困又乐天的小学教员,他虽然对生活抱着乐天知命的态度,但生活的困窘却避免不了赵师母的抱怨、口角,家里气氛总是不舒畅。林志成,在工厂里做职员的二房东,社会地位和生活待遇比其他几家好一些,但精神上总是很苦闷,在工厂的工作也总是小心翼翼,怕丢了饭碗。家庭生活中妻子杨彩玉原先的丈夫、他的老朋友匡复出狱后找到他的家,三人这种尴尬的关系,使林志成精神上陷入极度的内疚和痛苦之中。五个家庭的生活就像剧中着意点出的上海黄梅天一样,十分阴沉、郁闷。只有杨彩玉的女儿林宝珍"勇敢的小娃娃"的歌声,还透出一种希望。

在这出戏中,夏衍不太注重戏剧情节的紧张、曲折,他的重心放在了人物内心刻画上。把本应紧张的情节化为近乎无声的内在戏剧

---

① 夏衍:《谈〈上海屋檐下〉的创作》,转引自会林、绍武著《夏衍传》,第124页,中国戏剧出版社1985年版。

冲突,展示人物内心复杂、矛盾的情感,在平凡琐碎的生活中发掘出丰富的悲剧意蕴和喜剧情态,表现出朴素、真实、自然的戏剧风格。

全剧以林志成、杨彩玉、匡复三个人的关系发展为主线,三人的关系很不平常,但作者没有写他们之间的激烈冲突,表面看来似乎很平静,但每个人内心的情感都是非常复杂的。杨彩玉看到匡复重新出现时内心激动、不安,面对昔日深爱的丈夫深感愧疚,心情复杂、痛苦,有苦难诉,进退两难,感情处于矛盾之中。匡复刚来时是满怀希望,然后是吃惊、失望,后来压抑住自己的感情,似乎摆脱了苦闷,取得了谅解,但一度又从压抑的状态出现感情的爆发,最终又趋于冷静,再次走进了时代的大潮之中。人物的情感线索一波三折,把交融着柔弱与坚强、感情与理智、生活与事业等复杂矛盾的心理变化表现得很成功。

在全剧的结构安排上,夏衍的创作也显出独具匠心之处。他把上海普通里弄的房屋作了纵剖面,让观众同时看到各种不同的小人物的生活状态,舞台上五个家庭场面同时出现,结构上几条线索互相穿插,同时并进,有条不紊。剧中主要线索是林志成、杨彩玉、匡复之间的关系发展,其他四个家庭的四组线索穿插进来,作为支线,又不给人情节中断的感觉,其中如黄家几个人的对话,施小宝和小天津的对骂,李陵碑时断时续的哼唱,赵家的争吵,给人以一波未平一波又起的感觉。

夏衍戏剧语言自然、朴素、简洁、含蓄,充满浓郁的上海地方色彩,人物对白或沉实自然,或幽默风趣,塑造出活灵活现的小人物形象。刘西渭在《咀华二集》中《上海屋檐下》一文有一段精彩评述:"……如今一位作家自然而又艺术地把平凡琐碎的淤水聚成一股强烈的情感的主流。情调是单纯的、忧郁的,《上海屋檐下》的地方色彩却把色调渲染得十分斑驳。作者更有聪明,让观众在沉痛之后欢笑、在欢笑之后思维。这里没有夸张,他把平凡化为真实,再把琐碎化为陪衬,然后画龙点睛,他把活人放了进去。"[①]

[①] 《李健吾戏剧评论选》,第35页,中国戏剧出版社1982年版。

李健吾,1906年8月17日出生于山西省运城县北相西镇曲马村,自幼逃亡在外。因为父亲是辛亥革命时期孙中山第十九混成旅旅长,屯兵运城,阎锡山要锄掉他父亲,勾结袁世凯,包围了革命军,父亲被捕,后来虽然获救,但阎锡山终没放过他。1919年,李健吾的父亲在陕西西安的十里铺被陕西督军陈树藩埋伏下的伏兵暗杀,李健吾当时只有十三岁。

李健吾开始戏剧活动的时间很早。父亲遇害后,还在北京师大附小读书的他就在一些文明戏中扮演女角,演了几年戏演出了名,北京大学和燕京大学都曾借他去演过戏。考入北京师大附中后,他开始写作,剧本是他习作的体裁之一,早年写过独幕剧《工人》等。考入清华大学中文系后,李健吾被分在朱自清先生的班里,先生知道他喜欢写作,就劝他改读了西洋文学系,此间仍继续写作。1930年李健吾去法国留学,在巴黎以福楼拜为研究对象,学习期间继续向国内投稿。1936年回国后,也一直从事戏剧教学、创作、翻译和演出活动。他是法国文学研究专家,曾翻译过《包法利夫人》等名作,写过《福楼拜评传》等专著。深厚的西方文艺理论的功底和非凡的艺术审美体验,使李健吾的文学批评独具个性魅力和艺术品位,表现了他多方面的艺术才华。

在戏剧实践方面,他曾创作、改编了大量剧本《母亲的梦》、《委曲求全》、《梁允达》、《这不过是春天》、《以身作则》、《新学究》、《十三年》、《火线之外》、《撒谎世家》、《贵花》、《青春》、《贩马记》等,其中主要是喜剧创作。李健吾为中国现代喜剧的繁荣作出了重要的贡献。

1934年发表的三幕轻喜剧《这不过是春天》,是李健吾的代表作之一。从题材表面看,这个剧本是描写北伐战争中一个革命者被警察追捕的过程,戏剧情节本应呈现出紧张、激烈的特征,但作者却在一个重大的题材背景下,以轻松、调侃的漫画笔法,从反面着笔,透现人生世态。剧中的警察厅厅长是一个没有本事、只知捞钱的蠢货长官,不到三十岁的厅长太太是一位养尊处优、衣着华贵的少妇。故事就发生在警察厅长的家里。某天下午,百无聊赖的厅长太太正闲来无事的时候,她的表姐,一位追求进步的小学校长,给她引见了一位多年不见的朋友冯允平,此人是从事革命活动的革命党人,也是厅长太太少女时代倾心相爱的男友。一个革命党人化名后堂而皇之地以厅长太太亲戚的身份成了警察厅长家的座上宾。在上方一再责成厅长捉拿冯允平,并派狡猾的白密探负责抓捕的过程中,厅长觉得抓一个革命党,捞不到什么油水而毫不上心,而白密探通过厅长身边的王秘书获知太太的亲戚就是他要抓的革命党时,却因想敲诈厅长更多的钱而迟迟没有动手。最后在仍念旧情的厅长太太的帮助下,冯允平从容脱离险境。

在一个反讽的轻松戏剧的框架下,作者讽刺了警察厅长的蠢笨无能,白密探的利欲熏心;突出冯允平作为革命者的坦然自若,作为厅长太太昔日恋人的情有所动;特别关注像厅长太太这样敏感的小资产阶级女性内心的冲突,现实与理想的种种矛盾,表现了在真爱与世俗、物质享受与精神空虚、虚荣的自尊与内心的自卑所交织出的复杂心态。作者在一种静观的视角下,透现轻松的幽默和淡淡的感伤。

【内容小结】

知识点:
1. 鲁迅后期杂文的主要内容与艺术特色。(了解)
2. 林语堂、梁实秋散文的风格与影响。(理解)
3. 夏衍戏剧的贡献。(理解)
4. 李健吾戏剧的风格特点。(理解)

【难点解析】

鲁迅前期散文和后期散文有很大的不同,已从文化批判转向政治和社会批判,但用笔得犀利和揭示得深刻仍然表现出鲁迅所特有的风格。

【作品分析例释】

梁实秋散文赏析:
梁实秋的散文,语言简洁凝练,风格朴实恬淡,仿佛与朋友围炉闲聊,言辞中不时迸出的连珠妙语,闪烁的智慧火花,常常让人发出会心的微笑。如《脸谱》:"不要以为一个人只有一张脸。女人不必说,常常'上帝给她一张脸,她自己另造一张'。不涂脂粉的男人的脸,也有'卷帘'一格,外面摆着一副面孔,在适当的时候呱嗒一声如帘子一般卷起,另露出一副面孔。……误入仕途的人往往养成这一套本领。对下属道貌岸然,或是面部无表情,像一张白纸似的,使你无从观色,莫测高深;或是面皮绷得像一张皮鼓,脸拉得驴般长,使你在他面前觉得矮好几尺!但是他一旦见到上司,驴脸得立刻缩短,再往瘪里一缩,马上变成柿饼脸,堆下笑容,直线条全变成曲线条;如果见到更高的上司,连笑容都凝结得堆不下来。未开言嘴唇要抖上好大一阵,脸上作出十足的诚惶诚恐之状。帘子脸是傲下媚上的主要工具,对于某一种人是少不得的。"

梁实秋的散文,大多取材于平凡的日常生活,但丰富的阅历和深厚的学养,使他在评人论物时,气定神闲、儒雅通达,幽默诙谐中藏着机锋,讽刺揶揄中又透着温厚。如《女人》,写绝了女人的机敏善变、喜怒无常、俐齿伶牙、胆小聪明;《男人》则将男人的脏懒馋色、自私自利、贪图享乐一一道出,使人在捧腹大笑的同时,不能不佩服作者观察得细微,竟能把这些老生常谈的话题写得如此妙趣横生。

梁实秋早年就读清华,二十二岁到哈佛攻读英美文学,以后又博览古籍,研读佛经,一生涉猎甚广,且长期执教高校,因此他的散文在谈古道今解读人生时,旁征博引,左右逢源,构成他学者型散文的一大特色。如《钱》,从现代人须臾不可缺少的钱入手,描绘世俗百态,揭示人性弱点,极富哲理性。文中引经据典,古今中外的名言俚语、生动事例信手拈来,且都涉笔成趣,显示出作者达观的思想和渊博的学识。

(选自谢筠主编《中国现代文学史教程》,北京广播学院出版社2003年版)

【学习检测】

问答题:

1."鲁迅风"杂文的风格与影响。

2. 林语堂、梁实秋散文的艺术特色。
3. 简述夏衍的话剧《上海屋檐下》的戏剧结构特色。
4. 李健吾剧作的主要贡献是什么?

【相关资料】

李健吾著《李健吾戏剧评论选》,中国戏剧出版社1982年版。

第三编

第三个十年的文学(1937—1949)

现代文学第三个十年的历史进入到一个全面战争的时期。第一个阶段从1937年"七七事变"到1945年8月日本投降,这是中国八年艰苦抗战的年代,文学伴随着民族解放战争的进程而呈现出宣传抗战、民族化、大众化的特点,现代文学义不容辞地承担起时代的重任。但是因为抗战时期各个地域的环境差异,不同地区的作家、作品也表现了截然不同的文学风格。第二个阶段是抗战后到1949年第一次文代会之前,主要是解放战争的大背景,其间很多作家又有了更加成熟的作品问世,再创了第三个十年现代文学的辉煌。

第一章　不同地域的文学史实及创作概述

【内容要点】
1. 文协和第三厅的抗战宣传活动。
2. 孤岛文艺的内容。
3. 解放区文艺的特点。

【参考书目】
《中国现代文学运动史料摘编》下册，北京出版社1985年版。

【课件链接】
参考课件光盘(上)第三编 第一章

第一节　国统区的文学活动

在抗战阶段，由于国统区地域较大，拥有一大批不同文学流派和政治倾向的作家，所以国统区的文学活动呈现出既繁荣又复杂的局面。

在联合抗日的大趋势下，当时在以中共中央代表身份担任国民党军委政治部领导工作的周恩来的关怀和领导下，经过两个多月的筹备，中华全国文艺界抗敌协会(简称文协)于1938年3月27日在汉口正式宣告成立。出席大会的有五百多人，代表了全国各个抗日阶层，使当时的无产阶级革命文学作家、民主主义倾向的作家、自由主义作家以及代表国民党文艺政策的民族主义作家等各党派及无党派民主人士，形成了战时统一的文艺家团体。大会通过了《中华全国文艺界抗敌协会宣言》、《告全世界的文艺家》和《中华全国文艺界抗敌协会简章》等章程，推选出理事、候补理事等。"文协"的日常工作由总务部主任老舍先生全面负责主持。

"文协"是全国文艺界统一战线组织,宗旨是联合全国文艺作家共同反对日本帝国主义的侵略,完成中华民族的自由解放,建设中国民族革命的文艺,并保障作家权益。为此要求文艺作家明确自身的职责:"对国内,我们必须喊出民族的危机,宣布暴日的罪状,造成全民族严肃的抗战情绪生活,以求持久的抵抗,争取最后胜利。对世界,我们必须揭露日本的野心与暴行,引起全人类的正义感,以共同制裁侵略者。"①

为了扩大抗日宣传,"文协"提出了"文章下乡"、"文章入伍"的口号。大批文艺工作者奔赴乡村、前线,如作家战地访问团、作家战地服务团。他们在部队、农村从事抗日实际工作和文艺宣传活动,使文艺空前广泛地面向现实和群众,使文学通俗化和大众化的追求在一个特定的战争环境下,向着与人民群众密切联系的方向发展。

"文协"还出版了会刊《抗战文艺》(后更名为《中国作家》)。自1938年5月4日至1946年5月,《抗战文艺》共出版了七十一期,发表了大量的抗战文艺作品,开展文艺大众化的理论探讨,成为抗战时期贯穿始终唯一的文艺刊物。

"文协"在昆明、桂林、成都、长沙、上海、广州、香港、延安等地建立了分会,并创办了会刊。如桂林分会有王鲁彦主编的《文艺杂志》等。各个"文协分会"的建立,使抗日文艺运动得以在全国更多的地方广泛发展,声势浩大。

"文协"还针对与抗战相悖的言论开展文艺批评和论争,主要围绕文学"为人生"、"为艺术"、"为政治"等问题展开论战。如对"为艺术"派的"与抗战无关论"的论争,对"战国策"派为法西斯主义张目的所谓"民族主义文学"的反动言论的批判。在各种论争中虽然呈现非常复杂的时代形态,但"文协"的出发点是一切为了抗战,而时代的紧迫性使论争中的许多观点是无暇顾及文学自身特性的,这是一种

---

① 《中华全国文艺界抗敌协会宣言》,《中国抗日战争时期大后方文学书系·第一编文学运动》,第15页,重庆出版社1989年版。

历史的必然状态,不可避免地留下许多局限和缺憾。

在"文协"成立的同时,在抗战国共合作时期,由郭沫若主持的军委会政治部第三厅(简称"第三厅")于1938年4月1日在武汉创建。在"第三厅"集中了许多文艺界的知名人士,如胡愈之、田汉、洪深等。他们开展了多种形式的抗日宣传活动,影响最大的是演剧队的演出活动。同年8月,根据军委会政治部副部长周恩来的指示,"第三厅"将聚集在武汉的部分文艺工作者和救亡戏剧团体,以上海救亡演剧队为基础,组成了十个抗敌演剧队、四个抗敌宣传队和一个孩子剧团,分赴各战区进行宣传演出活动。在抗战宣传演出过程中,产生了大量的街头剧、活报剧、独幕剧等戏剧演出形式,《放下你的鞭子》就是当时最有名的街头剧。1940年9月底,"第三厅"被迫解散。"第三厅"虽然成立的时间不长,但它把大批的文艺工作者组织起来走上街头,奔赴前线,大大活跃了抗日文艺运动,成绩显著。

国统区的文学创作,在群情激愤的抗战初期,主要是配合抗战宣传的小型、通俗的文艺作品占主导地位,比如战地通讯、报告文学、街头剧、街头诗、朗诵诗、各种民间曲艺作品等。随着1938年10月武汉失守,抗战进入相持阶段,特别是1941年1月皖南事变带来整个抗日民族统一战线的严重危机,国统区处在战争和政治高压的双重迫压下,作家的情绪从热情高涨而跌落谷底。但伴随着苦闷、彷徨的是对时代人生更沉潜的观察和深入的开掘。小说创作呈现繁荣局面,张天翼的《华威先生》、沙汀的《在其香居茶馆里》等暴露讽刺小说的出现,开始触及抗战中的积弊,具有警世的作用。许多老作家的创作更加凝重,表现出成熟艺术家的气韵,比如茅盾的《腐蚀》、《霜叶红似二月花》,老舍的《四世同堂》,巴金的《寒夜》等。此外还有许多各具特色的小说创作和小说流派,比如萧红的散文体长篇小说《呼兰河传》、黄谷柳的通俗长篇小说《虾球传》、七月派小说家路翎的长篇巨著《财主底儿女们》等。国统区影射现实的历史剧也大量涌现,最有代表性的是由郭沫若的历史剧《屈原》的公演所掀起的历史剧创作、演出的高潮,阳翰笙、陈白尘、欧阳予倩、顾一樵、吴祖光、杨村彬等一大批历史剧作家的创作形成浩大声势。现实题材的剧作也成就卓著,曹禺的《北京人》、《家》,夏衍的《法西斯细菌》、《芳草天涯》,吴祖光的《风雪夜归人》,袁俊的《小城故事》,田汉的《秋声赋》,老舍的《面子问题》等。抗战后期和解放战争期间,随着国民党统治的极度腐败,剧作家以辛辣的讽刺喜剧表达愤激之情,代表剧作有陈白尘的《升官图》、宋之的的《群猴》、丁西林的《三块钱国币》等。同时政治讽刺诗也表达了同样的情感,比如袁水拍的《马凡陀山歌》、臧克家的《宝贝儿》等。此外,四十年代诗歌创作也显现出不同的美学风格。艾青的诗格调高远、深沉,七月诗派的浪漫气息与力量之美,以穆旦为代表的九叶诗人现代派的美学追求及凸显出的反叛和异质性,都为战争时代探索文学的时代性和作家艺术个性的完美融合开辟了新的领域。

第二节 上海孤岛及沦陷区时期的文学状况

孤岛时期是指1937年11月12日中国军队撤出上海以后,沦陷的上海市区中的英、法等帝国主义的租界完全被日军包围,直到1941年12月8日珍珠港事件发生,日军进入租界为止。在四年零一个月和外界隔绝的日子里,留在上海租界孤岛上的文艺工作者还坚持开展抗战文艺活动,特别是抗日救亡戏剧活动最为活跃,包括由"上海戏剧界救亡协会"组织的"上海剧艺社"等各种专业、业余剧团多达一百二十多个。创作、翻译、演出了许多表现民族气节、宣传爱国主义、振奋民众精神的戏剧。如于伶的《夜上海》、《花溅泪》和历史剧《大明英烈传》等,阿英(钱杏邨)的历史剧《明末遗恨》(又名《碧血花》或《葛嫩娘》)、《海国英雄》、《杨娥传》等,李健吾创作的《草莽》,翻译的罗曼罗兰的剧作《爱与死之搏斗》等,为宣传抗日发挥了应有的作用,也代表着当时较高的戏剧艺术水准。

沦陷区是指日本侵略中国后被日军占领的地区,包括1931年"九·一八事变"后的东北沦陷区,1937年"七七卢沟桥事变"后的华北沦陷区,在抗战过程中陆续沦陷的南京、武汉、桂林、上海、香港、台湾等南方各个沦陷区。沦陷区的共同特征是在日伪的强制统治之下,作家失去自由言论的权利,文学退回平凡人生,多描写"饮食男女"的日常生活。由于不同地域沦陷区的地方特色,也产生了不同文学风格的代表作家,主要有华北沦陷区的梅娘、袁犀等,表现困境之下知识青年的迷茫、矛盾和感伤情怀。上海沦陷区的钱钟书、张爱玲、苏青、徐訏等,在时代动荡的大背景下,他们的作品表现了对复杂人生、人性的个性关照和深刻开掘,在雅俗之间创出别趣。张爱玲以她的《传奇》(小说集)、《流言》(散文集)横空出世,透现出特异的审美境界。钱钟书的《围城》,写于战时的上海沦陷区,发表于抗战胜利后,其高超的文学艺术造诣,至今仍令人折服。后期浪漫派小说家徐訏的短篇代表作《鬼恋》引起轰动,他于1943年出版的长篇小说《风萧萧》被誉为所有描写中日战争的最动人的一部小说,为当年畅销书之首,因此1943年被美誉为"徐訏年"。

第三节 解放区的文艺运动

在延安抗日民主根据地聚集了许多进步的文艺工作者,在共产党的直接领导下,根据地的抗日文艺活动始终是蓬勃开展的。

延安的文协分会组织了各种文艺团体,有西北战地服务团、抗战文化工作团、实验剧团、烽火剧团。他们深入农村、前线,走上街头进行抗日宣传,演街头剧,朗诵街头诗。

鲁迅艺术学院是一所培养革命文艺干部的综合性艺术专门学校,先设戏剧、音乐、美术三个系,后设文学系。为了培养和训练文艺干部,有组织、有领导地帮助文艺工作者深入群众,参加革命的实际斗争,当时"鲁艺"各系学生在学习期满后,大部分都去了前方工作。如美术系胡一川率领"鲁艺"木刻工作团,文学系陈荒煤率领"鲁艺"文艺工作团,王震之率领"鲁艺"实验剧团前方工作团等,从延安出发到吕梁、太行及冀中等地区去,做了大量的文艺宣传工作。和国民党统治区相比,根据地的抗战宣传工作具有最大的广泛性,参加宣传的队伍不光是专业文艺工作者,也有工农群众,比如农村剧团、秧歌队都非常活跃。

1942年5月,中共中央邀请在延安的部分文艺工作者座谈,先后共开了三次全体会议,毛泽东在5月2日第一次全体会议上做了"引言"的讲话,后又在5月23日最后一次全体会议上做了"结论"的总结。这两部分后来于1943年10月19日在延安《解放日报》上发表,合题为《在延安文艺座谈会上的讲话》。

延安文艺座谈会是在一个特殊的时代召开的,是延安整风运动的一个组成部分。那时政治形势十分严峻。1940—1941年间是抗日战争最艰苦的年代,更是抗日民主根据地最困难的时期。国民党在此期间发动了两次反共高潮,封锁解放区。"讲话"针对当时解放区的政治、文艺现状,提出了文艺工作者的职责问题。

在《引言》中,毛泽东明确提出延安文艺座谈会的目的是要"研究文艺工作和一般革命工作的关系,求得革命文艺的正确发展,求得革命文艺对其他革命工作的更好的协助,借以打倒我们民族的敌人,完成民族解放的任务","我们今天开会,就是要使文艺很好地成为整个革命机器的一个组成部分,作为团结人民、教育人民、打击敌人、消灭敌人的有力的武器,帮助人民同心同德地和敌人作斗争"。[①]

作为一位政治家,毛泽东是从政治策略的角度论述文艺问题的。涉及文艺与生活、政治的关系,内容与形式,普及与提高,世界观与创作方法,批评标准,文化继承,统一战线等多种问题。一些具体的观点主要有:文艺为什么人的问题,明确指出文艺为人民大众、为工农兵群众的方向。如何为的问题,切实表明"在目前条件下,普及工作的任务更为迫切",主张"在普及基础上的提高"和"在提高指导下的普及"。[②] 另外,关于党对革命文艺的领导地位问题,文艺的批评标准问题,应以政治标准第一,艺术标准第二,暴露与讽刺的关系以及人性问题等等。

《讲话》发表在我国民族斗争、阶级斗争极为尖锐、激烈的年代,

---

① 毛泽东:《在延安文艺座谈会上的讲话》,《延安文艺丛书·文艺理论卷》,第1、2页,湖南人民出版社1984年版。

② 同上书,第14、15页。

它不可能不带有当时的时代色彩和特点,当然也不可避免地带有时代的局限。从总体上讲,《讲话》是马克思主义文艺理论中国化的重要成果。《讲话》立足现实,提出为工农兵的方向,强调社会生活是创作的唯一源泉,号召文艺工作者广泛深入生活,促进了文艺和人民大众的结合。但一些具体问题有待发展,比如政治标准第一,艺术标准第二等,在新的历史发展阶段就需要实事求是、与时俱进了。

抗战时期,在解放区最富于宣传鼓动性的朗诵诗、街头诗空前发展,形成了群众性抗日文艺运动的高潮。这些诗歌短小、灵活,成为团结、教育、鼓舞人民的有力武器。另外还有组诗、长诗表现出时代性、艺术性的结合,代表诗人光未然(张光年),他的组诗《黄河》是非常有影响力的。田间是街头诗的倡导者之一,他的创作既有诗意,又有鼓动性,如《义勇军》、长诗《给战斗者》。艾青的长诗《火把》、柯仲平的长诗《边区人民自卫军》等也都很有代表性。新民歌体叙事诗的代表作有李季的《王贵与李香香》、阮章竞的《漳河水》等。

解放区的戏剧创作,创造出了适合工农兵的新的戏剧形式。如新秧歌剧《兄妹开荒》。贺敬之、丁毅等人执笔的新歌剧《白毛女》,吸取了话剧、西洋歌剧的表现手法,音乐上有民歌和地方戏的特点,影响很大。此外,歌剧《刘胡兰》也很成功。

解放区反映工农兵生活的小说很多。如马烽、西戎的《吕梁英雄传》,孔厥、袁静的《新儿女英雄传》,周立波的《暴风骤雨》,丁玲的《太阳照在桑干河上》。最突出的是赵树理和孙犁的小说创作。

延安地区的作家们,在广泛深入生活的基础上,吸收群众的口语创作,既生动、通俗,又富有生活气息和地方色彩,在文学的大众化、民族化的实践中创出新的格调。但由于政治、时代的局限和把对民间形式的继承当作艺术借鉴的唯一来源,在艺术上显出了狭隘性,削弱了对文学自身规律的探索。时过境迁,从文学的角度评价,较少传世名作的出现,是不无缺憾的。

【内容小结】

1. 国统区的文学活动和创作特点。(了解)
2. 沦陷区和孤岛文艺的特殊性。(了解、掌握)
3. 解放区文艺及毛泽东"讲话"的特点及主要内容。(了解)

【难点解析】

抗战及解放战争时期由于中国社会一直处于战争、动荡的状态,作家在不同地域、不同环境下面对着各种各样的生存状态,文学创作的内容出现了空前复杂的现象,除了抗战题材还有很多作家描写边缘题材,理解这一时期的文学现象首先应该了解这一时期文学史实的复杂性。

【学习检测】

问答题:

1. "文协"的主要贡献是什么?
2. 什么是"孤岛文艺"?
3. 简述解放区文学的特点。

第二章　国统区的小说创作

【内容要点】
1. 暴露讽刺小说的特点和代表作家。
2. 路翎小说的风格特点。

【学习建议】
张天翼著《华威先生》,参见夏传才主编《中国现代文学名篇选读》(下),南开大学出版社1984年版。

沙汀著《在其香居茶馆里》,参见夏传才主编《中国现代文学名篇选读》(下),南开大学出版社1984年版。

【参考书目】
杨义著《中国现代小说史》第三卷,人民文学出版社1986年版。

第一节　暴露讽刺小说

1938年4月张天翼发表了小说《华威先生》,作品揭露了国民党官僚消极抗日的丑态,很快被日本报刊翻译到国外,作为他们反宣传的工具,这引起了文艺界的注意,于是出现了两种不同的意见。意见双方就如何暴露黑暗的问题展开了讨论,讨论持续了一年之久。一种意见认为,《华威先生》暴露的是现实中的黑暗,是真实的反映,这和抗日统一战线的原则并无抵触,张天翼发表的《关于华威先生赴日》代表了这一派的意见。另一种意见认为,暴露内部黑暗不利于内部的团结和抗日,比如林林的文章《华威先生赴日》代表了相反的意见。关于暴露黑暗问题的讨论不单是对《华威先生》一篇小说而言的,它是针对当时国统区出现的暴露黑暗的创作倾向展开讨论的。

如何看待这种创作倾向,绝大多数人认为这样的作品是可以写的,因为抗日民族统一战线的存在是有条件的,首先是要利于抗日,若不要抗日,统一战线就等于名存实亡。《华威先生》中所描写的人物的行为是有损于抗日的,应该对其进行揭露和讽刺。通过这次讨论文艺界明确了国统区创作的方向,随后揭露黑暗的小说大量涌现,其中张天翼和沙汀的暴露讽刺小说影响较大。

张天翼是左翼文坛著名的作家,其作品以辛辣的讽刺见长,抗战时期他更充分地展示了这一特长。在《华威先生》中作者成功地塑造了一个国民党文化官僚的典型形象。华威先生是一个身兼各种抗日头衔的文化官儿,他身上染着五光十色的抗日色彩,但他却不干一点儿抗日的实际工作,这个人物最大的特点就是到处抓权,空话连篇。他什么会都要去参加,每会必以领导身份发表几句无关痛痒的讲话,什么认定一个领导中心,大家努力工作等等,但他却从来没听完过一个反映工作情况的汇报,也从未给群众解决过一个实际问题。相反他一方面高唱抗战时期人人都要吃苦的高调,自己却是抽着雪茄烟,经常请吃请喝,在民不聊生的时候他却过着高等华人的生活。张天翼在小说中恰到好处地使用夸张的讽刺手法,注重富有特征的细节描写,比如作者特意给华威先生准备了几样道具:公文包、黑手杖、雪茄烟、黄包车。华威先生永远夹着显示着他身份重要性的公文包,好像他总是公务缠身、辛苦异常,而他拿在手中的那根老粗老粗黑油油的手杖,透着他官绅的风度和气派。华威先生在开会的时候总是雪茄烟不离口,他听着发言,随意拍几下手掌,显出一副做领导的派头。华威先生的黄包车也威风得很,黄包车跑得总是像闪电一样快,表明他抓紧时间到处奔忙。作品特别点明他去开会在门口下车的时候总得顺便把踏铃踩一下,听到黄包车的铃响就表明华威先生大驾光临。作者选取这些最能代表华威先生这位文化官僚身份的几种道具稍加夸张,就把一个具有官老爷的陈腐气味、装腔作势、不干实事儿的国民党抗战官僚的形象写活了。作品还通过揭示华威先生身上存在的矛盾现象来达到讽刺的效果。比如写他身居高位却不学无术,每次开会都摆出高官的架子,却说不出一句有水平的话。他忙忙碌碌却无所作为,他自己说忙得恨不得取消晚上睡觉的制度,还说希望一天不止二十四个小时,实际上他不过是每天匆忙到各个有关的会场发表几句千篇一律的领导训话而已。华威先生心口不一还装腔作势,比如在文化界抗敌总会的会议室,他刚和旁边的小胡子说完昨晚喝醉酒的事,一转眼就一本正经地递字条给主席要求发言,又老生常谈地发表他所谓一个领导中心的高论。整篇小说虽然很短,但作者善于抓住华威先生极有典型性的生活片段,主要写他与会的关系,经过漫画式的处理,成功地揭露了一个浅薄、庸俗、投机钻营的国民党抗战官僚的丑态,取得了痛快淋漓的讽刺效果。

沙汀,原名杨朝熙,1904年出生,四川安县人,是二十世纪三十年代就初登文坛的左翼作家。1932年,他第一次使用沙汀的笔名发表作品。沙汀1921年起就读于成都省立第一师范学校与艾芜同学,1926年毕业后在家乡参加革命工作,1929年流亡到上海,参加开办辛垦书店。1931年开始创作,翌年加入中国左翼作家联盟。在上海时期著有《法律外的航线》、《土饼》、《苦难》、《祖父的故事》等短篇小说集,揭露和讽刺地方军阀统治下四川农村社会的黑暗,刻画地方政权中一些人物卑劣的灵魂,成为左翼文坛中具有独特现实主义风格的新人。抗日战争爆发后,沙汀离开上海回到成都,在中学任教的同时,从事抗日救亡工作。1938年赴延安,任鲁迅艺术学院文学系代主任,曾随贺龙部队辗转于晋中抗日游击区,写了著名的传记性报告文学《随军散记》。1939年冬沙汀回四川工作,"皖南事变"后还乡蛰居七八年,专事写作。著有短篇小说集《磁力》、《播种者》、《兽道》、《呼嚎》、《堪察加小景》,中篇小说《奇异的旅程》,长篇小说《淘金记》、《困兽记》、《还乡记》等。在四川,沙汀目睹了国统区的黑暗和国民党的腐败,决心把所见到的新的和旧的痛疾,一切阻碍抗战、阻碍改革的不良现象指明出来。沙汀的创作素以描写他所熟悉的农村乡镇生活见长,这一时期他写出了《防空——在"堪察加的一角"》、《联保主任的消遣》、《在其香居茶馆里》这类旨在嘲讽、抨击国民党消极抗战、鱼肉人民的作品,其中《在其香居茶馆里》尤为出色。

《在其香居茶馆里》写于1940年,当时国民党推行消极抗日、积极反共的政策,国民党内部腐化成风,借抗日营私,大发国难财,对这种腐败的现象,作者深有感触。在小说《华威先生》引起了暴露黑暗问题的讨论后,沙汀更明确了对这种腐败现象只能暴露,不能掩饰。有一次在文协组织的一次晚会上,台下有人递纸条儿,说乡下抓壮丁搞得乌烟瘴气,作家为什么不反映反映,这触发了沙汀的创作冲动,他调动自己雄厚的四川乡村生活的积累写出短篇小说《在其香居茶馆里》。作品通过国民党乡村政权围绕着兵役问题演出的一幕丑剧,生动地刻画了地方实力派邢么吵吵和地方当权派联保主任方治国以及新任县长的形象,暴露了抗战时期国民党在农村的基层政权的腐败和黑暗,也暴露了农村豪绅阶层的卑劣和横暴。

在这篇小说中作者善于抓住每个人物的个性特征来刻画形象,作品中几个主要人物都塑造得活灵活现、栩栩如生。邢么吵吵的突出特征是粗野、蛮横,他是一个仗势欺人的土豪劣绅,他的儿子这次被联保主任征了兵,触怒了这位地方一霸,按理他儿子已经缓过了四次兵役,应该去服役了。作品一开始就写他一路吵过来,进了茶馆就开始扯开嗓门指桑骂槐,最后大打出手。邢么吵吵的这种霸道的威风之所以这样盛,是因为他背后有靠山。他的大哥是这一带有名的耆宿,小舅子是县里的财务委员,他自己又是当地豪绅,兵役制是对老百姓的,照例不应触动他的利益。作品着重描绘了一个被触怒的乡绅暴跳如雷的种种表现,非常生动。联保主任方治国是一个"软硬人",他见到绵羊是老虎,见到老虎则变成绵羊。当他得知新县长要严整兵役的风声时赶忙写密信把邢么吵吵的儿子告发的。当邢么吵吵找上门来和他吵架时,他先佯装糊涂,后来则以守为攻,刹住邢么吵吵的势气,托词说是新县长的明令不能违抗,以争取人心,似乎他是一个公正的清官,其实他收受贿赂,仰仗权势营私舞弊,发国难财。方治国是国民党基层政权贪官污吏的典型代表。对新县长作者采用暗线描写的手法,通过他人之口写出了这位表面廉洁奉公,实则腐败、堕落带有市侩习气的贪官形象,简洁而传神。作者通过冷静、客观、如实的描写取得一种耐人寻味的讽刺效果。整篇小说叙述了一个有头有尾的事件发展的过程:新县长明令严整兵役,在其香居茶馆里由于邢么吵吵的儿子被抓,乡绅派和掌权派之间明争暗斗演出着一场丑剧,当双方打得不可开交的时候,故事戛然而止,有人来报信邢么吵吵的儿子放出来了,原因是大老爷请了新县长的客,于是丑剧变成了闹剧,原来新县长也经不住一顿吃请,他的严整兵役只不过是对老百姓的。作品辛辣地讽刺了霸道的地方乡绅和贪官污吏狗咬狗一嘴毛的丑态,从而达到了揭露腐败现实的目的。沙汀小说鲜明的倾向性表现在不露声色的客观描写之中,讽刺色彩突出。作者还成功地运用了地方方言,作品充溢着浓郁的四川乡土气息,从而使整部作品更加真实、生动,不愧为一部暴露讽刺小说的佳作。

第二节 路翎与七月小说

七月派在中国现代文学史上是一个时间很长、具有探索精神、追求进步又负载着沉重的悲剧命运的文学流派,除了七月诗歌的突出成就外,七月小说也是别具特色的。"七月派的小说是一股在苦难的土地上奔泻着的艺术急流,前期带有报告文学家直面血肉人生的峻急,后期带有心灵解剖家搓揉人物有缺陷的心灵的强悍,始终贯注着浪漫诗人呼唤'人民的原始强力'的主观战斗精神。"[①] 七月小说的代表作家作品主要有丘东平的《通讯员》、《第七连》,彭柏山的《皮背心》、《一个义勇队员的前史》,冀汸的《走夜路的人们》等,而七月小说的代表作家则应首推路翎。

路翎,原名徐嗣兴,祖籍安徽省无为县,1923年出生于江苏省南京市。生父赵树民是从安徽无为到南京开布店的商人,在他两岁时去世,母亲徐丽芬后来再嫁,路翎改随母姓,徐氏的外祖是苏州巨富,路翎曾寄居于舅父的封建大家庭中,目睹了大家庭为争分家产使显赫之家风流云散的景况,这为他日后创作长篇名著《财主底儿女们》奠定了生活和情感体验的基础。他曾就读于莲花桥小学和江苏省立江宁中学,嗜读中国古典小说《三国演义》、《封神演义》等作品,抗日

---

① 杨义:《中国现代小说史》第三卷,第152页,人民文学出版社1986年版。

战争爆发后随家迁至湖北汉川,发表《一片血痕与泪迹》等散文。1937年冬流亡入川,在合川的国立四川中学求学,参加组织哨兵文艺社,翌年编辑合川县《大声日报》的文艺副刊《哨兵》,开始发表小说,引起文坛注意。因《哨兵》发表触犯当地官绅的作品,于1939年读高二时被开除。在抗战逃难中路翎接触到俄苏文学,如屠格涅夫的《贵族之家》,陀思妥耶夫斯基的《穷人》、《罪与罚》,高尔基的《在人间》、《草原故事》等都是他爱读的作品。十七岁时他第一次以路翎的笔名发表短篇小说《"要塞"退出以后——一个青年经纪人底遭遇》,受到胡风的赏识而于文坛初露头角。在胡风的影响和帮助下,迅速成为七月派最有代表性的作家。1940年之后路翎曾在矿区生活工作,并创作了一些以此为题材的作品,其中《卸煤台下》颇有成就。1942年后,未满二十岁的路翎进入创作高峰,创作了被邵荃麟评价为"在中国的新现实主义文学中放射出一道鲜明的光彩"的中篇小说《饥饿的郭素娥》(1944年)及当时篇幅最长的长篇小说《财主底儿女们》(1945年),表现了封建家庭出身的知识分子的心路历程。路翎是七月派小说作家中作品最多、成就最高的作家,他的创作善于揭示社会的复杂内涵,描写人物心理的多层性,在整个现代文学史上是风格独特、不可多得的。

在1943年3月由生活书店出版的中篇小说《饥饿的郭素娥》中作者塑造了一个特别的女性形象——郭素娥,她在逃荒的路上遇到土匪,后来又被老鸦片鬼刘寿春捡来做女人。而郭素娥是一个美丽又本性强悍的女子,她虽然落得在矿区摆烟摊,但赤裸裸的欲望和不甘使她狂恋上刚愎的机械工人张振山。而张振山虽然是一个工人身份,但他有许多流浪汉特质。在战乱中他经历过火灾、刑场,杀死过便衣、打手,他心中更多的是藐视和憎恨,他对郭素娥的爱也是毒辣的,扬言不能"让一个女人缠在裤带上"。但他又严加防范一个爱郭素娥的老实巴交的工人魏海清染指她,这种自私、畸形的爱使郭素娥在鸦片鬼和狂徒之间陷入绝望的呼号:"有哪一个能救一个我这样的女人呀!"后来刘寿春纠集保长和光棍把她绑到张飞庙,对她施行残酷的家法。等张振山赶到想带她一同去闯荡江湖的时候,郭素娥已经被恶棍烙伤并奸杀,一怒之下张振山放火烧了小屋远走高飞了。魏海清与流氓恶斗后,在酒馆和新年的舞龙会上发泄着满腹的屈辱与悲伤。这是一部描写现实苦难、揭示人性的复杂又充满张力的小说,"在现在这一篇里面,他展开了用劳动、人欲、饥饿、痛苦、嫉妒、欺骗、残酷、犯罪,但也有追求、反抗、友爱、梦想所织成的世界;在这中间,站着郭素娥和围绕着她的,由于她的命运而更鲜明地现出了本性的生灵"。① 充分体现了路翎小说充满野性、充满蛮力的强悍的艺术风格。郭素娥的悲剧既是个性心灵的,又是社会和命运的,这个令人窒息的悲剧的控诉力量具有穿透力和震撼力。

【内容小结】
1. 暴露讽刺小说产生的背景。(了解)
2. 张天翼和沙汀讽刺小说的特点。(了解、掌握)
3. 路翎小说的独特风格。(了解)

【难点解析】
读路翎的小说对读者有一种挑战,我们感受到类似在读陀思妥耶夫斯基作品中所体验的残酷的深度心理解剖所产生的逼力,路翎的小说在现代文学史上有一种另类的境界,就像路翎自己解释的:"'浪费'地寻求的,是人民的原始的强力,个性的积极解放。但我也许迷惑于强悍,蒙住了古国的根本的一面,像在鲁迅先生的作品里所显现的。我只是竭力扰动,想在作品里'革'生活的'命'。"②

【作品分析例释】
路翎小说《财主底儿女们》解析:

分别于1945年和1948年出版的《财主底儿女们》上卷和下卷,是一部长达八十九万言的长篇小说,作品的主题是描写封建大家族

---

① 胡风:《〈饥饿的郭素娥〉·序》,转引自杨义《中国现代小说史》第三卷,人民文学出版社1986年版。
② 同上。

的败落、知识分子的心路历程和上海"一二八抗战"到苏德战争爆发十年间中华民族的历史。故事舞台由苏州、上海、南京、江南原野、九江、武汉以至重庆、四川农村,人物多达七十多个。上卷写的是苏州巨富蒋捷三家族运道的败落,其中既有老辈的冷酷、严苛,又有儿女们的守成、叛逆和分化。长子蒋蔚祖是个软弱的人,次子蒋少祖和三子蒋纯祖是这个家庭的叛逆。长媳金素痕是家庭中最活跃的人物,但她却阴险地掠走了蒋家的财富,气死了蒋捷三,蒋蔚祖也在被逼疯后跳崖自尽。这里的场面颇有《红楼梦》中大厦将倾的景况。下卷写蒋家儿女们在抗战期间聚散无常的生活道路,主要的情节线索围绕着蒋纯祖展开。蒋纯祖逃离南京后,沿长江漂泊,溯江而上,在武汉参加了演剧队,却无法与演剧队小集团的左倾教条取得认同,终被演剧队开除;在四川农村的石桥场小学,他又以孤傲的个性向宗法制的冷酷和愚昧挑战,"向整个的石桥场挑战"。蒋纯祖始终处在"困兽犹斗"的处境中,他宣称"信仰人民",但个性的无限膨胀,使他在民族解放的大时代中成了一个饱尝精神痛苦而找不到自己位置的"多余人"。直到在荒山野寺中行将病死之时,听到苏德战争爆发,才幻见在时代暴风雨中奋行的旗帜和人群。蒋纯祖怀着青春理想和个人的光荣所进行的九死未悔的追求,也包含着作家自己的人生迷惘和痛苦。路翎在总结自己的创作体会时说:"我觉得特别苦恼的是:当我走进了某一个我所追求的世界的时候,由于对这某一个世界所怀的思想要求和热情的缘故,我就奋力地突击,而结果弄得好像夸张、错乱、迷惑而阴暗了:结果是暴露了我的弱点。"①

【学习检测】

1. 什么是暴露讽刺小说?
2. 张天翼和沙汀的讽刺艺术有何不同?
3. 简述路翎小说的风格特点?

【相关资料】

胡风著《胡风评论集》(下、上),人民文学出版社1985年版。

---

① 路翎:《财主底儿女们·题记》,《财主底儿女们》,人民文学出版社1985年3月版。

第三章 国统区的诗歌与戏剧

【内容要点】

1．艾青诗歌的风格特色。
2．七月诗派主要诗人的创作。
3．郭沫若抗战时期历史剧的贡献。
4．阳翰笙历史悲剧的特点。
5．陈白尘讽刺戏剧的价值。

【学习建议】

建议阅读作品：

艾青与七月诗派的诗作，参见《〈七月〉、〈希望〉作品选》，人民文学出版社1986年版。

郭沫若著《屈原》，参见《郭沫若全集》文学编第六卷，1986年版。

阳翰笙著《天国春秋》，参见《阳翰笙剧作集》，中国戏剧出版社1982年版。

陈白尘著《升官图》，参见《中国新文学大系》(1937—1949)，戏剧卷三，上海文艺出版社1990年版。

【参考书目】

中国现代作家选集《艾青》，人民文学出版社1983年版。

龚济民、方仁念著《郭沫若传》，北京十月文艺出版社1988年版。

【课件链接】

参考课件光盘(上)第三编 第五章、第一编 第四章

第一节 艾青与七月诗派

艾青,原名蒋海澄,1910年出生在浙江省金华县一个地主家庭里,是这个家庭第一个儿子。因为母亲生他时难产,一个算卦的说这个孩子的命是克父母的,所以他生下来就成了一个不受欢迎的人,甚至不许叫父母"爸爸"、"妈妈",只许叫"叔叔"、"婶婶"。很快他被送到本村一位贫苦农妇家里抚养,一直长到五岁。艾青少年时代酷爱绘画,所以1928年初中毕业后,他考入了国立西湖艺术院(后来的杭州美术学院)绘画系。第二年春天,就到了法国勤工俭学,在巴黎度过了精神上自由、物质上贫困的三年。这一时期他最喜欢、受影响较深的是比利时大诗人凡尔哈仑的诗,因为凡尔哈仑的诗深刻地揭示了资本主义世界的大都市的无限扩张和广大农村濒于破灭的景象。艾青回国后,在上海加入了"中国左翼美术家联盟"。艾青试着写诗是在巴黎的时候,发表诗是在回国以后。1932年一次偶然的机会他的一首记录反帝大同盟东方支部在巴黎开会的场景的诗《会合》,在左联刊物《北斗》上发表,这促使他开始从美术转到文学上来。1932年7月,艾青等十二名进步美术青年被国民党以莫须有的罪名逮捕,艾青就这样度过了三年监禁生活。在狱中艾青仍坚持写作,为了避免监狱方面的注意,从1933年开始改用"艾青"这个笔名,写了《大堰河——我的保姆》。诗稿都是由律师、亲友探监时偷偷带出发表的。1936年艾青出版了他的第一个诗集《大堰河》。四十年代初,艾青辗转到了延安。抗战时期是他创作的丰收期,共发表了八个诗集:《北方》、《他死在第二次》、《向太阳》、《献给乡村的诗》、《反法西斯》、《旷野》、《黎明的通知》、《雪里钻》。

艾青诗歌创作的内容与风格特点首先表现在对于农村劳动人民真挚、深沉的爱。这种感情并非小资产阶级人道主义的同情,而是在奉献一颗赤子之心,体现出艾青和劳动人民血肉的联系。因为他从小寄养在农民家里,始终把自己当作农民的儿子,这种真挚的情感突出表现在《大堰河——我的保姆》一诗里。另一个特点是忧郁的感情色彩,这种忧郁不是出于个人的利害得失,而是一种忧国忧民的情感,比如《我爱这土地》。艾青的忧郁的感情色彩能唤起人们对美好灵魂的热爱与崇敬,使人为改变黑暗的现实而奋斗。在抗战期间的诗作中特别表现出了热烈地向往、追求和讴歌光明的内容,比如《火把》,诗人所向往追求的是人民的反抗精神和斗争情绪,是民族的希望。艾青擅长用自由诗体表达一种直率、袒露、真挚的情感。作者很少注意诗的外在形式,喜欢毫无羁绊的自然的诗歌形式,多用铺陈的手法,巨幅地呈现某种场景或情感,用鲜明的形象来表达思想感情,透现出一种厚重的油画感,风格沉雄、浑朴。

七月诗派的名称来自《七月》杂志,《七月》杂志最早创刊于1937年9月11日的上海,出版了《七月》周刊。1937年10月16日,转到武汉重新创办了《七月》半月刊。到1938年7月16日为止的九个月中,共出了三集十八期。因战事变化,中缀了一年。1939年7月在重庆改为月刊继续出版。此时出版条件艰难,已无法按期问世。到1941年9月,出至七集一、二期合刊,即总第三十一、三十二期合刊后,迫于"皖南事变"后日益险恶的形势而告终刊,前后共四年。

《七月》杂志是抗战时期国统区重要的革命文艺杂志之一,发表了各种形式的文艺作品,包括诗歌、报告文学、小说、散文、剧本、杂感、文艺专论、译著、绘画、木刻作品等等。在现代文学史上最能体现出《七月》成就和风格的则是诗歌。作为一个流派的形成,胡风起了决定性的作用,他在《四年读诗小记》这篇文章里面讲道:"在那热情蓬勃的时期,无论是时代底激流或我们自己底心,只是在诗这一形式里面能够得到最高的表现。"抗战时期,胡风从这一认识出发,在他创办的《七月》第一期里就以诗作为首篇,以后他在《七月》及《七月》终刊后继续创办的《希望》杂志上经常编发诗歌专辑。另外他还在艰难的条件下出版了《七月诗丛》,《七月文丛》里也包含诗集。

从抗日战争到解放战争时期,围绕着《七月》杂志慢慢集结起一批诗人,尤其是青年诗人,形成了"七月诗派"。七月诗人的创作反映了非常广泛的社会生活,内容上主要有:对于伟大的抗日战争的歌唱,抒写人民的愤怒与反抗情绪,比如胡风的《为祖国而歌》深切表现了激昂的抗战热情;牛汉的《鄂尔多斯草原》写了少数民族在抗战中的觉醒;绿原的《雾季》写了炼钢工人的劳动;鲁藜的《锻炼》写了一个被日寇逮捕的革命知识分子遭受严刑拷打,坚贞不屈。以上这些都是抗战新诗中较少涉及的题材,从不同方面反映了当时人民的奋起。另外,孙钿以反映游击队的作战生活见长,他的《旗》、《雨》、《迎着初夏》、《我们在前进》、《望远镜》、《我底月光曲》,描写了革命战士行军、作战以及顽强的斗志和胜利信念。

歌颂根据地和解放区的新生活也是七月诗人表现的内容之一,比如阿垅的《窑洞》、鲁藜的《延河散歌》,反映了知识分子进入根据地以后的喜悦与幸福感受。胡征的《挂路灯》、鲁煤的《戎冠秀和钟》歌颂根据地人民群众的模范行为。在这方面写得最出色的是彭燕郊的《春天,大地的诱惑》,这首长诗以宏大的气魄,歌唱革命根据地的生活,描写田野景物,歌颂英勇的战士和勤劳的人民。

七月诗派的主要风格特色表现在重视诗歌的现实性与战斗性,这方面受马雅可夫斯基诗歌的影响很大,比如胡风的《血誓》。七月诗人还擅长用自由体形式写诗,这方面主要受艾青诗作的影响,表现出诚实、质朴、粗犷的风格。

鲁藜和绿原是七月诗派比较突出的两位诗人。鲁藜曾出版过一本诗集《醒来的时候》是反映根据地生活的。鲁藜诗的风格质朴、自然、清新。他多是摄取身边琐事、自然景色,或摄取战斗的片段,如实写来,质朴、明朗,现实的描写与对未来的展望交织在一起写,洋溢着乐观的情调,诗的音调就像清澈的小溪淙淙流淌着。如《延河散歌》写星星、山野、野花,蕴涵着对光明理想的追求。《醒来的时候》写一次夜行军,露营在田野上,睡了一个白天,夜里醒来以后的感受。《春天》写战争中春天的来临,表现了作者对春天的热爱和乐观主义精神。

春　天

　　春天,野丁香花开了
　　用她的堇色的花蕊
　　点缀着我们战争的田野

> 春天,没有忘记
> 在炮火里的我们
> 我们在战争里
> 也没有忘记我们的春天
>
> 春天照样来
> 野丁香花照样开
> 我们兄弟们采摘着它
> 在大路上,大踏步地走着,走过

绿原有反映国统区现实的诗集《童话》。他的诗的特色是以忧伤、愤激的调子,揭露黑暗,抨击丑恶现实。他的诗句有时很短,比如《哑者》:

哑 者

> 没有音符
> 而是野性的
> 原始的呼号
> 他要说话
> ……

有时绿原又用很长的诗句,比如《给天真的乐观主义者们》

给天真的乐观主义者们

在战争下面呼吸的中国底人民有多少个愉快,多少个凄惶?

多少人在白昼的思维里、在夜晚的梦幻里进行组织"罪恶"同解散"真理"?

……

绿原的诗无论诗句长短,都语气刚劲、节奏有力。绿原也有一些意象新颖的诗,比如《小时候》

小时候

小时候,
我不认识字,
妈妈就是图书馆。

我读着妈妈——

有一天,
这世界太平了:
人会飞……
小麦从雪地里出来……
钱都没有用……

金子用来做房屋的砖,
钞票用来糊纸鹞,
银币用来飘水纹;

我要做一个流浪的少年,
带着一只镀金的苹果,
　　一只银发的蜡烛
　和一只从埃及国飞来的红鹤,
旅行童话
去向糖果城的公主求婚……

但是
妈妈说:
现在你必须工作。

全诗意象别致、想象奇特、意境悠远又蕴涵哲思,明显地借鉴了西方诗歌的表现技巧,也代表了七月诗歌风格的多样性。

第二节 历史悲剧与讽刺喜剧

抗日战争时期国民党统治区的戏剧活动在大时代的气氛中得到了空前繁荣,其中历史剧的创作更是代表了这一时期戏剧创作的成就,以郭沫若的六部历史剧为代表,掀起了历史剧创作和演出的高潮。除郭沫若外,此时期还有许多不同风格的历史剧创作。比如,阳翰笙的《李秀成之死》、《天国春秋》,欧阳予倩的《忠王李秀成》,陈白尘的《太平天国》、《大渡河》,顾一樵的《岳飞》,吴祖光的《正气歌》,杨村彬的《清宫外史》等。郭沫若和阳翰笙的历史悲剧创作成就尤其突出。

郭沫若先生既是一位激情浪漫的诗人,又是一位有学者风范的历史学家和考古学家。从新诗到诗剧,再到抗战时期的史剧创作,可以看出他多方面的创作才能和诗人写剧的情感线索。郭沫若浪漫冲动的诗人性格,使他的历史剧创作观念异于他人,有独特的美学追求。他认为:"写历史剧可用诗经的赋、比、兴来代表。准确的历史剧是赋的体裁,用古代的历史来反映今天的事实是比的体裁,并不完全根据事实,而是我们在对某一段历史的事迹或某一历史的人物,感到可喜可爱而加以同情,更随兴所至而写成的戏剧,就是兴。(我的《孔雀胆》与《屈原》二剧,就是在这个兴的条件下写成的)。"[①] 郭沫若的史剧创作是在历史的长河中寻找能与个人、时代情感相通的历史情境,创造性地把古代精神反映到现代,创作出充满时代激情的历史悲剧。

郭沫若一生写了十八个剧本,其中大多是历史剧。郭沫若的史剧创作有社会原因,也和他渊博的历史知识和丰富的想象力有直

[①] 《郭沫若讲历史剧——在上海市立戏剧学校演讲》,1946 年 6 月 28 日《文艺报》,转引自廖全京著《大后方戏剧论稿》,第 132 页,四川教育出版社 1988 年版。

接关系。早期历史剧《三个叛逆的女性》(《卓文君》、《王昭君》、《聂嫈》)写于1923年至1925年间,基本主题是反封建的叛逆精神、个性解放的强烈情感和爱国主义思想。抗战时期六部历史剧中的四部《棠棣之花》、《屈原》、《虎符》、《高渐离》写的都是战国时代的史事,刚好分别写出发生于春、夏、秋、冬四个季节的故事。战国是一个打破束缚的时代,也是一个产生悲剧的时代。反抗强权,伸张正义,"杀身成仁,舍生取义",英勇悲壮,慷慨赴死,英雄辈出。在抗战时代激情的强烈触动下,郭沫若的诗情再度爆发,在古人的情感中找到共鸣,演绎出激情澎湃的历史诗剧。

《棠棣之花》(1937年9—10月间作),描写战国时代抗秦派和亲秦派的斗争,以主张联合、反对分裂为基本主题。作者既从大处着笔,写聂政纯真的"士为知己者死"的侠义热情和反抗暴政的正义力量;同时又从小处落墨,写了一群心中蕴蓄着正义、真情的看似平凡的小人物,除了聂莹、春姑之外,还有酒家母、盲叟、卫士等等,表现了普通人的爱心与力量。

《屈原》(1942年1月作),塑造了忠于祖国和人民的伟大政治家和诗人屈原的形象,表现了爱国者和卖国者的斗争。

《虎符》(1942年2月作),取材于《史记·卫公子传》,写如姬窃虎符帮信陵君借兵救赵,反抗秦国侵略的故事。剧中信陵君宽厚爱人的君子风范,如姬为国为民为理想的慷慨悲烈,以及魏太妃、平原君夫人、侯嬴等形象都塑造得真切感人。

《高渐离》(1942年6月作),取材于《史记·荆轲列传》中高渐离以筑击秦始皇的故事,揭露封建暴君的专制统治,歌颂人民的反抗斗争。

《孔雀胆》(1942年秋作),取材于元朝史实,写的是元朝末年发生在云南大理的一个感人的故事。云南行省首领梁王的蒙古公主阿盖,在丈夫(大理总管段功)遭人陷害、被暗杀后,为了爱,为了正义,不惜以身殉情,悲壮贞烈。全剧以一段感人的爱情故事,蕴含祈望民族团结的意愿。

《南冠草》(1943年作),写明末青年爱国诗人夏完淳反抗满清的异族侵略,以十七岁的年轻生命壮烈殉国的故事,歌颂了可歌可泣的民族英雄,揭露现实中的汉奸卖国贼。

六部历史剧都以激情的诗意贯穿其中,《棠棣之花》以歌咏的形式表达情感,诗意浓郁;《屈原》的台词激情澎湃,气魄恢宏;《虎符》情景交融,意境高远;《高渐离》击筑对唱,慷慨悲歌;《孔雀胆》阿盖公主的辞世诗,凄美动人;《南冠草》才华横溢的少年诗人夏完淳慷慨赴死,惊天地,泣鬼神。

代表作《屈原》的创作,全面展示了郭沫若史剧艺术的风采。抗日战争发展到四十年代,特别是"皖南事变"后,民族矛盾和阶级矛盾都十分激烈,根据地被封锁,爱国志士被迫害,面对这样的时代气候,郭沫若深切地感受着时代的悲愤。正像五四时代孕育了《女神》一样,抗战时代又使郭沫若的创作激情二度喷发,用了几天的时间就写出了五幕历史剧《屈原》。就像作者自己所说:"我自己的本心在期待着:总有一天诗的发作又会来袭击我,我又要如冷静了的火山重新爆发起来。在那时候我要以英雄的格调来写英雄的行为。"① 抗战这个激情的时代使郭沫若"把这时代的愤怒复活在屈原时代里"②,写出了具有英雄品格、英雄行为,并和郭沫若自己的感情有强烈共鸣的屈原形象。

历史上的屈原,生在公元前 340 年至公元前 278 年,是战国时楚国的大政治家、大诗人。基本的政治主张是改革内政,合纵抗秦,但在当时受到楚国亲秦派的反对,并因此受到排挤,一生有两次被罢官,两次被放逐。六十二岁时当他看到楚国灭亡的局势已无可挽回了,于是投汨罗江自尽。

郭沫若对屈原一直很感兴趣,《女神》中就有诗剧《湘累》写屈原。这是因为屈原有高洁的操守及奔放、豪迈、热情的诗人气质,引起郭沫若感情的共鸣。抗战时期他又把屈原引入到自己的创作中,更全

---

① 郭沫若:《我的做诗的经过》,《序俄文译本史剧〈屈原〉》,《郭沫若论创作》,第 208—209、404 页,上海文艺出版社 1982 年版。
② 同上。

面更深入地刻画这个人物,赞颂他的精神,突出刻画了屈原的无私无畏的爱国品格。

《屈原》一剧是写屈原做楚怀王左徒时期的事情。剧中作者始终把屈原这个人物放到尖锐激烈的矛盾冲突中进行刻画,用不断激化的戏剧冲突,把人物一步步推上矛盾的顶峰,使人物性格在矛盾高潮时得到最鲜明、最强烈的展现。

五幕剧中矛盾冲突是直线上升的:第一幕在屈原家,通过屈原写《橘颂》和他对宋玉的教诲表现屈原品格高洁、意志坚强、刚直不阿。屈原的这种品格在他所处的时代是一种悲剧的性格。鲁迅先生认为,悲剧是将人生有价值的东西毁灭给人看。突出屈原这种高贵品格就给后面的悲剧命运埋下了伏笔。这一幕还点出张仪的出现,使楚王面临两种外交策略的选择,同时预示着屈原面临着两种命运。第二幕在后宫,通过南后派上官大夫靳尚买通张仪,设圈套陷害屈原,使戏剧冲突明朗化,悲剧已降临在屈原的身上。屈原面对这种意想不到的打击处于极度的悲愤之中,但他没有计较个人得失,而是告诫楚王要多替楚国人民着想,从国家大局着想,表现了屈原坚贞不移和满腔的爱国热忱。这是"橘颂"品格的具体化、形象化。第三幕屈原家,写令尹招来一群人造谣陷害,说屈原疯了,并为他招魂,大众受蒙骗,宋玉也开始动摇。众叛亲离,自己的举动不被理解,屈原的悲愤怒火要比前一幕更强烈。第四幕城外,戏剧冲突达到高潮,屈原离家跑到城外,碰到楚王、张仪、南后一行,矛盾冲突在双方面对面的情况下展开,戏剧冲突处于白热化状态。屈原虽受屈辱,但仍不惜以自己的生命作代价进谏楚王,斥责张仪、南后的丑行,至此屈原爱国主义精神得到最充分的体现,同时屈原命运的悲剧性也更加深了。第五幕尾声,面对这种不公平的命运,屈原无私无畏,更显出了他品格的高贵。第五幕写屈原压抑已久的悲愤情感的总爆发,这种强烈的情感鲜明地表现在"雷电颂"中,抒发摧毁黑暗世界,召唤光明未来的强烈感情。《屈原》全剧就是这样通过矛盾的不断激化,塑造出一个忠于祖国、忠于人民,有强烈的爱国主义情感,有崇高的道德情操,无私无畏的爱国志士的形象,对抗战时期的中国来说其巨大的社会感召作用是显而易见的。

《屈原》的创作遵循了"失事(史实)求似(精神)"的史剧创作原则,追求历史真实与艺术真实的融合。屈原的形象,大致在精神上尊重历史的事实,无大出入,年代、主张、品格、遭遇都符合。但是事件的发展,人物的安排是作家自己的创造。如蝉娟,历史上无可靠的依据,但她对剧情的发展起着重要作用,烘托了屈原的伟大人格。郭沫若的历史悲剧"体现出一种崇高的、英雄主义的悲壮美"[①]。《屈原》一剧表现得尤为强烈。郭沫若说:"促进社会发展的方生力量尚未足够壮大,而拖延社会发展的将死力量也尚未十分衰弱,在这时候便有悲剧的诞生。"[②] 屈原就是在一个悲剧的时代产生的具有震撼力的悲剧人物。《屈原》全剧始终笼罩着悲剧的气氛,但悲剧给人的感触不同。郭沫若所写的悲剧,不给人以凄惨之感,而给人以崇高、悲壮之感,使人看完后对悲剧人物的崇高精神产生一种敬仰之情。这样的悲剧使人在悲壮的情感中产生一种强烈的爱憎感情。所以说郭沫若的悲剧是真理的鼓舞,是生活信念的感召,体现了郭沫若悲剧创作的独特风格。

《屈原》一剧突出表现出诗和戏剧的结合,诗意浓郁,呈现出郭沫若式炽烈的抒情色彩,"橘颂"、"雷电颂"对刻画屈原形象有着举足轻重的作用。"雷电颂"中蕴蓄的是火山岩般灼热的情感,郭沫若借屈原的口喊出对一个悲剧时代愤怒的吼声:

屈 原 (向风及雷电)……

啊,这宇宙中的伟大的诗!你们风,你们雷,你们电,你们在这黑暗中咆哮着的,闪耀着的一切的一切,你们都是诗,都是音乐,都是跳舞。你们宇宙中伟大的艺人们呀,尽

[①] 张健:《中国话剧百年述论》,《中国现代文学研究丛刊》,2002年第4期,第109—110页,作家出版社2002年10月版。

[②] 郭沫若:《由〈虎符〉说到悲剧精神》,《郭沫若论创作》,第427页,上海文艺出版社1983年版。

量发挥你们的力量吧。发泄出无边无际的怒火把这黑暗的宇宙,阴惨的宇宙,爆炸了吧! 爆炸了吧!
……
　　啊,电! 你这宇宙中最犀利的剑呀! 我的长剑是被人拔去了,但是你,你能拔去我有形的长剑,你不能拔去我无形的长剑呀。电,你这宇宙中的剑,也正是,我心中的剑。你劈吧,劈吧,劈吧! 把这比铁还坚固的黑暗,劈开,劈开,劈开! 虽然你劈它如同劈水一样,你抽掉了,它又合拢了来,但至少你能使那光明得到暂时间的一瞬的显现,哦,那多么灿烂的、多么眩目的光明呀!
……

　　把诗融入剧,既符合郭沫若的个性,也符合屈原的气质,这是一种艺术的融合,气韵生动,激情洋溢。
　　如果说郭沫若的历史剧表现出恢弘的气度,那么阳翰笙的史剧创作则显示出深度的开掘。
　　阳翰笙,原名欧阳本义,字缋修,笔名华汉。1902出生在四川省高县,曾在上海大学社会学系学习,1925年加入中国共产党,并从事革命活动,曾任黄埔军校教官,参加南昌起义。他也是革命文艺运动的组织和领导者,参加了后期创造社,是"左联"和文化工作委员会党团书记,在小说、电影、戏剧上有多种创作。主要话剧剧本创作有:《前夜》(1937年)、《李秀成之死》(1937年)、《塞上风云》(1937年)、《天国春秋》(1941年)、《草莽英雄》(1942年)、《两面人》(1943年)、《槿花之歌》(1943年)等,其中历史剧《天国春秋》是阳翰笙的代表作。
　　《天国春秋》写于"皖南事变"后不久,既控诉了国民党残害忠良、迫害抗战志士的暴行,也对千年民族心理积淀中封建性的、狭隘的农民意识进行了深度刻画,表现出复杂、生动、撼人心魄的特点。作者在表现大的时代主题的同时,更注意向人物性格心理的深处开掘,在激烈冲突的矛盾旋涡中刻画人物,在大略勾勒的同时又对人物的内心复杂性进行多侧面探寻。比如,杨秀清的公正无私、求贤若渴和过度的自尊、自信;洪宣娇的巾帼豪气与小女人的嫉妒、骄矜,在作者激情澎湃的描写中又有理智的透析。傅善祥的形象塑造得有情、有识、有度,在她和杨秀清、洪宣娇等人的复杂关系中得到恰到好处的体现。

剧作者对太平天国的官员、知识分子等男人、女人深透的心理剖析,从哲理角度对人的昏迷的私欲、清醒的理智、仁者的情怀、恶人的凶残的透视,都通过吸引人的戏剧冲突和极富个性的人物描摹表现出来。最突出的是对洪宣娇复杂、矛盾的自我内心冲突、人格分裂以至心理变态的刻画。在全剧结束时洪宣娇神志恍惚中癫狂的独白,凄怆、悲戚,在第六幕中表现得淋漓尽致。洪宣娇的妒火在韦昌辉的挑唆下几近疯狂,他们合谋杀害了宿敌。在令洪宣娇因爱生恨的杨秀清和她恨极的情敌傅善祥惨死后,得意的小人韦昌辉来看生病的洪宣娇:

韦昌辉　(忽从袖中取出一个锦包,打开来递给她)来!这是傅善祥烧死后的残骨,这是她头上的金钗。这两件东西,你不是跑去找了几天几夜都还没有找到的么?从那儿的灰堆里,现在却被我扒出来了!你快拿去吧!

洪宣娇　(忽然一把抓了过来,狂喜,狞视,惨笑,变态地)啊啊,好极了!好极了……(怒指钗骨)哼!你还要来欺负人吗?你还要来戏弄人吗?你还要用你的媚态来勾人的魂魄,迷人的心窍吗?哦,你这个贱货!你这个妖女!真想不到你也会有今天啊!(她一下把手中的钗、骨丢到地下,气愤愤地去踩了几脚,她又很满足地狞笑起来了)哈哈哈!……

　　[昌辉瞧见她这种狂态,点头微笑,心里觉得自在]
……

而毕竟心地善良又深爱曾经一起征战的杨秀清的洪宣娇,在看到韦昌辉残忍地把杨秀清的肉来煮汤以泄恨的时候,她毛骨悚然。

太平军的自相残杀,触目的鲜血使洪宣娇灵魂灼伤,痛悔不已。

洪宣娇　(神志昏迷,两眼发花,仿佛瞧见了傅善祥的阴影)哎呀!傅善祥到我这儿来了!你们快瞧啦!她就站在那儿!
云　姑　(惊怖走近她)王娘!她在哪儿啦?我怕啊!
赖汉英　你怕什么!(对洪)不会的,宣娇,你别胡思乱想。
洪宣娇　(眼视着暗处,半疯狂地)你们听!善祥还在骂我呢!什么?你骂什么?我们自己人杀自己人,自己兄弟杀自己兄弟!咸丰那贼子在说痛快痛快,曾国藩那奴才头儿在放声大笑,清妖的大兵就要乘机到我们的天京来了!什么?你说什么?大敌当前,我们不该自相残杀!是的,是的!啊,国舅!(痛自忏悔)你听到吗?你听到吗?善祥的话是一句又一句的在刺痛着我的心呀!我们为什么要杀秀清?为什么要杀善祥?为什么要杀那几万同生死共患难的兄弟手足呢?我们真是罪人!真是罪人!真是十恶不赦的罪人啊!

　　这既是痛自肺腑的洪宣娇的忏悔,也是作者对"皖南事变"国民党残害忠良的控诉。这是历史和现实达到的精神、灵魂的共振。
　　作者善于抓住人物内在灵魂的深层表现,比如傅善祥在洪宣娇表面亲热的背后感受到她如蛇一样的眼神,使人感到平静中的恐怖,而结果恐怖的事情果然成为现实,傅善祥惨死在洪宣娇的妒火之下。在作者对人物的深入开掘中,我们不仅看到一个极富个性魅力的人物形象,而且体味出了某种人性的本质内涵。
　　《天国春秋》在结构安排上错综复杂,全剧紧张快速地展开多种矛盾冲突。在洪秀全和杨秀清之间,韦昌辉与杨秀清之间,杨秀清与洪宣娇之间,洪宣娇与傅善祥之间的多重矛盾纠葛中把大大小小的事件紧锣密鼓地串在一起,更突出人物的内心冲突,引人入胜,扣人心弦,耐人寻味。
　　对戏剧性的把握,关键是对人物外部和内部的动作性和冲突的把握,人物性格的内部冲突是在外部的戏剧情节冲突中得以展现的。

比如第二幕,洪宣娇怒闯东王府,斥责傅善祥私放女犯,却被杨秀清、傅善祥联合欺骗,使她妒火中烧。第四幕傅善祥夜闯西王府,冒死规劝洪宣娇放弃偏见,消除误解,帮助东王,却激怒了正欲报复泄愤的洪宣娇拔剑欲刺,但终未动手。两人各自的性格在攻守相交中凸现出来。洪宣娇作为巾帼女杰,性格倔强,风风火火,咄咄逼人,表面声色俱厉,内心却有作为年轻孀妇渴求爱情的软弱与无奈。心胸的狭窄与短视,使她走向本不希望的罪恶之路,而本性的善良又使她有过犹豫和矛盾。这种既复杂又个性突出的性格线索贯穿始终,直至如愿杀害仇人之后跌入痛苦深渊而灵魂忏悔,全剧在人物内心冲突达到高潮时结束。傅善祥作为传统女性知识分子的外柔内刚、温良忍让、睿智大度也相应地揭示出来,只是力度稍显不足,有些表面化。

历史剧《天国春秋》既有社会政治剧影射现实的表层特征,又有伦理剧对复杂人性蕴涵的哲理性探索,表现了作者对人性本质更深层的挖掘。

在国统区,由于整个社会环境的日益恶劣,特别是到抗战后期及解放战争时期,为了更有力地抨击国民党的黑暗统治,许多剧作家以讽刺喜剧的形式,对现实进行无情的反讽和鞭挞。这一时期的讽刺喜剧创作虽然不如历史悲剧声势浩大,但也出现了不少独具艺术价值的讽刺喜剧作品,它构成了国统区戏剧创作繁荣的重要一翼。此时期比较著名的讽刺喜剧有:陈白尘以《升官图》为代表的多部讽刺剧,吴祖光的《捉鬼传》,宋之的的《雾重庆》、《群猴》,袁俊的《美国总统号》等。在这些讽刺喜剧作家中,陈白尘的戏剧艺术成就最为突出。

陈白尘,1908年出生于江苏省淮阴县城,父亲是店员出身,但颇爱好一点艺术,母亲也粗通文字,喜读小说。受家庭熏染,陈白尘自幼喜欢中国古典小说,也颇受"礼拜六派"的影响。1923年考入私立成志初级中学后开始白话文写作。"五卅惨案"后投身政治运动,曾加入国民党,"四一二"后愤而退出国民党。1927年后受田汉的影响进入上海艺术大学,以后追随田汉从事戏剧、电影工作,生活颠沛,阅历丰富。1935年开始在上海做"亭子间作家",两年间写出多部作品,其中多幕剧有《石达开的末路》、《恭喜发财》、《太平天国》第一部《金田村》等,开启了他的戏剧创作道路。抗战八年间,陈白尘除戏剧教学、组织剧团演出外,最突出的是1941年"皖南事变"后,在党的领导下,与应云卫、陈鲤庭、辛汉文等组织成立中华剧艺社,演出郭沫若的《屈原》及夏衍、阳翰笙等人的剧作,掀起大后方戏剧运动的高潮。为了配合剧团的演出,他写了《魔窟》、《大地回春》、《秋收》、《乱世男女》、《未婚夫妻》、《禁止小便》、《结婚进行曲》、《大渡河》、《岁寒图》、《升官图》等十几个多幕剧及一些独幕剧,其中多为讽刺喜剧,这是他戏剧创作的丰收时期。

《升官图》(三幕剧)写于1945年10月,是陈白尘讽刺喜剧的代表作,它的问世"宣告了中国现代最成熟的、最富于闹剧色彩的'情绪喜剧'的诞生"。① 据说陈白尘童年时在家乡,逢年过节孩子们都会拿着压岁钱和家人一起玩一种叫做"升官图"的娱乐赌博游戏,就是"一张方桌大小的图,上边列出清朝官制上大小上百种的官阶,分正途、武功、佐杂三条路线逐步晋升。升到最高一级,即'太师太保'为终点,即告胜利"。② 陈白尘从这张"升官图"中受到启发,以此为一部讽刺国民党大小官吏横征暴敛、升官发财的讽刺喜剧命名。

全剧的结构是用序幕和尾声首尾呼应串起一场强盗梦。序幕,描写在一个古宅,有两个抢劫强盗进来躲风睡了一晚,做了一个升官发财的美梦。剧中的三幕则描写了强盗假冒的知县和秘书长,以及知县太太、各类局长、省长、侍从等等官僚政客演出的勾心斗角、巧取豪夺的闹剧。假秘书长为盗、为官自有高招,他周旋在上上下下的官僚之间,欺上瞒下,阿谀逢迎,贪赃枉法。知县太太为保自己的地位,不惜和假县长做假夫妻。为了高攀,又不顾廉耻嫁给省长。一再提倡廉洁奉公、铲除贪污的省长,却随时随处贪财贪色,从要地毯、汽车,到要金条、女人,无所不用其极。作者在所构筑的"升官图"中用看似荒诞、夸张的喜剧手法,揭示出人物最本质的内涵,揭示越是卑

---

① 廖全京:《大后方戏剧论稿》,第277页,四川教育出版社1988年版。
② 同上书,第284页。

鄙、无耻、胆大妄为之徒,越是能官运亨通、大发横财的强盗逻辑。作者用一种酣畅淋漓的火暴、泼辣的讽刺手法,对他笔下的人物进行毫不留情的讽刺,把一幕群魔乱舞的闹剧升华为极具深刻意味的讽刺喜剧,使这出喜剧具有了不可多得的震撼力。

陈白尘的《升官图》在戏剧结构和讽刺手法及力度上较明显地受果戈理的名剧《钦差大臣》的影响。《钦差大臣》讲的是俄国一个偏远城市的市长以及大小官吏听到钦差大臣要来视察的消息而把一个过路的彼得堡小官当作了钦差大臣,对他百倍阿谀、行贿,市长甚至把女儿也许配给"钦差",以图日后升官发财。当传来真的钦差大臣到来时,全剧以哑剧告终。此剧的市长是自己主动送上门去上当的,作者毫不留情地讽刺、挖苦、揭露了俄国贪官污吏们的庸俗、卑鄙、无能,批判了整个官僚阶层的腐败。《升官图》则借用中国一枕黄粱美梦的传统典故,以两个强盗梦中升官发财,并借机使知县太太及局长们上当,而省长、局长这些大小官僚在明知他们是骗子时,为了自己的切身利益,仍然贪赃枉法,助纣为虐,大发不义之财。作者用非常纯熟、洗练的讽刺手法,揭示出一场闹剧、丑剧所具有的严肃内容和内在张力,是一部既具有力度,又具有深度、广度的讽刺喜剧,推进了中国喜剧艺术向深层发展。

【内容小结】
1. 艾青诗歌真挚、浑朴的风格特色。(理解)
2. 七月诗派主要诗人的创作。(了解)
3. 郭沫若历史剧代表作《屈原》的艺术特点。(理解、掌握)
4. 阳翰笙历史悲剧和陈白尘讽刺戏剧的特点。(了解)

【难点解析】
这一章看似内容很多,但是内容都不难掌握。需要比较耐心体味的,就是艾青诗歌和绿原诗歌的独特表现手法和韵味。需要通过阅读他们的代表诗作,细细品味。

【作品分析例释】

艾青诗歌《我爱这土地》赏析:

我爱这土地

假如我是一只鸟,
我也应该用嘶哑的喉咙歌唱:
这被暴风雨所打击着的土地,
这永远汹涌着我们的悲愤的河流,
这无止息地吹刮着的激怒的风,
和那来自林间的无比温柔的黎明……
——然后我死了,
连羽毛也腐烂在土地里面。

为什么我的眼里常含泪水?
因为我对这土地爱得深沉……

艾青被誉为"吹芦笛"的土地诗人,他的诗歌中有两个独特的意象,即"土地"和"太阳"。《我爱这土地》就是深沉地赞美"土地"的著名诗篇,作于1938年11月17日。"土地"象征着祖国,虽然"这被暴风雨所打击的土地"灾难深重,但我就像一只飞临祖国上空的鸟,虽然渺小,但也要用嘶哑的喉咙歌唱,即使不能飞翔死后羽毛也要腐烂在土地里面。诗人用一种无怨无悔、至死不渝的深厚的爱表达对苦难的祖国的挚爱,同时也浸润着诗人对在这片苦难的土地上生生不息、勤劳善良的人民的赤子情深。诗作意象简单,感情忧郁、深沉。

【学习检测】

名词解释:

七月诗派

问答题:

1. 艾青诗歌创作的风格特色。
2. 简论郭沫若历史剧《屈原》的艺术特色。

3. 阳翰笙历史剧的深刻性表现在哪些方面?
4. 陈白尘讽刺喜剧的艺术魅力主要有哪些表现?

【相关资料】

廖全京著《大后方戏剧论稿》,四川教育出版社 1988 年版。

【相关影视作品简介】

电影《屈原》、《绝代佳人》(香港电影工作者根据郭沫若的话剧《屈原》、《虎符》改编)。

第四章　沦陷区的小说创作

【内容要点】
1. 张爱玲的性格气质对创作的影响。
2. 张爱玲代表作《金锁记》、《倾城之恋》分析。
3. 钱钟书《围城》的独特蕴涵及艺术价值。

【学习建议】
张爱玲著《金锁记》、《倾城之恋》，参见《张爱玲文集》第二卷，安徽文艺出版社1992年版。
钱钟书著《围城》，人民文学出版社1980年版。

【参考书目】
刘川鄂著《张爱玲传》，北京十月文艺出版社2000年版。
孔庆茂著《钱钟书传》，江苏文艺出版社1992年版。

【课件链接】
参考课件光盘(上)第三编　第三章

第一节　张爱玲与梅娘

在沦陷区作家中有两位很有影响的女作家张爱玲和梅娘，在二十世纪四十年代的现代文坛上享有"南玲(张爱玲)北梅(梅娘)"的盛誉。张爱玲身处上海沦陷区，梅娘则陷于华北沦陷区，她们的小说创作以各自独特的文学韵致，在当时的文坛上占有一席之地。

张爱玲，1920年出生在上海，1995年约在中秋前后客死美国，她的一生就像她的小说集的名字《传奇》一样引人注目。被称为最后的贵族的张爱玲出生在没落世家，她的祖父张佩纶是清末名宦，祖母为李鸿章之女。张爱玲 1937 年毕业于上海圣玛利亚女校,后考入英国伦敦大学,因战争的迫近而转入香港大学就读英国文学系。1941 年太平洋战争的爆发使她被迫终止香港大学学业,1942 年回到上海,开始以写作为生。1952 年再去香港,1956 年转去美国,就再也没有回来过。

　　张爱玲自幼就失去了正常的家庭温暖,父母长期不合。她四岁时母亲就抛下她远去英国,张爱玲有记忆以来从未感受过母爱的温暖。幼年不幸的家庭生活给张爱玲的心灵造成创伤,更不幸的是这种创伤没有在少年时代及以后的个人生活中得到补偿和修复,反而加剧了。后来她的父母离婚,父亲又结婚,张爱玲在父亲和后母的家里受尽委屈,一次在从生母家回来与后母发生争吵,父亲气不打一处来,暴怒之下,拳脚相加,之后又把张爱玲关在家中,她重病半年,差点送掉性命。她迫不得已逃出了父亲的家,去找亲生母亲,但经济上不能自保的母亲对她也不够热情,后来还是姑姑收留了她。在这个世界上尚未成人的张爱玲得不到一点父母的爱抚,这对她心灵的创伤尤为深痛。不幸的家庭生活使她敏感、早熟,怀旧与没落的情调在张爱玲幼年时就浸润着她的心,"我三岁时能背诵唐诗。我还记得摇摇摆摆地立在一个满清遗老的藤椅前朗吟'商女不知亡国恨,隔江犹唱后庭花'"①的诗句。她把自己生命的情趣都寄托在艺术的世界里,文学和电影是她的最爱,她七岁就开始写小说,显示出超凡的文学天赋。1943 年张爱玲成名后和才子加汉奸的胡兰成相恋,并于 1944 年和他结婚。但 1945 年日本投降后,曾任汪精卫伪政府宣传部副部长的胡兰成开始了逃亡生活,其间又多有所爱,这对张爱玲的伤害是可想而知的,不久她就忍痛结束了这一段只有短暂的幸福却带来深深痛苦的婚姻。

　　不幸的身世使张爱玲形成一种沉默寡言、孤傲不羁的性格,对人十分冷淡,不愿意接近人,生活圈子十分狭窄。对人性中的恶,她比别人感觉更敏感,因此在观察、认识、反映生活时她的观察视角和别

---

① 张爱玲:《天才梦》,《张爱玲文集》第四卷,第 16 页,安徽文艺出版社 1993 年版。

人是不同的。"在没有人与人交接的场合,我充满了生命的欢悦"①,"生命是一袭华美的袍,爬满了蚤子"。② 她的生命体验是苍凉又美丽的。据说,张爱玲一生起居常常是和月亮共进退的,见月亮的次数要比常人多。但张爱玲不同于一般女性的多愁善感,她是一个充满矛盾的女性,既古典又现代,内心充满着大悲大喜,既能充分享受现世的生活,又能彻底看透生活。她的作品也把大雅与大俗很好地统一起来。

张爱玲出身于没落的封建贵族家庭,她又生长于一个动荡的战乱年代,更加上她不幸的遭遇,这种种影响最终导致了她精神上的悲观气质,这些在她的作品中都有表现。张爱玲因在1943年发表小说《沉香屑——第一炉香》而一举成名,1943年在上海的流行杂志上都可见到张爱玲的大名。1944年出版了她的短篇小说集《传奇》,另外还有一部散文集《流言》。

二十世纪四十年代的小说以《金锁记》和《倾城之恋》最为优秀。张爱玲的小说大都取材于沦陷前后的香港和上海的中上层社会人们的生活,揭示在不可避免的时代沉落中人的生存状态。她描写的多是婚姻恋爱的故事,表现男女间的感情纠葛,她以自己独到的生活感受来观照生活、叙写故事、剖析人物间的感情关系,深入探寻人性的复杂性。在张爱玲的作品中写了许多千疮百孔、残缺不全的人伦感情。张爱玲作品的基调可以用两个字来概括,那就是——苍凉。就像她自己所说:"个人即使等得及,时代是仓促的,已经在破坏中,还有更大的破坏要来。有一天我们的文明,不论是升华还是浮华,都要成为过去。如果我最常用的字是'荒凉',那是因为思想背景里有这惘惘的威胁。"③这就是她作品的主调。

---

① 张爱玲:《天才梦》,《张爱玲文集》第四卷,第18页,安徽文艺出版社1993年版。
② 同上书,第17页。
③ 张爱玲:《〈传奇〉再版序》,《张爱玲文集》第四卷,第138页,安徽文艺出版社1993年版。

《金锁记》是被傅雷先生评价为"我们文坛最美的收获之一"[①]的小说,作品描写了一个旧式大公馆——姜公馆聚散离合的故事。姜公馆里有三房少奶奶,其他两房都门当户对,只有二奶奶曹七巧是麻油店老板的女儿,因为二爷是个残废,患软骨病和肺痨,本来曹七巧是作为姨太太娶进门的,可二爷的病娶不到正房太太,姑且把门不当户不对的曹七巧升为正房太太。作品围绕着曹七巧一家展开了故事。曹七巧生有一儿一女,姜公馆自老太太和二爷去世后,三房分家另立门户,曹七巧带着儿女和分得的田产过着比较富裕的生活,但她这个家却是很不健全的。她儿子长白在她的纵容下学会了吃喝嫖赌、抽鸦片,儿媳芝寿因受不了婆婆的气抑郁而死。女儿长安在曹七巧的蓄意破坏下三十未嫁,在家做了老姑娘。曹七巧也在孤独、无聊中早早地离开了人世。

在《金锁记》中塑造的最成功的形象就是主人公曹七巧。她是一个戴着黄金枷锁的人,她之所以到姜公馆嫁给一个残废人是为了钱,最后钱到手了,她却变成了一个精神上的残废人,表面上她是自己继承的遗产的主人,而实际上她已经异化为金钱的奴隶。作者通过对这一人物性格多侧面的描写,通过对这一人物畸形感情世界的揭示来塑造形象。曹七巧最突出的性格特征是阴鸷、毒辣。但人的性格是复杂的,曹七巧由于出身卑贱,在姜公馆显得低人一等,这种自卑心理使她嫉妒所有的人。因为她残废的丈夫不能满足她的情欲,所以她就妒忌新婚的三奶奶得到了一位英俊、潇洒的丈夫,经常话里话外的使三奶奶兰仙难堪。她甚至忌妒儿子娶媳妇,经常对儿媳百般刁难。女儿和男友童世舫约会,回家来她也是恶言相伤,她以破坏别人的婚姻为满足。因为自己婚姻不幸,也见不得别人婚姻幸福。曹七巧还是一个爱钱如命的人,麻油店的生活也使她沾了不少下层女子的野气。譬如分家时为了多争得点钱财就摆出"坐地泡"的架势,要死要活地哭喊欺负她们孤儿寡母要和人拼命。女儿三十岁终于找

[①] 傅雷:《论张爱玲的小说》,《张爱玲文集》第四卷,第 423 页,安徽文艺出版社 1993 年版。

到人家订婚,要办婚事了,她却对女儿破口大骂说人家图她的钱,骂女儿下贱,等不及了,不管猫狗都要急着嫁,并故意把长安抽鸦片的往事透露给未来的女婿,终使这桩婚事不欢而散。但曹七巧无论多么泼辣、粗野,她毕竟是女人,畸形的婚姻,对她毕竟是一种伤害,在姜家她处处被人瞧不起,所以有时也不免悲从中来。当年图钱逼她嫁到姜家的哥嫂来看她,她嘴硬说她有钱不愁吃穿,用不着哥嫂来看,但最终却"熬不住那呜咽的声音,一声响似一声,憋了一上午的满腔幽恨,借着这因由尽情发泄了出来"。[①]另外,作品里还描写了她不时回忆在麻油店做曹大姑娘的时候,伙计们追求她,和她逗趣的情景,虽然只是一闪念,却很微妙地传达了这个阴狠、泼辣的女人内心深处的一点美好的情感。作者通过多侧面的描写,成功地塑造了在黄金的枷锁下,一个扭曲变形的人。她是一个有强烈的占有欲、疯狂的报复欲,但却空虚、孤独的可憎、可怜的旧式女子,曹七巧的形象血肉丰满,耐人寻味。

《倾城之恋》则写了一个上海女子的香港"传奇",小说描写了一对青年男女婚恋的故事。白流苏本是一位大家闺秀,出嫁后与丈夫不合,离婚七八年,在白公馆里生活寂寞,积蓄快要被兄长找借口花完了,还随时遭受娘家人的冷眼。范柳原是一个私生子,他父亲在中国本有妻子,到英国经商搞上了一个华侨女人,后来范柳原父母双亡,他回国接受遗产。他是一个典型的花花公子,和白流苏"恋爱"不过是想找这位中国味儿十足的女人做情人,换换口味,调剂空虚的生活。而白流苏不过是想以最后的资本——三十岁的青春,靠范柳原的钱财,过下半辈子安逸的生活。双方各自怀着自私的打算,费尽心机地搞着恋爱的把戏,实际等于上等调情。范柳原想让白流苏自愿做他的情妇,可以不担任何责任,白流苏则一心想结婚以有物质保障。小说结尾,因香港战事,两个人终于因环境所迫结了婚。在生死面前,他们似乎才感觉到了一点真情。就像范柳原自己说的:"我们

[①] 张爱玲:《倾城之恋》,第16页,中国文联出版公司1986年版。

那时候太忙着谈恋爱了,哪里还有工夫恋爱。"① 在这里张爱玲借用了一个"准才子佳人的故事",在中西文化交错的畸形背景中演绎了世间一对普通男女瞬间的真情,而获得这种"团圆"的代价却是整个香港城市的倾覆,张爱玲化用传统的"倾国倾城"的典故,而她透视人间事、人间情的角度是令人震慑的。"香港的陷落成全了她。但是在这不可理喻的世界里,谁知道什么是因,什么是果?谁知道呢,也许就因为要成全她,一个大都市倾覆了。成千上万的人死去,成千上万的人痛苦着,跟着是惊天动地的大改革……流苏并不觉得她在历史上的地位有什么微妙之点。她只是笑吟吟地站起身来,将蚊烟香盘踢到桌子底下去。"②

张爱玲的小说无论是写残损不全的人伦感情,还是小说的总体气氛,都呈现出一种阴冷、苍凉的调子。例如《金锁记》里开头就写到月亮:"三十年前的上海,一个有月亮的晚上……我们也许没赶上看见三十年前的月亮。年轻的人想着三十年前的月亮该是铜钱大的一个红黄的湿晕,像朵云轩信笺上落了一滴泪珠,陈旧而迷糊。老年人回忆中的三十年前的月亮是欢愉的,比眼前的月亮大、圆、白;然而隔着三十年的辛苦路往回看,再好的月色也不免带点凄凉。"③《倾城之恋》里反复写到"胡琴咿咿哑哑拉着,在万盏灯的夜晚,拉过来又拉过去,说不尽的苍凉的故事"。④《茉莉香片》一开头就写道:"我给您沏的这一壶茉莉香片,也许是太苦了一点。我将要说给您听的一段香港传奇,恐怕也是一样的苦——香港是一个华美的但是悲哀的城。"⑤小说中描写刘妈和言丹朱对聂传庆格外亲切,而聂传庆却反觉厌恶,就像"寒天里,人冻得木木的,倒也罢了,一点点的微温,更使他觉得冷得彻骨酸心"。⑥

---

① 张爱玲:《倾城之恋》,第 92 页,中国文联出版公司 1986 年版。
② 张爱玲:《倾城之恋》,《张爱玲文集》第二卷,安徽文艺出版社 1992 年版。
③ 张爱玲:《倾城之恋》,第 1 页,中国文联出版公司 1986 年版。
④ 同上书,第 49 页。
⑤ 同上书,第 93 页。
⑥ 同上书,第 98 页。

张爱玲小说所透现出的苍凉之感,既是作家主观感受的艺术化的再现,也有战乱岁月在作家心理上的投影,她觉得人把握不了自己的命运。

张爱玲在她的《天才梦》中说:"对于色彩,音符,字眼,我极为敏感。"① 所以她语言的表现力一部分来自于她的天赋才能,另一部分则来自于深厚的中国古典小说的根底和西方文学的滋养。张爱玲小说的语言舒徐自如,具有我国古典小说的味道,讲述故事,娓娓道来;描写人物,动态逼真,静态传神。如曹七巧的出场,就有《红楼梦》凤姐出场的味道。她的小说虽然主观性很强,浸透着悲凉的色彩,但这种主观性不是作者直接表现出来的,而是随着作者那自如的叙述让读者从故事本身感受到一种耐人寻味的特殊意韵。张爱玲是一位具有多种艺术素养,且极富艺术天分的女作家。对文学、音乐、美术、电影各种艺术形式的痴迷,中西文化的熏染,使她能娴熟地调动各种艺术手段,自如贴切地运用在小说描写中。比如电影蒙太奇手法的运用,在《金锁记》中有一段著名的描写:"风从窗子里进来,对面挂着的回文雕漆长镜被吹得摇摇晃晃,磕托磕托敲着墙。七巧双手按住了镜子。镜子里反映着的翠竹帘子和一副金绿山水屏条依旧在风中来回荡漾着,望久了,便有一种晕船的感觉。再定睛看时,翠竹帘子已经褪了色,金绿山水换了一张她丈夫的遗像,镜子里的人也老了十年。"

张爱玲天才的艺术感悟力和语言表现力,独特的观察人生世相的视角,使她小说看似通俗,但却有超越通俗的雅致和深度,在揭示人性的自私、冷漠、残酷这一方面,达到了其他作家所达不到的人性深度,使读者领悟到其潜在的、深层的人生哲理蕴涵,感受到一种特有的艺术审美氛围。

梅娘,原名孙嘉瑞,长春人,1920年出生,和张爱玲同年,虽不及张爱玲名气大,但也是一位风格独特的女作家。她是长春富商孙志远的女儿。生母是孙志远任海参崴领事时的情人,在和女儿随孙志

---

① 张爱玲:《天才梦》,《张爱玲文集》第四卷,第17页,安徽文艺出版社1993年版。

远住进孙家大院后,无法忍受看人白眼的生活,后来被孙妻逼走,据说含冤自尽。梅娘从此失去母爱,在父亲的大家庭里过着养女一样遭人指斥的生活,尝尽人间的冷漠,因此她后来才给自己起了一个"梅娘"的笔名,反映了她从小没娘的不幸身世。没有母爱,缺少家庭温暖,使梅娘内心淤满忧郁的情感,这影响了她小说创作的风格。1936年梅娘到日本留学,和早稻田大学的留学生柳龙光相识、相爱,但却遭到孙家的极力反对,梅娘无奈被迫辍学回国。为了爱情,柳龙光也不惜从东京追到长春,梅娘终被打动,为此和家庭断绝关系,和柳龙光结婚。不幸的是,1948年,柳龙光在乘船从上海去台北时途中遇难。这对从小失去母爱的梅娘来说无疑又是一次致命的打击,当时在台湾的梅娘带着两个女儿返回大陆,而梅娘此时腹中还怀着一个尚未出生的儿子。

特殊的经历使梅娘更早、更深地体验着人生的冷暖,也把她的大部分精力放在文学上。她明确表明自己的创作信条是:"用年轻的笔和心,诉说着人世间的不平,诉说着沉沦的痛苦,探索居住在异国的、生长在殖民地中的青年的路。"[1] 梅娘十六岁高中刚毕业就出版了处女作《小姐集》(1936年),然后出版了短篇小说集《第二代》。1942年在沦陷区北平生活的这段时间是她创作的高潮时期,陆续出版了"水族系列小说":中篇小说《蚌》、短篇《鱼》、中篇《蟹》,使她成为二十世纪四十年代享有盛名的女作家。她的创作还有未刊完的长篇小说《夜合花开》、《小妇人》等。

梅娘延续了五四以来女性作家表现女性解放、女性意识的主题,对人间冷暖的细致体味,对爱的渴求,对男性的失望和嘲讽,再加上行文的舒展自如,使梅娘的小说在淡淡的叙述中别有一番韵味。

代表作《鱼》描写一位独立意识很强的小知识女性,在无爱的人间追求真爱的艰难与无助。在无爱的同居生活、无望的情感寄托中,作者细致入微地揭示女主人公内心多重的矛盾:爱情的理想、个性的自由、女性的独立、性爱的渴望、母性的本能等等心理的纠缠,她像受

---

[1] 转引自杨义《中国现代小说史》第三卷,第381页,人民文学出版社1986年版。

困的鱼一样,最终没能钻出世俗社会的鱼网。

梅娘小说雅俗共赏的特点,使她成为当时的畅销书作家。仅小说集《鱼》在半年之内就印行了八版。只是梅娘的创作时间不长,约八年左右。梅娘小说的细腻笔触使她成为现代文学史上令人回味的女作家之一。

第二节 钱钟书与《围城》

钱钟书,字默存,号槐聚,笔名中书君,1910年出生于无锡。父亲钱基博为中国近现代著名国学家。母亲王氏,是近代通俗小说家王西神之妹。钱钟书因周岁抓周抓到书,故取名钟书。他从小受家庭的影响,痴迷于中国古典文学,特别是小说,并有过目不忘的惊人记忆力,他能把水浒、三国好汉中的每条好汉使用的兵器的斤两背得清清楚楚,一点儿不差,但对数学却不感兴趣。他是远远乡里闻名的极有天赋的神童,尤其是国文和英文。钱钟书幼时过继给大伯父,大伯父为人友善、热情、开朗,对钱钟书的教育是寓教于乐式的,他们好像朋友一样,而亲生父亲则格外严厉,这对钱钟书性格的形成有一定影响。他曾就读于教会创办的苏州桃坞中学和无锡辅仁中学,打下了初步的西学功底。1929年夏天,他报考清华大学,虽然数学考得不好,但因国文和英文为特优,被破格录取。到清华后,他发奋苦读,立志"横扫清华图书馆",被誉为"清华一条龙"。1935年夏天与杨绛结婚后不久,双双赴欧洲留学。钱钟书1937年毕业于英国牛津大学英文系,获得文学学士学位,后入法国巴黎大学研究院进修法国文学,1938年因恐欧洲战事即将爆发回国。钱钟书的主要作品包括1941年出版的散文集《写在人生边上》、1946年的短篇小说集《人·兽·鬼》、1947年出版的长篇小说《围城》、1948年的论著《谈艺录》和1979年的研究著作《管锥篇》。钱钟书是一位集学者、作家为一身,精通中西文化的天才,被著名学者夏志清称为"当代第一博学鸿儒"。

《围城》曾有"新《儒林外史》"之称,清朝吴敬梓的小说《儒林外史》以反对科举和功名富贵为中心,塑造了许多栩栩如生的科场知识分子,被鲁迅评为"说部中乃始有足称讽刺之书"的作品。而《围城》"是洋学衔和旧学问错综时期新儒林的诸生相,揭示他们官场化和商场化的空疏和迂腐、虚伪和卑琐,揭示他们从国外回到国内,从家庭走向社会、又复归家庭的彷徨无主、无所归宿的灵魂"。①

在1946年作者给小说写的序里讲到:"在这本书里,我想写现代中国某一部分社会,某一类人物。写这类人,我没有忘记他们是人类,只是人类,具有无毛两足动物的基本根性。"②作品描写了抗战初期上层知识分子的活动和生活,小说以留欧学生方鸿渐回国后的生活经历为主线,写了一群留学生、教授在回到战事已起的祖国后,他们在生活、工作、婚姻、恋爱等问题上遇到的矛盾纠葛,以及由此表现出来的委琐的灵魂和灰色的人生。将战时一部分庸俗、无聊的知识分子的精神面貌刻画得精妙入微。特别是通过对方鸿渐和孙柔嘉的恋爱、婚姻尴尬窘境的描写,表达了作者对婚姻、爱情以及人生的看法,是一部充满着哲理意味的小说。

作者怀着"忧世伤生"思想感情,以讽刺的笔调、双关的语言,以结婚——实际是把社会生活的困境比喻为"被围困的城堡","城外的人想冲进去,城里的人想逃出来"表现人生的困惑、无奈的处境。作者写了这些抱着灰色人生观的上层知识分子,在情场上的角逐,在利禄上的争斗,真实地、艺术地表现了一部分知识分子在抗战初期的精神面貌。小说的故事性不是太强,在对日常琐细的生活进行了细腻描写的同时特别注重对人的描写。所以作品中每个角色,无论大小都有交代,写出了战时知识分子的众生相。

方鸿渐,是小说的主要人物,他小有聪明,口才极佳,本性善良。他不断渴求冲出"围城",但又不断地陷入困境,无论是学业、事业还是恋爱、婚姻。他出国留学,却不学无术,在欧洲四年换了伦敦大学、巴黎大学、柏林大学,而最后拿了一个美国大学的假文凭,而假文凭却不断使自己陷于尴尬境地。他周旋在几个女人之间,最后却自作

---

① 杨义:《中国现代小说史》第三卷,第481页,人民文学出版社1986年版。
② 钱钟书:《围城》,第4页,人民文学出版社1985年版。

自受,失去了他动了真情的唐晓芙。他和孙柔嘉的关系,更印证了人生"围城"的命意。孙柔嘉,貌似天真的成熟,以及知识女性的小市民气。苏文纨,一个在恋爱、婚姻上争风吃醋,耍弄手段,造作、虚荣的留洋博士。赵辛楣,这位方鸿渐的"同情兄",使尽手段,要让方鸿渐远离他爱恋的苏文纨,没想到自己却竹篮打水,空忙一场,因为他们不是"同情兄",苏文纨最终是嫁给了曹元朗。除此之外,还有专靠与外国哲学家有几封来往信件,却以这普通的信作为炫耀的所谓的哲学家褚慎明。靠卖走私药品发国难财、贪财好色的"卡片"教授李梅亭。外表木讷、老实,实际伪造学历骗取博士头衔的韩学愈。老奸巨滑的伪君子、三闾大学校长高松年等等。作者对这些教授、学者、博士,或品评,或议论,或嘲讽,信手写来,涉笔成趣,表现出了高超的艺术表现力。

　　钱钟书是一位学识渊博、才华横溢的学者型作家,他既受到过中国古典文化的熏陶,又精通多国语言。西洋文化对他也有很深的影响,在《围城》发表之前,他就已经发表过一些散文和短篇小说,并且以他渊博的知识在文学批评方面取得了卓越的建树。在《围城》的创作上,作家也显示了他纯熟的艺术技巧,特别是他绝妙的运用语言的能力。他的小说语言能做到纯白,又洗脱欧化语法,表现了五四以来现代小说语言的成熟。在作品中,无论是人物语言,还是叙述语言,都引喻广博、才情横溢、妙语连珠,显示出作者高超的幽默、讽刺才能。比如讽刺和方鸿渐同船回国的所谓留学生鲍小姐留学归来没有学到知识,只会展示肉体:"可是苏小姐觉得鲍小姐赤身露体,伤害及中国国体。那些男学生看得心头起火,口角流水,背着鲍小姐说笑个不了。有人叫她'熟食铺子'(charcuterie),因为只有熟食店会把那许多颜色暖热的肉公开陈列;又有人叫她'真理',因为据说'真理是赤裸裸的'。鲍小姐并未一丝不挂,所以他们修正为'局部的真理'。"[①] 讽刺买办张先生:"张先生跟外国人来往惯了,说话有个特征(也许在洋行、青年会、扶轮社等圈子里,这并没有什么奇特)

---

① 钱钟书:《围城》,第5页,人民文学出版社1985年版。

喜欢中国话里夹无谓的英文字。他并无中文难达的新意,需要借英文来讲;所以他说话里嵌的英文字,还比不得嘴里嵌的金牙,因为金牙不仅妆点,尚可使用,只好比牙缝里嵌的肉屑,表示饭菜吃得好,此外全无用处。他仿美国人读音,惟妙惟肖,也许鼻音学得太过火了,不像美国人,而像伤风塞鼻子的中国人。"[①] 在《围城》中字里行间无处不显示出作者学贯中西的机敏和智慧,形成了他学人小说高超的讽刺艺术的特有境界。

【内容小结】
1. 张爱玲的文学天赋及特殊气质。(了解)
2. 张爱玲小说雅俗共赏的特色及人性深度。(理解、掌握)
3. 张爱玲的语言魅力。(理解、掌握)
4. 钱钟书作为学者型小说家的特色。(了解)
5. 《围城》深刻、悠远的哲理意蕴及绝妙的语言。(理解、掌握)

【难点解析】
　　被称为风华绝代的女作家张爱玲的小说创作,无论是透视人性的深度还是语言的出神入化的境界,都必须在细心阅读原著的基础上体味,不读张爱玲的原创文学语言就无法体会张爱玲作品特有的魅力。
　　钱钟书的《围城》是一本学者小说,其中充满着高妙的智慧,小说内容不仅停留在故事或人物层面,还有更深的哲学和文化蕴涵,是需要深入解读的。

【作品分析例释】
　　张爱玲小说《半生缘》赏析:
　　在张爱玲小说创作中,二十世纪四十年代《传奇》中的许多中、短篇小说如《金锁记》、《倾城之恋》是其绝妙佳作。五六十年代的中、长篇小说虽稍逊一筹,但也别有中年张爱玲对人生的独到观照,表现了她一贯的细腻入微、探究人性复杂性的特点。小说《半生缘》是其中

---

① 　钱钟书:《围城》,第42页,人民文学出版社1985年版。

较突出的一部。也许是经历了人世沧桑,这时已是四十八岁,孤独一人在异国他乡生活的张爱玲,反观自己的人生路失去了《传奇》时的繁丽多姿和突兀的描摹,而转向了以平实的笔触,娓娓道来,淡中出奇,自然而耐人寻味,别有一种人生况味。小说《半生缘》有两个方面表现比较突出:

第一,内容上凸显人生中命运的不可抗拒性。

小说描写了曼桢、世钧为主角的常人的爱情故事,这一段爱情在自然而然中产生,非常平实,但因都是第一次却有着刻骨铭心的美好记忆。阴错阳差间,一切都掌控在冥冥的命运手中,他们最终没有走到一起。小说似乎在平实地叙写一段悲欢离合的爱情故事,但透过这个故事,我们仍能看出张爱玲透视人性深处的功力。

张爱玲在1944年4月与胡兰成热恋期间写有一段简短而别致的散文——《爱》。

这是真的。

有个村庄的小康之家的女孩子,生得美,有许多人来做媒,但都没有说成。那年她不过十五六岁吧,是春天的晚上,她立在后门口,手扶着桃树。她记得她穿的是一件月白的衫子。对门住的年青人,同她见过面,可是从来没有打过招呼的,他走了过来,离得不远,站定了,轻轻的说了一声:"噢,你也在这里吗?"她没有说什么,他也没有再说什么,站了一会,各自走开了。

就这样就完了。

后来这女人被亲眷拐了,卖到他乡外县去做妾,又几次三番地被转卖,经过无数的惊险的风波,老了的时候她还记得从前那一回事,常常说起,在那春天的晚上,在后门口的桃树下,那年青人。

于千万人之中遇见你所要遇见的人,于千万年之中,时间的无涯的荒野里,没有早一步,也没有晚一步,刚巧赶上了,那也没有别的话可说,惟有轻轻的问一声:"噢,你也在这里吗?"

这里张爱玲动情的是"于千万人之中遇见你所要遇见的人,于千万年之中,时间的无涯的荒野里,没有早一步,也没有晚一步,刚巧赶上了"。这其中虽有朦胧、浪漫之意,但人生在世,这一份"缘"是天地之间最可珍视的,而这最宝贵的却未必是最现实的。二十四年之后,历经情感沧桑的张爱玲,又把其深刻的内涵演绎在《半生缘》里。

小说围绕着曼桢——世钧,叙写了几对男女情无所终的故事。

曼桢——世钧:曼桢本来和叔惠先认识,而且一个办公室好几年,但却爱上了刚见过几次面的世钧,两情相悦,虽无海誓山盟,但却是可以牵手到老的一对。但曼桢被姐夫祝鸿才奸污后,命运捉弄她,最终嫁给了祝鸿才。世钧从小不喜欢翠芝,但阴错阳差,他们走到了一起。

叔惠——翠芝:两人偶遇,都有知遇之感,但因门不当户不对,叔惠知道高攀不上,只好退避,两人终至无缘。翠芝不喜欢世钧的性格,但因同病相怜而结婚。

曼璐——豫瑾:两人从十七岁定婚,本来可以百年好合,但曼璐父亲的死,使曼璐脱离了正常的人生轨道,由舞女而妓女,嫁给祝鸿才后,出于自私的考虑,给祝鸿才借腹生子,加上妒忌豫瑾对曼桢动情而做圈套陷害曼桢,之后后悔晚矣!

曼桢、曼璐、翠芝、世钧、叔惠、豫瑾,他们年轻时心中都有一份或难以割舍,或偶会触动他们的真实的、真诚的、美好的感情。小说中就连对祝鸿才这样风月场上的浪荡男人,在对曼桢绝望之后,都会在何太太那里找到男人的夫性和父性,但命运捉弄人,他们都没有一个完满的结局。正像张爱玲说的,"生命是一袭华美的袍,爬满了蚤子",小说《半生缘》里仍隐隐透现出张爱玲一贯的风格——苍凉。人生的"缘"隔断之后的无助与无奈,深刻地折射了张爱玲内心无法摆脱的命运感。

第二,张爱玲小说的语言魅力。

语言是小说唯一的物质媒介,《半生缘》虽没有《传奇》中的小说那么轰动,但张爱玲的小说语言所呈现出的独特艺术魅力是一贯的、令人折服的。

我们先来欣赏张爱玲小说《半生缘》中描写的月亮意象:

"两人一个面朝外,一个面朝里,都靠在栏杆上。今天晚上有月亮,稍带长圆形的,像一颗白净的莲子似的月亮,四周白蒙蒙地发出一圈光雾。人站在阳台上,在电灯影里,是看不见月色的,只看见曼桢露在外面的一大截子手臂浴在月光中,似乎特别的白……"——这是曼桢、世钧情意初开时的月亮,朦胧而幸福。

"马路上的店家大都已经关了门。对过有一个黄色的月亮,低低地悬在街头,完全像一盏街灯。今天这月亮特别有人间味。它仿佛是从苍茫的人海中升起来的。"——这是曼桢、世钧热恋时的月亮,圆满而亲近。

"这两天月亮升得很晚。到了后半夜,月光蒙蒙的照着瓦上霜,一片寒光,把天都照亮了。就有喔喔的鸡啼声,鸡还当是天亮了。……鸡声四起,简直不像一个大都市里,而像一个村落。睡在床上听着,有一种荒寒之感。"——这是曼桢到南京世钧家中,被世钧父亲看出曼桢像他认识的舞女(曼璐),对曼桢的身世起了怀疑,他们的爱情即将出现危机时的月亮,荒寒而清冷。

"在这傍晚的时候,园子里已经昏黑了,天上倒还很亮,和白天差不多。映着那淡淡的天色,有一钩淡金色的蛾眉月。"——这是世钧到曼璐家找曼桢时看到的月亮。被关在屋里的曼桢这时听到脚步声,"竭力撑起半身,很注意的向窗外看着,虽然什么也看不见,只看见那一片空明的天,和天上细细的一钩淡金色的月亮"。——这是被奸污后,关在屋子里的曼桢几乎和世钧同时看到的月亮。古诗云"但愿人长久,千里共婵娟",而此时的曼桢、世钧是"不能人长久,咫尺共残月"。

月亮意象的动情描写映衬了曼桢、世钧的爱情坎坷,命运冥冥中捉弄着人间这对痴情男女,难道这是天意?!

小说是语言艺术,是供读者阅读和想象的。张爱玲的小说语言可谓调动了人的视觉、听觉、嗅觉、触觉等多种感觉器官,使看似"死"的文字动起来,使人物的复杂心理充分感觉化,给人以无限的想象,妙不可言。

在视觉方面,张爱玲是善写颜色的圣手,用词新奇而准确。比如

"隔着水,远远望见一带苍紫的城墙,映着那淡青的天,叔惠这是第一次感觉到南京的美丽"——这是叔惠和翠芝单独在船上,借描写南京的美,来写叔惠内心的惬意,人美景才美。

曼桢被姐姐关了一年逃了出来,在叔惠家得知世钧结婚的消息,直觉天地变色,"渐渐走到桥头上,那钢铁的大桥上电灯点得雪亮,桥梁的巨大的黑影,一条条的大黑杠子,横在灰黄色的水面上。……水面上一丝亮光也没有。这里的水不知道有多深?那平板的水面,简直像灰黄色的水门汀一样,跳下去也不知是摔死还是淹死"。这里有颜色,有触觉,有质感,柔柔的水变成了坚硬的灰黄色的水门汀,这水有多深,曼桢的苦就有多深,曼桢心已死,只差跳下去一了百了。我们仿佛体会到了一个弱女子内心深深的痛楚,张爱玲对人物心理的描写是那样可感、可触,出神入化。

在嗅觉方面,比如,曼桢去看曼璐,碰到祝鸿才献殷勤一定要用汽车送她,两人坐在汽车里,祝鸿才因为究竟有点怕高不可攀的曼桢而无聊地吹着口哨,"曼桢也不说什么,只静静地发出一股子冷气来"——显示曼桢的高贵与厌恶。而"鸿才则是静静地发出香气"——媚俗而恶心。后来,曼桢被姐姐骗到祝家,在房间里准备睡觉,但女性的自卫心理使她耳朵一直在听着外面的汽车声,生怕祝鸿才回家来,这时汽车声倒是很远,但她"好像又嗅到那强烈的香气。而且在黑暗中那香水的气味越来越浓了。她忽然觉得毛骨悚然起来。""她突然坐起身来了。有人在这间房子里"——我们仿佛真的闻到了小说中所写的气味,心也跟着提起来,为曼桢担惊受怕。

文学是语言艺术,是相对静止的。电影是综合艺术,是声画结合的活动画面。或许自幼痴迷于电影的张爱玲受电影动感的影响,写小说时有意无意之间会借用电影的表现手法,使张爱玲的小说语言表现出又一个特点——灵动的心理描写。

世钧和曼桢刚开始热恋,两人第一次离得很近,"在那一刹那间,他好像是立在一个美丽的深潭的边缘上,有一点心悸,同时心里又感到一阵阵的荡漾"。这是初恋时真切的感觉,既怕又美丽。曼桢逃出后去找叔惠打听世钧的消息,当她听见"他结婚了,就是前天","曼桢两只手撑在窗台上,直觉得那窗台一阵阵波动着,也不知道那坚固的木头怎么会变成像波浪似的,捏都捏不住"。她不写曼桢听了这个消息,痛苦地头发昏,站不住,而反着写坚固的木头像波浪,使我们真真切切地感觉到了曼桢所受的打击。世钧到叔惠家,巧遇曼桢也在这里,"先没看出来是曼桢,就已经听见轰的一声,是几丈外另一个躯壳里的血潮澎湃,仿佛有一种音波扑到人身上来,也不知道还是他自己本能的激动"。这是世钧、曼桢历经坎坷十四年之后的重逢,那种情动太强烈了,但却已是"无可奈何花落去"……

这些描写虽然是动态的,但视听语言是无法表现的,因为这灵动的描写是虚的,只有语言文字才能写出来,正是因为文学语言的模糊性,就更能给读者以想象的空间,也就更美。

《半生缘》中还有许多类似电影镜头的描写,如实境与梦境的互相切换。曼桢路上巧遇世钧又不敢相见,逃也似地过马路,恍惚间"那车头放大得无可再大",差点儿被车轧死的镜头,有时看张爱玲小说的描写真有仿佛在看电影的感觉。

【学习检测】

问答题:

1. 举例论述张爱玲小说的独特韵味与艺术价值。
2. 梅娘小说的风格特色。

思考题:

1. 为什么张爱玲的小说会历久弥新、读者众多?
2. 试述钱钟书学者型小说《围城》的多重意蕴。

【相关资料】

于青编著《天才奇女张爱玲》,中国青年出版社1994年版。

邵迎建著《传奇文学与流言人生》,三联书店1998年版。

【相关影视作品简介】

1. 由张爱玲的小说改编的有:《倾城之恋》(电影)、《红玫瑰与白玫瑰》(电影)、《半生缘》(电影)、《怨女》(根据小说《金锁记》改编的电影)、《金锁记》(电视剧)。
2. 《围城》(根据钱钟书的长篇小说改编的电视剧)。

第五章 解放区的小说与新歌剧

【内容要点】
1. 赵树理小说的创作风格与历史贡献。
2. 孙犁小说的艺术特色。
3. 解放区新歌剧的特殊贡献。

【学习建议】
建议阅读作品:

赵树理著《小二黑结婚》,参见夏传才主编《中国现代文学名篇选读》(下),南开大学出版社1984年版。

孙犁著《荷花淀》,参见冯健男编选《荷花淀派作品选》,人民文学出版社1983年版。

【参考书目】
杨义著《中国现代小说史》第三卷,人民文学出版社1986年版。

【课件链接】
参考课件光盘(上)第三编 第二章

第一节 赵树理与孙犁小说的贡献

在解放区众多作家的小说创作中,以赵树理和孙犁的作品最富个性色彩,他们以自己独特的艺术追求,展示了那个时代的特殊风貌。

赵树理,原名赵树礼,1906年9月24日(农历八月初七)出生在山西省沁水县尉迟村一个贫农家庭,家境贫寒。为了日后的出路,父亲还是辛辛苦苦供他上学,在家乡读完高小后,1925年赵树理来到长治,考入山西省立第四师范学校读书。"在与农民的关系上,他不是从外面扎进去的,而是从里面长出来的。"① 因此赵树理在以后的创作上获得了融在里面写农民的最内在的条件。赵树理从小就痴迷民间文学,并曾经历过靠说书求生的生活。他是从农民中走出的深受五四新文化影响的知识分子,这使他成为为农民而写作,代表现代文学特定历史条件下为工农兵服务的新型作家。他的小说能创造血肉丰满的形象,为农民所喜闻乐见。

二十世纪三十年代初,赵树理开始写一些通俗的作品。1937年抗战爆发后,他投身抗战,主要是做一些报刊的编辑工作。长期的基层革命工作和初步的写作实践,使赵树理在各方面都作了积累。1942年5月毛泽东的《在延安文艺工作座谈会上的讲话》发表,更加给他指明了写作的方向。一年后,1943年5月,他完成了成名作短篇小说《小二黑结婚》。同年10月又完成他的代表作中篇小说《李有才板话》。1945年底写出长篇小说《李家庄的变迁》。

赵树理的作品既是从里面来观察、描写农民,又是从高处去观照新旧交替时代各种农民不同的心理状态,他希望写出老百姓喜欢看又看得懂,而在政治上又起作用的作品。他的志愿不是做"文坛文学家",而是做"文摊文学家"。他创作目的明确,作品内容、形式和读者对象达到了和谐统一,成为自觉追求大众化、民族化的地道的农民作家。熟悉农村,了解农村,以农村劳动群众的现实生活斗争为描写对象,赵树理的作品都真切反映了二十世纪四十年代解放区群众的现实生活。

1943年,在太行山区建立新政权已四年,土改工作已开展一年。赵树理一直在基层做群众工作,他感到在农村,反封建和改变传统观念是一个严峻的课题,特别是封建婚姻制度,严重剥夺着青年男女的幸福,也影响农村青年积极性的发挥,于是写了他的成名作《小二黑结婚》。小说写的是刘家峧的青年队长、射击英雄小二黑,恋上了俊美的姑娘小芹,而小二黑的父亲二诸葛,小芹的母亲三仙姑却都是封

---

① 黄修己:《赵树理评传》,第5页,江苏人民出版社1981年版。

建迷信意识很深的顽固家长,想要给自己的儿女各自包办婚姻,极力反对小二黑和小芹的自由恋爱,而代表旧势力的流氓恶棍金旺、兴旺也趁机捣乱。后来在新生的民主政权的支持下,经过一番斗争,小二黑和小芹终于获得了自由恋爱的胜利。在小说中小芹、二黑是农村新人物的代表;金旺、兴旺是农村反动势力的代表;三仙姑、二诸葛则是农村封建落后势力的代表,也是作者写得最成功的一类人物。他们是千年封建陋习的体现者,但作者对这类人物的塑造没有概念化、表面化,而是用活灵活现的情节表现他们根深蒂固的愚昧麻木和扭曲到可笑的人生状态,既有无情的剖露,又有有情的怜悯。作者把他们既是戕害者又是牺牲品的双重性表现出来,恰到好处地塑造了这类被称为中间人物的形象,成为赵树理小说人物中有声有色的形象。小说最后大团圆的结局也延续了中国传统文学的手法,适合农民读者的欣赏习惯。

《李有才板话》是一部更完整地再现根据地农村尖锐复杂的阶级斗争的小说,反映农村在民主改革和减租减息的过程中,反动势力窃取了部分政权并从中破坏而引起的农民和地主的斗争。虽然是政治色彩鲜明的作品,但人物塑造更深入、全面。无论是代表正义力量的机智聪敏的农民李有才,勇敢斗争的"小字辈",工作深入、认真的老杨,还是不觉悟的落后农民老秦,官僚主义严重的章工作员,还有恶霸地主阎恒元等各类人物,都塑造得生动鲜活。

在表现手法上,赵树理惯于在故事的叙述、矛盾的冲突发展中通过人物自身的行动和语言来揭示人物的性格特征,很少有游离于故事情节、矛盾冲突之外的静止的人物描写,这较符合广大群众的欣赏习惯。为了适合农民的欣赏口味,赵树理的小说结构首尾完整,故事连贯,富于情节性,把人物的来龙去脉交代得清清楚楚。小说语言是典型的通俗化、口语化的农民语言,构成具有浓郁晋东南乡土民俗色彩的特有的"山药蛋"气息。

赵树理的创作代表了为工农兵的方向,是《讲话》发表后一位影响深远的作家,不但影响到一批现代作家,还影响了当时五六十年代的文学创作。从现代文学史的方面看,内容上,赵树理继承了五四时期的启蒙精神,真正把民主精神与中国人口的绝大多数——农民相结合;形式上,把新文学和民间文学有机地联系起来,在民间喜闻乐见的评书形式上进行革新、创造,使农民乐于接受。在农民所熟悉的生活描写中,宣传反封建的思想,树立新思想、新风尚,使农民真正觉醒,真实地反映了二十世纪四十年代解放区农村在新旧变革中,农民在社会形态、政治思想、家庭观念、精神面貌等多方面的深刻变化。在为农民大众的文学追求上,赵树理的历史贡献是非常突出的。

孙犁,原名孙树勋,1913年出生在河北省安平县东辽城村,十二岁随父亲到安国县城上高级小学,此间开始接触新文学作品。十四岁考入保定育德中学。在北方,这是一个著名的私立学校。中学阶段他开始关注鲁迅等翻译的前苏联十月革命后的文学作品,并开始尝试写作,作品在校刊上发表,其中有短篇小说、独幕剧、文艺理论论文等。高中毕业后因无经济能力继续升学,曾在北平流浪,在图书馆读书或在大学旁听,做过小职员和小学教员,并自习写作。1937年抗战爆发后,孙犁参加抗日工作,主要在冀中地区,当过抗战学院教官,在晋察冀通讯社、文联、日报做过通讯指导、编辑,华北联大教员,同时进行文学创作。1944年到延安,在鲁迅艺术文学院工作和学习,发表了著名的小说《荷花淀》(1945年5月)、《芦花荡》(1945年8月)等。1945年,日本投降后,回到冀中参加土改工作,又陆续发表了《光荣》(1948年9月)、《嘱咐》(1949年3月)、《村歌》(1949年5月)等中短篇小说。其中"白洋淀系列"小说《荷花淀》、《芦花荡》、《嘱咐》是孙犁四十年代的代表作。

如果说我们从赵树理的创作中感受到的是"山药蛋"的泥土气息,而从孙犁的作品中体味到的应是荷花"出污泥而不染"的清新和诗意,但他们两人发自内心的农民的质朴情感和浓郁的乡土气息是相通的。在孙犁的作品中洋溢着革命的乐观主义精神和朴素、浪漫的气息。虽然他的作品多写和战争有关的题材,但在他平易雅淡的叙述中凸显的不是战争的残酷、惨烈,而是在悲壮的民族解放战争中,表现人民意志的坚忍、平凡中的伟大、朴实而高尚的心灵世界。

《荷花淀》是孙犁的代表作,小说描写了白洋淀一带人民团结抗日的故事。民兵游击组长水生响应区里的号召,在村里第一个报名参军打日本,虽然难舍难分,但顾全大局的水生嫂还是和其他几位妇女含泪送走了各自的丈夫。几天后,她们本打算一起到部队去看望亲人,不料路上遇到了敌人,正在万分危急的关头,埋伏在荷花淀荷叶下的八路军游击队向敌人射击,军民团结击沉了敌船。在战争的大背景下,作者着重描写了战场之外的浓郁亲情,水生夫妇月夜话别的情境,几个小媳妇拉家常的场景等,简洁而动情地透现出孙犁笔下特有的朴质、至情的意境,体现了淳朴的人性美。在孙犁笔下无论是上战场的男人,还是他们背后有着中国劳动妇女美德的女人,都是让人心动的无声的英雄。孙犁小说的语言浅易、秀雅、隽永,在天然去雕饰的朴质中透出乡土诗韵,和他要表现的内容和谐统一,获得了耐久的审美情致,成为解放区小说作者中风格别致的作家,并成为解放后以这部小说命名的"荷花淀派"作家群的领军人物。

第二节　新歌剧的创作

中国歌剧是一门新兴的艺术门类,它从小调剧、秧歌剧到初具规模的新歌剧,经历了几十年的探索。中国歌剧是在大众化、民族化的追求下发展起来的,它既不同于中国古典戏曲,又有别于西洋歌剧,它更多地吸收了中国民歌的营养,形成综合了戏剧、诗歌、音乐、舞蹈、美术等多种艺术成分的舞台艺术门类。

中国歌剧最早是在二十世纪二十年代由黎锦晖先生编制的《小小画家》、《麻雀与小孩》等儿童歌舞剧。三十年代初期,田汉和聂耳合作把革命歌曲和话剧表演融合成一体创作了《扬子江的暴风雨》,还有红军苏区的小调剧《送郎当红军》、《亡国恨》、《上前线》等。1938年出现了李伯钊等编剧、向隅等作曲的歌剧《农村曲》。1939年有王震之编剧、冼星海作曲的《军民进行曲》,史行编剧、金紫光作曲的《再上前线》、《反抗的吼声》等。四十年代初还有王亚凡编剧、刘炽作曲的《塞北黄昏》。这些新歌剧基本上都是采用民族风格的音乐,运用西洋歌剧手法进行创作的。

1942年在毛泽东的《在延安文艺座谈会上的讲话》精神的指引下，解放区在向人民群众学习的过程中掀起了盛极一时的新秧歌运动，出现了一批优秀的秧歌剧，如《兄妹开荒》、《动员起来》等，鼓舞了军民的士气，教育了广大民众。秧歌剧形式短小，结构严谨，音乐纯朴、动听，成为农民大众喜闻乐见的艺术形式。1944年开始又出现了比秧歌剧篇幅更长、故事情节比较完整、能塑造生动形象的新歌剧。比如《马渠游击小组》、《妯娌争光》等一批作品，成为从短小的秧歌剧到完整的新歌剧的过渡。1944年冬至1945年春，大型歌剧《白毛女》的问世，标志着新歌剧从内容到形式的成熟，成为新歌剧的经典之作。解放战争时期，创作于1948年的大型歌剧《刘胡兰》把新歌剧再次推向高潮。此外，反映封建压迫和土改斗争生活，由孔厥、袁静编剧，梁寒光、金紫光作曲的《蓝花花》等多部新歌剧的问世，使新歌剧创作出现了空前繁荣的局面。中国新歌剧的成长，虽然是在纷乱的战争年代，但新歌剧独创的贴近现实、贴近人民大众的民族风格，剧中孕育的战斗激情，既属于那个激情亢奋的时代，也属于广大民众，这是人民的艺术。

《白毛女》是一部六幕二十场的大型歌剧，由延安鲁迅艺术文学院集体创作，贺敬之、丁毅执笔，马可、张鲁、瞿维、焕之、向隅、陈紫、刘炽作曲，是真正集体智慧的结晶。《白毛女》通过喜儿的带有传奇色彩的悲惨遭遇，集中地表现了中国亿万农民的屈辱生活和地主对农民野蛮、残酷的剥削和压迫，生动地揭示了"旧社会把人逼成鬼，新社会把鬼变成人"的重大主题，痛斥了旧社会，歌颂了新生活。

歌剧《白毛女》的故事来源于晋察冀抗日根据地的报告文学《白毛仙姑》。这是一个真实的故事：在华北的一个山村，八路军进驻要开展工作，但当地的老百姓非常迷信，说村头奶奶庙里经常有一个浑身长毛的白毛仙姑出没，让村民给她上供。八路军干部为了解开这个谜团，消除群众的惧怕心理，就跟踪白毛仙姑，追到了一个山洞，发现所谓的白毛仙姑实际上是一个人，一个因躲避恶霸地主的迫害逃进深山多年，以山上的野菜、野果和奶奶庙里的供品充饥的女子。多年不见天日的野人生活使她毛发变白，一个农家女就这样变成了白毛女。八路军救出了这位不幸的少女,使她重见天日,翻身解放。

借助这个极富民间传奇色彩的真实故事,在地主阶级和农民阶级激烈斗争的解放区特定环境下,创作了很适宜当时社会政治斗争需要的《白毛女》。其中典型人物的塑造非常成功。喜儿命运悲惨,性格倔强;杨白劳安分守己,忍气吞声,他们是中国广大农民的典型代表。无论是不甘受辱的喜儿,还是被逼自杀的杨白劳,他们都始终过着牛马般的生活。只有奋起反抗的农民大春,在参加了八路军之后,成为代表着一种可以打倒地主阶级的新兴的无产阶级力量。大春回来营救了他的未婚妻——受尽磨难的喜儿,替千千万万受压迫的农民报了仇。

黄世仁是那个时代恶霸地主的典型代表,他仗着自己有财有势,逼死了杨白劳,霸占了快要和大春结婚的喜儿,引起农民的义愤,奋起反抗。由于这个人物塑造得逼真、成功,当年在延安出演黄世仁的演员陈强曾被当地农民当作真的黄世仁追打。另外,黄世仁的狗腿子穆仁智的形象也十分生动,现在有的人还把追债的人比作穆仁智。虽然意义和从前大不一样,但也可见《白毛女》中各种类型形象塑造的成功,至今让人不能忘怀。

《白毛女》故事内容的吸引力是它成功的一个方面,而作为歌剧艺术在音乐、唱词等方面的造诣,也是《白毛女》长盛不衰、流传至今的重要原因。《白毛女》在音乐方面没有照搬西洋歌剧只唱不说的形式,而是吸取了中国传统戏曲的表现手法,有歌唱,又有对白、独白。曲调运用北方民歌、小调以及地方戏曲等老百姓熟悉、喜欢的曲调。歌词也很有地方色彩,通俗易懂,具有口头文学的优势,音乐形象与人物性格和谐统一,成为具有很高艺术水平的民族化新歌剧的典范。

四十年代的解放区,新歌剧《白毛女》演出不计其数,家喻户晓。1951年,《白毛女》荣获斯大林文学奖金二等奖。从此新歌剧在成功地吸收本民族民间艺术的基础上,创造了来自西洋歌剧又完全适合中国老百姓欣赏趣味的新型歌剧,创立了中国现代戏剧中一个独立的有鲜明特色的戏剧样式,为现代戏剧的丰富和发展作出了突出而积极的贡献。

【内容小结】

1. 赵树理的现代评书体小说。(了解)
2. 赵树理代表了一种新的文学方向,他在小说创作民族化、农民化方面的追求为后来"山药蛋"派的形成奠定了坚实的基础。(理解)
3. 孙犁以小说《荷花淀》为代表的朴质、至情的诗化小说的特点。(理解)
4. 《白毛女》作为新歌剧代表作所具有的艺术特色。(了解)

【难点解析】

对赵树理小说评价的侧重点应着眼在文学史现象上,第一是他代表了全新的为农民写作的方向,第二是对五四以来新文学的"欧化"倾向的纠正,第三是应该公正地评价他的"评书体"小说的现代意义和历史局限。

【作品分析例释】

孙犁小说《荷花淀》分析:

孙犁的小说是沁满着泥土气息的诗化小说,《荷花淀》是孙犁短篇小说的代表作。虽然作品是写战争题材,但他不正面描写刀光剑影,而是采取武戏文唱的表现技巧,以白洋淀明媚如画的风光作背景,用飘飞的芦花、清幽的荷花衬托出女主人公对正在进行浴血战斗的丈夫的一往深情,点染她们昂扬乐观的战斗精神,作者着力追求的是诗一般的意境。全篇文笔婉约而流畅,故事的叙写和感情的抒发都同景物与人物的描绘自然地融合,浑然天成,具有浓郁的浪漫主义色彩和抒情诗的韵致,体现了孙犁小说清新、雅丽的独特风格。在描写自己家乡故事的《荷花淀》中激荡着作者对故乡深沉的爱。孙犁小说的审美角度是在苦难的战争岁月里着力描写、赞颂故乡的风光美和人情美。他特别擅长描写农村的青年女性,不仅描写她们的美丽容貌,更深入到她们丰富、复杂的感情世界,以她们命运的变化反映时代风云变幻,呈现出一种别致而有力度的诗情画意。

【学习检测】

问答题

1. 如何评价赵树理的小说创作在文学史上的意义？
2. 简述孙犁小说的艺术特质。
3. 《白毛女》为什么能成为中国歌剧艺术的里程碑？

【相关资料】

戴光中著《赵树理传》，北京十月文艺出版社1987年版。

【相关影视作品简介】

《小二黑结婚》（小说改编成电影）

《白毛女》（歌剧改编成电影）

中国现代文学史期末考试模拟试题

说明:以下模拟试题是提供给同学们期末考试时可能涉及的题型参考,期末考试真题试卷的题量要比模拟试题的题量少一些。

第一套模拟试题

一、填空题

1. 1917年1月、2月在《　　　　》杂志上刊登了胡适的《　　　　》和陈独秀的《　　　　》两篇文章,标志着文学革命的开端。

2. "用这人道主义为本,对于人生诸问题,加以记录研究的文字,便谓之人的文学。"这是文学革命时期＿＿＿＿＿＿在著名的《　　　　》一文中提出的主张。他还最早从英国文学中引入＿＿＿＿＿＿的概念,以此提倡富于艺术性的叙事、抒情的散文。

3. 老舍的《四世同堂》包括第一部《　　　　》,第二部《　　　　》,第三部《　　　　》。

4. 举出三篇朱自清先生的散文名篇:《　　　　》、《　　　　》、《　　　　》。

5. 萧红的成名作是《　　　　》,代表作是《　　　　》,最后一部小说是《　　　　》。

二、正误判断题(在(　)内打√或画×)

1. 鲁迅开创了中国现代小说工人、农民、知识分子三大题材。(　)

2. 《围城》既是学者小说又是言情小说,它知识丰富、语言警策幽

默,同时又以爱情婚姻为小说的主线,既包含社会讽刺又充满悲悯与关怀。（　）

3. 闻一多强调现代格律诗的音乐美、绘画美、建筑美,把这概括为现代诗歌的"三品"。（　）

三、名词解释

1. 文学研究会
2. 湖畔诗社
3. 孤岛文艺

四、简答题

1. 以《沉沦》为例简要论述郁达夫小说的时代心理内涵及其意义。
2. 结合闻一多的诗《死水》简要分析新格律诗的三美原则。

五、论述题（在两题中任选一题回答）

1. 鲁迅小说《呐喊》、《彷徨》的深刻内蕴表现在哪里？请举具体作品论述。
2. 你怎样评价沈从文小说《边城》的审美价值,结合作品论述。

第一套模拟试题

答案要点

一、填空题

1. 《新青年》、《文学改良刍议》、《文学革命论》
2. 周作人、《人的文学》、美文
3. 《惶惑》、《偷生》、《饥荒》
4. 《背影》、《荷塘月色》、《给亡妇》
5. 《生死场》、《呼兰河传》、《小城三月》

二、正误判断题

1. （×）
2. （√）

3.（×）

三、名词解释

1．文学研究会：时间：1921年1月。地点：北京。人物：周作人、郑振铎、沈雁冰等十二人。主张："为人生而艺术"。主要贡献：培养了大批新文学作家，广泛介绍外国文学流派，代表了第一个十年文学的现实主义潮流。

2．湖畔诗社：1922年4月成立于杭州，主要成员是应修人、冯雪峰、潘漠华、汪静之，以写情诗著称。他们合出《湖畔》、《春的歌集》等诗集。1925年，湖畔诗社停止活动。

3．孤岛文艺是指孤岛时期的文艺活动。孤岛时期指1937年11月12日中国军队撤出上海以后，上海英、法等帝国主义的租界完全被日军包围，直到1941年12月珍珠港事件发生，日军进入租界为止。在和外界隔绝的情况下，上海的文艺工作者还坚持开展抗战文艺活动，特别是抗日救亡戏剧活动最为活跃，创作演出了许多表现民族气节的戏剧。如于伶的历史剧《大明英烈传》，阿英的《明末遗恨》，为宣传抗日发挥了应有的作用。

四、简答题

1．《沉沦》极其大胆率真地表达出人对于爱情幸福的渴望，这在五四时期的中国，对于刚刚从礼教的幽禁中觉醒的青年，无疑是他们希望听到的真正人的声音。

中国几千年封建社会中，封建礼教禁锢人性，特别是宋明以来，宋明理学宣扬的"存天理，去人欲"的禁欲主义，窒塞了人们追求合理生活的愿望。到五四这样一个人的意识觉醒的时代，《沉沦》以前所未有的大胆和率直表达出追求人生合理生活的强烈愿望和呼声，可以说使社会心理受到一次强烈的震动，以赤裸裸的表白剥下了旧道德虚伪的假面具。虽不免有些极端，但绝对不是不道德的淫书。它与薄伽丘的《十日谈》（意大利作家，意大利文艺复兴的先驱），拉伯雷（法国小说家）的《巨人传》有异曲同工之妙。《十日谈》批判中世纪教会和宗教的禁欲主义，表现资产阶级人文主义思想。《巨人传》，宣扬文艺复兴的精神，反对封建宗教神学，将大胆的革新思想隐藏在无穷无尽的粗言俚语中。郁达夫和他们在精神上有相似之处。

郁达夫主要是从人生的幸福追求出发来感受和描写人生的,性爱问题恰恰是当时中国青年知识分子人生幸福的首要问题。《沉沦》中的苦闷实际上是中国新觉醒的知识分子被压抑了的正常爱情的畸形表现。另外《沉沦》把个人的悲剧和中华民族的悲剧联系在一起,不满于中国的贫弱,丧权辱国的命运,希望祖国富强,不再做弱国子民,表现了积极向上的社会思想内容。

意义:从性苦闷的角度,表现强烈的、彻底的反封建的精神。郭沫若先生在《论郁达夫》一文中论述:"他的清新的笔调,在中国的枯槁的社会里面好像吹来了一股春风,立刻吹醒了当时的无数青年的心。他那大胆的自我暴露,对于深藏在千年万年的背甲里面的士大夫的虚伪,完全是一种暴风雨式的闪击,把一些假道学、假才子们震惊得至于狂怒了。为什么? 就因为有这样露骨的真率,使他们感受着作假的困难。"(《郭沫若论创作》第 713 页,上海文艺出版社 1983 年版)

2.1 具体描述三美原则的详细内容。

2.2 分析《死水》:

音乐美:每句诗都包含一个"三字尺"和三个"二字尺",错落有致、韵脚整齐;

绘画美:辞藻华丽,色彩斑斓,反讽一潭死水似的中国;

建筑美:方块式的诗行排列,配合死水的内容,因为死水是没有变化的。

五、论述题

1.1 雕塑灵魂的艺术,深刻地揭示出各类人物的精神悲剧,反映中国社会的实质问题。如,通过对祥林嫂、闰土、孔乙己、狂人、涓生、子君等成功形象的塑造,反映反封建、农民、知识分子、妇女、中国革命的重大历史问题。

1.2 全面而犀利地剖析中国国民劣根性,表现出深邃的启蒙主义精神,具有现代性和世界性。如,阿 Q 的精神胜利法。

2. 民俗美、人性美、意境美、语言美,结合作品举例分析。

第二套模拟试题

一、选择题

（一）单项选择（下列各组题中只有一个正确的答案,请把正确答案的字母填到括号里）

1．鲁迅后期杂文集包括:（　　）

　　a.《南腔北调集》、《坟》、《三闲集》

　　b.《准风月谈》、《且介亭杂文》、《热风》

　　c.《花边文学》、《准风月谈》、《伪自由书》

　　d.《且介亭杂文》、《二心集》、《华盖集》

2．问题小说的主要代表作家是:（　　）

　　a．冰心、郁达夫、王统照、许地山

　　b．冰心、叶绍钧、王统照、许地山

　　c．冰心、叶绍钧、王统照、周作人

　　d．冰心、叶绍钧、刘半农、许地山

3．茅盾小说《子夜》中的主要人物有:（　　）

　　a．吴荪甫、赵伯韬、屠维岳

　　b．吴荪甫、老通宝、赵伯韬

　　c．吴荪甫、屠维岳、王仲昭

　　d．吴荪甫、赵伯韬、赵惠明

（二）多项选择（在下列答案中选择正确选项,并将正确选项的字母填到括号里）

4．所谓"冰心体",指所写散文具有如下特点:（　　）

　　a．行云流水似的文字

　　b．说心中要说的话

　　c．宣扬自然爱、母爱、儿童爱

d. 中文西文化

e. 白话文言化

5.《雷雨》剧情"郁热"的特点还通过一些自然现象来表现：(　　)

a. 蝉鸣

b. 冰雹

c. 蛙噪

d. 秋风

e. 雷响

二、搭配题(从下列每题的 a、b、c、d 中选择正确的搭配分别将相应的字母填入括号内)

1. 人物形象与所属作品搭配

①四铭(　　) ②婵娟(　　) ③赵惠明(　　) ④杨梦痴(　　)

a.《腐蚀》　　b.《屈原》　　c.《憩园》　　d.《肥皂》

2. 作品与作者搭配

①赵树理(　　) ②艾青(　　) ③臧克家(　　)

④田汉(　　)

a.《大堰河——我的保姆》b.《获虎之夜》c.《小二黑结婚》
d.《老马》

3. 作家与所属文学社团搭配

①蒋光慈(　　) ②许地山(　　) ③蒲风(　　) ④鲁迅(　　)

a. 文学研究会　　b. 语丝社　　c. 太阳社　　d. 中国诗歌会

4. 文学史实的开端与时间搭配

①文学革命(　　) ②革命文学(　　) ③文协(　　)

④《在延安文艺工作座谈会上的讲话》的发表(　　)

a.1938年　　b.1928年　　c.1942年　　d.1917年

5. 作家与文学流派搭配

①许钦文(　　) ②李金发(　　) ③绿原(　　)

④王统照(　　)

a."七月"诗派 b."为人生"派 c. 乡土文学派　　d. 象征诗派

三、名词解释
1．创造社
2．象征诗派
3．爱美剧

四、简答题
1．以小说《骆驼祥子》为例简述老舍对五四以来白话语言艺术的贡献是什么？
2．简析巴金小说《家》中觉新形象的性格特征及悲剧内涵。

五、赏析题（在两题中任选一题回答）
1．鲁迅的散文诗《秋夜》赏析。
2．张爱玲小说的独特韵味表现在哪里，请举例分析论述。

第二套模拟试题
答案要点

一、选择题
（一）
1．c
2．b
3．a
（二）
4．(a.b.c.d.e.)
5．(a.c.e.)

二、搭配题
1．d、b、a、c
2．c、a、d、b
3．c、a、d、b
4．d、b、a、c
5．c、d、a、b

三、名词解释

1. 创造社：时间：1921年夏。地点：东京。人物：郭沫若、成仿吾、郁达夫等。主张：赞同"文学是自我的表现"，通常被称为"为艺术"的一派。主要贡献：独创新文学浪漫主义的创作流派，后期倡导革命文学。

2. 产生于二十世纪二十年代，中国象征诗派的代表诗人是李金发，他从1920年开始写诗，但引起人们注意是在诗集《微雨》、《为幸福而歌》和《食客与凶年》出版之后，他的诗打破寻常的章法，扑朔迷离，晦涩难懂，故被称为"诗怪"。

3. 时间：1921年开始。主要人物：陈大悲。主要内容：爱美剧就是一种业余的戏剧，它不以营利为目的，是针对职业戏剧和商业戏剧为了经济利益而迎合观众的庸俗、堕落之弊病提出的。爱美剧提倡戏剧的艺术性，包括剧本、演员和观众，目的是要通过改造戏剧去改造社会。主要贡献：爱美剧的提倡在理论上推动了现代话剧的发展。

四、简答题

1. 用艺术化的北京口语，创造出雅俗共赏的白话语言。老舍主张文字应该力求亲切、简单、精练，从人民群众的口语中提炼艺术化的语言，深入浅出。老舍还注重书面语言的音声调和，他写完小说经常读给别人听，不吸引人的地方就要修改，力求做到语言生动、有活力，所以老舍的小说既耐读又耐听。

具体从语言的性格化、哲理性、感情性、自然美等方面，结合小说《骆驼祥子》举例分析。

2. 性格特征：双重人格。悲剧内涵：觉新是新旧交替时代的一个畸形的产儿，封建社会最后的牺牲品。这在当时的时代是很有代表性的。他们一方面面临着五四新思潮的冲击，一方面又因袭着几千年的封建传统的重担而无力摆脱，最后只能不自觉地做封建制度的牺牲品。联系作品具体分析。

五、赏析题

1.《秋夜》是一篇意象幽美、寓意深邃的散文诗。鲁迅笔下的"秋夜"，他对秋夜的感怀，是鲁迅所处的时代环境，鲁迅的性格、心境、情感体验的艺术化的表现,也许今天我们很难设身处地地去完全理解鲁迅的寓意。但我们可以从《秋夜》所描写的艺术世界中去体味一种深刻、内蕴、复杂而具有哲理意蕴的美。但这必须是在了解了写作背景之后,我们才能进一步走进鲁迅的艺术世界,去接近他。如果不了解的话,那么我们一般望星空、体味秋夜的时候所感受到的也许就只是感叹宇宙的无限与人类的渺小了。

《秋夜》的写作背景:《秋夜》写于1924年9月15日,约两个半月以后在《语丝》上发表。从个人境遇看:1923年7月发生的周氏兄弟的失和,给鲁迅带来极大的痛苦。1924年5月25日,鲁迅搬离周氏全家共同居住的八道湾,移居西三条胡同新居,和母亲、朱安在此居住。写《秋夜》的时候,鲁迅和许广平的爱情似有萌发。从社会环境看:五四的热潮已开始渐渐退落,此时的鲁迅在孤独、痛苦中仍执著于自己的理想。

《秋夜》的意象:《秋夜》用象征的手法通过对秋夜的感怀,表达作者对黑暗势力的仇视,对反抗者和被压迫者的赞美和同情,对人生真谛的迷茫感。用"奇怪而高的天空",用"星星"的"冷眼"、"鬼䁖眼"、"夜游的恶鸟"象征丑恶和黑暗;用"直刺天空的枣树",托出傲岸不屈的韧性战斗的精神;用"青虫扑火"、"瑟缩的小粉红花"写出反抗的力量和追求光明的精神,反映了鲁迅的哲学——强者哲学,积极进取的人生态度。

《秋夜》的意境:描写了一位身处逆境、历尽沧桑、孤独痛苦、身单力薄,却要执意追求美好理想的战士的形象。其中的寓意是复杂多义的,有的从斗争哲学方面阐释,说《秋夜》表现了鲁迅韧性战斗的精神;有的从情感方面阐释,说《秋夜》表现了鲁迅在逆境中对美好爱情的追求。当然今天我们读《秋夜》更主要的是体味作品本身那种幽深的格调与复杂的情感体验,不必仅限于什么象征什么的思维定式。每位读者都会找到自己独特的审美感受。

2. 张爱玲的小说大都取材于沦陷前后的香港和上海的中上层社会人们的生活,揭示在不可避免的时代沉落中人的生存状态。她描写的多是婚姻恋爱的故事,表现男女间的感情纠葛,她以自己独到的生活感受来观照生活、叙写故事、剖析人物间的感情关系,深入探寻人性的复杂性。在张爱玲的作品中写了许多千疮百孔、残缺不全的人伦感情。张爱玲作品的基调可以用两个字来概括,那就是——苍凉。就像她自己所说:"个人即使等得及,时代是仓促的,已经在破坏中,还有更大的破坏要来。有一天我们的文明,不论是升华还是浮华,都要成为过去。如果我最常用的字是'荒凉',那是因为思想背景里有这惘惘的威胁。"[1]这就是她作品的主调。她的小说通过大俗大雅、古代现代的完美融合,揭示人性恶的深度及苍凉的人生感悟。结合作品分析。

---

[1] 张爱玲:《〈传奇〉再版序》,《张爱玲文集》第四卷,第138页,安徽文艺出版社1993年版。

图书在版编目（CIP）数据

简明中国现代文学史（中国传媒大学远程与继续教育系列教材）/谢筠主编．－北京：中国传媒大学出版社，2006.5
ISBN 7－81085－741－X

Ⅰ．简⋯　Ⅱ．谢⋯　Ⅲ．现代文学－文学史－中国－高等学校：技术学校－教材　Ⅳ．I209.6

中国版本图书馆 CIP 数据核字（2006）第 052267 号

简明中国现代文学史（中国传媒大学远程与继续教育系列教材）

主　　编：	谢　筠
责任编辑：	李钊祥　愚　言
责任印制：	曹　辉
封面设计：	北京绘眼堂艺术发展有限公司
出版人：	蔡　翔
出版发行：	中国传媒大学出版社（原北京广播学院出版社）
社　　址：	北京市朝阳区定福庄东街 1 号　　邮编：100024
电　　话：	65450532 或 65450528　　传真：010－65779405
网　　址：	http://www.cucp.com
经　　销：	新华书店总店北京发行所
印　　刷：	北京市梦宇印务有限公司
开　　本：	880×1230 毫米　1/32
印　　张：	11.625
版　　次：	2006 年 8 月第 1 版　2006 年 8 月第 1 次印刷
ISBN 7－81085－741－X/K・741	定价：32.00 元

版权所有　　翻印必究　　印装错误　　负责调换